9급 지방직·고졸 채용을 위한 **기술직 공무원** 합격 완벽 대비서

물리
한권으로 끝내기

TECH BIBLE

SD에듀
(주)시대고시기획

기 술 직 공 무 원 합 격 완 벽 대 비 서

TECH BIBLE

기술직 공무원 [물 리]

Always with you

사람이 길에서 우연하게 만나거나 함께 살아가는 것만이 인연은 아니라고 생각합니다.
책을 펴내는 출판사와 그 책을 읽는 독자의 만남도 소중한 인연입니다.
SD에듀는 항상 독자의 마음을 헤아리기 위해 노력하고 있습니다.
늘 독자와 함께하겠습니다.

본 수험서는 9급 기술직 공무원 시험을 준비하는 분들을 위해 편찬되었습니다. 9급 기술직 공무원 시험의 경우 물리시험 점수가 당락을 결정하는 중요한 분야임을 감안하여 최신의 기출문제 해설과 더불어 유사한 문제를 다양하게 수록하였습니다.

본 교재는 두 가지 유형의 수험생에게 매우 유용하게 쓰이도록 집필하였습니다.
첫째, 9급 공무원 채용 중 필수과목인 <물리>(2009 물리Ⅰ 개정교육과정 반영)를 준비하는 수험생을 위한 내용으로 구성하였습니다.
둘째, 9급 기술직 공무원 고졸자 채용의 필수과목인 <물리>(2015 물리학Ⅰ 교육과정 반영)를 준비하는 수험생은 별도 표기한 내용을 위주로 공부하실 수 있도록 구성하였습니다.

제한된 시간에 학습해야 하는 수험생의 상황을 감안하여 교재의 분량을 조절하고자 핵심개념을 중심으로 구성함으로써, 본 교재로 시험을 준비하는 모든 수험생을 만족시키고자 하였습니다. 이를 위해 지난 10년간의 기출문제 분석을 통해 빈도수가 증가하는 분야에 대한 문항을 추가 구성함으로써, 수험생 여러분의 고득점을 돕고자 하였습니다.

이 책의 특징은 다음과 같습니다.
첫째, 최신 교육과정을 반영하여 기출 개념 중심으로 내용을 구성하였고, 시험에 적용하고 응용할 수 있도록 다양한 예제를 제시하였습니다.
둘째, 기출 개념의 출제 빈도수에 따라 예상문제의 수 및 난이도를 조절하여 영역별 학습의 분량을 조절하였습니다.

끝으로 이 책을 통해 수험생 여러분의 합격을 진심으로 기원하며, 이 책이 출판되기까지 애써주신 SD에듀 편집진 모든 분들께 감사의 인사를 드립니다.

편저자 임 정

시험 안내

기술직 공무원의 업무

기계, 전기, 화공, 농업, 토목, 건축, 전산 등 각 분야에 대한 전문적이고 기술적인 업무를 수행한다.

응시자격

- 9급채용 응시연령 : 18세 이상(고졸자 경력경쟁임용시험은 조기 입학한 17세 해당자도 응시 가능)

- 국가공무원법 제33조 및 지방공무원법 제31조(결격사유), 국가공무원법 제74조 및 지방공무원법 제66조(정년)에 해당되는 자 또는 지방공무원 임용령 제65조(부정행위자 등에 대한 조치) 및 부패방지 및 국민권익위원회의 설치와 운영에 관한 법률 제82조(비위면직자 등의 취업제한) 등 관계법령에 의하여 응시자격이 정지된 자는 응시할 수 없음

국가공무원법 제33조, 지방공무원법 제31조(결격사유)

- 피성년후견인
- 파산선고를 받고 복권되지 아니한 자
- 금고 이상의 형을 선고받고 그 집행이 종료되거나 집행을 받지 아니하기로 확정된 후 5년이 지나지 아니한 자
- 금고 이상의 형을 선고받고 그 집행유예 기간이 끝난 날부터 2년이 지나지 아니한 자
- 금고 이상의 형의 선고유예를 선고받고 그 선고유예 기간 중에 있는 자
- 법원의 판결 또는 다른 법률에 따라 자격이 상실되거나 정지된 자
- 공무원으로 재직기간 중 직무와 관련하여 형법 제355조(횡령, 배임) 및 제356조(업무상의 횡령과 배임)에 규정된 죄를 범한 사람으로서 300만원 이상의 벌금형을 선고받고 그 형이 확정된 후 2년이 지나지 아니한 자
- 다음의 어느 하나에 해당하는 죄를 범한 사람으로서 100만원 이상의 벌금형을 선고받고 그 형이 확정된 후 3년이 지나지 아니한 자
  - 성폭력범죄의 처벌 등에 관한 특례법 제2조에 따른 성폭력범죄
  - 정보통신망 이용촉진 및 정보보호 등에 관한 법률 제74조제1항제2호 및 제3호에 규정된 죄
  - 스토킹범죄의 처벌 등에 관한 법률 제2조제2호에 따른 스토킹범죄
- 미성년자에 대한 다음의 어느 하나에 해당하는 죄를 저질러 파면·해임되거나 형 또는 치료감호를 선고받아 그 형 또는 치료감호가 확정된 자(집행유예를 선고받은 후 그 집행유예 기간이 경과한 자를 포함한다)
  - 성폭력범죄의 처벌 등에 관한 특례법 제2조에 따른 성폭력범죄
  - 아동·청소년의 성보호에 관한 법률 제2조제2호에 따른 아동·청소년대상 성범죄
- 징계로 파면처분을 받은 때부터 5년이 지나지 아니한 자
- 징계로 해임처분을 받은 때부터 3년이 지나지 아니한 자

- 거주지 제한(지방직 공무원, 아래의 요건 중 하나를 충족하여야 함)
  - 매년 1월 1일 이전부터 최종시험(면접시험)일까지 계속하여 응시지역에 주민등록상 주소지 또는 국내거소신고(재외국민에 한함)가 되어 있는 자
    - ※ 동 기간 중 주민등록의 말소 및 거주 불명으로 등록된 사실이 없어야 함
    - ※ 재외국민(해외영주권자)의 경우 위 요건과 같고 주민등록 또는 국내거소신고 사실증명으로 거주한 사실을 증명함
  - 매년 1월 1일 이전까지 주민등록상 주소지 또는 국내거소신고(재외국민에 한함)가 응시지역으로 되어 있었던 기간을 모두 합산하여 총 3년 이상인 자
    - ※ 각 시·도에 따라 다를 수 있음

시험방법

- 제1·2차 시험(병합실시) : 선택형 필기시험(과목별 20문항, 4지택일형)
  - ※ 서류전형 : 필기시험 합격자에 한해 서면으로 실시(응시자격, 가산점 등)
- 제3차 시험 : 면접시험(필기시험 합격자 중 서류전형 합격자)

가산점

가산점 적용대상자 및 가산점 비율표		
구 분	가산비율	비 고
취업지원대상자	과목별 만점의 10% 또는 5%	• 취업지원대상자 가점과 의사상자 등 가점은 1개만 적용 • 취업지원대상자/의사상자 등 가점과 자격증 가산점은 각각 적용
의사상자 등	과목별 만점의 5% 또는 3%	
직렬별 가산대상 자격증 소지자	과목별 만점의 3~5% (1개의 자격증만 인정)	

※ 세부 사항은 변경될 수 있으니 원서접수 홈페이지를 확인하시기 바랍니다.

기술직 가산점		
구 분	9급	
	기술사, 기능장, 기사, 산업기사	기능사
가산비율	5%	3%

※ 폐지된 자격증으로서 국가기술자격법령 등에 따라 그 자격이 계속 인정되는 자격증은 가산대상 자격으로 인정됨

구성 및 특징

01 핵심이론

필수적으로 학습해야 하는 중요한 이론들을 각 과목별로 분류하여 수록하였습니다. 시험에 꼭 나오는 이론을 중심으로 효과적으로 공부할 수 있습니다.

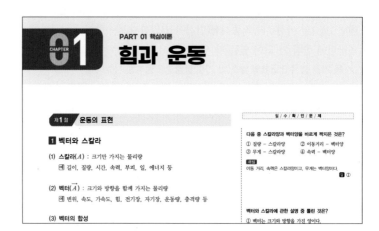

02 적중예상문제

실제 과년도 기출문제와 유사문제를 단원별로 수록하여 실전에 대비할 수 있도록 하였습니다. 상세한 해설을 통해 핵심이론에서 학습한 중요 개념과 내용을 한 번 더 확인할 수 있습니다.

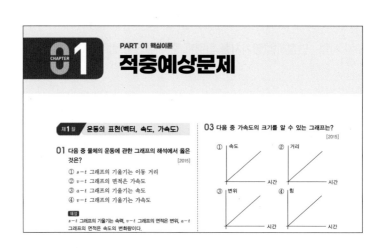

03 최근 기출문제

최근에 출제된 기출문제로 가장 최신의 출제경향을 파악하고 새롭게 출제된 문제의 유형을 익혀 처음 보는 문제도 모두 맞힐 수 있도록 하였습니다.

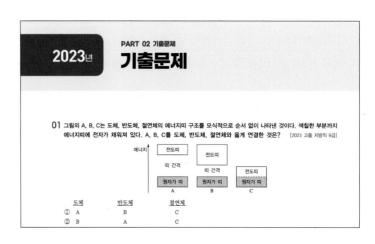

목 차

한눈에 보는 최신 기출 개념 정리

한눈에 보는

최신 기출 개념 정리

기출 개념	출제연도	
	9급	고졸
※ SI 단위	2014–지	

1. 벡터와 스칼라
   ① 스칼라 : 크기만 가지는 물리량
   ② 벡터 : 크기와 방향을 함께 가지는 물리량

$$|\vec{F}| = \sqrt{|\vec{F_1}|^2 + |\vec{F_2}|^2 + 2\vec{F_1} \cdot \vec{F_2}\cos\theta}$$

2. 등속도 운동 $s = vt$

	9급	고졸
	2017–서	2021–지
	2014–지	2016–지
	2014–사	2016–서

3. 등가속도 직선 운동

① 속도와 시간의 관계 : $v = v_0 + at$, 기울기는 가속도, 넓이는 변위

② 거리와 시간의 관계 : $s = v_0 t + \frac{1}{2}at^2$, 접선의 기울기는 순간 속도

③ 속도와 위치의 관계 : $2as = v^2 - v_0^2$

	9급	고졸
	2022–서	2022–지
	2021–국	2019–지
	2020–서	2018–지
	2019–지	2018–서
	2019–서	2017
	2018–국	2015
	2018–서	2014
	2017–지	

4. 수평으로 던진 물체의 운동
   ① 나중속도 $v = \sqrt{(v_0)^2 + (gt)^2}$
   ② 지면 도달 시간 $t = \sqrt{\dfrac{2H}{g}}$
   ③ 수평 도달 거리 $x = v_0 t = v_0\sqrt{\dfrac{2H}{g}}$

	9급	고졸
	2019–서	
	2017–서	2014
	2013–지	
	2013–서	

기출 개념	출제연도	
	9급	고졸
5. 비스듬히 위로 던진 물체의 운동 ① 나중속도 $v=\sqrt{(v_0\cos\theta)^2+(v_0\sin\theta-gt)^2}$ ② 최고점 도달 시간 $t_1=\dfrac{v_0\sin\theta}{g}$ ③ 최고점 높이 $h=\dfrac{v_0^2\sin^2\theta}{2g}$ ④ 수평 도달 거리 $R=v_0\cos\theta\times2t_1=\dfrac{v_0^2}{g}\sin2\theta$		2018-서 2016-서 2014
6. 등속 원운동 ① 각속도 $\omega=\dfrac{\theta}{t}$ ② 주기 $T=\dfrac{2\pi r}{v}=\dfrac{2\pi}{\omega}$ ③ 구심 가속도 $a=\dfrac{v^2}{r}=r\omega^2$ ④ 구심력 $F=ma=m\dfrac{v^2}{r}=mr\omega^2=mr\dfrac{4\pi^2}{T^2}$	2020-서 2019-서	2018-서 2017 2016-서 2015
7. 단진동 ① 각진동수(ω) $k=m\omega^2,\ \omega=\sqrt{\dfrac{k}{m}}$ ② 용수철 진자의 진동 주기 $T=\dfrac{2\pi}{\omega}=2\pi\sqrt{\dfrac{m}{k}}$	2020-서	
8. 단진자 단진자의 주기 $T=2\pi\sqrt{\dfrac{l}{g}}$		2016-서
9. 운동의 법칙 ① 관성의 법칙 : $\sum\vec{F}_{ext}=0$ ② 가속도 법칙 : $\sum\vec{F}_{ext}\neq0,\ \vec{a}=\dfrac{\vec{F}}{m}$ ③ 작용·반작용 법칙 : $\vec{F}_{AB}=-\vec{F}_{BA}$	2022-서 2019-국 2017-서 2013-서	2022-지 2019-지 2017 2016-서
10. 힘의 평형 ① $\vec{F_1}+\vec{F_2}=-\vec{F_3},\ \vec{F_1}+\vec{F_2}+\vec{F_3}=0$ ② 라미의 정리 $\dfrac{F_1}{\sin\alpha}=\dfrac{F_2}{\sin\beta}=\dfrac{F_3}{\sin\gamma}$		2017

③ 힘의 모멘트 평형

$M = F_1 r_1 + F_2 r_2 = 0$

	2016-지 2014-서 2013-국	2018-서 2017

④ 관성모멘트와 각운동량 보존의 법칙

　　㉠ 관성모멘트 : $I = \Sigma m_i r_i^2$

　　㉡ 평행축 정리 : $I = I_{CM} + Mh^2$

　　㉢ 각운동량 보존의 법칙 : $\tau_{ext} = 0$일 때 L=일정, $I_i w_i = I_f w_f$

		2018-서

11. 여러 가지 힘

① 빗면의 운동

　　㉠ 마찰이 있을 때 : $a = g(\sin\theta - \mu\cos\theta)$

　　㉡ 마찰이 없을 때 : $a = g\sin\theta$

　　㉢ 경사면에 정지한 경우 : $\mu = \tan\theta$

$N = -mg\cos\theta$

$f = -\mu mg\cos\theta$

$mg\sin\theta$　$mg\cos\theta$

mg

	2022-서	2018-서 2014

② 접촉 또는 줄로 연결된 물체의 운동

$T = m_A a$, $F - T = m_B a$

$a = \dfrac{F}{m_A + m_B}$

	2019-서 2015-국	2016-서

③ 도르래 운동

　　㉠ A 물체에 관한 운동의 방정식 : $m_A a = T - m_A g$

　　㉡ B 물체에 관한 운동의 방정식 : $m_B a = m_B g - T$

F　$F = \dfrac{1}{2}w$

w

	2018-서 2015-지 2015-사 2013-지	2018-지

④ 탄성력 $\vec{F} = k\vec{x}$

　　㉠ 용수철 직렬연결 : $\dfrac{1}{k_t} = \dfrac{1}{k_1} + \dfrac{1}{k_2}$

　　㉡ 용수철 병렬연결 : $k_t = k_1 + k_2$

　　㉢ 용수철에 저장된 에너지 $E_p = \dfrac{1}{2}kx^2$

	2022-서 2019-서	2021-지 2015

기출 개념	출제연도	
	9급	고졸
12. 일 – 운동에너지 정리 $W = Fs = \dfrac{1}{2}mv^2 - \dfrac{1}{2}mv_0^2$	2018-지 2014-서	2020-지 2016-지
13. 역학적 에너지 보존 ① 중력 : $E_k + E_p = \dfrac{1}{2}mv^2 + mgh = $일정 ② 단진동 : $E_k + E_p = \dfrac{1}{2}mv^2 + \dfrac{1}{2}kx^2 = $일정 ③ 인공위성 : $E = \dfrac{1}{2}mv^2 - \dfrac{GMm}{r} = $일정	2022-서 2020-지 2020-서 2019-지 2019-서 2017-국 2016-사 2014-국 2014-지 2014-사 2014-서	2022-지 2021-지 2016-지 2016-서 2015 2014
14. 케플러 법칙 ① 타원 궤도 법칙 ② 면적 속도 일정의 법칙 : $r_1 v_1 = r_2 v_2$ ③ 조화의 법칙 : $T^2 = kA^3$	2022-서 2016-서	2016-지
15. 상대속도 : A가 본 B의 속도＝B의 속도 – 관측자 A의 속도 $\vec{v}_{AB} = \vec{v}_B - \vec{v}_A$		2018-지 2018-서 2015 2014
16. 운동량과 충격량 ① 운동량 $\vec{p} = m\vec{v}$ ② 충격량 $\vec{I} = \vec{F}\Delta t$ ③ 운동량과 충격량의 관계 : $\vec{F}\Delta t = m\vec{v} - m\vec{v_0}$	2020-지 2020-서 2019-서 2016-국 2015-지 2015-사 2013-국	2022-지 2020-지 2018-지 2016-지 2016-서 2014
17. 반발 계수 $e = -\dfrac{\vec{v_1'} - \vec{v_2'}}{\vec{v_1} - \vec{v_2}} = \sqrt{\dfrac{h'}{h}}$		
18. 운동량 보존의 법칙 ① $m_1\vec{v_1} + m_2\vec{v_2} = m_1\vec{v_1'} + m_2\vec{v_2'}$ ② 평면상의 탄성 충돌 　㉠ x축 방향의 운동량 보존 : $m_1 v_1 = m_1 v_1' \cos\alpha + m_2 v_2' \cos\beta$ 　㉡ y축 방향의 운동량 보존 : $0 - m_1 v_1' \sin\alpha - m_2 v_2' \sin\beta$ ③ 분열 : $m_1 v_1 = m_2 v_2$	2021-지 2020-국 2019-지 2019-서	2020-지 2016-서 2014

기출 개념	출제연도	
	9급	고졸
19. 정지 유체 ① 파스칼의 법칙 : 깊이가 같으면 같은 깊이 지점의 압력은 모두 같음 $P=\dfrac{F_2}{A_2}=\dfrac{F_1}{A_1}$ ② 수압 $P=\rho gh$ ③ 부력 : 유체에 잠긴 부피만큼 부력을 얻음 $F_b=\rho_{유체}Vg$	2022-서 2020-서 2019-서 2018-서 2017-국 2016-지 2015-지 2015-사	2018-서 2017 2016-지 2015
20. 운동 유체 ① 연속 방정식 : $v_1A_1=v_2A_2$ ② 베르누이 정리 : $P+\rho gh+\dfrac{1}{2}\rho v^2=$ 일정	2020-서 2019-서 2016-사 2015-지	2016-지 2016-서 2014
21. 열량 및 열평형 ① 열량 $\Delta Q=mc\Delta t$ ② 열평형 : $m_1c_1(T_1-x)=m_2c_2(x-T_2)$	2019-서 2017-지	2014
22. 비열과 열용량 ① 비열 $c=\dfrac{Q}{m\Delta T}$ ② 열용량 $C=cm$		2015
23. 열팽창 ① 선팽창 $l=l_0+\Delta l=l_0+\alpha l_0\Delta T=l_0(1+\alpha\Delta T)$ ② 부피팽창 $V=V_0(1+\beta\Delta T)$, $\beta=3\alpha$	2020-서	
24. 열의 이동 ① 전 도 ② 대 류 ③ 복 사 　㉠ $E=\sigma T^4$, 복사에너지 양은 절대 온도의 4제곱에 비례 　㉡ $\lambda_{max}\cdot T=C$, 방출되는 전자기파의 파장과 절대 온도는 반비례 　㉢ 플랑크 법칙 : 흑체 복사의 스펙트럼 분포는 온도에 의존		
25. 이상 기체 ① 보일-샤를의 법칙에 정확히 따르는 기체 ② 부피가 없으며, 상호작용력이 무시되는 기체 ③ 상태 변화가 없으며, 완전 탄성 충돌을 하는 기체		
26. 보일-샤를의 법칙 ① 보일 법칙($T=$일정) : $P_1V_1=P_2V_2=$일정 ② 샤를 법칙($P=$일정) : $\dfrac{V_0}{T_0}=\dfrac{V}{T}=$일정, $V=V_0\left(1+\dfrac{1}{273}t\right)$ ③ 게이뤼삭 법칙 : $\dfrac{P}{T}=\dfrac{P_0}{T_0}=$일정 ④ 보일-샤를 법칙 : $\dfrac{P_0V_0}{T_0}=\dfrac{PV}{T}=$일정	2020-서 2017-서 2016-지	2022-지 2021-지 2018-서 2016-서
27. 이상 기체 상태방정식 $PV=nRT$	2014-국	

기출 개념	출제연도	
	9급	고졸
28. 기체의 분자 운동과 온도 ① $E_k = \frac{1}{2}mV^2 = \frac{3}{2}kT$ ② $V \propto \frac{1}{\sqrt{m}}$, $V = \sqrt{T}$		2018-서
29. 내부에너지 $U = N \cdot \frac{3}{2}kT = \frac{3}{2}nRT$ (단원자 분자)	2016-국 2016-사	
30. 열역학 법칙 ① 열역학 제0법칙 : 온도의 정의 ② 열역학 제1법칙 : $Q = \Delta U + W$, 1종 영구기관은 없음(열을 방출 시 $-Q$, 일을 받을 시 $-W$) 　㉠ 정적 변화 : $Q = \Delta U = \frac{3}{2}nRT$ 　㉡ 정압 변화 : $Q = P\Delta V + \frac{3}{2}nRT = \frac{5}{2}nRT$ 　㉢ 등온 변화 : $Q = W = P\Delta V = nRT \cdot \ln\frac{V_2}{V_1}$ 　㉣ 단열 과정 : $Q = 0$ 　　• 팽창 : $\Delta U = -P\Delta V < 0 (\Delta V > 0)$ 외부에 일한만큼 내부에너지 감소하여 온도가 낮아짐 　　• 압축 : $\Delta U = -P\Delta V > 0 (\Delta V < 0)$ 외부에 일을 받은 만큼 내부에너지가 증가, 온도가 상승 ③ 열역학 제2법칙 : 열에너지 이동의 방향성에 관한 법칙 　㉠ 열은 고온에서 저온으로 　㉡ 자연 현상은 대부분 비가역적 　㉢ 무질서도(엔트로피)가 증가하는 방향으로 진행 　㉣ 역학적 일은 전부 열로 바꿀 수 있으나, 열은 모두 일로 바꿀 수 없음 　㉤ 효율이 100%인 열기관은 결코 만들 수 없음	2020-국 2020-지 2019-서 2017-국 2016-국 2016-사 2014-지 2013-지	2022-지 2020-지 2019-지 2018-지 2018-서 2017 2016-지 2016-서 2015 2014
31. 엔트로피 $\Delta S > 0$, $\Delta S = Q\left(\frac{1}{T_2} - \frac{1}{T_1}\right)$	2022-서	
32. **열효율** $e = \frac{W}{Q_1} = 1 - \frac{Q_2}{Q_1} = 1 - \frac{T_2}{T_1}$ $(0 < e < 1)$	2021-국 2020-서 2018-국 2018-지 2015-국 2013-서	2021-지 2018-지 2018-서 2016-지 2016-서
33. 전기력 ① 쿨롱의 법칙 : $F = k\frac{q_1 q_2}{r^2}$ ② 전하량 보존법칙 ③ 정전기 유도 : 도체 - 자유전자 이동, 부도체 - 유전분극	2021-국 2021-지 2019-서 2017-국 2015-국 2014-지	2022-지 2021-지 2018-지 2018-서 2017 2014

기출 개념	출제연도	
	9급	고졸
34. 전기장 ① 방향 : +1C의 전하가 받는 힘의 방향 ② 크기 : $E=\dfrac{F}{q}=k\dfrac{Q}{r^2}$	2022-서 2019-서 2018-국 2018-서 2017-국 2017-서 2016-지 2015-지	2019-지 2017 2015 2014
35. 전위 $V=\dfrac{W}{q}$		
36. 균일한 전기장 ① 전하가 하는 일 $W=Fd=qEd$ ② 전위차 $\Delta V=Ed$		2016-지
37. 축전기 ① 전기용량 $C=\varepsilon\dfrac{S}{d}$ ② 직렬연결 : $\dfrac{1}{C_t}=\dfrac{1}{C_1}+\dfrac{1}{C_2}$, 병렬연결 : $C_t=C_1+C_2$ ③ 축전기에 저장된 에너지 $W=\dfrac{1}{2}QV=\dfrac{1}{2}CV^2=\dfrac{1}{2}\dfrac{Q^2}{C}$	2019-서	2016-서 2014
38. 옴의 법칙 ① 전류 $I=\dfrac{Q}{t}=Sevn$ ② 옴의 법칙 : $V=IR$ ③ 저항 $R=\rho\dfrac{l}{S}$ (온도 ↑ 일 때, 도체의 비저항 ↑, 부/반도체의 비저항 ↓) ④ 저항의 연결 : 직렬연결 $R_t=R_1+R_2$, 병렬연결 $\dfrac{1}{R_t}=\dfrac{1}{R_1}+\dfrac{1}{R_2}$ ⑤ 소비전력 : 직렬연결 $P=I^2R$, 병렬연결 $P=\dfrac{V^2}{R}$ ⑥ 전력량 $W=Pt$	2022-서 2020-서 2016-사 2014-국	2019-지 2016-지 2016-서 2015 2014
39. 전류에 의한 자기장 ① 자기장 방향 : 앙페르 오른손 법칙 ② 직선전류에 의한 자기장 세기 $B=2\times10^{-7}\dfrac{I}{r}$ ③ 원형전류에 의한 자기장 세기 $B=2\pi\times10^{-7}\dfrac{I}{r}$ ④ 솔레노이드에 의한 자기장 세기 $B=4\pi\times10^{-7}nI$	2022-서 2020-국 2018-지 2016-국 2016-서 2013-국	2022-지 2021-지 2019-지 2018-지 2016-지 2015
40. 자기장 속에서 전하가 받는 힘 ① 로렌츠 힘 $F=qvB\sin\theta$ ② 자기장 내 원운동하는 전하 $F=qvB=\dfrac{mv^2}{r}$ ③ 주기 $T=\dfrac{2\pi m}{qB}$		2018-서

기출 개념	출제연도	
	9급	고졸
41. 자기장 속에서 전류가 흐르는 도선이 받는 힘 ① 방향 : 플레밍의 왼손법칙 ② 힘의 세기 $F = BIl\sin\theta$ ③ 평행한 두 도선 사이에 작용하는 힘 $F = k\dfrac{I_1}{r}I_2 l = 2\times 10^{-7}\dfrac{I_1 I_2}{r}l$ ④ 전류 방향에 따른 힘의 방향 　㉠ 동일방향 : 인력 　㉡ 반대방향 : 척력	2022-서	2021-지
42. 자성체의 종류 ① 자성의 원인 : 전하를 띤 전자나 핵의 스핀, 전자의 궤도 운동 ② 강자성체, 상자성체, 반자성체 ③ 전류에 의한 자기모멘트 $\mu = I \cdot \pi r^2$	2022-서 2021-지 2020-지 2020-서 2019-지	2022-지 2020-지 2018-지
43. 전자기 유도현상 ① 유도전류 방향 : 렌츠의 법칙 ② 유도기전력의 크기 : 패러데이 법칙, $\varepsilon = -N\dfrac{\Delta\phi}{\Delta t}$	2019-서 2017-국 2017-지 2016-국 2015-국 2014-지 2014-서 2013-지	2021-지 2020-지 2018-지 2017 2016-지 2014
44. 사각도선의 균일한 자기장 내에서의 유도기전력 ① 유도전류 방향 : 렌츠의 법칙 ② 유도기전력의 크기 $\varepsilon = -Blv$	2022-서 2013-서	2022-지 2019-지 2018-지 2015 2014
45. 변압기 ① 변압기에 걸리는 전압의 비 $\dfrac{V_2}{V_1} = \dfrac{N_2}{N_1} = \dfrac{I_1}{I_2}$ ② 변압기의 전력 $P_1 = P_2$ ③ 송전선의 전력 손실 $P = I^2 R$	2016-서	2018-서 2017 2015 2014
46. 교 류 ① 실횻값 $V_e = \dfrac{V_m}{\sqrt{2}}$, 가정용 전압 220V는 실횻값 ② 저항에 대한 전압과 전류의 위상은 동일 ③ 코일에 대하여 전압의 위상이 90° 전류보다 빠름 $X_L = \omega L = 2\pi f L$ [Ω] ④ 축전기에 대하여 전압의 위상이 90° 전류보다 느림 $X_C = \dfrac{1}{\omega C} = \dfrac{1}{2\pi f C}$ [Ω]	2019-지 2015-지	2014
47. $R-L-C$ 회로 ① 합성저항(임피던스) $Z = \sqrt{R^2 + (X_L - X_C)^2} = \sqrt{R^2 + \left(\omega L - \dfrac{1}{\omega C}\right)^2}$ ② 고유진동수 $f = \dfrac{1}{2\pi\sqrt{LC}}$	2019-서	2014

기출 개념	출제연도	
	9급	고졸
48. 파동의 발생 ① 매질의 유무에 따라 탄성파·전자기파 ② 진동과 진행방향에 따라 횡파·종파	2019-국 2017-서	2021-지
49. 파동의 요소 ① 진폭, 마루, 골, 파장, 진동수, 주기 ② 속도 $v = f\lambda$	2022-서 2018-서 2014-지	2022-지 2021-지 2020-지 2019-지 2018-지 2014
50. 매질에 따른 파동의 속도 ① 줄에서의 속도 $v = \sqrt{\dfrac{T}{\rho}}$ ② 음파의 속도 $v = 331.6 + 0.6t$ ③ 가청주파수 : $20 \sim 20,000\,\text{Hz}$ ④ 물결파의 속도 : 깊은 곳에서 파장이 길어져 속도가 빠르다.	2022-서 2019-서	2014
51. 파동의 간섭과 중첩 ① 보강간섭·상쇄간섭 ② 두 점파원에서의 간섭 　㉠ 보강간섭 : 두 점파원의 반파장의 짝수배 　$|S_1P_1 - S_2P_1| = \dfrac{\lambda}{2}(2m)$ 　㉡ 상쇄간섭 : 두 점파원의 반파장의 홀수배 　$|S_1P_2 - S_2P_2| = \dfrac{\lambda}{2}(2m+1)$	2019-서	2017
52. 정상파 ① 양쪽이 막힌 관 또는 줄 $l = \dfrac{\lambda}{2}n$ 　기본 진동($\lambda_1 = 2l$) ② 한쪽이 막힌 관 또는 줄 $l = \dfrac{\lambda}{4}(2n-1)$ 　기본 진동($\lambda_1 = 4l$) ③ 양쪽이 열린 관 또는 줄 $l = \dfrac{\lambda}{2}n$ 　기본 진동($\lambda_1 = 2l$)	2020-서 2019-서 2018-지 2015-지 2013-지	2020-지 2018-서 2015

기출 개념	9급	고졸
53. 공 명 ① 공명진동수 ; 고유진동수와 일치하는 순간의 진동수 ② 한쪽 폐관에서의 음속 측정 $v = 2f(l_{n+1} - l_n)$		2017
54. 파동의 반사 ① 반사의 법칙 : 입사각 = 반사각 ② 고정단 반사 : 위상 180°(= π) 변함(소 → 밀) ③ 자유단 반사 : 위상 변화 없음(밀 → 소)	2022-서	
55. 파동의 굴절 스넬의 법칙 : $\dfrac{\sin i}{\sin r} = \dfrac{v_1}{v_2} = \dfrac{\lambda_1}{\lambda_2} = \dfrac{n_2}{n_1} = n_{12}$ (i : 입사각, r : 굴절각)	2021-국 2020-서 2019-서 2017-국 2017-지 2014-국	2022-지 2020-지 2017 2014
56. 전반사 ① 밀 → 소, 임계각 이상으로 입사 시 발생 ② $n_1 \sin\theta_c = n_2 \sin 90°$, $\sin\theta_c = \dfrac{n_2}{n_1}$ ($n_1 > n_2$)	2020-지 2018-국 2016-국 2016-서 2014-서 2013-국	2021-지 2020-지 2019-지 2018-지 2016-지
57. 파동의 회절 ① 슬릿의 폭이 좁을수록 회절이 잘 일어난다. ② 파장이 길수록 회절이 잘 일어난다.		2015
58. 빛의 간섭 ① 밝은 무늬 : $\|S_1P - S_2P\| = \dfrac{\lambda}{2}(2m)$ 어두운 무늬 : $\|S_1P - S_2P\| = \dfrac{\lambda}{2}(2m+1)$ ② 이중슬릿 간섭무늬 간격 $\Delta x = \dfrac{l\lambda}{d}$ (l : 슬릿에서 스크린까지의 거리, d : 이중 슬릿 사이의 간격)	2022-서 2020-서	2014
59. 도플러 효과 $f' = \left(\dfrac{v \pm v_o}{v \mp v_s}\right)f$ (v_0 : 관찰자 속도, v_s : 음원 속도, v : 음속)	2022-서	2018-서 2016-서
60. 거울 및 렌즈에 의한 상 ① $\dfrac{1}{a} + \dfrac{1}{b} = \dfrac{1}{f} = \dfrac{2}{r}$ 　㉠ 실초점(오목거울, 볼록렌즈) : $f > 0$ 　㉡ 허초점(볼록거울, 오목렌즈) : $f < 0$ ② $m = \dfrac{b}{a}$ ($b > 0$: 실상, $b < 0$: 허상) (a : 물체까지 거리, b : 상까지 거리, m : (+)도립상, (−)정립상)		2014

59번 표:

	(+)	(−)
분 자	관측자가 음원에 가까워진다.	관측자가 음원에 멀어진다.
분 모	음원이 관측자와 멀어진다.	음원이 관측자와 가까워진다.

기출 개념	출제연도	
	9급	고졸
61. 전자기파의 발생 ① 고속의 전자가 가진 운동 에너지는 X선과 열에너지로 전환 ② α선 : 핵붕괴 시 α입자(헬륨원자 핵)가 방출되는 방사선 ③ β선 : 핵붕괴 시 β입자가 방출되는 방사선 ④ γ선 : 진동수가 매우 큰 전자기파 ⑤ 파장에 따른 전자기파(파장이 짧은 순) 　　γ선 < X선 < 자외선 < 가시광선 < 적외선 < 전파 ⑥ 파장이 길수록 회절이 잘되며 짧으면 직진성이 강함	2021-지 2016-사 2013-서	2022-지 2021-지 2020-지 2019-지 2018-지 2018-서 2017
62. 편 광 ① 편광축과 수직하게 진동하는 빛은 편광판을 통과할 수 없음 ② 말루스의 법칙 : $I_2 = I_1 \cos^2\theta (\angle\theta : I_2$와 I_1이 이루는 각)		2015
63. 분산 및 산란 ① 분산 : 매질 내에서 파장에 따라 속도가 다르며, 파장이 짧을수록 굴절률이 큼(예 무지개) ② 산란 : 매질 속의 원자나 분자 등 매우 작은 입자를 만나서 사방으로 퍼져나가는 현상(예 눈, 설탕, 구름, 노을 등)	2015-지 2015-사	2014
64. 빛의 혼합 ① 빛의 3원색 : Red-Green-Blue ② 우리 눈은 빛의 단일파장과 혼합파장을 구별하지 못함 ③ 우리 눈은 녹색에 더 민감하게 반응함	2015-국	
65. 플랑크의 양자설 ① 흑체에서 방출되는 에너지는 hf의 정수배 ② hf의 정수배로 불연속적인 에너지를 흡수하거나 방출		
66. 광전 효과 ① 한계진동수 이상의 빛이 닿아야 광전자가 방출 ② 한계진동수보다 큰 빛의 진동수 　　빛의 진동수 ∝ 광전자의 운동에너지 ∝ 정지전압 ③ 한계진동수 이상의 빛 　　빛의 밝기 ∝ 광전류량 ④ 광전자의 최대 운동 에너지 　　$E_{\max} = hf - W_0 = hf - hf_0$	2022-서 2020-국 2020-서 2017-국 2017-지 2017-서 2014-지 2014-사	2022-지 2021-지 2019-지 2018-지 2018-서 2016-지 2016-서 2015
67. 콤프턴 효과 ① 입사한 X선보다 산란된 X선의 파장이 더 길어짐 ② 산란각이 클수록 산란된 X선의 파장이 더 길어짐 ③ 광전효과와 같이 빛의 입자성의 증거		2016-서

기출 개념	출제연도	
	9급	고졸
68. 물질파(드브로이파) ① 드브로이파 $\lambda = \dfrac{h}{p} = \dfrac{h}{mv}$ ② 가속된 전자의 물질파 $\lambda = \dfrac{h}{\sqrt{2meV}}$	2021-국 2019-서	2022-지 2021-지 2020-지
69. 보어의 원자모형 ① 각운동량 양자화 조건 : $2\pi r\,mv = nh,\ E_n = \dfrac{-13.6}{n^2}\mathrm{eV}$ ② 진동수 조건 : $E_n - E_m = hf,\ \dfrac{1}{\lambda} = R_H\left(\dfrac{1}{n^2} - \dfrac{1}{m^2}\right)$	2014-지	2022-지 2018-지
70. 불확정성의 원리 ① $\Delta x \Delta p \geq \hbar$ ② $\Delta E \Delta t \geq \hbar$		
71. 원자론의 발달사 데모크리토스 → 돌턴 → 톰슨 → 한타로 → 러더퍼드 → 보어 → 현대		
72. 러더퍼드 원자모형과 보어 원자모형의 문제점 ① 러더퍼드 　㉠ 궤도 운동하는 전자는 전자기파 방출 → 에너지를 잃음 → 전자의 궤도가 작아짐 → 핵에 흡수 　　→ 원자 붕괴 → 원자의 불안정성 　㉡ 기체 원자의 선 스펙트럼 현상 설명 불가 ② 보 어 　㉠ 수소 이외에 전자가 많은 원자의 경우 설명할 수 없음 　㉡ 물질파 입장에서 볼 때 전자가 해당 준위에 있다고 말하기 어렵고, 오히려 존재 확률이 크다고 　　보는 전자 구름형태로 설명되어야 함		
73. 수소 원자의 방출 선 스펙트럼 ① 라이먼 계열 : 전자가 $n>1 \rightarrow n=1$, 자외선 계열 ② 발머 계열 : 전자가 $n>2 \rightarrow n=2$, 가시광선 계열 ③ 파센 계열 : 전자가 $n>3 \rightarrow n=3$, 적외선 계열	2021-지 2019-서 2016-국	2020-지 2019-지 2017
74. 고체의 에너지띠 ① 도체 : 원자가 띠와 전도 띠가 붙어있는 구조 ② 부도체 : 전도 띠가 원자가 띠로부터 멀리 떨어진 구조 ③ 반도체 : 전도 띠와 원자가 띠가 가까움, 띠 틈 에너지가 1eV 이하	2013-국	2020-지 2018-지 2016-지 2015

기출 개념	출제연도	
	9급	고졸
75. p-n접합 반도체 ① n형 반도체 : 주개를 통해 전도전자가 생성된 반도체(예 주개 : 인, 비소, 안티몬) ② p형 반도체 : 받개를 통해 양공이 생성된 반도체(예 받개 : 갈륨, 인듐, 붕소, 알루미늄) ③ 다이오드 : 정류 작용 ④ 태양전지 　㉠ 광전효과의 원리 　㉡ p-n 접합 반도체 　㉢ 전자 → n형 반도체로 이동, 양공 → p형 반도체로 이동 ⑤ 트랜지스터 : 스위칭 작용, 증폭 작용	2022-서 2020-국 2019-국 2019-지 2019-서 2017-서 2015-지	2022-지 2021-지 2020-지 2018-지 2017
76. 신소재 ① 초전도체 : 임계 온도 이하에서 전기 저항이 0이 되는 물질 ② 유전체 : 전하를 축적하는 기능을 가진 물질 ③ 서미스터 : 온도에 따라 저항이 변하는 물질 ④ 금속산화물 배리스터 : 전압에 따른 전류의 변화율이 다른 물질 ⑤ 압전소자 : 압력을 가하면 전압이 형성되는 물질 ⑥ 그래핀 : 탄소원자가 벌집 모양으로 연결된 평면적 구조를 가진 화학 결합체	2020-서	
77. 양자 터널 효과 미시 세계에서 자신이 가진 운동 에너지보다 더 높은 퍼텐셜 장벽을 뚫고 마치 터널을 지나듯이 입자가 이동하는 현상		
78. 마이켈슨 몰리 실험 ① 빛의 매질(에테르)은 존재하지 않음 ② 광속은 일정		

표: p-n-p형 / n-p-n형 트랜지스터

p-n-p형	n-p-n형
(E p n p C, B)	(E n p n C, B)
이미터에서 베이스로 전류가 흐름	베이스에서 이미터로 전류가 흐름

기출 개념	출제연도	
	9급	고졸

79. 특수상대론
① 관성좌표계에서 물리 법칙은 동일
② 광원과 관찰자의 운동과 관계없이 빛의 속도는 일정
③ 관찰자의 운동상태에 따라 동시성은 달라짐
④ 움직이는 관찰자의 시간은 정지한 관찰자보다 느리게 감
 	
    시간 팽창, $\Delta t = \dfrac{\Delta t_0}{\sqrt{1-v^2/c^2}}$
⑤ 움직이는 관찰자가 측정한 거리는 정지한 관찰자가 측정한 거리보다 짧음
    길이 수축, $L = L_0\sqrt{1-v^2/c^2}$
⑥ 질량·에너지 동등성
 	
    $E = mc^2$, $m = \dfrac{m_0}{\sqrt{1-v^2/c^2}}$
	2019-서
	2014-국
		2022-지
		2021-지
		2020-지
		2019-지
		2018-지
		2016-지
		2015

80. 일반상대론 ① 가속운동할 때 나타나는 관성력과 중력은 구별되지 않음(등가의 원리) ② 태양근처의 빛은 휘어짐 ③ 중력 렌즈 현상 ④ 중력에 의한 시간지연 ⑤ 수성의 세차 운동 ⑥ 중력파 측정 실험 ⑦ 블랙홀	2019-국 2018-지	

81. 팽창하는 우주
① 흡수 스펙트럼의 적색편이 현상
② 허블의 법칙
    ⊙ 우주는 중심이 없이 서로 멀어지고 있음
    ⓛ 멀어지는 속도는 멀리 있을수록 빠름
 	
    ⓒ 우주의 나이 $= \dfrac{r}{v} = \dfrac{1}{H}$
		2014

82. 대폭발우주론 ① 닫힌 우주 : 우주밀도 > 임계밀도, 팽창 후 수축 ② 열린 우주 : 우주밀도 < 임계밀도, 팽창 지속 ③ 평탄 우주 : 우주밀도 = 임계밀도, 팽창 후 멈춤 ④ 우주 배경 복사 : 2.7K에 해당하는 우주 배경 복사가 검출		
83. 자연계의 기본 힘 강한 상호작용(1) > 전자기력(10^{-2}) > 약한 상호작용(10^{-13}) > 중력(10^{-38})		

84. 표준모형
① 표준모형 : 물질을 구성하는 기본입자를 렙톤과 쿼크에 작용하는 약력, 강력, 전자기력 이론
② 기본입자 : 6종의 쿼크와 6종의 렙톤, 4종의 매개입자(중력-중력자, 전자기력-광자, 약력-Z
    보손, W보손, 강력-글루온, 파이온)
    양성자는 $2u+d$, 중성자는 $u+2d$로 구성
	2019-국
	2018-국
	2016-지
		2019-지
		2017
		2016-지

기출 개념	출제연도	
	9급	고졸
85. 원소의 표기 $^A_Z X^{\pm a}$ X : 원소 기호 A : 질량수(A) = 양성자 수(Z) + 중성자 수(N) = 핵자 수 Z : 원자번호 = 양성자 수 = 원자핵의 전하량 $+a$: 잃어버린 전자의 수 $-a$: 얻은 전자의 수	2020-서 2017-서	2015
86. 핵반응식 $^a_e X + ^b_f Y \rightarrow ^c_g Z + ^d_h W$ ① 핵자 수 보존 : 반응 전후 질량수의 합은 변하지 않음 $\quad a + b = c + d$ ② 전하량 보존 : 반응 전후 원자번호의 합은 변하지 않음 $\quad e + f = g + h$ ③ 질량수는 보존되지만, 질량은 보존되지 않음 ④ 원자핵의 충돌에서도 운동량 보존법칙은 성립함	2019-서	2019-지 2017
87. 핵반응과 에너지 핵반응 전후에 질량결손만큼의 에너지가 방출 $E = \Delta m c^2$		
88. 핵반응 종류 ① 핵융합 반응 : 수소융합, 중성자 흡수, 헬륨융합 ② 핵붕괴 반응 : α붕괴, β붕괴, γ붕괴 ③ 핵분열 반응 : 연쇄반응 $\quad ^{235}_{92}U + ^1_0 n \rightarrow ^{236}_{92}U \rightarrow ^{141}_{56}Ba + ^{92}_{36}Kr + 3^1_0 n + \Delta E$ $\quad ^{235}_{92}U + ^1_0 n \rightarrow ^{236}_{92}U \rightarrow ^{140}_{54}Xe + ^{94}_{38}Sr + 2^1_0 n + \Delta E$ $\quad ^{235}_{92}U + ^1_0 n \rightarrow ^{236}_{92}U \rightarrow ^{97}_{37}Rb + ^{137}_{55}Cs + 2^1_0 n + \Delta E$	2017-국 2017-서 2014-지 2014-사	2022-지 2020-지
89. 원자로의 구성 ① 감속재 : 중성자의 속도를 늦추는 물질 ② 제어봉 : 중성자를 흡수시키는 물질 ③ 냉각재 : 핵분열 시 발생하는 열을 식혀주는 물질		2018-지
90. 반감기 $N = N_0 \left(\dfrac{1}{2} \right)^{\frac{t}{T}}$ (T : 반감기, t : 경과시간, N : 나중 원자수, N_0 : 처음 원자수)		

PART 01

핵심이론

9급 기술직 공무원 고졸자 채용의 필수과목인 〈물리〉를 준비하는 수험생은
핵심이론과 적중예상문제에 별도로 표기한 내용을 위주로 공부할 수 있도록 구성하였습니다.
2015 , [2015] : 2015 물리학 Ⅰ 교육과정 반영

기술직 물리

TECH BIBLE

CHAPTER 01 힘과 운동

제1절 운동의 표현

1 벡터와 스칼라

(1) **스칼라(A)** : 크기만 가지는 물리량

  예 길이, 질량, 시간, 속력, 부피, 일, 에너지 등

(2) **벡터($\vec{A}$)** : 크기와 방향을 함께 가지는 물리량

  예 변위, 속도, 가속도, 힘, 전기장, 자기장, 운동량, 충격량 등

(3) **벡터의 합성**

평형사변형법	삼각형법

(4) **벡터의 분해**

  위치 벡터 $\vec{F}$는 삼각함수를 이용하여 분해한다.

  ① $\vec{F}$의 x방향 성분 : $\cos\theta = \dfrac{\vec{F_x}}{\vec{F}}$, $\vec{F_x} = \vec{F}\cos\theta$

다음 중 스칼라양과 벡터양을 바르게 짝지은 것은?

① 질량 – 스칼라양　　② 이동거리 – 벡터양

③ 무게 – 스칼라양　　④ 속력 – 벡터양

해설
이동 거리, 속력은 스칼라양이고, 무게는 벡터양이다.

답 ①

벡터와 스칼라에 관한 설명 중 틀린 것은?

① 벡터는 크기와 방향을 가진 양이다.

② 스칼라는 크기만을 갖는 양이다.

③ 스칼라의 사칙연산은 수식 사칙연산과 동일하다.

④ 벡터의 사칙연산은 수식의 사칙연산과 동일하다.

해설
벡터는 크기와 방향을 갖는 물리량이므로 수식의 사칙연산을 따르지 않으며, 성분별로 분해하여 계산하여야 한다.

답 ④

크기가 4와 5인 두 벡터가 있다. 합성벡터의 최댓값과 최솟값이 순서대로 바르게 짝지어진 것은?

① 9, 1　　　　　　② 9, 3

③ 5, 4　　　　　　④ 5, 3

해설
두 벡터의 합성은 같은 방향일 때 최대, 서로 반대 방향일 때 최소가 된다. 따라서 $5 + 4 = 9$, $5 - 4 = 1$이 된다.

답 ①

20N으로 크기가 같은 두 힘이 60°를 이룰 때, 이 힘의 합력은 얼마인가?

① 20N
② $20\sqrt{3}$ N
③ 40N
④ $40\sqrt{3}$ N

해설

합성벡터의 크기 $|\vec{F}|$
$= \sqrt{|\vec{F_1}|^2 + |\vec{F_2}|^2 + 2\vec{F_1} \cdot \vec{F_2}\cos\theta}$
$= \sqrt{(20)^2 + (20)^2 + 2(20)(20)\cos 60°}$
$= 20\sqrt{3}$

답 ②

서에서 동으로 6km/h로 흐르는 강물에 배가 남에서 북으로 8km/h로 나아가고 있다. 배의 실제 속도(합속도)는 몇 km/h인가?

① 6
② 8
③ 10
④ 14

해설

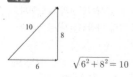

$\sqrt{6^2 + 8^2} = 10$

답 ③

정확히 강을 가로질러 건너가려고 할 때 배의 방향은?

① 북 쪽
② 북서쪽
③ 북동쪽
④ 서 쪽

해설

위 문제에서 배는 북동쪽으로 진행하기 때문에 가로질러 진행하려면 북서쪽으로 진행해야 한다.

답 ②

② $\vec{F}$의 y방향 성분 : $\sin\theta = \dfrac{\vec{F_y}}{\vec{F}}$, $\vec{F_y} = \vec{F}\sin\theta$

③ $\vec{F}$의 크기 : $|\vec{F}| = \sqrt{|\vec{F_x}|^2 + |\vec{F_y}|^2 + 2\vec{F_x} \cdot \vec{F_y}\cos\theta}$

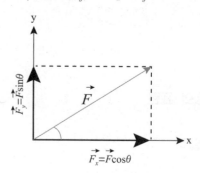

2 위치 벡터와 변위 벡터

(1) **위치 벡터** : 원점에서 물체의 위치까지 연결한 선분과 방향이다.

　예 기준점 O를 기준으로 위치 벡터 $\vec{r_1}$은 $P(x_0, y_0)$를 나타낸다.

(2) **변위 벡터** : 출발점에서 최종점까지를 연결한 선분과 방향이다.

　예 변위 벡터 $\vec{\Delta r}$은 P점에서 Q점으로 이동한 벡터이다.

3 이동 거리와 변위 `2015`

(1) **이동 거리(S)**

출발점에서 도착점까지 물체의 전체 이동 경로의 크기이다.

(2) **변위($\vec{S}$)**

출발점에서 도착점까지 직선으로 연결한 위치 변화량의 크기와 방향이다.

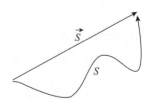

4 속도 2015

(1) **속도** : 단위 시간 동안 변위의 크기이다.

$$\vec{v} = \frac{\vec{s_2} - \vec{s_1}}{t_2 - t_1} = \frac{\Delta \vec{s}}{\Delta t} (단위 : m/s)$$

① 속력은 스칼라양이고 속도는 벡터양
② 속도는 평행사변형법을 이용하여 합성
　또는 분해

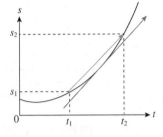

(2) **평균 속도** : 변위를 전체 시간으로 나눈 값이다.

(3) **순간 속도** : 매우 짧은 시간 동안의 평균 속도이다.

$$\vec{v} = \lim_{\Delta t \to 0} \frac{\Delta \vec{s}}{\Delta t}$$

5 가속도 2015

(1) **가속도** : 단위 시간 동안의 속도 변화량이다.

$$\vec{a} = \frac{\vec{v_2} - \vec{v_1}}{t_2 - t_1} = \frac{\Delta \vec{v}}{\Delta t} (단위 : m/s^2)$$

① 가속도가 (+) : 속도 증가
　가속도가 (−) : 속도 감소
② 속력이 증가하는 운동 : 가속도 방향이
　운동 방향 동일
　속력이 감소하는 운동 : 가속도 방향이
　운동 방향 반대

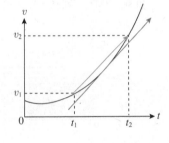

(2) **평균 가속도** : 속도의 변화량을 걸린 시간으로 나눈 값이다.

(3) **순간 가속도** : 시간 간격을 매우 짧게 하여 구한 평균 가속도이다.

$$\vec{a} = \lim_{\Delta t \to 0} \frac{\Delta \vec{v}}{\Delta t}$$

다음 속력과 속도에 대한 설명 중 옳은 것은?

① 속도는 단위 시간 동안 물체가 이동한 거리이다.
② 속력은 단위 시간 동안 물체의 변화한 위치량이다.
③ 속도는 속력보다 큰 값을 가질 수 있다.
④ 원점으로 다시 되돌아오는 물체의 운동의 경우 물체의 속도는 0이다.

해설
① 속력 : 단위 시간 동안 물체가 이동한 거리
② 속도 : 단위 시간 동안 물체의 변화한 위치량
③ 속도는 속력보다 큰 값을 가질 수 없다(속력 ≥ 속도).

답 ④

다음 그래프에 관한 설명으로 옳지 않은 것은?

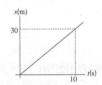

① 출발 5초 후 물체의 속력은 3m/s이다.
② 물체의 평균 속력은 3m/s이다.
③ 물체의 가속도는 3m/s²이다.
④ 10초 동안 진행한 거리는 30m이다.

해설
$v - t$ 그래프의 기울기가 가속도이다.

답 ③

시속 36km/h의 일정한 속력으로 달리는 자동차가 5초 동안에 이동한 거리는?

① 20m   ② 40m

③ 50m   ④ 60m

해설

$$v = \frac{36\,km}{1h} = \frac{36,000\,m}{60\,min \times 60\,s} = 10\,m/s$$
$$s = vt = 10 \times 5 = 50\,m$$

답 ③

다음 그래프에서 빗금친 면적이 의미하는 것은?

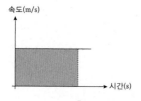

① 속 도   ② 속 력

③ 가속도   ④ 변 위

해설

$v - t$ 그래프의 아래 면적 $s = vt$로 변위를 나타낸다.

답 ④

정지 상태에서 출발한 자전거가 $5\,m/s^2$의 가속도로 이동하고 있다. 이 자전거의 나중 속력이 $30\,m/s$가 되었을 때까지 걸린 시간과 이동 거리로 옳게 짝지은 것은?

① 5초, 100m   ② 6초, 100m

③ 5초, 90m   ④ 6초, 90m

해설

$$v = v_0 + at$$
$$30 = 0 + 5t \quad \therefore \ t = 6s$$
$$s = \frac{v^2 - v_0^2}{2a} = \frac{30^2 - 0^2}{2 \times 5} = 90\,m$$

답 ④

처음 속도 $40\,m/s$로 20g의 골프공이 수직으로 올라가고 있다. 골프공이 올라갈 수 있는 최대 높이는 얼마인가?

① 약 40m   ② 약 80m

③ 약 100m   ④ 약 200m

해설

$$s = \frac{v^2 - v_0^2}{2a} = \frac{0 - 40^2}{2(-10)} = 80\,m$$

답 ②

(4) 곡선 운동에서의 가속도 방향 : $\Delta \vec{v}$의 방향

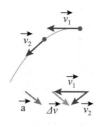
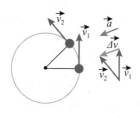

[방향이 변하는 경우]   [속력과 방향이 변하는 경우]

제2절   **직선 운동**

1 등속도 운동(등속 직선 운동) `2015`

(1) 등속도 : 물체의 속력과 방향이 변하지 않는 운동이다.

$$s = vt$$

(2) 등속도 운동 그래프 : 속도 – 시간 그래프에서 아래 넓이는 위치를 나타내며, 위치 – 시간 그래프에서 기울기는 속도를 나타낸다.

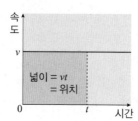
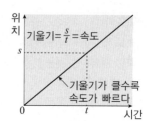

2 등가속도 직선 운동 `2015`

(1) 등가속도 직선 운동 : 단위 시간당 속도의 변화량이 일정한 운동이다.

(2) 등가속도 직선 운동식

① 속도와 시간의 관계 $v = v_0 + at$

② 거리와 시간의 관계 $s = v_0 t + \frac{1}{2}at^2$

③ 속도와 위치의 관계 $2as = v^2 - v_0^2$

(3) 등가속도 운동 그래프

① $a-t$ 그래프 : 그래프 아래 넓이는 속도 변화량

② $v-t$ 그래프 : 기울기는 가속도, 넓이는 변위

③ $s-t$ 그래프 : 접선의 기울기는 순간 속도

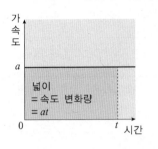

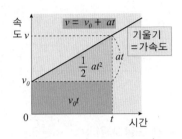

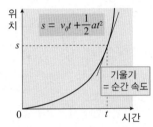

등가속도 직선 운동하는 물체의 그래프에 관한 설명으로 틀린 것은?

① $s-t$ 그래프의 아래 면적은 이동 거리이다.

② $s-t$ 그래프의 기울기는 속도이다.

③ $v-t$ 그래프의 기울기는 가속도이다.

④ $a-t$ 그래프의 아래 면적은 속도 변화량이다.

해설

① $s-t$ 그래프는 해당 시점의 변위를 알려 준다.

② $s-t$ 그래프의 기울기$=\dfrac{s}{t}=v$(속도)

③ $v-t$ 그래프의 기울기$=\dfrac{v}{t}=a$(가속도)

④ $a-t$ 그래프의 아래 면적$=a\times t=\Delta v$(속도 변화량)

답 ①

제3절 평면 운동

1 포물선 운동

(1) **포물선 운동** : 일정한 힘이 작용하는 공간에 대하여 힘의 방향과 비스듬하게 던져진 물체가 포물선을 그리며 운동하는 것이다.

(2) 포물선 운동의 예로, 수평으로 던진 운동과 비스듬히 위로 던진 물체의 운동이 있다.

2 수평으로 던진 물체의 운동

※ 수평 방향 : 등속도 운동, 연직 방향 : 등가속도 운동

일직선상에서 운동하고 있는 어떤 물체의 가속도와 시간을 측정하여 그래프를 그렸다. 이 그래프를 통해 알 수 있는 것은?

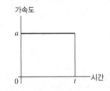

① 물체에 힘이 계속 작용하고 있다.

② 속력이 일정하다.

③ 빠르기가 계속 감소하고 있다.

④ 가속도의 크기는 0이다.

해설

가속도가 0이 아니며 일정하게 나타나고 있으므로, 동일한 힘이 계속 작용하고 있다.

답 ①

20m 높이의 탑 위에서 지표면과 수평으로 발사된 포탄이 수평 거리 100m 떨어진 곳에 떨어지도록 하려고 한다. 포탄의 속력은 얼마이어야 하는가?(단, $g = 10\text{m/s}^2$이다)

① 20m/s
② 40m/s
③ 50m/s
④ 100m/s

해설

20m 높이에 있는 물체가 지표면까지 낙하하는 데 걸리는 시간
$t = \sqrt{\dfrac{2s}{g}} = \sqrt{\dfrac{2 \times 20}{10}} = 2s$,
포탄은 2초 동안 수평 거리 100m를 이동해야 하므로,
$s = v_0 t$, $100\text{m} = v_0 \cdot 2$, $v_0 = 50\text{m/s}$ 이다.

답 ③

수평 방향으로 50m/s 속력으로 화물 수송기가 날아가고 있다. 화물기가 125m 높이에서 목표 지점에 화물을 떨어뜨리려고 한다. 목표 지점보다 몇 m 전에 화물을 떨어뜨려야 정확하게 목표 지점에 안착시킬 수 있겠는가? (단, 공기저항은 무시한다)

① 0m
② 100m
③ 125m
④ 250m

해설

화물기에서 낙하되는 물체는 자유낙하이므로, 바닥에 도달할 때까지 걸리는 시간은 $t = \sqrt{\dfrac{2 \times 125}{10}} = 5s$. 낙하되는 화물의 수평 속도는 50m/s 이므로, 수평 이동 거리가 250m 가 되어, 목표 지점보다 250m 전에 낙하시켜야 한다.

답 ④

어떤 물체를 자유낙하시킬 때, 매 초당 낙하하는 거리의 비는?

① 1 : 2 : 3
② 1 : 3 : 6
③ 1 : 4 : 9
④ 1 : 4 : 6

해설

자유낙하 시 이동 거리는 $s = \dfrac{1}{2}gt^2$이므로, 1 : 4 : 9 이 된다.

답 ③

(1) 시간 t초 후의 속도

	수평 성분(x축)	연직 성분(y축)	합 성
처음 속도	v_0	0	$v = v_0$
가속도	$a = 0$	$a = g$	$a = g$
나중 속도	v_0	gt	$v = \sqrt{(v_0)^2 + (gt)^2}$
위 치	$v_0 \cdot t$	$\dfrac{1}{2}gt^2$	$y = \dfrac{g}{2v_0^2}x^2$

※ 중력의 방향과 운동 방향이 동일하므로 $a = g$

(2) 지면 도달 시간 : $t = \sqrt{\dfrac{2H}{g}}$

(3) 수평 도달 거리 : $x = v_0 t = v_0 \sqrt{\dfrac{2H}{g}}$

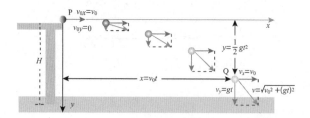

3 비스듬히 위로 던진 물체의 운동

중력장 내에서 지면과 각 θ의 각도로 처음 속도 v_0으로 던진 물체의 운동

(1) 시간 t초 후의 속도

	수평 성분(x축)	연직 성분(y축)	합 성
처음 속도	$v_0\cos\theta$	$v_0\sin\theta$	$v = \sqrt{v_x^2 + v_y^2}$
가속도	$a = 0$	$a = -g$	$a = -g$
나중 속도	$v_0\cos\theta$	$v_0\sin\theta - gt$	$v = \sqrt{(v_0\cos\theta)^2 + (v_0\sin\theta - gt)^2}$
위 치	$v_0\cos\theta \cdot t$	$v_0\sin\theta \cdot t - \dfrac{1}{2}gt^2$	$y = \tan\theta \cdot x - \dfrac{g}{2v_0^2\cos^2\theta}x^2$

※ 중력의 방향과 운동 방향이 반대이므로 $a = -g$

(2) 최고점 도달 시간 : $t_1 = \dfrac{v_0\sin\theta}{g}$

(3) **최고점 높이** : $h = \dfrac{v_0^2 \sin^2\theta}{2g}$

(4) **수평 도달 거리** : $R = v_0\cos\theta \times 2t_1 = v_0\cos\theta \cdot 2\dfrac{v_0\sin\theta}{g} = \dfrac{v_0^2}{g}\sin2\theta$

즉, $\sin2\theta$는 2θ가 90°일 때 최댓값이므로, 각 θ가 45°일 때 수평 도달 거리가 최대이다.

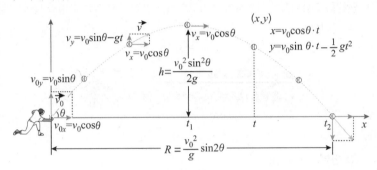

4 등속 원운동

(1) **등속 원운동** : 단위 시간당 이동한 호의 길이가 일정한 원운동이다.

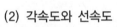

(2) **각속도와 선속도**

① **각속도**(ω) : 단위 시간 동안 회전한 중심각(θ)

$\omega = \dfrac{\theta}{t}$ (단위 : rad/s)

② **선속도**(v) : 접선 방향의 속도 $v = \dfrac{l}{t} = \dfrac{r\theta}{t} = r\omega$ (단위 : m/s)

(3) **주기와 진동수**

① **주기** : 1회전하는 데 걸리는 시간 $T = \dfrac{2\pi r}{v} = \dfrac{2\pi}{\omega}$ (단위 : s)

② **진동수** : 1s 동안에 회전하는 횟수 $f = \dfrac{1}{T} = \dfrac{\omega}{2\pi}$ (단위 : Hz)

(4) **구심 가속도** : 물체가 원운동할 때 원의 중심 방향으로 생기는 가속도이다.

$a = \dfrac{v^2}{r} = r\omega^2$

어떤 물체를 던질 때, 최대 수평 도달 거리가 되도록 하기 위해서는 공기 저항을 무시할 때, 수평면과 이루는 각 θ는 얼마인가?

① $\dfrac{\pi}{6}$ ② $\dfrac{\pi}{4}$

③ $\dfrac{\pi}{3}$ ④ $\dfrac{\pi}{2}$

해설

수평 도달 거리 $R = \dfrac{v_0^2\sin2\theta}{g}$의 값이 최대가 되려면,

$\sin2\theta = 1$, $2\theta = \dfrac{\pi}{2}$

답 ②

어떤 자동차가 곡선 구간을 지나고 있다. 이때, 어느 바퀴가 더 큰 힘을 받겠는가?

① 곡선 구간의 안쪽 바퀴
② 곡선 구간의 바깥쪽 바퀴
③ 곡선 구간의 앞바퀴
④ 곡선 구간의 뒷바퀴

해설

동일한 각속도로 회전하는 물체에서, 원심력은 $mr\omega^2$이므로, 회전 중심에서 먼 곳에 있는 물체가 더 큰 힘을 받는다.

답 ②

질량이 동일한 두 개의 물체가 원운동을 하고 있다. 반지름 비가 $3 : 4$일 때, 동일한 원심력을 가지려면, 두 물체의 선속도 비는 얼마인가?

① $3 : 4$ ② $\sqrt{3} : 2$

③ $4 : 3$ ④ $2 : \sqrt{3}$

해설

원심력 $F = \dfrac{mv^2}{r}$이므로 F가 일정할 때, $r \propto v^2$, $v \propto \sqrt{r}$ 이 되므로 $\sqrt{3} : 2$이다.

답 ②

(5) **구심력** : 구심 가속도를 생기게 하는 힘

$$F = ma = m\frac{v^2}{r} = mr\omega^2 = mr\frac{4\pi^2}{T^2}$$

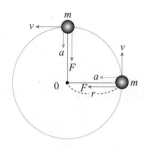

탄성 계수가 $2\,\mathrm{N/m}$인 용수철에 질량 $8\,\mathrm{kg}$의 물체가 매달려 진동하고 있다. 이 물체의 진동 주기는 얼마인가?

① $\pi(\mathrm{s})$ 　　　　② $\dfrac{1}{4\pi}(\mathrm{s})$

③ $4\pi(\mathrm{s})$ 　　　　④ $2\pi(\mathrm{s})$

해설

$$T = 2\pi\sqrt{\frac{m}{k}} = 2\pi\sqrt{\frac{8}{2}} = 4\pi$$

답 ③

질량 $20\,\mathrm{kg}$의 물체를 $10\,\mathrm{m}$의 줄에 매달아 진자 운동을 시키고 있다. 이 물체의 진동수는 얼마인가?(단, $g = 10$ $\mathrm{m/s^2}$이다)

① 약 $2\pi\,\mathrm{Hz}$ 　　　　② 약 $\pi\,\mathrm{Hz}$

③ 약 $\dfrac{1}{\pi}\,\mathrm{Hz}$ 　　　　④ 약 $\dfrac{1}{2\pi}\,\mathrm{Hz}$

해설

$T = 2\pi\sqrt{\dfrac{l}{g}} = 2\pi\sqrt{\dfrac{10}{10}} = 2\pi$ 이고 $f = \dfrac{1}{T}$ 이므로 $f = \dfrac{1}{2\pi}$ 이다. 진자 운동의 주기는 질량에 무관하다.

답 ④

주기가 T, 진폭 A인 단진동하는 물체가 있다. 시각 t에서 이 물체의 평형점에서 변위 y는 어떻게 표현되는가? (단, θ는 초기 위상이다)

① $y = A\sin\left(\dfrac{t}{T} + \theta\right)$ 　　② $y = A\sin\left(\dfrac{\pi t}{T} + \theta\right)$

③ $y = A\sin\left(\dfrac{2\pi t}{T} + \theta\right)$ 　　④ $y = A\sin\left(\dfrac{2\pi}{T} + \theta t\right)$

해설

변위 $y = A\sin(\omega t + \theta)$ 이고 $\omega = \dfrac{2\pi}{T}$ 이므로

$$y = A\sin\left(\frac{2\pi t}{T} + \theta\right)$$

답 ③

---

5 단진동과 단진자

(1) **단진동** : 복원력이 작용하여 주기적으로 동일한 직선 경로를 따라 왕복 운동하는 것이다.

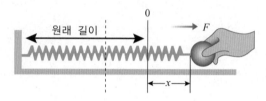

① 변위 : $x = A\sin\omega t$

② 속도 : $v = A\omega\cos\omega t$

③ 가속도 : $a = -A\omega^2\sin\omega t = -\omega^2 x$

④ 단진동하는 물체에 작용하는 힘은 변위의 방향과 반대, 변위의 크기에 비례하는 복원력으로 작용한다.

$$\vec{F} = -m\omega^2\vec{x} = -k\vec{x}, \quad k = m\omega^2, \quad \omega = \sqrt{\frac{k}{m}}$$

⑤ 용수철 진자의 진동 주기

$$T = \frac{2\pi}{\omega} = 2\pi\sqrt{\frac{m}{k}}$$

(2) **단진자** : 질량이 무시되는 줄에 물체를 매달아 작은 진폭으로 왕복 운동하는 것이다.

① 단진자에 작용하는 힘

$$F = -mg\sin\theta \simeq -\frac{mg}{l}x = -kx$$

(단, θ가 매우 작을 경우)

② 단진자의 주기

$k = \dfrac{mg}{l}$ 을 $T = 2\pi\sqrt{\dfrac{m}{k}}$ 에 대입

하면, $T = 2\pi\sqrt{\dfrac{l}{g}}$

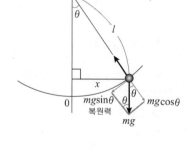

③ 진동의 중심에서 속력이 최대이고 가속도는 0이다.

④ 진자가 최대 변위일 때 속력은 0이고, 가속도는 최대이다.
⑤ 진동의 중심에서 복원력은 0이지만 장력과 중력의 알짜힘이 구심력으로 작용한다.
⑥ 진자의 등시성 : 단진자의 주기는 물체의 질량에는 관계가 없고, 줄의 길이에 비례한다.

제4절 | 힘과 운동 법칙

1 운동 법칙 2015

(1) 운동 제1법칙(관성 법칙) : $\sum \vec{F}_{ext} = 0$
　① 정지해 있던 물체는 계속 정지해 있고, 움직이던 물체는 등속 직선 운동을 한다.
　② 관성에 의한 현상
　　㉠ 정지관성
　　　• 버스가 갑자기 출발하면 승객이 뒤로 넘어진다.
　　　• 이불을 방망이로 두드리면 먼지가 떨어진다.
　　㉡ 운동관성
　　　• 달리던 사람이 돌부리에 걸려 넘어진다.
　　　• 달리고 있던 버스가 갑자기 정지하면 승객의 몸이 앞으로 쏠린다.
　　　• 마라톤 선수가 결승선에서 계속 달리다가 멈춘다.

(2) 운동 제2법칙(가속도 법칙) : $\sum \vec{F}_{ext} \neq 0$, $\vec{a} = \dfrac{\vec{F}}{m}$
　① 가속도 $\vec{a}$는 알짜힘 $\vec{F}$에 비례하고, 질량 m에 반비례한다.
　② 운동 방정식 $\vec{F} = m\vec{a}$는 알짜힘 방향과 가속도 방향이 같다는 의미이다.

(3) 운동 제3법칙(작용·반작용 법칙) : $\vec{F}_{AB} = -\vec{F}_{BA}$
　① 물체에 작용하는 힘은 항상 두 물체 사이에 쌍으로 작용하며, 그 크기는 같고 방향은 반대이다.
　② 작용·반작용의 예
　　㉠ 사람이 걸어간다.
　　㉡ 로켓이 가스를 내뿜으며 올라간다.
　　㉢ 노를 저어 배가 앞으로 나아간다.

다음은 어떤 물체의 운동을 실명한 것이다. 이러한 현상을 나타내는 물체의 운동과 관련 없는 것은?

> 달에서 안드로메다를 향하여 야구공을 던지면, 야구공은 안드로메다를 향하여 같은 방향과 같은 속력으로 계속 날아간다.

① 동전 아래 공책을 갑자기 잡아 당기면, 동전이 제자리에 떨어진다.
② 이불의 먼지를 털 때는 이불을 때린다.
③ 버스가 갑자기 출발하면, 사람이 뒤로 넘어진다.
④ 노를 저으면, 배가 움직인다.

해설
보기의 내용은 관성의 법칙과 관련된 것이며, ④는 작용·반작용 법칙에 관한 것이다.

답 ④

다음은 운동의 제2법칙에 관한 설명이다. 이에 대한 설명으로 틀린 것은?

① 질량과 가속도는 반비례함을 말하여 준다.
② 힘의 방향과 가속도의 방향은 항상 같다.
③ 가속도는 (+)값 또는 (−)값이 될 수 있다.
④ 등속 원운동하는 물체는 가속도가 없다. 그 이유는 등속 운동을 하려면 힘의 평형 상태에 있기 때문이다.

해설
원운동은 운동 방향이 바뀌는 가속도 운동이다.

답 ④

다음 중 작용·반작용에 대한 설명으로 바르지 못한 것은?

① 두 힘은 같은 물체에 작용하며, 두 힘의 작용선은 일치한다.
② 한 물체 A가 물체 B에 힘을 작용하면 동시에 물체 B도 물체 A에 같은 크기의 힘을 작용한다.
③ 작용과 반작용은 크기는 같고 방향이 반대이다.
④ 두 물체 사이에서 항상 두 힘이 동시에 작용하며 항상 쌍으로 존재한다.

해설
힘의 크기가 동일하고, 힘의 작용선이 일치하는 것은 힘의 평형 관계이다.

답 ①

곧게 뻗어 있는 고속도로에서 350km/h의 일정한 속력으로 달리는 자동차가 있다. 이 자동차에 작용하는 알짜힘은 얼마일까?(단, 자동차의 질량은 300kg이고, 중력 가속도는 10m/s^2이다. 지면과의 운동 마찰력은 500N, 정지 마찰력은 $1,000 \text{N}$)

① $3,000 \text{N}$ ② $2,500 \text{N}$
③ $2,000 \text{N}$ ④ 0N

해설
일정한 속력으로 달리는 물체에 작용하는 알짜힘은 0이다.

답 ④

그림에서 추와 용수철을 잡은 손이 정지한 상태이다. 다음 중에서 두 힘의 관계가 잘못된 것은 어느 것인가?

F_1 : 손이 용수철을 당기는 힘
F_2 : 용수철이 손을 당기는 힘
F_3 : 용수철이 추를 당기는 힘
F_4 : 추가 용수철을 당기는 힘
F_5 : 지구가 추를 당기는 힘

① F_1과 F_2는 작용과 반작용
② F_3와 F_4는 작용과 반작용
③ F_2와 F_3는 힘의 평형
④ F_1과 F_4는 힘의 평형

해설
힘의 평형은 동일한 작용점에 2개의 힘이 서로 반대 방향으로 주어졌을 때이다.

답 ③

2 알짜힘

(1) **알짜힘(합력)** : 한 물체에 둘 이상의 힘이 동시에 작용할 때, 같은 효과를 나타내는 하나의 힘이다.

(2) **두 힘의 알짜힘**
① 두 힘이 같은 방향일 때 : $F = F_1 + F_2$
② 두 힘의 방향이 반대일 때 : $F = F_1 - F_2 (F_1 > F_2)$

(3) **힘의 평형** : 물체의 한 점에 두 개 이상의 힘이 작용하는 데도 물체가 정지하거나, 운동 상태 변화가 없을 때
① 두 힘의 평형 : 동일 작용선상에서 크기가 같고, 방향이 반대인 두 힘

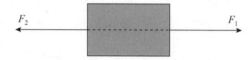

② 세 힘의 평형 : 세 힘을 평행 이동시키면 폐삼각형이 된다.
$$\overrightarrow{F_1} + \overrightarrow{F_2} = -\overrightarrow{F_3}, \quad \overrightarrow{F_1} + \overrightarrow{F_2} + \overrightarrow{F_3} = 0$$
③ 라미의 정리

$$\frac{F_1}{\sin\theta_1} = \frac{F_2}{\sin\theta_2} = \frac{F_3}{\sin\theta_3} \text{ 또는}$$

$$\frac{F_1}{\sin\alpha} = \frac{F_2}{\sin\beta} = \frac{F_3}{\sin\gamma}$$

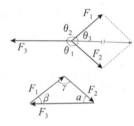

④ 힘의 모멘트 평형 : 돌림힘(토크)의 평형
$$M = F_1 r_1 + F_2 r_2 = 0$$

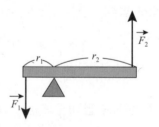

㉠ 돌림힘 : 물체의 회전 운동을 발생시키거나 변화시키는 물리량
$\tau = Fr\sin\theta$ (τ : 돌림힘, θ : 힘 F와 지레의 팔 r 사이의 각도)

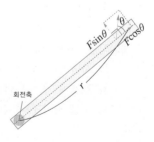

ⓛ 돌림힘의 평형 : $\tau_1 = \tau_2 \rightarrow F_1 r_1 \sin\theta_1 = F_2 r_2 \sin\theta_2$

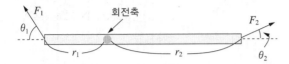

회전축

⑤ 지 레

　㉠ 지레의 원리 : 서로 반대 방향으로 회전하려는 돌림힘의 크기가 같다면 지레는 회전하지 않는다.

　　$F \times a = w \times b$

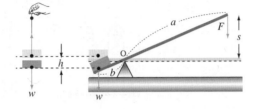

　㉡ 일의 원리 : 지레와 같은 도구를 사용하여 일을 할 때, 힘의 크기가 줄어드는 대신 힘을 작용한 거리가 길어져 전체적인 일의 양은 변하지 않는다.

　　$F \times s = w \times h$

　㉢ 지레의 원리 응용

고정 도르래	움직 도르래	축바퀴
$F \times r = w \times r$에서 $F = w$	$F \times 2r = w \times r$ $F = \dfrac{w}{2}$	$F \times a = w \times b$ $F = \dfrac{b}{a} w$

질량 80kg인 어른이 질량 20kg인 어린이와 시소를 타려고 한다. 어린이가 시소의 받침점에서 2m 떨어진 곳에 앉았을 때, 어른은 받침점에서 얼마나 떨어진 곳에 앉아야 시소가 평형상태를 유지하겠는가?(단, 시소의 무게는 무시한다)

① 0.5m　　　　② 1m
③ 1.5m　　　　④ 2m

해설
$\tau_1 = \tau_2$, $F_1 r_1 = F_2 r_2$이므로 $80 \times x = 20 \times 2$
$\therefore x = 0.5$m

답 ①

그림과 같은 축바퀴가 있다. 작은 바퀴와 큰 바퀴의 반지름 비율이 1 : 2라고 할 때, 매달린 추의 무게가 100N이라면, 잡아당기는 힘의 크기는 얼마인가?

① 200N　　　　② 100N
③ 50N　　　　④ 25N

해설
$F \times a = w \times b$
$F \times 2 = 100 \times 1$ $\therefore F = 50$N

답 ③

그림과 같이 무게가 1,000N인 물체가 매달려 있다. 이 물체를 끌어올리고자 할 경우 잡아당기는 힘의 크기는?

① 125N
② 167N
③ 250N
④ 500N

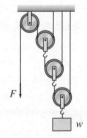

해설
복합도르래에 의한 일의 원리
$W = F \times s = \dfrac{1}{2^n} w \times 2^n \times h$ 이므로, 움직도르래의 개수가 n인 경우 잡아당기는 힘 $F = \dfrac{1}{2^n} \times w$이다.

따라서 $F = \dfrac{1}{2^3} \times 1,000 = 125$N

답 ①

㉣ 도르래의 원리

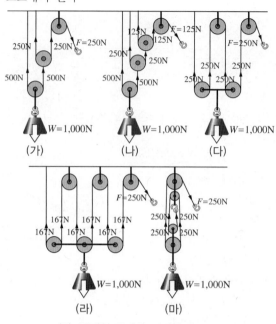

(단, 물체의 무게만 고려한다)

3 여러 가지 힘

(1) 자연계의 기본적인 힘 : 중력(만유인력), 전자기력, 강한 핵력, 약한 핵력

(2) 주변의 여러 가지 힘

① **수직항력(N)** : 물체가 지면에 mg의 힘을 작용할 때, 지면이 물체를 떠받치는 반작용력

② **마찰력(f)** : 물체가 접촉면으로부터 받는 힘의 면에 평행한 성분력
빗면을 따라 미끄러져 내려올 때의 운동 방정식

$$ma = mg\sin\theta - f$$
$$= mg(\sin\theta - \mu\cos\theta)$$
$$a = g(\sin\theta - \mu\cos\theta),$$

만약 마찰력이 없다면, $a = g\sin\theta$

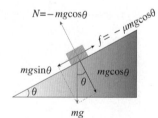

③ **장력(T)** : 줄에 작용하는 mg에 대하여 반작용력으로 줄이 물체를 잡아당기는 힘

④ **부력** : 유체 내에서 물체를 누르는 전체 힘을 합성할 때 생성되는 윗방향의 힘
$$F = \rho g V \ (\rho : 유체 밀도, \ g : 중력 가속도, \ V : 부피)$$

⑤ 탄성력 : 물체가 변형되었을 때 원래 상태로 되돌아가려는 힘

$$\vec{F} = k\vec{x} \text{ (훅의 법칙)}$$

	직렬 연결	병렬 연결
힘	$F = F_1 = F_2$	$F_t = F_1 + F_2$
변형된 길이	$x_t = x_1 + x_2$	$x = x_1 = x_2$
탄성 계수	$\dfrac{1}{k_t} = \dfrac{1}{k_1} + \dfrac{1}{k_2}$	$k_t = k_1 + k_2$
용수철 연결		

4 일-운동 에너지 정리 2015

(1) **일-운동 에너지 정리** : 알짜힘이 물체에 한 일은 물체의 운동 에너지 변화량과 같다.

$$W = Fs = \frac{1}{2}mv^2 - \frac{1}{2}mv_0^2 (v_0 : \text{초속도}, \ v : \text{나중 속도})$$

(2) **물체의 운동 방향이 알짜힘 방향과 같을 때** : 운동 에너지 증가

(3) **물체의 운동 방향이 알짜힘 방향과 반대일 때** : 운동 에너지 감소

5 역학적 에너지 보존 2015

(1) **역학적 에너지 = 운동 에너지 + 퍼텐셜 에너지**

(2) **물체가 운동하는 동안 물체의 운동 에너지와 퍼텐셜 에너지는 서로 전환**

(3) **역학적 에너지 보존법칙** : 마찰력이나 저항력 등이 작용하지 않는 경우

① 중력에 의한 역학적 에너지 보존 : $E_k + E_p = \dfrac{1}{2}mv^2 + mgh = $ 일정

② 단진동에 의한 역학적 에너지 보존 : $E_k + E_p = \dfrac{1}{2}mv^2 + \dfrac{1}{2}kx^2 = $ 일정

다음 중력에 의한 운동과 탄성력에 의한 운동에 관한 설명으로 틀린 것은?

① 중력의 크기는 질량에 비례한다.

② 중력에 의한 운동은 질량에 따라 가속도가 다르다.

③ 탄성력에 의한 운동은 평형점을 중심으로 왕복 운동한다.

④ 탄성력은 변형된 길이에 비례한다.

[해설]

중력에 의한 물체의 가속도는 동일한 중력 가속도를 갖는다.

답 ②

다음은 역학적 에너지 보존에 관한 내용으로 틀린 것은?

① 중력에 의한 운동과 역학적 에너지 보존을 나타내는 식은 $\dfrac{1}{2}mv^2 + mgh = $ 일정

② 탄성력에 의한 역학적 에너지 보존을 나타내는 식은 $\dfrac{1}{2}mv^2 + \dfrac{1}{2}kx^2 = $ 일정

③ 중력이나 탄성력 이외의 외력이 작용하더라도 역학적 에너지는 보존된다.

④ 역학적 에너지가 보존될 경우 바이킹과 같은 진자의 운동은 영원히 지속된다.

[해설]

중력이나 탄성력에 의한 물체의 운동에 다른 외력이 작용하면 역학적 에너지는 보존되지 않는다.

답 ③

마찰이 없는 수평면 위에 탄성 계수가 $50\,\text{N/m}$인 용수철에 질량 $5\,\text{kg}$의 물체를 매달고 $0.5\,\text{m}$ 잡아당겼다가 놓았을 때, 물체의 최대 속도는 얼마인가?

① $\sqrt{10}\,\text{m/s}$ 　　　② $\dfrac{\sqrt{10}}{2}\,\text{m/s}$

③ $10\,\text{m/s}$ 　　　　④ $5\,\text{m/s}$

해설

역학적 에너지는 보존되므로 $\dfrac{1}{2}kx^2 = \dfrac{1}{2}mv^2$

$\therefore v = \sqrt{\dfrac{kx^2}{m}} = \sqrt{\dfrac{50 \times 0.5^2}{5}} = \dfrac{\sqrt{10}}{2}\,\text{m/s}$

답 ②

탄성 계수가 k인 용수철에 추를 매달아 마찰이 없는 수평면 위에서 진동시켰다. 진폭을 A라고 할 때, 탄성 에너지와 추의 운동 에너지가 서로 같아지는 위치는 진동의 중심으로부터 얼마나 떨어진 거리에 놓여 있는가?

① $\dfrac{A}{2}$ 　　　　② $\dfrac{A}{\sqrt{2}}$

③ $\dfrac{A}{4}$ 　　　　④ $\dfrac{A}{\sqrt{3}}$

해설

역학적 에너지 보존 법칙에 따라 $\dfrac{1}{2}kx^2 + \dfrac{1}{2}mv^2 = \dfrac{1}{2}kA^2$

탄성 에너지 = 운동 에너지인 위치이므로 $\dfrac{1}{2}kx^2 = \dfrac{1}{2}mv^2$

이 식을 역학적 에너지 보존 법칙 식에 대입하면

$\dfrac{1}{2}kx^2 + \dfrac{1}{2}kx^2 = \dfrac{1}{2}kA^2$, $x^2 = \dfrac{1}{2}A^2$ $\therefore x = \dfrac{A}{\sqrt{2}}$

답 ②

지구 주위를 속도 v로 도는 위성의 궤도 반지름이 r이라고 할 때, 어떤 위성의 궤도 반지름이 $4r$이 되려면, 이 위성의 속도는?

① $\dfrac{1}{2}v$ 　　　　② v

③ $2v$ 　　　　　④ $4v$

해설

$\dfrac{mv^2}{r} = \dfrac{GMm}{r^2}$ 이므로 $v \propto \sqrt{\dfrac{1}{r}}$ 이다. 따라서 반지름이

$4r$이 되려면 속도는 $\dfrac{1}{2}v$가 되어야 한다.

답 ①

③ 인공위성의 역학적 에너지 : $E = \dfrac{1}{2}mv^2 - \dfrac{GMm}{r} =$ 일정

　ㄱ 인공위성이 지구 중력장에 갇힐 경우

　구심력 = 중력, $v = \sqrt{\dfrac{GM}{r}} = 7.9\,\text{km/s}$

　ㄴ 인공위성이 지구 중력장을 벗어날 경우

　$E = 0$, $v = \sqrt{\dfrac{2GM}{r}} = 11.2\,\text{km/s}$

(4) 역학적 에너지가 보존되지 않는 경우

① 마찰력이 작용하는 경우

② 두 물체가 충돌하여 한 물체가 되어 운동하는 경우

※ 역학적 에너지가 보존되지 않더라도 운동량은 항상 보존된다.

6 케플러 법칙

(1) 케플러 제1법칙(타원 궤도 법칙) : 모든 행성은 태양을 한 초점으로 하는 타원 궤도 운동을 한다.

(2) 케플러 제2법칙(면적 속도 일정 법칙) : 태양과 행성을 연결하는 선분이 같은 시간에 그리는 면적은 일정하다.

$r_1 v_1 = r_2 v_2 =$ 일정

(3) 케플러 제3법칙(조화 법칙) : 행성의 공전 주기 T의 제곱은 타원 궤도의 장반경 A의 세제곱에 비례한다.

$T^2 = kA^3$

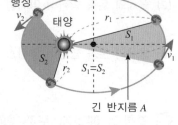

(4) 중력과 케플러 법칙

태양의 질량 $= M$, 지구의 질량 $= m$, $M \sim m$의 거리 r일 때, 지구에 작용하는 중력의 크기 $F_g = G\dfrac{Mm}{r^2}$

중력이 구심력이라면, $F_c = G\dfrac{Mm}{r^2} = m\dfrac{v^2}{r} = mr\dfrac{4\pi^2}{T^2}$ $\left(T = \dfrac{2\pi r}{v}\right)$

따라서, 주기 T와 공전 반지름 r의 관계는

$T^2 = \dfrac{4\pi^2}{GM}r^3$, $T^2 \propto r^3$

제**5**절 충 돌

1 상대 속도 2015

(1) **상대 속도** : 관측자가 본 물체의 속도

A가 본 B의 속도 = B의 속도 – 관측자 A의 속도
$$\overrightarrow{v_{AB}} = \overrightarrow{v_B} - \overrightarrow{v_A}$$

(2) 상대 속도는 관측자의 속도에 따라 다르게 측정된다.

운동량의 단위 시간당 변화량과 동일한 물리량은?

① 힘   ② 가속도
③ 에너지   ④ 일

해설

운동량의 변화량(Δp) = 충격량($F \cdot t$) $\therefore \dfrac{\Delta p}{t} = F$

답 ①

---

2 운동량과 충격량 2015

(1) **운동량** : 운동 중인 물체가 가지는 운동의 정도를 나타내는 물리량
$\overrightarrow{p} = m\overrightarrow{v}$ (단위 : kg · m/s)
① 힘이 작용하면 물체의 속력이나 운동 방향이 변하여 운동량이 변한다.
② 힘의 방향과 속도 변화량의 방향이 동일하다.
③ 속도 변화량의 방향과 운동량의 변화 방향이 동일하다.

(2) **충격량** : 물체가 받은 힘과 시간의 곱이다. $\overrightarrow{I} = \overrightarrow{F}\Delta t$

(3) **충격량과 운동량의 관계** : 물체가 받은 충격량은 운동량의 변화량과 같다.
$$\overrightarrow{F}\Delta t = m\overrightarrow{v} - m\overrightarrow{v_0}$$

$3\,\mathrm{kg}$의 물체가 얼음판 위에서 $10\,\mathrm{m/s}$로 미끄러지다가 $30\,\mathrm{kg}$의 바위에 부딪힌 후 $2\,\mathrm{m/s}$로 계속 같은 방향으로 이동하고 있다. 충돌로 인하여 $3\,\mathrm{kg}$ 물체가 받은 충격량은 얼마인가?

① $30\,\mathrm{kg \cdot m/s}$ ② $24\,\mathrm{kg \cdot m/s}$
③ $3\,\mathrm{kg \cdot m/s}$ ④ $6\,\mathrm{kg \cdot m/s}$

해설

충격량 $I = \Delta p$이므로
$\Delta p = 3\,\mathrm{kg} \times 10\,\mathrm{m/s} - 3\,\mathrm{kg} \times 2\,\mathrm{m/s} = 24\,\mathrm{kg \cdot m/s}$

답 ②

---

3 반발 계수

(1) **반발 계수** : 충돌 전, 충돌 후 두 물체의 상대 속도 크기의 비
$$e = -\frac{\overrightarrow{v_1'} - \overrightarrow{v_2'}}{\overrightarrow{v_1} - \overrightarrow{v_2}} = \sqrt{\frac{h'}{h}}$$

(2) **반발 계수의 크기** : $0 \le e \le 1$

다음 중 충돌현상에 대한 설명으로 옳은 것은?

① 운동량의 변화량과 충격량이 같다.
② 탄성 충돌의 경우 질량이 다른 두 물체가 충돌할 때 운동량은 보존되지 않는다.
③ 비탄성 충돌이란, 운동량과 운동 에너지가 보존되지 않는 충돌을 말하는 것이다.
④ 운동 에너지가 보존되지 않는 충돌의 경우 운동량은 보존되지 않는다.

해설

운동량은 어떤 충돌에서도 보존된다.

답 ①

$1\,\mathrm{kg}$의 물체 A가 $40\,\mathrm{m/s}$로 진행하다가 정지하고 있던 질량 $2\,\mathrm{kg}$의 물체 B와 정면으로 충돌하였다. 충돌 후, A는 달려온 방향과 정반대 방향으로 $10\,\mathrm{m/s}$의 속도로 운동하였다. 이때 B의 속력은?

① $15\,\mathrm{m/s}$　　　　② $20\,\mathrm{m/s}$

③ $25\,\mathrm{m/s}$　　　　④ $30\,\mathrm{m/s}$

해설

운동량 보존법칙 $m_1 v_1 + m_2 v_2 = m_1 v_1' + m_2 v_2'$

$1\,\mathrm{kg} \times 40\,\mathrm{m/s} + 2\,\mathrm{kg} \times 0 = 1\,\mathrm{kg} \times (-10\,\mathrm{m/s}) + 2\,\mathrm{kg} \times v_2'$

$\therefore v_2' = \dfrac{40 - (-10)}{2} = 25\,\mathrm{m/s}$

답 ③

마찰이 없는 얼음판 위에서 $120\,\mathrm{kg}$의 사람이 $10\,\mathrm{m/s}$의 속력으로 정지해 있는 $80\,\mathrm{kg}$의 사람을 향해 미끄러지고 있다. 충돌 후 한 덩어리가 되어 미끄러질 때 이들의 속력은 얼마인가?

① $6\,\mathrm{m/s}$　　　　② $9\,\mathrm{m/s}$

③ $3\,\mathrm{m/s}$　　　　④ $10\,\mathrm{m/s}$

해설

$m_1 v_1 + m_2 v_2 = (m_1 + m_2)V$이므로

$120\,\mathrm{kg} \times 10\,\mathrm{m/s} + 80\,\mathrm{kg} \times 0 = (120\,\mathrm{kg} + 80\,\mathrm{kg}) \times V$

$\therefore V = \dfrac{1,200\,\mathrm{kg} \cdot \mathrm{m/s}}{200\,\mathrm{kg}} = 6\,\mathrm{m/s}$

답 ①

4 운동량 보존 법칙 `2015`

(1) 운동량 보존 법칙 : 두 물체의 충돌에서 외력이 작용하지 않을 때 충돌 전과 충돌 후의 운동량의 합은 항상 같다.

$$\overrightarrow{m_1 v_1} + \overrightarrow{m_2 v_2} = \overrightarrow{m_1 v_1'} + \overrightarrow{m_2 v_2'}$$

(2) 충돌과 반발 계수

① 완전 탄성 충돌($e = 1$) : 운동량과 운동 에너지가 모두 보존된다.

　예 기체 분자나 당구공 사이의 충돌

② 비탄성 충돌($0 < e < 1$) : 운동량만 보존된다.

　예 일상생활에서 일어나는 대부분의 충돌

③ 완전 비탄성 충돌($e = 0$) : 운동량만 보존된다.

　예 진흙 덩어리의 충돌

5 평면상의 탄성 충돌

(1) 성분별 운동량 보존

① x축 방향의 운동량 보존

$m_1 v_1 = m_1 v_1' \cos\alpha + m_2 v_2' \cos\beta$

② y축 방향의 운동량 보존

$0 = m_1 v_1' \sin\alpha - m_2 v_2' \sin\beta$

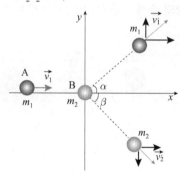

(2) 질량이 같은 두 물체가 탄성 충돌을 하면 두 물체가 이루는 각이 $90°$가 된다.

제 6 절   가속 좌표계와 관성력

1 관성 기준계와 비관성 기준계

(1) **관성 기준계** : 정지하거나, 등속도 운동하는 관측자의 기준계

(2) **비관성 기준계** : 가속 운동하는 관측자의 기준계(관성력)

2 비관성 기준계에서의 관성력

정지한 엘리베이터	위로 가속 운동		아래로 가속 운동	
	엘리베이터 밖	엘리베이터 안	엘리베이터 밖	엘리베이터 안
$F_k - mg = 0$	$F_k - mg = ma$	$F_k - mg = F_i$	$F_k - mg = -ma$	$F_k - mg = -F_i$

(1) 가속도 $\vec{a}$ 인 가속 좌표계에서 관성력의 크기는 ma 이며, 방향은 가속도의 반대 방향이다.

(2) 관성력은 가속 운동을 하는 좌표계에서 관찰자가 뉴턴 운동 제2법칙을 적용하여 운동을 기술하기 위해서 도입한 겉보기 힘이다.

3 원운동에서의 관성력

원판 밖의 관찰자	원판 내부 관찰자
$kx = mr\omega^2$	$kx = F_i$, $F_i = $ 원심력

기차의 천장에 수직으로 매달린 질량 m인 물체가 있다. 그런데, 기차가 가속도 $a=10\,\mathrm{m/s^2}$로 운동을 시작하자, 연직 후방으로 기울어졌다면, 그 각도는?(단, 중력가속도 $g=10\,\mathrm{m/s^2}$이다)

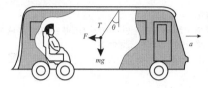

① 30°   ② 45°

③ 60°   ④ 75°

해설

관성력 $F = ma = mg\tan\theta$ 이므로 $\tan\theta = \dfrac{a}{g} = \dfrac{10}{10} = 1$

$\therefore \ \theta = \tan^{-1}1 = 45°$

답 ②

질량 $40\,\mathrm{kg}$인 사람을 태운 엘리베이터가 $4\,\mathrm{m/s^2}$의 가속도로 상승 중에 있다. 엘리베이터 바닥면이 받는 힘의 크기는 얼마인가?(단, 중력 가속도는 $10\,\mathrm{m/s^2}$이다)

① 560 N   ② 400 N

③ 160 N   ④ 240 N

해설

관성력 $N = m(g + a)$
$\qquad = 40\mathrm{kg}(10\,\mathrm{m/s^2} + 4\,\mathrm{m/s^2})$
$\qquad = 560\mathrm{N}$

답 ①

체중이 $600\,\mathrm{N}$인 사람이 움직이는 엘리베이터 안에서 체중을 측정하였더니, $500\,\mathrm{N}$이 되었다면, 이 엘리베이터는 어떤 운동을 하고 있었는가?

① 등가속도로 위 방향으로 운동하였다.

② 등속도로 위 방향으로 운동하였다.

③ 등가속도로 아래 방향으로 운동하였다.

④ 등속도로 아래 방향으로 운동하였다.

해설

체중이 감소하였으므로 위 방향으로 관성력을 받고 있다. 따라서, 등가속도 운동으로 아래 방향 운동이다.

답 ③

남반구에서 북반구를 향해 정북방향으로 쏘아올린 포탄은 어느 방향으로 진행하게 되는가?

① ↑   ② ↗

③ ↖   ④ ⌢

해설

전향력의 효과로 인해 남반구에서는 지표면 관찰자가 볼 때 왼쪽으로 휘어진 경로로 진행한다.

답 ③

4 전향력

(1) 전향력 : 회전하는 물체 위에서 보이는 가상적인 힘이다.

(2) 북반구 : 지표면의 관찰자가 볼 때 오른쪽으로 휘어진다.

(3) 남반구 : 지표면 관찰자가 볼 때 왼쪽으로 휘어진다.

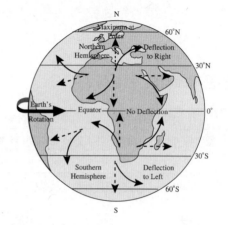

PART 01 핵심이론

적중예상문제

제1절 운동의 표현(벡터, 속도, 가속도)

01 다음 중 물체의 운동에 관한 그래프의 해석에서 옳은 것은?

[2015]

① $s-t$ 그래프의 기울기는 이동 거리
② $v-t$ 그래프의 면적은 가속도
③ $a-t$ 그래프의 기울기는 속도
④ $v-t$ 그래프의 기울기는 가속도

해설

$s-t$ 그래프의 기울기는 속력, $v-t$ 그래프의 면적은 변위, $a-t$ 그래프의 면적은 속도의 변화량이다.

02 다음의 그림은 물체가 운동하는 모양을 $v-t$ 그래프로 나타낸 것이다. 가속도의 크기가 가장 작은 것은 어느 것인가?

[2015]

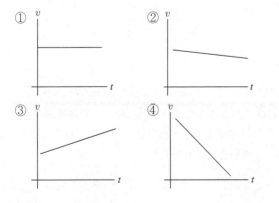

해설

$v-t$ 그래프의 기울기가 가속도의 크기를 나타내므로, ①의 가속도 크기는 0으로 가장 작다.

03 다음 중 가속도의 크기를 알 수 있는 그래프는?

[2015]

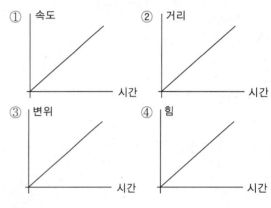

해설

$v-t$ 그래프의 기울기가 가속도이다.

04 지구에서 표준 시간 1시간이 차이 나는 두 지역 사이의 경도 차이는 얼마인가?

① 5°　　　　　　② 10°
③ 15°　　　　　　④ 20°

해설

지구는 하루(24h) 동안 360°회전하므로 $\frac{360}{24}=15$
1시간에 15° 회전하게 된다.

05 어떤 벡터의 x방향 성분의 크기가 10이고 y방향 성분의 크기가 10일 때, 이 벡터의 크기와 x축과 이루는 방향은?

① $20\sqrt{2}$, 동경 $30°$ ② 20, 동경 $60°$

③ 10, 동경 $45°$ ④ $10\sqrt{2}$, 동경 $45°$

> **해설**
> 합성벡터의 크기
> $$|\vec{F}| = \sqrt{|\vec{F_1}|^2 + |\vec{F_2}|^2 + 2\vec{F_1} \cdot \vec{F_2} \cos\theta}$$
> $$= \sqrt{10^2 + 10^2 + 2(10)(10)\cos 90°} = 10\sqrt{2}$$
> 합성벡터의 방향
> $$\tan\theta = \frac{y}{x} = \frac{10}{10} = 1,\ \theta = 45°$$

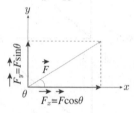

06 어떤 사람이 남쪽으로 2km, 서쪽으로 4km, 북쪽으로 1km를 이동하는 데 걸리는 시간이 1시간이라고 한다. 이 사람의 평균 속력과 평균 속도가 순서대로 맞게 짝지어진 것은?

① 7km/h, $\sqrt{17}\text{ km/h}$

② 7km/h, 7km/h

③ 7km/h, 5km/h

④ 2km/h, 4km/h

> **해설**
> 평균 속력 $= \dfrac{\text{전체 이동 거리}}{\text{전체 시간}} = \dfrac{2+4+1}{1} = \dfrac{7}{1} = 7\text{km/h}$
> 평균 속도 $= \dfrac{\text{전체 변위}}{\text{전체 시간}} = \dfrac{\sqrt{4^2+1^2}}{1} = \dfrac{\sqrt{17}}{1} = \sqrt{17}\text{ km/h}$

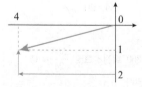

[7~10] 그림은 자동차를 타고 일정한 빠르기로 P점에서 출발하여 Q점, R점을 지나 출발점 P점에 돌아온 것을 보여 주고 있다. 각 지점 간의 거리는 $\overline{\text{PQ}} = 80\text{m}$, $\overline{\text{QR}} = 60\text{m}$이고 $\overline{\text{PQ}} \perp \overline{\text{QR}}$이다.

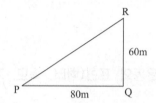

07 P점을 출발하여 Q점을 지나 R지점에 도착하는 데 10초 걸렸다면 속도의 크기는 얼마인가?

① 8m/s ② 10m/s

③ 14m/s ④ 20m/s

> **해설**
> P-Q-R의 변위는 $\sqrt{80^2 + 60^2} = 100\text{m}$
> 속도는 $v = \dfrac{100}{10} = 10\text{m/s}$

08 P점을 출발하여 Q점을 지나 R지점에 도착한 후 다시 Q점을 지나 출발점 P지점에 되돌아 왔다. 이때 변위는 몇 m인가?

① 0m ② 100m

③ 120m ④ 140m

> **해설**
> 변위 = 나중위치 − 처음위치

09 P점을 출발하여 Q점을 지나 R지전에 도착한 후 다시 Q점을 지나 출발점 P지점에 되돌아오는 데 20초 걸렸다. 자전거의 속력은 몇 m/s인가?

① 0 m/s   ② 5 m/s
③ 7 m/s   ④ 14 m/s

해설
전체 이동 거리 $= 80 + 60 + 60 + 80 = 280$m
평균 속력 $= \dfrac{280}{20} = 14$m/s

10 P점을 출발하여 Q점을 지나 R지전에 도착한 후 다시 Q점을 지나 출발점 P지점에 되돌아오는 데 20초 걸렸다. 자전거의 평균 속도는 몇 m/s인가?

① 0 m/s   ② 5 m/s
③ 7 m/s   ④ 14 m/s

해설
원점으로 돌아왔으므로, 전체 변위는 '0'이고, 따라서 평균 속도는 '0'이다.

[11~13] 다음 내용을 잘 읽고 답하시오.

우진이와 민혁이는 각자 자전거를 타고 서로의 집에 가려고 한다. 우진이가 민혁이네 집에 갈 때는 3 m/s로 이동을 하고, 민혁이가 우진이네 집에 갈 때에는 6 m/s로 이동한다고 한다. 우진이와 민혁이네 집 사이의 거리는 120 m이고, 우진이네와 민혁이네 집은 직선상 정반대에 위치해 있다.

11 만약 우진이가 달려오는 민혁이를 볼 때 느끼는 상대 속도는 얼마인가? [2015]

① $v_{우진} = -9$m/s   ② $v_{우진} = 9$m/s
③ $v_{우진} = -6$m/s   ④ $v_{우진} = 6$m/s

해설
우진이가 바라보는 민혁이의 상대속도 : $v_{우진} = v_{민혁} - v_{우진}$
$v_{우진} = (-6) - (3) = -9$m/s

12 만약 우진이가 민혁이네로 갈 때는 3 m/s로 이동하고, 돌아올 때는 6 m/s로 돌아올 때 평균 속력은 얼마인가? [2015]

① 3 m/s   ② 4 m/s
③ 4.5 m/s   ④ 6 m/s

해설
'평균 속력 = 전체 이동 거리/전체 시간'이므로, 갈 때의 시간 $= t_1$,
올 때의 시간 $= t_2$, 전체 시간 $= t_1 + t_2 = \dfrac{120}{3} + \dfrac{120}{6} = 60$s,
평균 속력 $= \dfrac{240\text{m}}{60\text{s}} = 4$m/s

13 만약 민혁이가 우진이네를 갈 때는 6 m/s로 이동하고, 돌아올 때는 3 m/s로 돌아올 때 평균 속도는 얼마인가? [2015]

① 0 m/s   ② 4 m/s
③ 4.5 m/s   ④ 6 m/s

해설
평균 속도 = 전체 변위/전체 시간에서 전체 변위 = 0이므로
평균 속도 = 0

제2절 직선 운동(등속도, 등가속도 운동)

01 다음 중 가속도 운동에 해당하지 않는 것은? [2015]

① 자이로드롭의 낙하 운동
② 자이로스윙의 왕복 운동
③ 바이킹의 운동
④ 시속 90km로 직선도로를 질주하는 오토바이

해설
가속도 운동은 물체에 힘이 작용할 때, 운동 방향이나 운동 속력이 달라지는 운동이다.
④ 운동 방향과 속력이 일정한 등속 직선 운동이다.
① 운동 방향이 달라지는 운동이다.
②, ③ 운동 방향과 속력이 달라지는 운동이다.

02 직선 운동을 하고 있는 어떤 물체의 속도-시간 그래프이다. 이 그래프에 대한 해석이 잘못된 것은?

[2015]

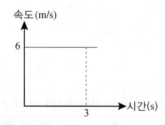

① 등속 직선 운동을 한다.
② 운동하는 이 물체에 힘이 작용하지 않고 있다.
③ 물체의 속도가 일정하게 증가한다.
④ 물체가 3초 동안 이동한 거리는 18m이다.

해설
등속 직선 운동하는 물체이고, 가속도는 0이다. 즉, 속도의 변화가 없다.

03 다음은 빗면을 이용한 가속도 실험을 통해 얻어진 종이 테이프를 5타점 간격으로 구분하여 놓은 것이다. 시간기록계의 진동 주기가 $\frac{1}{60}$초라고 할 때 이 운동의 평균 가속도는 몇 m/s^2인가? [2015]

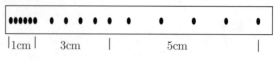

① $2\,\text{m/s}^2$
② $2.4\,\text{m/s}^2$
③ $2.88\,\text{m/s}^2$
④ $3\,\text{m/s}^2$

해설
첫 번째 구간의 평균 속력 $=\dfrac{0.01\,\text{m}}{\frac{5}{60}\,\text{s}}=0.12\,\text{m/s}$,

두 번째 구간의 평균 속력 $=0.36\,\text{m/s}$,
세 번째 구간의 평균 속력 $=0.6\,\text{m/s}$이므로,

평균 가속도 $=\dfrac{0.6\,\text{m/s}-0.12\,\text{m/s}}{\frac{15}{60}\,\text{s}-\frac{5}{60}\,\text{s}}=2.88\,\text{m/s}^2$

[4~5] 속력이 $50\,\text{m/s}$이면, 이륙할 수 있는 비행기가 있다. 이 비행기는 항공모함의 활주로에서 $20\,\text{m/s}^2$의 일정한 가속도로 속력을 증가시킬 수 있다.

04 비행기는 정지 상태에서 몇 초 동안 가속해야만 이륙할 수 있는가?

[2015]

① 2초
② 2.5초
③ 4초
④ 10초

해설
$v=v_0+at$
$50=0+20t$
$\therefore\ t=2.5\text{s}$

1 ④　2 ③　3 ③　4 ② **정답**

05 이륙하기 위한 최소한의 활주로 길이는 몇 m인가?

[2015]

① 50 m   ② 62.5 m

③ 80 m   ④ 100 m

해설

$2as = v^2 - v_0^2$

$\therefore s = \dfrac{50^2}{2 \times 20} = 62.5 \text{m}$

[6~9] 처음 속도 $10\,\text{m/s}$로 오른쪽 방향으로 등가속도 운동을 하던 물체가 5초 뒤에는 왼쪽으로 $40\,\text{m/s}$의 속도가 되었다. 다음 물음에 답하시오.

06 이 물체의 평균 가속도는 얼마인가?   [2015]

① $-2\,\text{m/s}^2$ ② $-6\,\text{m/s}^2$

③ $-8\,\text{m/s}^2$ ④ $-10\,\text{m/s}^2$

해설

$a = \dfrac{v - v_0}{t} = \dfrac{(-40) - 10}{5} = -10\,\text{m/s}^2$

07 속도가 0이 될 때까지 걸린 시간과 그 때까지의 변위로 옳게 짝지어진 것은?   [2015]

① 1 s, 5 m   ② 1 s, 10 m

③ 0.5 s, 5 m   ④ 0.5 s, 10 m

해설

$v = v_0 + at$

$0 = 10 + (-10)t \quad \therefore\ t = 1\text{s}$

$s = v_0 t + \dfrac{1}{2} at^2$

$s = 10(1) + \dfrac{1}{2}(-10)(1)^2 = 5\text{m}$

---

08 출발 후 3초 후의 속도는 얼마인가?   [2015]

① 20 m/s   ② 10 m/s

③ $-10\,\text{m/s}$ ④ $-20\,\text{m/s}$

해설

$v = v_0 + at,\ v = 10 + (-10) \times 3 = -20\,\text{m/s}$

09 2초 후의 물체의 이동 거리와 변위가 순서대로 알맞게 짝지어진 것은?   [2015]

① 5 m, 10 m   ② 5 m, 5 m

③ 10 m, 5 m   ④ 10 m, 0 m

해설

처음 1초 동안 오른쪽으로 5m 이동하였고, 다음 1초 동안 왼쪽으로 5m 이동하였으므로, 이동 거리는 10m, 변위는 0m이다.

10 물체의 처음 속력이 $10\mathrm{m/s}$이고, 나중 속력이 $30\mathrm{m/s}$이다. 이 물체의 가속도가 $5\mathrm{m/s^2}$일 때, 물체가 이동한 전체 거리는? [2015]

① $60\mathrm{m}$ ② $70\mathrm{m}$

③ $80\mathrm{m}$ ④ $90\mathrm{m}$

> **해설**
>
> $s = \dfrac{v^2 - v_0^2}{2a} = \dfrac{30^2 - 10^2}{2(5)} = 80\mathrm{m}$

11 직선도로를 일정한 속력으로 달리던 자동차가 정지 신호에 따라 일정하게 속력을 줄여가며 정차하였다. 자동차의 물리량 변화로 옳은 것은? [2015]

①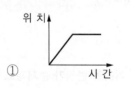

②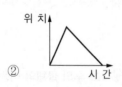

③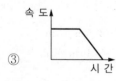

④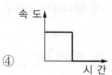

> **해설**
>
> 등속 직선 운동에서 등가속도 운동이 나타나는 그래프를 고른다.

12 그림과 같이 4m/s로 등속 직선 운동 하는 무빙워크 위에 서 있는 A가 $t = 0$일 때 기준선 P를 통과하는 순간 P에 정지해 있던 B가 등가속도 운동을 시작한다. A와 B가 P에서 80m 떨어진 지점 Q를 동시에 통과한다고 할 때, B의 가속도 크기는? [2015]

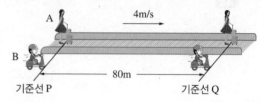

① $0.2\mathrm{m/s^2}$ ② $0.4\mathrm{m/s^2}$

③ $0.6\mathrm{m/s^2}$ ④ $0.8\mathrm{m/s^2}$

> **해설**
>
> 등속도 운동 $s_A = vt$, 등가속도 운동 $s_B = \dfrac{1}{2}at^2$
>
> $s_A = s_B$이므로, $vt = \dfrac{1}{2}at^2$이다.
>
> $v = 4\mathrm{m/s}$이므로, $at = 8$ ················· ㉠
>
> $s_B = 80\mathrm{m}$이므로, $\dfrac{1}{2}at^2 = 80$ ················· ㉡
>
> ㉠과 ㉡에 따라 $t = 20\mathrm{s}$이고,
>
> 따라서 $a = \dfrac{8}{20} = 0.4\mathrm{m/s^2}$이다.

01 수직 거리 0.6 m를 점프하는 농구 선수의 체공 시간은 약 1/3초다. 이 선수가 같은 높이를 점프하면서 수평 방향으로 1.2 m의 거리를 이동했다면 체공 시간은 얼마인가?

① 1/6초 　　　　　 ② 1/3초
③ 2/3초 　　　　　 ④ 1초

해설
농구 선수가 올라갔다 내려오는 전체 시간이 1/3초이므로, 동일한 높이를 점프하면서 전방으로 이동하는 경우에도 체공 시간은 달라지지 않는다. 체공 시간은 수직 방향의 운동하고만 관련된다.

02 지표면으로부터 수직(연직)으로 141 m/s의 속력으로 발사된 물체가 있다. 최고점에서의 속력은?

① 141 m/s 　　　　 ② 70 m/s
③ 0 m/s 　　　　　 ④ −141 m/s

해설
중력 가속도에 의해 수직 방향으로 발사된 물체의 최고점에서의 속력은 0 m/s

03 지표면과 물체가 60°의 각을 이루고 20 m/s의 속력으로 발사되었다면 최고점에서의 속력은?

① 20 m/s
② $10\sqrt{3}$ m/s
③ 10 m/s
④ 0 m/s

해설
최고점에서는 수직 속도 = 0이고, 수평 속도만 존재한다. 따라서 최고점에서의 속도는 $v_x = v \cdot \cos 60° = 10$ m/s

04 어떤 사람이 100 m/s로 날아가고 있는 헬리콥터에서 떨어졌다. 다행히도 3초 후에 풀장에 빠지게 되었다. 공기 저항을 무시한다면 헬리콥터에서 떨어지기 시작할 때 사람과 풀장 사이의 수평 거리는 얼마인가?

① 100 m 　　　　　 ② 150 m
③ 200 m 　　　　　 ④ 300 m

해설
헬리콥터의 수평 속도와 사람의 수평 속도는 100 m/s로 동일하다. 따라서 수평 거리는 $s = vt = 100 \times 3 = 300$ m

[5~7] 지표면과 $30°$의 각을 이루고 $40\,m/s$의 속력으로 던져진 공이 있다.

05 이 공이 최고점에 도달하는 시간과 높이로 옳게 짝지어진 것은?

① $2\,s$, $20\,m$ 　　　② $2\,s$, $40\,m$

③ $1.5\,s$, $20\,m$ 　　　④ $1.5\,s$, $40\,m$

해설
공의 수직 속도가 공의 올라가는 높이와 시간을 결정한다.

$v_y = v_0 \sin 30° = 40 \times \dfrac{1}{2} = 20\,m/s$, $v = v_{0_y} + (-g)t$이므로,

올라가는 데 걸리는 시간은 $2\,s$이고,

올라가는 높이는 $s = \dfrac{v_y^2 - v_{0_y}^2}{2(-g)} = 20\,m$

06 이 공의 3초 후의 속력은?

① $40\,m/s$ 　　　② $20\sqrt{13}\,m/s$

③ $10\,m/s$ 　　　④ $10\sqrt{13}\,m/s$

해설
x방향의 속도 $v_x = v \cdot \cos 30° = 20\sqrt{3}$,

y방향의 처음속도 $v_y = 20\,m/s$인데,

3초 후의 속력은 $v_{y, t=3} = 20 - (10) \times 3 = -10$,

$v = \sqrt{v_x^2 + v_y^2} = \sqrt{(20\sqrt{3})^2 + (-10)^2} = 10\sqrt{13}\,m/s$

07 이 공의 수평 도달 거리는?

① $80\,m$ 　　　② $80\sqrt{3}\,m$

③ $100\,m$ 　　　④ $100\sqrt{3}\,m$

해설
공이 올라가는 데 걸린 시간이 2초이므로, 내려오는데 걸리는 시간도 2초이다. 따라서 수평 도달 거리는

$s = v_x t = 20\sqrt{3} \times 4 = 80\sqrt{3}$

08 첫 번째 공을 $10\,m$ 높이에서 자유낙하시키고, 두 번째 공을 초속도 v_0로 수직 아래로 던졌더니, 2초 후에 첫 번째 공과 만났다. 두 번째 공의 초속도 v_0는 얼마인가? (단, $g = 10\,m/s^2$이다)

① $10\,m/s$ 　　　② $14\,m/s$

③ $19\,m/s$ 　　　④ $25\,m/s$

해설
자유낙하하는 물체의 낙하 시간$= \sqrt{2}$ 초

두 번째 공과 만날 때까지 걸린 전체 시간$= 2 + \sqrt{2}$ 초

첫 번째 공이 이동한 거리 $s_1 = \dfrac{1}{2} g (2 + \sqrt{2})^2$

두 번째 공이 이동한 거리 $s_2 = v_0 \times 2 + \dfrac{1}{2} g (2)^2$, $s_1 = s_2$이므로

$\dfrac{1}{2} g (2 + \sqrt{2})^2 = 2v_0 + 2g$

$\therefore v_0 = \dfrac{(2 + 4\sqrt{2})g}{4} \fallingdotseq 19\,m/s$

09 수직으로 던져진 물체의 초속도를 v_0라 할 때, $\dfrac{v_0}{4}$가 되는 지점의 높이는?

① $\dfrac{15v_0^2}{32g}$ 　　② $\dfrac{10v_0^2}{16g}$

③ $\dfrac{4v_0^2}{g}$ 　　④ $\dfrac{v_0^2}{8g}$

해설

$-2gH = \left(\dfrac{v_0}{4}\right)^2 - v_0^2$ 이므로, $H = \dfrac{15v_0^2}{32g}$

10 어떤 높이에서 물체 A를 초속도 없이 떨어뜨린 2초 후에 물체 B를 초속도 없이 떨어뜨렸다. B를 낙하시킨 후 2초 후, A와 B 사이의 거리는?(단, $g = 10\,\mathrm{m/s^2}$ 이다)

① $20\,\mathrm{m}$ 　　② $40\,\mathrm{m}$

③ $60\,\mathrm{m}$ 　　④ $80\,\mathrm{m}$

해설

두 물체 모두 자유낙하이다. 따라서 A는 4초 동안 낙하, B는 2초 동안 낙하하였으므로,

$s_{AB} = \dfrac{1}{2}g(4^2 - 2^2) = 60\,\mathrm{m}$

11 처음속도 v_0로 지면과 수직으로 던져진 물체의 최고 높이가 H라면, $3v_0$로 던진다면 몇 배 더 높이 올라가겠는가?

① 3배 　　② 6배

③ 9배 　　④ 12배

해설

$H = \dfrac{v^2}{2g}$ 이므로 $H \propto v^2$ 이다. 따라서 최고 높이의 비는 $1:9$이다.

12 지구상에서 높이 H인 곳에서 자유낙하하는 물체가 지면에 도달할 때까지 도달한 시간이 t라고 할 때, 동일한 물체를 어떤 행성에서 낙하시켰더니, $3t$의 시간이 걸렸다면, 그 행성의 중력가속도는 지구의 몇 배인가?

① 1/3배
② 1/6배
③ 1/9배
④ 3배

해설

$H = \dfrac{1}{2}gt^2$ 이므로 $\dfrac{1}{g} \propto t^2$ 이다. 따라서 중력가속도의 비는 $1:\dfrac{1}{9}$ 이다.

13 지상으로부터 100m 높이에서 지면을 향해 자유낙하한 구슬이 지상으로부터 20m지점을 통과할 때 속력은 얼마인가?(단, 공기저항은 무시되며, 중력가속도는 10m/s²이다) 　　[2015]

① 10m/s
② 20m/s
③ 30m/s
④ 40m/s

해설

$2a(s - s_0) = v^2 - v_0^2$

$2 \times 10 \times (100 - 20) = v^2 - (0)^2$

$v^2 = 1,600, \quad \therefore \ v = 40\,\mathrm{m/s}$

14 그림은 우리 주변의 여러 가지 운동을 나타내고 있다. 이에 대한 설명으로 틀린 것은? [2015]

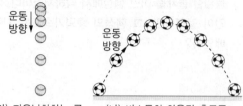

(가) 자유낙하하는 공   (나) 비스듬히 차올린 축구공

① (가)의 운동방향은 일정하다.
② (가)는 낙하하는 동안 일정한 힘을 받고 있다.
③ (나)의 최고점에서 작용하는 힘은 0이다.
④ (나)는 속력이 점점 감소하다가 다시 점점 증가하는 운동을 한다.

해설
지구 중력장 내에서 운동하는 모든 물체는 중력을 받고 있다.

15 그림은 위로 던져진 어떤 물체의 시간 t(s)에 따른 속도 v(m/s)의 변화를 나타내고 있다. 물체의 처음속도가 20m/s일 때 이에 대한 설명으로 옳은 것은? [2015]

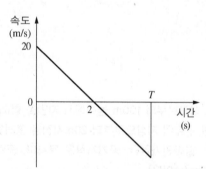

① 2초 일 때 물체의 가속도는 0이다.
② 최고점의 높이는 30m이다.
③ 물체가 운동하는 동안 작용한 힘은 0이다.
④ 물체가 처음 위치로 되돌아오는 시간 $T = 4$s 이다.

해설
① 2초 일 때의 가속도는 -10m/s^{2}이다.
② 최고점의 높이는 20m이다.
③ 중력장에서의 운동이므로 물체가 운동하는 동안 중력을 받고 있다.

16 질량이 동일한 2개의 물체가 원운동을 하고 있다. 이 물체의 회전선속도가 동일할 때, 반지름의 비가 2 : 3 이라고 하면, 원심력의 비는 어떻게 되는가?

① 1 : 1
② 2 : 3
③ 3 : 2
④ 4 : 9

해설
원심력 $F = \dfrac{mv^2}{r}$ 이므로 $F \propto \dfrac{1}{r}$ 이다. 따라서 원심력의 비는 3 : 2이다.

17 질량이 m인 물체가 길이 $2l$인 줄에 매달려 2초에 1회씩 회전하고 있다. 이때 줄에 걸리는 힘은 얼마인가?

① $ml\pi^2$
② $2ml\pi^2$
③ $4ml\pi^2$
④ $\dfrac{ml\pi^2}{2}$

해설
줄에 걸리는 장력은 회전에 의한 원심력과 같다.
$$T = mr\omega^2 = m \times 2l \times \left(2\pi \times \frac{1}{2}\right)^2 = 2ml\pi^2$$

18 질량의 비가 $3 : 4$인 불제과 반시틈 r인 원룰레틀 일정한 속력 v로 돌고 있다. 이 두 물체의 가속도 비는?

① $1 : 1$ ② $3 : 4$
③ $4 : 3$ ④ $2 : \sqrt{3}$

해설

원운동하는 물체의 가속도는 $\dfrac{v^2}{r}$ 이므로, 질량과 무관하다.

20 그림과 깉이 줄의 한쪽 끝에 마개를 매달고 다른 쪽 끝에는 $1\,\mathrm{kg}$의 추를 매달아 원운동시킬 때, 회전 반지름을 일정하게 유지하면서 회전 속력을 4배로 증가시키려면 매달아야 할 추의 질량은 얼마이어야 하는가?

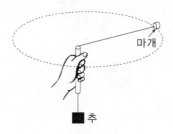

① $4\,\mathrm{kg}$ ② $8\,\mathrm{kg}$
③ $12\,\mathrm{kg}$ ④ $16\,\mathrm{kg}$

해설

추에 작용하는 중력 = 마개의 원심력이므로 $m_{추}\,g = M_{마개}\dfrac{v^2}{r}$

이다. 따라서 $m_{추}\,g \propto v^2$ 이고, 속력을 4배 증가시키려면 질량을 16배 증가시켜야 한다.

19 질량이 무시될 수 있는 $2\,\mathrm{m}$의 줄에 $0.5\mathrm{kg}$의 물체가 매달려 분당 120번의 회전을 하고 있다. 이때 줄에 걸리는 장력은 얼마인가?

① $4\pi^2\,\mathrm{N}$ ② $8\pi^2\,\mathrm{N}$
③ $12\pi^2\,\mathrm{N}$ ④ $16\pi^2\,\mathrm{N}$

해설

$F = mr\omega^2 = mr(2\pi f)^2 = (0.5)(2)(2\pi \times 2)^2 = 16\pi^2\,\mathrm{N}$

21 어떤 용수철에 $20\,\mathrm{N}$의 힘을 주었더니, $0.1\,\mathrm{m}$ 늘어났다. 이 용수철에 어떤 물체를 매달았더니 진동 운동하는 주기가 2π였다면, 이 물체의 질량은 얼마인가?

① $10\,\mathrm{kg}$ ② $50\,\mathrm{kg}$
③ $100\,\mathrm{kg}$ ④ $200\,\mathrm{kg}$

해설

$F = kx$ 이므로 $k = \dfrac{F}{x} = \dfrac{20}{0.1} = 200\,\mathrm{N/m}$ 이다.

따라서 $T = 2\pi\sqrt{\dfrac{m}{k}}$ 에서

$m = \dfrac{T^2 \times k}{(2\pi)^2} = \dfrac{(2\pi)^2 \times 200}{(2\pi)^2} = 200\,\mathrm{kg}$

[22~24] 그림과 같이 길이 $0.2\,\mathrm{m}$인 줄에 질량 $6\,\mathrm{kg}$인 물체가 각 $\theta = 60°$를 이루며 등속 원운동을 하고 있다(단, $g = 10\,\mathrm{m/s^2}$이다).

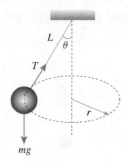

22 이 줄에 걸리는 장력은?

① $20\,\mathrm{N}$ ② $20\sqrt{3}\,\mathrm{N}$

③ $60\sqrt{3}\,\mathrm{N}$ ④ $120\,\mathrm{N}$

해설

$T\cos\theta = mg$이므로

$$T = \frac{mg}{\cos\theta} = \frac{6 \times 10}{\cos 60°} = 120\,\mathrm{N}$$

23 물체에 작용하는 구심력은 얼마인가?

① $20\,\mathrm{N}$

② $20\sqrt{3}\,\mathrm{N}$

③ $40\sqrt{3}\,\mathrm{N}$

④ $60\sqrt{3}\,\mathrm{N}$

해설

$\tan\theta = \dfrac{F_{구심력}}{mg}$이므로

$$F_{구심력} = mg\tan\theta = 6 \times 10 \times \tan 60°$$
$$= 60\sqrt{3}$$

24 물체가 한 바퀴 도는 데 걸리는 시간은?

① π초 ② 5π초

③ $\dfrac{\pi}{10}$초 ④ $\dfrac{\pi}{5}$초

해설

$F_{구심력} = mg\tan\theta = mr\omega^2$이고 $T = \dfrac{2\pi}{\omega}$, $r = l\sin\theta$이므로

$$\therefore\ T = 2\pi\sqrt{\frac{l\cos\theta}{g}} = 2\pi\sqrt{\frac{0.2 \times \cos 60°}{10}} = \frac{\pi}{5}\ 초$$

25 용수철 상수 k인 용수철에 질량 $5\,\mathrm{kg}$인 물체를 매달아 단진동을 시켰다. 이 물체의 변위가 $y = A\sin(\pi t + \theta)$로 주어진다면, 이 단진동의 주기는?

① 1초 ② 2초

③ π초 ④ 4초

해설

변위 $y = A\sin(\pi t + \theta)$에서 각속도 $\omega = \pi$이므로

$$T = \frac{2\pi}{\omega} = 2이다.$$

22 ④ 23 ④ 24 ④ 25 ② **정답**

01 다음은 어떤 물체의 운동을 설명한 것이다. 이러한 현상을 나타내는 물체의 운동과 관련 **없는** 것은?

[2015]

> 얼음판 위에서 친구를 밀면, 나도 뒤로 밀려난다.

① 대포를 쏘면 대포알이 전방으로 날아가고 포신이 뒤로 밀려난다.
② 빨리 달리려면 땅을 힘차게 뒤로 밀어야 한다.
③ 물체에 작용하는 중력과 물체가 지구를 당기는 힘
④ 떨어지는 물체에 작용하는 중력과 공기의 저항력

해설
보기의 내용은 작용·반작용 법칙에 관한 것이며 ④는 관계가 없다.

02 운동의 제3법칙으로부터 직접 유도 되는 관계에 있는 보존 법칙은 무엇인가?

[2015]

① 질량 보존의 법칙
② 전하량 보존의 법칙
③ 운동량 보존의 법칙
④ 에너지 보존의 법칙

해설
작용·반작용 법칙의 다른 표현은 운동량 보존의 법칙이다.

03 다음 그림을 보고 물음에 답하시오.

[2015]

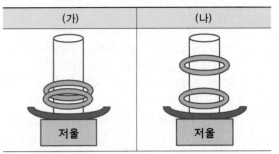

위 그림은 저울 위에 유리관이 놓여 있고, 그 관에 링자석이 끼워져 있다. (가)그림은 링자석 2개가 붙어 있고, (나)그림은 링자석이 서로 척력에 의해 밀려 있는 상태로 걸려 있다. 유리관의 무게는 무시하고, 링자석 1개당 무게는 5N이라고 한다.

위 실험과 관련된 설명으로 틀린 것은?

① 위 실험은 작용·반작용을 알아보기 위해 구성된 실험이다.
② (가)의 저울의 눈금은 10N을 가리킨다.
③ (나)의 저울의 눈금은 위쪽의 링자석이 공중에 떠 있기 때문에 5N을 가리킨다.
④ (나)의 저울의 눈금은 아래 자석이 위자석을 떠받치는 힘만큼이 더해져서 10N을 가리킨다.

해설
작용·반작용에 관한 실험으로 (가), (나) 모두 10N의 힘이 저울에 작용하고 있다.

04 다음의 상황을 설명할 수 있는 뉴턴의 운동법칙은 무엇인가?

[2015]

> • 운동 방향은 일정하고, 속력이 변하는 운동
> • 속력은 일정하고, 운동 방향이 변하는 운동
> • 속력과 운동 방향이 모두 변하는 운동

① 운동의 제1법칙　　② 운동의 제2법칙
③ 운동의 제3법칙　　④ 운동의 제4법칙

해설
물체에 힘이 작용할 때의 운동에 관한 것으로 운동의 제2법칙에 관한 것이다.

05 다음의 상황을 설명할 수 있는 뉴턴의 운동법칙은 무엇인가? [2015]

- 공기가 없는 달에서도 로켓을 발사할 수 있다.
- 걷거나 달릴 때, 우리는 힘을 뒤로 준다.
- 포탄을 발사하면 포신도 뒤로 밀린다.

① 운동의 제0법칙　　② 운동의 제1법칙
③ 운동의 제2법칙　　④ 운동의 제3법칙

해설
작용·반작용에 관한 것으로 운동의 제3법칙에 관한 것이다.

06 손에 있던 야구공을 수직으로 던졌다. 이 물체의 운동에 관한 설명으로 옳은 것은? [2015]

① 야구공에 작용한 힘의 합력의 방향은 윗방향이므로, 야구공이 하늘 위로 올라가는 것이다.
② 공은 우리의 손을 떠나는 순간 더 이상 어떤 힘도 받지 않는다.
③ 공은 올라가는 동안은 지구중심방향의 중력과 위로 올라 갈려는 힘 중에서 올라가려는 힘이 더 세기 때문에 올라가는 것이다.
④ 야구공이 계속 올라가는 것은 야구공이 가지고 있는 관성 때문이다.

해설
손을 떠난 야구공이 계속 올라가는 것은 처음 운동 상태를 유지하려는 관성 때문에 야구공이 올라가는 것이지, 올라가려는 힘이 존재하는 것은 아니다.

07 그림에서와 같이 공기의 저항이나 공과 면 사이에 마찰이 전혀 없는 빗면 위 A에 놓은 공이 굴러서 수평면 B에서 C방향으로 굴러 가고 있다. 이에 대한 설명으로 틀린 것은? [2015]

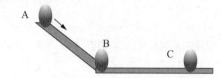

① A → B로 공이 굴러가는 동안 등가속도 운동을 한다.
② B → C로 공이 굴러가는 동안 등속도 운동을 한다.
③ 빗면이 이루는 각이 θ라면, A → B로 공이 굴러가는 동안 공의 가속도는 $g\sin\theta$이다.
④ B → C로 공이 굴러가는 동안 공의 속력은 점점 빨라진다.

해설
빗면 구간 A→B에서 공에 일정한 힘이 계속 작용하기 때문에 등가속도 운동하고, 직선 구간 B→C에서는 힘을 받지 않는 운동으로 등속도 운동을 한다.

[8~9] 마찰을 무시할 수 있는 수평면 위에 질량이 각각 $1\,kg$인 물체 3개가 그림과 같이 끈으로 묶여 있다. 이 물체에 수평방향으로 9N의 일정한 힘을 작용하면서 끌고 있다.

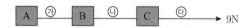

08 물체에 작용하는 가속도의 크기로 알맞은 것은? [2015]

① A물체의 가속도가 가장 크다.
② B물체의 가속도가 가장 크다.
③ C물체의 가속도가 가장 크다.
④ A, B, C물체의 가속도는 모두 같다.

해설
물체 A, B, C가 모두 하나의 물체계를 이루므로 가속도는 $3\,m/s^2$으로 동일하다.

09 물체를 연결한 끈에 작용하는 힘의 크기는? [2015]

① 끈 ㉮에 가장 큰 힘이 작용한다.
② 끈 ㉯에 가장 큰 힘이 작용한다.
③ 끈 ㉰에 가장 큰 힘이 작용한다.
④ ㉮, ㉯, ㉰끈에 작용하는 힘은 모두 같다.

해설
㉮에 작용한 힘의 크기＝3N, ㉯에 작용한 힘의 크기＝6N, ㉰에 작용한 힘의 크기＝9N

10 다음 중 가속도에 관한 설명으로 바르지 못한 것은?
[2015]

① 가속도는 시간에 대한 속도의 변화량을 의미한다.
② 물체에 힘이 가해지면 가속도가 생긴다.
③ 가속도가 $a < 0$이라는 것은 속도가 감소함을 뜻한다.
④ 가속도가 $a < 0$일 때, 물체의 이동 거리는 감소한다.

해설
가속도가 $a < 0$이더라도 이동 거리는 증가한다.

11 공기저항이 없고 중력만이 작용하는 지구 표면 가까운 곳에서 자유 낙하 운동하는 물체와 관계가 없는 것은? [2015]

① 질량에 관계없이 낙하 속도는 같다.
② 등속도 운동을 한다.
③ 직선 운동을 한다.
④ 질량 1kg당 9.8N의 힘이 계속 작용한다.

해설
물체에 중력이 작용하고 있으므로, 등가속도 운동을 한다.

12 다음 중 가속도가 가상 큰 경우는? [2015]

① 3kg의 물체에 12N의 힘이 작용할 때
② 4kg의 물체에 12N의 힘이 작용할 때
③ 2kg의 물체에 12N의 힘이 작용할 때
④ 10kg의 물체에 80N의 힘이 작용할 때

해설
운동 제2법칙 $F = ma$에서 $a = \dfrac{F}{m}$

④ $\dfrac{80}{10} = 8 \text{m/s}^2$

① $\dfrac{12}{3} = 4 \text{m/s}^2$

② $\dfrac{12}{4} = 3 \text{m/s}^2$

③ $\dfrac{12}{2} = 6 \text{m/s}^2$

13 6kg인 돌의 질량은 1kg인 돌의 질량의 몇 배인가? 관성은 몇 배인가? 무게는 몇 배인가?(단, 1kg 돌은 지구에 있고, 6kg 돌은 달에 있다고 한다. 달의 중력 가속도 값은 지구의 $\dfrac{1}{6}$ 배이다) [2015]

	질량	관성	무게
①	6배	6배	6배
②	6배	1배	1배
③	1배	1배	6배
④	6배	6배	1배

해설
kg은 질량을 나타내는 단위이고, 질량의 크기∝관성의 크기, 무게는 질량×중력가속도이다. 따라서 질량과 관성의 크기는 6배이고, 무게는 $6 \times \dfrac{1}{6} = 1$배이다.

14 우주선에서 무중력의 우주공간으로 대포를 발사했다. 포탄이 계속 그 상태를 유지하며 운동하려면 얼마나 큰 힘을 작용해야 하는가? [2015]

① 0N
② 처음 쏜 힘만큼
③ 처음 쏜 힘의 절반만큼
④ 최대한 많이 힘을 줘야 한다.

해설
무중력 상태이므로, 포탄은 대포로부터 발사된 이후 관성에 의해 운동 상태를 유지한다.

15 케플러의 법칙에 대한 설명으로 틀린 것을 고르면?

① 모든 행성은 태양을 초점으로 하는 타원궤도 운동을 한다.
② 행성이 타원궤도를 돌면서 일정한 시간 동안 태양과 잇는 선이 쓸고 간 부채꼴의 면적은 항상 같다.
③ (장반경)³ ∝ (공전 주기)²의 관계를 갖는다.
④ 지구에서 태양까지의 거리를 1AU로 놓았을 때, 태양으로부터 4AU 떨어진 곳에서 운동하는 행성의 공전주기는 6년이다(단, 지구의 공전 주기는 1년).

해설
(장반경)³ ∝ (공전 주기)²이므로 태양으로부터 4AU 떨어진 행성의 공전 주기는 $4^{\frac{3}{2}} = 8$년이다.

16 중력가속도에 관한 설명으로 바르지 못한 것은?

① 높이 올라갈수록 중력가속도는 작아진다.
② 지구 구성 물질의 밀도에 따라 중력은 변화한다.
③ 중력가속도는 양극 지방으로 갈수록 커진다.
④ 지구의 어느 곳에서나 중력가속도는 항상 $9.8\,\text{m/s}^2$이다.

해설
중력가속도의 크기는 적도 지방에서 최저값, 극지방에서 최고값을 갖는다.

17 다음의 에너지 전환과 가장 관계가 깊은 것은 어느 것인가?

위치 에너지 → 역학적 에너지 → 전기 에너지

① 수력 발전
② 화력 발전
③ 원자력 발전
④ 핵융합 발전

해설
수력 발전은 물의 높이차를 이용한 발전 방식이다.

18 어떤 승강기는 질량 $60\,\text{kg}$의 사람을 최대 10명까지 태울 수 있다고 한다. 이 승강기의 최대 일률이 $30,000\,\text{W}$라고 할 때, 이 승강기의 이동속력은?(단, 중력가속도는 $10\,\text{m/s}^2$으로 계산한다)

① $5\,\text{m/s}$
② $10\,\text{m/s}$
③ $50\,\text{m/s}$
④ $0.5\,\text{m/s}$

해설
일률 $P = F \cdot v$에서 $v = \dfrac{P}{F} = \dfrac{30,000}{60 \times 10 \times 10} = 5\text{m/s}$

14 ① 15 ④ 16 ④ 17 ① 18 ① 정답

[19~21] 원래 길이가 4m인 용수철이 천장에 매달려 있다. 질량 2.5kg인 추를 매달고 손으로 받치면서 천천히 내려왔더니, 용수철의 전체 길이가 4.5m가 되었다(중력가속도는 $10m/s^2$으로 계산한다).

19 용수철의 탄성 계수는 얼마인가?

① $50 N/m$ ② $5 N/m$

③ $250 N/m$ ④ $25 N/m$

해설

탄성력 $F = kx$에서 $k = \dfrac{F}{x} = \dfrac{mg}{x} = \dfrac{2.5 \times 10}{4.5 - 4} = 50 N/m$

20 탄성력에 의한 증가한 위치 에너지는 얼마인가?

① $12.5 J$ ② $25 J$

③ $6.25 J$ ④ $50 J$

해설

탄성 위치 에너지 $E_p = \dfrac{1}{2}kx^2 = \dfrac{1}{2} \times 50 \times 0.5^2 = 6.25 J$

21 중력에 의한 감소한 위치 에너지는 얼마인가?

① $12.5 J$

② $25 J$

③ $6.25 J$

④ $50 J$

해설

중력에 의한 감소한 위치 에너지만큼이 탄성력에 의한 증가한 위치에너지로 나타난다.

[22~23] 다음의 그림과 같이 변형된 용수철이 있다. 이 용수철의 탄성계수는 10N/m이다. 변형된 길이가 $x=2m$일 때, 다음 물음에 답하시오.

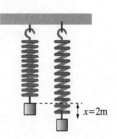

22 이 용수철의 탄성력에 의한 위치에너지는 몇 J인가?

[2015]

① 40J

② 20J

③ 10J

④ 100J

해설

$E_p = \dfrac{1}{2}kx^2 = \dfrac{1}{2} \times 10 \times 2^2 = 20 (N/m = J)$

23 이 용수철에 매달린 물체의 질량이 2kg이라면, 원래 길이로 되돌아갔을 때, 도착하기 직전의 속력은 얼마인가?

[2015]

① $2\sqrt{5} m/s$ ② $2m/s$

③ $1m/s$ ④ $5m/s$

해설

$E_p = E_k$이므로, $\dfrac{1}{2}kx^2 = \dfrac{1}{2}mv^2$ 이다.

$\dfrac{1}{2} \times 10 \times 2^2 = \dfrac{1}{2} \times 2 \times v^2$

$v^2 = 20$

$\therefore v = \sqrt{20} = 2\sqrt{5} m/s$

24 질량 10kg의 수레가 10m/s로 움직이고 있었다. 이 수레에 1,500J의 일을 하였을 때, 이 수레의 나중속력은 얼마가 되겠는가? [2015]

① 15m/s ② 20m/s
③ 25m/s ④ 30m/s

해설

$\frac{1}{2}mv_0^2 + W = \frac{1}{2}mv^2$

$\frac{1}{2} \times 10 \times 10^2 + 1,500 = \frac{1}{2} \times 10 \times v^2$

$v^2 = 400$

$\therefore v = \sqrt{400} = 20\text{m/s}$

※ $1\text{J} = 1\text{kg}\frac{\text{m}^2}{\text{s}^2}$

25 어떤 사람이 10kg의 물체 5개를 2m 위의 선반에 올리는데, 5초가 걸렸다면, 이 사람의 일률은?(단, $g = 10\text{m/s}^2$이다)

① 20W ② 100W
③ 200W ④ 300W

해설

일률 $P = \frac{W}{t} = \frac{mgh}{t} = \frac{5 \times 10 \times 10 \times 2}{5} = 200\text{W}$

26 높이 5m의 경사면 위에 정지해 있는 질량 1kg의 물체가 경사면을 다 내려왔을 때 속력이 4m/s가 되었다. 물체와 면 사이에 마찰에 의해서 손실된 에너지는?(단, 중력가속도는 10m/s^2이다)

① 50J ② 42J
③ 25J ④ 8J

해설

손실된 에너지 $\Delta E = mgh - \frac{1}{2}mv^2$

$= 5 \times 1 \times 10 - \frac{1}{2} \times 1 \times 4^2 = 42\text{J}$

27 반지름이 R인 어떤 행성의 표면에서의 중력가속도가 g일 때, 지표로부터 $2R$이 되는 지점에서의 중력가속도 크기는?

① $3g$ ② $\frac{1}{3}g$
③ $9g$ ④ $\frac{1}{9}g$

해설

$mg = \frac{GMm}{r^2}$이므로 $g \propto \frac{1}{r^2}$이다. 따라서 지표로부터 $2R$(중심으로부터 $3R$)이 되는 지점에서의 중력가속도는 $\frac{1}{9}g$이다.

28 달의 공전 주기가 현재보다 $2\sqrt{2}$배 증가한다면, 지구와 달 사이의 거리는 현재의 몇 배로 증가하는가?

① $2\sqrt{2}$배 ② 2배
③ $\sqrt{2}$배 ④ $\frac{1}{\sqrt{2}}$배

해설

케플러 제3법칙에 의해 $T^2 \propto R^3$이므로
$(2\sqrt{2})^{\frac{2}{3}} = 8^{\frac{1}{3}} = 2$배이다.

24 ② 25 ③ 26 ② 27 ④ 28 ② **정답**

[29~31] 밀도가 $2 \times 10^3 \mathrm{kg/m}^3$인 액체에 질량이 $2\,\mathrm{kg}$, 부피가 $10^{-3}\,\mathrm{m}^3$인 물체를 넣었다(단, 중력가속도 $g=10\,\mathrm{m/s}^2$ 이다).

29 이 물체의 밀도는?

① $2\,\mathrm{kg/m}^3$ ② $20\,\mathrm{kg/m}^3$

③ $200\,\mathrm{kg/m}^3$ ④ $2,000\,\mathrm{kg/m}^3$

해설

밀도 $\rho = \dfrac{M}{V} = \dfrac{2\mathrm{kg}}{10^{-3}\mathrm{m}^3} = 2,000\mathrm{kg/m}^3$

30 이 물체가 액체 속에서 받는 부력의 크기는?

① $2,000\,\mathrm{N}$ ② $200\,\mathrm{N}$

③ $20\,\mathrm{N}$ ④ $2\,\mathrm{N}$

해설

$F_{부력} = \rho_{유체}\, Vg = 2 \times 10^3 \times 10^{-3} \times 10 = 20\mathrm{N}$

31 이 물체가 액체 속에서 받는 알짜힘의 크기는?

① $0\,\mathrm{N}$ ② $10\,\mathrm{N}$

③ $20\,\mathrm{N}$ ④ $40\,\mathrm{N}$

해설

물체의 무게 $= 2 \times 10 = 20\mathrm{N}$,
액체 속에서 받는 부력의 크기 $= 20\mathrm{N}$이므로
알짜힘 $= 0\mathrm{N}$

32 그림과 같이 움직도르래와 고정도르래를 이용하여 w=1,000N의 물체를 들어올리고자 한다. 이때 필요한 힘의 크기는?

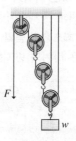

① 125N ② 250N

③ 333N ④ 500N

해설

고정도르래는 힘의 방향만 전환하며, 움직도르래 1개는 2개의 줄이 나누어 작용하게 되므로 힘이 $\dfrac{1}{2}$로 감소한다. 총 3개의 움직도르래가 작용하므로 $\left(\dfrac{1}{2}\right)^3$ 만큼의 힘이 필요하다.

33 그림과 같이 도르래를 이용하여 무게가 W인 물체를 들어올리고자 한다. 이때 물체를 들어올리는데 필요한 최소한의 힘 F의 크기는?

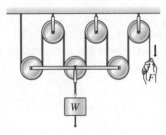

① W

② $\dfrac{W}{3}$

③ $\dfrac{W}{6}$

④ $\dfrac{W}{7}$

해설
무게가 W인 물체가 3개의 움직도르래에 병렬로 매달려 있으므로 도르래 1개당 $\dfrac{W}{3}$만큼의 힘이 작용하고 있으며, 각 움직도르래의 줄 1개당 걸리는 힘은 $\dfrac{W}{3}$의 절반인 $\dfrac{W}{6}$만큼이 작용하고 있다.

34 그림과 같이 작은 바퀴에 무게($w=100\text{N}$)인 물체를 들어올리기 위해 큰 바퀴에 줄을 당기고자 한다. 이때 줄에 작용할 최소한의 힘의 크기는 얼마인가?(단, 작은 바퀴와 큰 바퀴의 반지름 비는 1:4이다)

① 10N

② 20N

③ 25N

④ 50N

해설
축바퀴에 작용하는 힘의 비는 반지름 비와 반비례한다.

35 물체의 무게를 재는 손저울의 막대 전체 길이는 60cm, 1kg의 균일한 쇠막대이다. 그림과 같이 힘 F를 가하여 평형을 유지하고자 할 때에 힘 F는 물통으로부터 얼마나 떨어진 지점에서 작용해야 하는가?

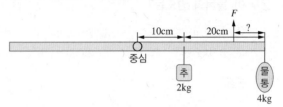

① 4cm

② 5cm

③ 10cm

④ 15cm

해설
힘 F가 주어져서 평형을 이루고 있으려면 돌림힘의 합이 0이 되어야 한다. 따라서 $1\times(0.3-x)+2\times(0.2-x)=4\times x$ 이므로 $x=0.1\text{m}=10\text{cm}$ 이다.

36 그림과 같이 한쪽 끝에 물통을 매달고 있는 지레에 반대편에는 40N의 힘이 가해져서 수평을 이루고 있다. 이때 받침점이 막대를 떠받치는 힘의 크기는?(단, 막대의 질량은 무시한다)

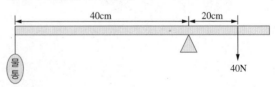

① 20N

② 40N

③ 60N

④ 80N

해설
막대가 수평을 이루고 있으므로 돌림힘의 합이 0이 되어야 한다. 물통의 무게를 w라면 $w\times0.4=40\times0.2$, $w=20\text{N}$ 이고, 힘의 합=0이 되어야 하므로 $w+40=F$

01 다음 중에서 충격량의 단위는 어느 것인가? [2015]

① g·cm/s² ② g·cm/s
③ dyne/s ④ dyne·s²

해설
충격량＝운동량의 변화량(Δmv)

02 그림은 충돌구 5개를 등간격으로 줄에 매달고 공의 중심이 일직선상에 있도록 한 탄성 충돌 실험 장치이다. 이에 대한 설명으로 틀린 것은? [2015]

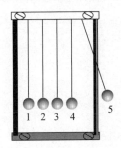

① 구 5를 당겼다 놓으면 구 1이 튀어 나간다.
② 구 5를 당겼다 놓으면 구 4만 움직이지 않는다.
③ 구 4, 5를 동시에 당겼다 놓으면 구 1, 2가 튀어 나간다.
④ 구 3, 4, 5를 동시에 당겼다 놓으면 구 1, 2, 3이 튀어 나간다.

해설
완전 탄성 충돌이므로, 충돌 이후 동일한 개수만큼 동일한 높이로 올라가게 된다.

03 4kg이 볼링공이 속두 5m/s을 가지고 굴러가고 있다. 정지해 있던 질량 8kg의 볼링공에 정면충돌하였더니, 4kg의 볼링공은 정지하고, 8kg의 볼링공은 일정한 속력으로 앞으로 굴러갔다. 10초 뒤 8kg의 볼링공이 이동한 거리는 얼마인가? [2015]

① 25m ② 50m
③ 75m ④ 100m

해설
운동량 보존 법칙에 의해 $m_1 v_1 + m_2 v_2 = m_1 v_1' + m_2 v_2'$

$4\text{kg} \times 5\text{m/s} + 8\text{kg} \times 0 = 4\text{kg} \times 0 + 8\text{kg} \times v_2'$

$\therefore v_2' = \dfrac{20}{8} = 2.5\text{m/s}$

$s = vt$이므로 10초 뒤 8kg의 볼링공이 이동한 거리는 $2.5\text{m/s} \times 10\text{s} = 25\text{m}$

04 30m/s로 날아오던 질량 5kg의 물체가 정지하고 있던 500kg의 자동차와 충돌 후 2초만에 정지하였다면, 이 물체가 자동차에 가한 힘의 세기는 얼마일까? [2015]

① 150N ② 100N
③ 75N ④ 50N

해설
$F = \dfrac{\Delta p}{\Delta t} = \dfrac{5\text{kg} \times 30\text{m/s}}{2\text{s}} = 75\text{N}$

[5~6] 질량이 $1,000\,\mathrm{kg}$ 이고 속력이 $2\,\mathrm{m/s}$ 인 자동차에 일정한 힘이 작용되어 20초 후에 속력이 $20\,\mathrm{m/s}$ 가 되었다.

05 자동차의 증가한 운동량은 얼마인가? [2015]

① $18,000\,\mathrm{kg \cdot m/s}$
② $20,000\,\mathrm{kg \cdot m/s}$
③ $2,000\,\mathrm{kg \cdot m/s}$
④ $200\,\mathrm{kg \cdot m/s}$

해설
$\Delta p = mv - mv_0 = m(v - v_0) = 1,000\mathrm{kg}(20\mathrm{m/s} - 2\mathrm{m/s})$
$\qquad = 18,000\mathrm{kg \cdot m/s}$

06 이 자동차에 가해진 힘은? [2015]

① $18,000\,\mathrm{N}$ ② $900\,\mathrm{N}$
③ $9,000\,\mathrm{N}$ ④ $200\,\mathrm{N}$

해설
충격량=운동량의 변화량이므로 $F \cdot t = mv - mv_0$
$\therefore F = \dfrac{mv - mv_0}{t} = \dfrac{18,000}{20} = 900\mathrm{N}$

[7~9] 그림은 야구 선수가 $30\,\mathrm{m/s}$ 의 속력으로 날아오는 공을 $500\,\mathrm{N}$ 의 힘으로 받아 쳐서 공이 $40\,\mathrm{m/s}$ 의 속력으로 날아가는 것이다(단, 공의 질량은 $300\,\mathrm{g}$ 이다).

07 공의 운동량의 변화량은 얼마인가? [2015]

① $21\,\mathrm{kg \cdot m/s}$
② $12\,\mathrm{kg \cdot m/s}$
③ $9\,\mathrm{kg \cdot m/s}$
④ $3\,\mathrm{kg \cdot m/s}$

해설
$\Delta p = mv - mv_0 = m(v - v_0)$
$\qquad = 0.3\mathrm{kg}(30\mathrm{m/s} - (-40\mathrm{m/s}))$
$\qquad = 21\mathrm{kg \cdot m/s}$

08 공과 방망이와 접촉하여 힘이 가해진 시간은 몇 초인가? [2015]

① $0.1\,\mathrm{s}$ ② $0.01\,\mathrm{s}$
③ $0.042\,\mathrm{s}$ ④ $0.8\,\mathrm{s}$

해설
$t = \dfrac{\Delta mv}{F} = \dfrac{21\mathrm{kg \cdot m/s}}{500\mathrm{N}} = 0.042\mathrm{s}$

09 방망이가 받은 충격량은 얼마인가? [2015]

① 21N·s   ② 12N·s

③ 9N·s   ④ 3N·s

해설

방망이가 받는 충격량=공이 받는 충격량(운동량의 변화량)
이다.

10 6kg의 고무공을 10층 건물에서 가만히 놓았더니, 바닥에 가한 충격량이 150N·s라면, 튀어 오른 고무공의 속력은 얼마인가?(단, 층당 높이는 모두 2m로 일정하고, $g=10\text{m/s}^2$이다) [2015]

① 5m/s

② 10m/s

③ 15m/s

④ 20m/s

해설

$2as = v^2 - v_0^2$이므로 $v = \sqrt{2gs} = \sqrt{2 \times 10 \times 20} = 20\text{m/s}$ 이다.
충격량=운동량의 변화량이므로 $150 = mv - mv_0 = m(v - v_0)$

$\therefore v = \dfrac{150}{m} + v_0 = \dfrac{150}{6} + (-20) = 5\text{m/s}$

---

01 정지해 있던 버스가 수평면을 10초 동안 등가속도 직선운동을 할 때 버스 안에 매달려 있던 손잡이가 수평면과 45°의 각도를 이루었다고 한다. 10초 동안 버스가 운동한 거리는?

① 49m   ② 490m

③ 98m   ④ 980m

해설

$a = g \cdot \tan\theta = 9.8 \times \tan 45° = 9.8\text{m/s}^2$

따라서 운동한 거리 $s = \dfrac{1}{2}at^2 = \dfrac{1}{2} \times 9.8 \times 10^2 = 490\text{m}$

02 다음 그림은 1층에서 20층까지 올라가는 엘리베이터의 시간에 대한 속도변화 그래프이다. 이 안에 타고 있는 사람의 질량이 100kg이라고 할 때, 이에 대한 설명으로 틀린 것은?(단, 중력가속도 $g = 10\text{m/s}^2$이다) [2015]

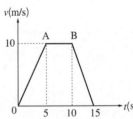

① 0~5초 사이에 이 사람의 몸무게는 1,200N이다.

② 5~10초 사이에 이 사람의 몸무게는 1,000N이다.

③ 10~15초 사이에 이 사람의 몸무게는 800N이다.

④ 0~15초 사이에 이 사람의 몸무게는 변하지 않는다.

해설

엘리베이터의 가속운동에 의해 그 안에 탄 사람의 몸무게는 관성력만큼 변하게 된다.

• 0~5초 사이 : 관성력이 아래 방향,
$$m(g+a) = 100(10+2) = 1,200\text{N}$$

• 5~10초 사이 : 관성력이 없음, $mg + 0 = 1,000\text{N}$

• 10~15초 사이 : 관성력이 위 방향,
$$m(g-a) = 100(10-2) = 800\text{N}$$

---

03 그림과 같이 회전 원판에서 물체(●)를 바라보는 A가 있고, 원판 밖에서 물체를 바라보는 B가 있다. 원판이 일정한 속력으로 회전할 때, 두 사람이 바라보는 물체의 운동에 대한 설명으로 옳지 않은 것은?(단, 이 물체는 원판 위에 정지해 있었다)

[2015]

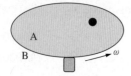

① A가 볼 때 물체는 정지해 있는 것처럼 보인다.
② A가 볼 때 물체에 작용하는 알짜힘은 0이 아니다.
③ B가 보는 관점에서는 '물체의 구심력=물체의 마찰력'이다.
④ 회전 원판의 각속도를 증가시키면 언젠가는 물체가 미끄러진다.

해설
A(비관성계)가 볼 때 물체는 정지해 있으므로 물체에 작용하는 알짜힘은 0이지만, B(관성계)가 볼 때 물체는 구심력이 작용하는 것이며, 구심력은 물체에 작용하는 마찰력이다. 또한 각속도를 증가시키면 물체의 원심력 $mr\omega^2$ 이 증가하고 이 힘이 최대정지마찰력 μmg 보다 커지는 순간 물체는 미끄러진다.

유 체

제1절 밀도와 압력

1 밀 도

(1) 밀도의 정의

① 밀도 = $\dfrac{질량}{부피}$ 또는 $\rho = \dfrac{M}{V}$

② 단위 : kg/m^3 또는 g/cm^3

(2) 물의 밀도

① $4℃$, 1기압 : $1,000kg/m^3$, cgs 단위계 : $1g/cm^3$

② 온도에 따른 물의 밀도 변화

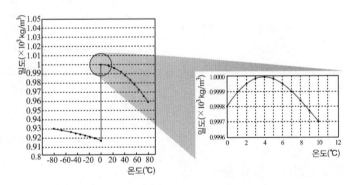

③ $4℃$에서 물의 밀도는 최댓값

④ $0℃$ 액체 상태에서 물이 $0℃$ 고체(얼음)로 되면 갑자기 밀도가 감소

⑤ $0℃$ 얼음에서 온도가 더 낮아지면 얼음의 밀도는 조금씩 증가

(3) 비 중

$비중 = \dfrac{물질의\ 밀도}{4℃\ 물의\ 밀도}$ (단위 없음)

$10kg$의 어떤 금속이 물 속에 가라앉으면서, 물을 1리터 밀어내었다고 한다. 이 금속의 밀도는 얼마인가?

① $1g/cm^3$ ② $5g/cm^3$

③ $10g/cm^3$ ④ $100g/cm^3$

해설

$1L = 1,000cm^3$이므로 $\rho = \dfrac{M}{V} = \dfrac{10 \times 10^3 g}{1,000cm^3} = 10g/cm^3$

답 ③

직사각형의 모양을 가진 모래채취선의 폭은 $4m$이고, 길이는 $20m$이다. 모래를 실었을 때 물 속으로 $2m$ 정도 가라앉는다고 할 때, 모래채취선에 실은 모래의 무게는 얼마인가?(단, $g = 9.8m/s^2$이다)

① 약 $0.8 \times 10^6 N$ ② 약 $1.6 \times 10^6 N$

③ $8 \times 10^6 N$ ④ $1.6 \times 10^5 N$

해설

질량 $m = \rho V = 10^3 kg/m^3 \times 160m^3 = 1.6 \times 10^5 kg$이므로
$W = mg = 1.6 \times 10^5 kg \times 9.8m/s^2 = 1.568 \times 10^6 N$

답 ②

대기 중의 공기의 밀도가 $1.2kg/m^3$인 곳에서 $300kg$의 물체를 수소를 가득채운 기구로 띄우고자 한다. 수소의 밀도가 $0.09kg/m^3$일 때, 필요한 최소한의 수소 기체의 부피는 약 얼마인가?

① $100m^3$ ② $200m^3$

③ $250m^3$ ④ $270m^3$

해설

부피 $V = \dfrac{300kg}{(1.2 - 0.09)kg/m^3} = 270.27m^3$

답 ④

어떤 비행기의 날개 면적이 100m^2이고 날개의 위쪽과 아래쪽의 기압의 차이가 대기압의 10%일 때, 비행기가 받는 양력의 크기는?

① 10^2N ② 10^3N

③ 10^4N ④ 10^6N

해설
양력 $F = 0.1 \times P \times A$
$$= 0.1 \times 10^5 \text{N/m}^2 \times 100\text{m}^2 = 10^6\text{N}$$

답 ④

그림과 같이 무게가 $10{,}000\text{N}$인 자동차를 들어 올리려면, 최소한 얼마의 힘을 가해야 하는가?(단, 반지름 비 $R_1 : R_2 = 50 : 1$이다)

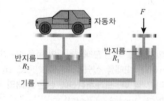

① 4N ② 50N

③ 100N ④ 500N

해설
$\dfrac{F_1}{A_1} = \dfrac{F_2}{A_2}$이므로, $2{,}500 : 1 = 10{,}000 : F_2$
$\therefore \ F_2 = \dfrac{10{,}000}{2{,}500} = 4\text{N}$

답 ①

2 압 력

(1) 압력의 정의

① 압력 $= \dfrac{\text{힘}}{\text{면적}}$ 또는 $P = \dfrac{F}{A}$

② 단위 : Pa(파스칼) 또는 N/m^2

제2절 정지 유체

1 파스칼의 법칙

(1) 파스칼의 법칙 : 유체 내 한 지점에 가한 압력은 유체 내 모든 지점에 동일하게 작용한다. → 깊이가 같으면 같은 깊이 지점의 압력이 모두 같다.

(2) 유압기에서의 파스칼 법칙

① 피스톤 1, 2에 작용하는 압력
$$P_1 = \frac{F_1}{A_1}, \ P_2 = \frac{F_2}{A_2}$$

② 파스칼의 법칙에 따라 $P_1 = P_2$

③ $P = \dfrac{F_2}{A_2} = \dfrac{F_1}{A_1}$

④ 피스톤 2에 작용하는 힘
$$F_2 = \frac{A_2}{A_1}F_1$$

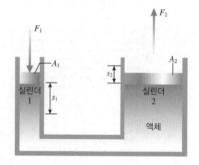

(3) 유압 장치에서 일의 원리

① $V = s_1 A_1 = s_2 A_2, \ s_2 = \dfrac{A_1}{A_2}s_1$

② 실린더 1이 해 준 일 : $W_1 = F_1 s_1$

③ 실린더 2가 받은 일 : $W_2 = F_2 s_2 = \left(\dfrac{A_2}{A_1}F_1\right)\left(\dfrac{A_1}{A_2}s_1\right) = W_1$

④ 유압 장치의 응용 : 자동차 브레이크, 자동차 조향 장치, 굴삭기 등 작은 힘으로 큰 힘을 낼 때 사용

2 수 압

유체의 바닥 면적 A, 높이 h, 밀도 ρ일 때

(1) 유체의 부피 V : $V = Ah$

(2) 유체의 질량 M : $\rho = \dfrac{M}{V}$로부터 $M = \rho Ah$

(3) 유체의 바닥에 작용하는 압력 : $P = \dfrac{F}{A} = \dfrac{w}{A} = \dfrac{\rho Ahg}{A} = \rho gh$

(4) 수압 $P = \rho gh$

3 대기압

$$1\text{atm} = 1\text{기압} = 760\,\text{mmHg} = 1033.6\,\text{cmH}_2\text{O} = 1.013 \times 10^5\,\text{N/m}^2 = 1\text{bar}$$

4 부력(아르키메데스의 원리)

(1) 유체에 잠긴 물체는 잠긴 부분의 부피에 해당하는 유체의 무게만큼 부력을 얻는다.

(2) 유체에 잠긴 부분의 부피 V, 유체의 밀도 $\rho_{유체}$, 중력 가속도 g일 때
$$F_b = \rho_{유체} Vg$$

제3절 운동 유체

1 연속 방정식

(1) **연속 방정식의 의미** : 유량 질량 보존의 법칙

(2) **비압축적 유체의 연속 방정식 증명**
① 질량이 보존되어야 하기에 A_1을 Δt시간 동안 v_1의 속력으로 통과한 유체의 질량은 같은 시간 동안 v_2로 A_2를 지나간 질량과 같아야 한다.
$$\rho_1 v_1 A_1 \Delta t = \rho_2 v_2 A_2 \Delta t$$

어떤 댐의 가장 깊은 곳의 깊이가 200m 라고 한다. 대기압의 효과를 무시할 때, 가장 깊은 곳의 수압은 얼마인가?(단, 중력가속도는 $9.8\,\text{m/s}^2$ 이다)

① $1.96 \times 10^6\,\text{Pa}$ ② $2 \times 10^2\,\text{Pa}$

③ $2 \times 10^3\,\text{Pa}$ ④ $4 \times 10^3\,\text{Pa}$

해설

수압 $P = \rho gh = 10^3\,\text{kg/m}^3 \times 9.8\,\text{m/s}^2 \times 200\,\text{m}$
$= 1.96 \times 10^6\,\text{Pa}$

답 ①

지름이 a인 구와 한 변이 a인 정육면체, 모서리의 길이가 a인 정사면체가 있다. 이들의 비중이 같다면, 동일한 액체에서 받는 부력의 크기가 가장 큰 것은?

① 모두 같다.   ② 정사면체

③ 정육면체   ④ 구

해설

부력 $F = \rho_{물} Vg$이므로 $F \propto V$이다.

정사면체의 부피 $= \dfrac{\sqrt{2}}{12}a^3$, 정육면체의 부피 $= a^3$, 구의 부피 $= \dfrac{4}{3}\pi\left(\dfrac{a}{2}\right)^3$이므로 정육면체의 부력의 크기가 가장 크다.

답 ③

단면적 1m^2, 높이 1m인 직육면체 물체가 물 속 10m에 잠겨 있다. 이 물체의 질량이 10kg일 때, 이 물체가 받는 부력의 크기는?(단, 물의 밀도는 $1,000\text{kg/m}^3$, $g = 10\text{m/s}^2$이다)

① $10\,\text{N}$ ② $100\,\text{N}$

③ $1,000\,\text{N}$ ④ $10,000\,\text{N}$

해설

부력 $F = \rho_{물} Vg = 1,000\text{kg/m}^3 \times 1\text{m}^3 \times 10\text{m/s}^2$
$= 10,000\,\text{N}$

답 ④

어떤 사람의 대동맥의 단면적 3cm^2에 흐르는 혈액의 속도가 30cm/s이라고 할 때, 이 사람의 6×10^9개의 모세혈관에 흐르는 혈액의 속도는 얼마인가?(단, 모세혈관의 단면적은 $3\times10^{-7}\text{cm}^2$이고, 모든 모세혈관의 속도는 동일하다)

① $3\times10^{-2}\text{cm/s}$ ② $3\times10^{-1}\text{cm/s}$
③ $5\times10^{-1}\text{cm/s}$ ④ $5\times10^{-2}\text{cm/s}$

해설

$A_0 v_0 = nAv$이므로

모세혈관의 속도 $v = \dfrac{A_0 v_0}{nA}$

$\qquad = \dfrac{3\times30}{6\times10^9\times3\times10^{-7}} = 0.05\text{cm/s}$

답 ④

단면적이 4cm^2인 관에 흐르는 물의 속력이 5m/s라고 한다. 물이 이보다 10m 낮은 곳에 단면적 8cm^2인 관에서 2.5m/s로 빠져나가고 있다. 위쪽 관의 압력이 $2\times10^5\text{Pa}$라고 할 때, 낮은 쪽에서의 압력은 얼마인가?

① 약 $3.1\times10^5\text{Pa}$ ② 약 $2\times10^5\text{Pa}$
③ 약 $2\times10^6\text{Pa}$ ④ 약 $2.5\times10^5\text{Pa}$

해설

베르누이 정리에 의해 $P + \dfrac{1}{2}\rho v^2 + \rho gy =$ 일정이므로 위쪽의 값과 아래쪽의 값이 같아야 한다.

위쪽 : $2\times10^5 + \dfrac{1}{2}\times5^2\times10^3 + 10^3\times10\times10$

$\qquad = 3.125\times10^5$

아래쪽 : $x + \dfrac{1}{2}\times2.5^2\times10^3$

$\therefore\ x = 3.125\times10^5 - \dfrac{1}{2}\times2.5^2\times10^3$

$\qquad = 3.125\times10^5 - 3,125$

$\qquad = 3.09\times10^5\text{Pa}$

답 ①

다음 중 베르누이 원리를 이용한 예가 아닌 것은?

① 분무기   ② 벤투리관
③ 유압기   ④ 비행기의 날개

해설

유압기는 파스칼의 원리이다.

답 ③

② A_1을 통과한 유체의 부피는 같은 시간동안 A_2를 통과한 부피와 같다.

$v_1 A_1 = v_2 A_2$

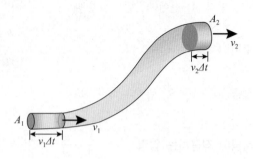

2 베르누이 정리

(1) 베르누이 정리의 의미 : 에너지 보존의 법칙(일 – 에너지 정리, $W_{압력} + W_{중력} = \Delta E_k$)

$P + \rho gh + \dfrac{1}{2}\rho v^2 =$ 일정

(2) 베르누이 정리의 응용

① 벤투리 효과($h=0$) : 유체 속도가 증가하면 압력이 낮아진다.

② 토리첼리 정리($P=0$) : 물통의 수면에서 깊이 h인 지점의 작은 구멍에서 나오는 물의 속력

$v = \sqrt{2gh}$

③ 그레이엄 정리(중력 무시) : 풍선의 구멍을 통해 나오는 기체의 속력

$v = \sqrt{\dfrac{2(P_0 - P)}{\rho}}$

02 CHAPTER

적중예상문제

01 그림과 같은 굵기가 변하는 관을 따라 공기가 흐른다고 할 때, 이에 대한 설명으로 옳은 것은?

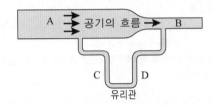

① 공기의 속력은 A보다 B에서 느리다.
② 공기의 압력은 A보다 B에서 높다.
③ 유리관에 물이 차 있다면, C가 D보다 낮다.
④ 동일한 공기가 흘러갈 때, A지점과 B지점의 밀도는 다르다.

> **해설**
> $v_A < v_B$, $P_A > P_B$이므로, C가 D보다 물의 수위가 낮다.

02 강물보다 바닷물에서 몸이 더 잘 떠오른다. 이에 대한 타당한 이유는?

① 강물보다 바닷물의 면적이 크다.
② 강물보다 바닷물의 수심이 깊다.
③ 강물보다 바닷물의 흐름속력이 빠르다.
④ 강물보다 바닷물의 밀도가 크다.

> **해설**
> 부력의 크기는 밀도가 클수록 크다.

03 비행기의 날개에 작용하는 양력에 대한 원리로 틀린 것은?

① 윗면을 흐르는 공기의 속도는 아랫면보다 느리다.
② 날개 아래쪽 압력이 위쪽보다 커져야 양력이 나타난다.
③ 비행기의 속도가 빠를수록 양력은 커진다.
④ 베르누이 원리에 의해 양력은 발생한다.

> **해설**
> 윗면의 공기흐름 속도가 빠르며, 압력이 낮다.

04 교실의 크기가 $3m \times 10m \times 2m$인 공간 안에 있는 공기의 무게는 얼마인가?(단, 공기의 밀도는 $1.2kg/m^3$이고, 중력가속도는 약 $10m/s^2$이다)

① 720N   ② 600N
③ 500N   ④ 70N

> **해설**
> 무게 $W = mg = \rho V g = 1.2kg/m^3 \times 3m \times 10m \times 2m \times 10m/s^2$
> $= 720N$

05 물 위에 있던 잠수부가 수면 아래 $10m$ 지점까지 내려가 잠수를 하였다고 할 때, 잠수부가 받게 되는 압력은 수면 위에 있을 때에 비하여 얼마나 증가하는가? (단, 물의 밀도는 $1,000kg/m^3$, $g = 9.8m/s^2$이다)

① $9.8 \times 10^4 Pa$ ② $10 Pa$
③ $980 Pa$ ④ $1 Pa$

> **해설**
> 압력 $P = P_0 + \rho g L$(P_0는 대기압)에서 압력 증가량
> $\rho g L = 1,000kg/m^3 \times 9.8m/s^2 \times 10m = 9.8 \times 10^4 Pa$

06 호수에 돌을 넣었다. 이에 대한 설명으로 옳은 것은?

① 아래로 갈수록 수압은 커지나 부력은 일정하다.
② 아래로 갈수록 수압은 커지나 부력은 작아진다.
③ 아래로 갈수록 수압과 부력은 일정하다.
④ 아래로 갈수록 수압과 부력은 커진다.

> **해설**
> 부력은 깊이에 상관없는 물리량이다.

07 공기 중에서 측정한 무게가 $50\,\mathrm{N}$인 물체를 물속에 넣어서 측정하였더니, $45\,\mathrm{N}$이었다. 이 물체에 작용한 부력의 크기와 밀도의 크기를 옳게 짝지은 것은?(단, 물의 밀도는 $1\mathrm{g/cm^3}$이고, 중력가속도는 $10\,\mathrm{m/s^2}$이다)

① $15\,\mathrm{N}$, $5\mathrm{g/cm^3}$ ② $15\,\mathrm{N}$, $10\mathrm{g/cm^3}$
③ $5\,\mathrm{N}$, $5\mathrm{g/cm^3}$ ④ $5\,\mathrm{N}$, $10\mathrm{g/cm^3}$

> **해설**
> $F_{부력}=\rho_물 Vg$이고 $\rho_{물체}=\dfrac{M}{V}$이므로 $\dfrac{\rho_{물체}}{\rho_물}=\dfrac{gM}{F_{부력}}$이다. 이때
> 부력의 크기는 감소한 무게 $5\,\mathrm{N}$이고, $Mg=$ 물체의 무게이므로
> $\rho_{물체}=\dfrac{1\mathrm{g/cm^3}\times50\,\mathrm{N}}{5\,\mathrm{N}}=10\mathrm{g/cm^3}$이다.

08 부피가 $100\,\mathrm{cm^3}$인 물체가 물 위에 떠 있다. 물 밖으로 노출된 부분의 부피가 $20\,\mathrm{cm^3}$일 때, 이에 대한 설명으로 옳지 않은 것은?(단, 물의 밀도는 $1\mathrm{g/cm^3}$이고, 중력가속도는 $10\,\mathrm{m/s^2}$이다)

① 물체는 중력과 부력의 합력이 0인 평형상태이다.
② 물체의 밀도는 $0.8\,\mathrm{g/cm^3}$이다.
③ 물체가 물로부터 받는 부력의 크기는 $0.8\,\mathrm{N}$이다.
④ 물체의 무게는 $8\,\mathrm{N}$이다.

> **해설**
> $F_{부력}=\rho_물 Vg=1\mathrm{g/cm^3}\times80\mathrm{cm^3}\times10\mathrm{m/s^2}=800\mathrm{g}\cdot\mathrm{m/s^2}$
> $\qquad=0.8\mathrm{kg}\cdot\mathrm{m/s^2}=0.8\,\mathrm{N}$
> 물체가 물 위에 정지해 있으므로 중력과 부력의 합력이 0인 상태에 있다.
> 따라서 $M=\dfrac{F_{중력}}{g}=\dfrac{0.8\,\mathrm{N}}{10\mathrm{m/s^2}}=0.08\mathrm{kg}=80\mathrm{g}$이므로
> 물체의 밀도$=\dfrac{80\mathrm{g}}{100\mathrm{cm^3}}=0.8\mathrm{g/cm^3}$이다.

09 수은으로 가득 채워진 1리터 페트병의 질량이 $13.6\mathrm{kg}$이고, 무게는 136N이었다고 한다. 이 페트병을 물에 잠기게 할 때, 받게 되는 부력의 크기는 얼마인가? (단, 중력가속도는 $10\,\mathrm{m/s^2}$이다)

① 136N   ② 133N
③ 13.3N   ④ 10N

> **해설**
> 부력의 크기는 1리터 물의 무게와 동일하며,
> 물의 밀도는 $\rho=1\mathrm{g/cm^3}$, $1\mathrm{L}=1,000\mathrm{cm^3}$이므로 $1,000\mathrm{g}=1\mathrm{kg}$,
> 따라서 $W=1\mathrm{kg}\times10\mathrm{m/s^2}=10\,\mathrm{N}$

10 그림은 물속에 블록을 넣었더니 가라앉고 있는 모습을 나타낸 것이다. 가라앉은 수심에 따른 위치상 블록이 최대부력을 받는 지점은?(A, B, C 블록은 모두 동일하다)

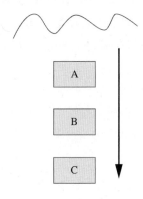

① A
② B
③ C
④ 모두 같다.

부력의 크기는 물체의 부피와 관계되는 양이므로, 세 지점의 물체에 작용하는 부력의 크기는 동일하다.

11 어떤 온도와 압력하에서 건조한 공기의 밀도가 1.3kg/m^3라고 한다. 이곳에 기화될 액체의 밀도가 900kg/m^3라고 할 때, 이 액체 2m^3가 기화되었을 때의 부피는 약 얼마인가?

① 900m^3
② $1,000\text{m}^3$
③ $1,300\text{m}^3$
④ $1,400\text{m}^3$

부피 $V = \dfrac{900\text{kg/m}^3 \times 2\text{m}^3}{1.3\text{kg/m}^3} = 1,384.6\text{m}^3$

12 부피가 500m^3인 헬륨 풍선에 200kg의 바구니를 매달았다. 이 바구니에 담을 수 있는 짐의 질량은 몇 kg인가?(단, $\rho_{\text{He}} = 0.16\text{kg/m}^3$이고, $\rho_{air} = 1.3\text{kg/m}^3$이다)

① 500kg
② 370kg
③ 320kg
④ 200kg

$W_{air} = W_{\text{He}} + m_{\text{바구니}}g + M_{\text{짐}}g$에서
$W_{air} = \rho_{air}Vg,\ W_{\text{He}} = \rho_{\text{He}}Vg$이므로
$M_{\text{짐}} = \dfrac{\rho_{air}Vg - \rho_{\text{He}}Vg - m_{\text{바구니}}g}{g} = \rho_{air}V - \rho_{\text{He}}V - m_{\text{바구니}}$
$= 1.3 \times 500 - 0.16 \times 500 - 200 = 370\text{kg}$

13 빙산은 전체 크기 중에 일부분만 수면 위에 드러나 있다. 빙산의 밀도는 $\rho_{ice} = 917\text{kg/m}^3$이고, 바닷물의 밀도는 $\rho_w = 1,024\text{kg/m}^3$라고 할 때, 수면 위로 드러난 빙산의 크기는 전체 부피의 몇 %에 해당하는가?

① 약 10%
② 약 15%
③ 약 20%
④ 약 25%

빙산의 무게=밀려난 바닷물의 무게(부력)이므로
$\rho_{ice}V_{ice}g = \rho_w V_w g$에서
$V_{ice}(=\text{빙산 전체 부피}),\ V_w(=\text{밀려난 바닷물 부피})$ 비율
$= \dfrac{V_{ice} - V_w}{V_{ice}} = 1 - \dfrac{\rho_{ice}}{\rho_w}$
$= 1 - \dfrac{917}{1,024} = 0.1$

14 대기 중의 공기의 밀도가 1.2kg/m³인 곳에서 300kg 의 물체를 수소를 가득채운 기구로 띄우고자 한다. 수소의 밀도가 0.09kg/m^3일 때, 필요한 최소한의 수소 기체의 부피는 약 얼마인가?

① 100m^3

② 200m^3

③ 250m^3

④ 270m^3

해설

$$V = \frac{300\text{kg}}{(1.2-0.09)\text{kg/m}^3}$$

15 단면적이 4cm²인 관에 흐르는 물의 속력이 5m/s라 고 한다. 이 관은 이보다 10m 낮은 곳에 단면적 8cm^2인 곳에서 2.5m/s로 빠져나가고 있다. 위쪽 관의 압력이 $2\times10^5\text{Pa}$라고 할 때, 낮은 쪽에서의 압력은 얼마인가?(단, 물의 밀도는 $\rho = 10^3\text{kg/m}^3$ 이고, 중력가속도는 10m/s^2이다)

① 약 $3.1\times10^5\text{Pa}$

② 약 $2\times10^5\text{Pa}$

③ 약 $2\times10^6\text{Pa}$

④ 약 $2.5\times10^5\text{Pa}$

해설

$$P + \frac{1}{2}\rho v^2 + \rho gy = \text{일정}$$

$$2\times10^5 + \frac{1}{2}(10^3)(5)^2 + 10^3(10)(10) = P + \frac{1}{2}(10^3)(2.5)^2 + 0$$

$$P = 2\times10^5 + 12,500 + 10^5 - 3,125 ≒ 310,000\text{Pa}$$

PART 01 핵심이론

에너지와 열

제1절 온 도

1 열평형

(1) **온도** : 물체의 차갑고 더운 정도를 수치로 나타낸 것

① 화씨 온도($°F$) : $(°F) = \frac{9}{5}(℃) + 32$

② 절대 온도(K) : $(K) = (℃) + 273$

(2) **열** : 고온의 물체에서 저온의 물체로 이동하는 에너지

(3) **열량(열에너지)** : $\Delta Q = mc\Delta T$

(4) **열평형 상태** : 두 물체가 접촉 시 온도가 높은 물체에서 낮은 물체로 열이 이동하여 두 물체의 온도가 같아져 더 이상 열의 이동이 없는 상태

(5) **열량 보존 법칙** : 두 물체가 열평형 상태에 도달할 때까지 고온의 물체가 잃은 열량은 저온의 물체가 얻은 열량과 같다.

$$m_1 c_1 (T_1 - x) = m_2 c_2 (x - T_2)$$

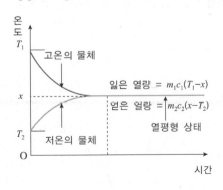

섭씨 55도는 화씨온도로 몇 도인가?

① $55°F$　　　　　② $328°F$

③ $131°F$　　　　　④ $113°F$

해설

$°F = \frac{9}{5}(℃) + 32 = \frac{9}{5} \times 55 + 32 = 131°F$

답 ③

질량 $2\,kg$의 물을 $20℃$에서 $30℃$로 올리고자 한다. 이때 필요한 열량은 얼마인가?(단, 물의 비열은 $1\,kcal/kg \cdot ℃$이다)

① $10\,kcal$　　　　② $20\,kcal$

③ $30\,kcal$　　　　④ $40\,kcal$

해설

열량 $Q = mc\Delta t = 2\,kg \times 1\,kcal/kg \cdot ℃ \times 10℃ = 20\,kcal$

답 ②

두 물체의 비열의 비는 2 : 3이고, 질량비는 1 : 2이다. 이 두 물체에 열을 공급해 주었을 때, 온도 변화가 동일했다면, 가해 준 열량의 비는?

① 1 : 1

② 1 : 2

③ 1 : 3

④ 2 : 3

해설

$\frac{Q}{mc} = \Delta T$ = 일정하므로 $Q_1 : Q_2 = m_1 c_1 : m_2 c_2$이다. 따라서 $Q_1 : Q_2 = 1 \times 2 : 2 \times 3 = 2 : 6 = 1 : 3$

답 ③

길이가 $1\,m$인 막대의 선팽창 계수는 $0.005/℃$ 이다. 온도가 처음보다 $20℃$ 가 올라가게 되면 막대는 처음보다 얼마나 더 늘어나겠는가?

① 1cm

② 5cm

③ 10cm

④ 15cm

해설

열에 의한 선팽창 $\Delta L = L\alpha \Delta T$
$= 1m \times 0.005/℃ \times 20℃ = 0.1m$

답 ③

길이가 L인 정육면체의 온도가 $10℃$ 에서 $20℃$ 로 증가할 경우 부피는 얼마나 팽창하는가?(단, 선팽창 계수는 α이다)

① $30\alpha L^3$

② $60\alpha L^3$

③ $90\alpha L^3$

④ $120\alpha L^3$

해설

부피 팽창 계수 $\beta = 3\alpha$이므로 열에 의한 부피 팽창
$\Delta V = V\beta \Delta T = L^3 \times 3\alpha \times 10 = 30\alpha L^3$

답 ①

2 비열과 열용량

(1) 비열(c) : 물질 1kg의 온도를 1℃ 높이는 데 필요한 열량

$c = \dfrac{Q}{m\Delta T}$(단위 : kcal/kg · ℃, J/kg · K)

(2) 열용량(C) : 물체의 온도를 1℃ 높이는 데 필요한 열량

$C = cm$(단위 : kcal /℃, J /℃)

3 열팽창

(1) 열팽창 : 열에 의해 길이나 부피가 증가하는 현상

(2) 선팽창

$l = l_0 + \Delta l = l_0 + \alpha l_0 \Delta T = l_0 (1 + \alpha \Delta T)$ (α : 선팽창 계수)

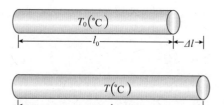

(3) 부피 팽창

$V = V_0 (1 + \beta \Delta T)$ (β : 부피 팽창 계수)

(4) 열팽창의 이용 : 알코올 온도계, 수은 온도계, 전기 토스터기, 전기다리미 등

제**2**절 열의 이동

1 전 도

(1) 정 의

주로 고체에서 열에너지 차이를 분자들의 진동에 의해 전달하는 현상

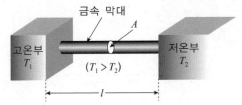

금속 막대
고온부 T_1 A 저온부 T_2
$(T_1 > T_2)$
l

(2) $T_1 > T_2$일 때, 시간 t 동안 이동한 열량 : $Q = kA\dfrac{(T_1 - T_2)}{l}t$ (k : 열전도도)

(3) 열전도율 : $H = \dfrac{dQ}{dt} = kA\dfrac{(T_1 - T_2)}{l}$

2 대 류

(1) 정 의

액체나 기체에서 열에너지 차이를 분자들의 밀도차에 의해 전달하는 현상
예 해류나 대기의 순환, 태풍 등

3 복 사

(1) 정의 : 전자기파의 형태로 열이 이동하는 방법

(2) 슈테판-볼츠만의 법칙 : $E = \sigma T^4$

(단위 면적당 단위 시간에 방출하는 복사에너지 양은 절대 온도의 4세곱에 비례)

같은 종류의 물체가 있다. 하나는 온도가 27℃이고, 다른 하나는 127℃이다. 이 물체들에서 방출되는 복사에너지의 비는?

① 27 : 127

② 300 : 400

③ $3^4 : 4^4$

④ $27^4 : 127^4$

해설

슈테판–볼츠만의 법칙 : $E = \sigma T^4$

27℃ = 27 + 273 = 300K이고

127℃ = 127 + 273 = 400K이므로 온도의 비는 3 : 4

∴ 복사에너지의 비 = $3^4 : 4^4$

답 ③

다음 중 이상 기체에 대한 정의로 틀린 것은?

① 0℃, 1기압에서 이상 기체 1몰의 부피는 22.4L이다.

② 기체 분자들은 완전 탄성 충돌을 한다.

③ 기체 분자의 부피는 무시할 수 있을 정도로 작다.

④ 기체 분자들은 고온에서 활발히 움직인다.

해설

이상 기체는 보일–샤를의 법칙이 성립하도록 만든 가상의 기체이다.

답 ④

온도가 27℃인 기체가 부피가 일정한 상태에서 압력을 3배로 했을 때, 이 기체의 온도는 몇 ℃인가?

① 627℃

② 900℃

③ 600℃

④ 81℃

해설

보일–샤를의 법칙 $\dfrac{P_1 V_1}{T_1} = \dfrac{P_2 V_2}{T_2}$ 에서 부피가 일정하므로

$P_1 : P_2 = T_1 : T_2$이다.

압력을 3배로 하게 되면 온도도 3배로 증가하게 되므로

$T_2 = 3T_1 = 3(27 + 273) = 900$K

   $= (900 - 273)$℃ $= 627$℃

답 ①

---

(3) 빈의 변위 법칙 : $\lambda_{max} \cdot T = C$

   (방출되는 전자기파의 파장과 절대 온도는 반비례)

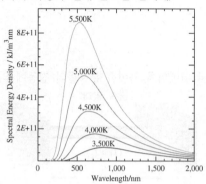

(4) 플랑크의 법칙 : $E(\nu, T) = \dfrac{2h\nu^3}{c^2} \dfrac{1}{e^{\frac{h\nu}{kT}} - 1}$

   (흑체 복사의 스펙트럼 분포는 온도에 의존)

   ① 저온 물체에서는 주로 적외선을 방출, 고온 물체에서는 가시광선이나 자외선이 방출

   ② 별의 복사 에너지는 온도에 따라 다르며, 별의 색깔을 조사하면 별의 표면 온도를 알 수 있다.

제3절 **분자 운동과 이상 기체 상태방정식**

1 이상 기체

(1) **이상 기체** : 보일–샤를의 법칙에 정확히 따르는 기체

(2) 부피가 없으며, 상호작용력이 무시되는 기체

(3) 상태 변화가 없으며, 완전 탄성 충돌을 하는 기체

2 보일–샤를 법칙

(1) **보일 법칙(T = 일정)** : $P_1 V_1 = P_2 V_2$ = 일정

(2) **샤를 법칙(P = 일정)** : $\dfrac{V_0}{T_0} = \dfrac{V}{T}$ = 일정, $V = V_0 \left(1 + \dfrac{1}{273} t\right)$

(3) **게이뤼삭 법칙** : $\dfrac{P}{T} = \dfrac{P_0}{T_0} = $ 일정

(4) **보일-샤를 법칙** : $\dfrac{P_0 V_0}{T_0} = \dfrac{PV}{T} = $ 일정

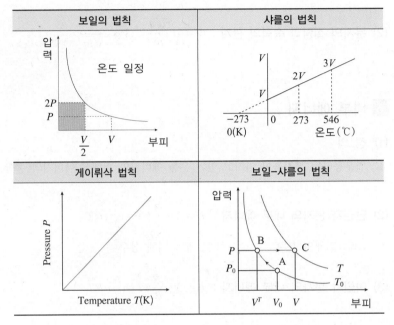

보일의 법칙	샤를의 법칙
압력 / 온도 일정 / $2P$ / P / $\dfrac{V}{2}$ / V / 부피	V / $3V$ / $2V$ / V / -273 / 0 / 273 / 546 / $0(K)$ / 온도(℃)
게이뤼삭 법칙	보일-샤를의 법칙
Pressure P / Temperature $T(K)$	압력 / P / B / C / P_0 / A / T / T_0 / V^T / V_0 / V / 부피

3 이상 기체 상태방정식

(1) **아보가드로 법칙** : 모든 기체는 기체의 종류에 관계없이 같은 온도, 같은 압력에서 같은 부피 속에는 같은 수의 분자를 포함한다.

(2) **이상 기체 상태방정식** : $PV = nRT$

(3) **기체 상수** : 0℃, 1기압($1.013 \times 10^5 Pa$), 1몰의 기체 22.4L

$$R = \dfrac{PV}{T} = 8.31\,(\text{J/mol} \cdot \text{K})$$

4 이상 기체와 실제 기체

(1) 실제 기체에 대하여 온도를 높게 하고, 압력을 작게 하며 밀도를 작게 하면 이상 기체처럼 행동한다.

(2) 실제 기체가 온도가 낮거나 압력이 높으면 보일-샤를 법칙을 따르지 않는다.

이상 기체 압력 P와 부피 V의 관계를 나타낸 그래프이다. 이 그래프의 온도에 대한 설명으로 옳은 것은?

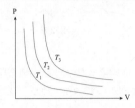

① $T_2 > T_1 > T_3$ ② $T_1 < T_2 < T_3$
③ $T_1 > T_2 > T_3$ ④ $T_1 = T_2 = T_3$

해설
$PV = nRT$이므로, $PV \propto T$

답 ②

n몰의 이상 기체가 절대온도 T에서 압력과 부피가 P, V이었다면, 기체 상수 R의 값은?

① $\dfrac{nV}{PT}$ ② $\dfrac{nT}{PV}$

③ $\dfrac{PV}{nT}$ ④ $\dfrac{nP}{VT}$

해설
이상 기체 상태 방정식 $PV = nRT$이므로 정리하면
$R = \dfrac{PV}{nT}$

답 ③

이상 기체의 절대 온도를 처음보다 4배로 올리면, 기체 분자의 평균 속력은 처음의 몇 배가 되는가?

① 16배　　　　　　② 8배

③ 4배　　　　　　④ 2배

해설

$\frac{1}{2}mv^2 = \frac{3}{2}kT$이므로 $\sqrt{T} \propto v$이다. 따라서 온도를 처음보다 4배 올리면 평균 속력은 2배가 된다.

답 ④

기체의 평균 운동 에너지와 관련되는 물리량은?

① 기체의 압력　　　　② 기체의 부피

③ 기체의 온도　　　　④ 기체의 질량

해설

기체 분자의 평균적인 운동 에너지는 기체의 종류와 관계없이 절대 온도에만 비례한다.

답 ③

5 기체의 분자 운동과 온도

(1) 기체 분자의 운동 에너지는 절대 온도 T에 비례

$$E_k = \frac{1}{2}mV^2 = \frac{3}{2}kT(k = 1.38 \times 10^{-23}\ \mathrm{J/K})$$

(2) 분자의 질량과 속력의 관계 : $V = \sqrt{\dfrac{3kT}{m}}$,　$V \propto \dfrac{1}{\sqrt{m}}$

6 내부 에너지

(1) 정 의

열운동하는 분자들이 가지고 있는 운동 에너지와 퍼텐셜 에너지의 총합

(2) 단원자 분자의 내부 에너지 : $U = N \cdot \dfrac{3}{2}kT = \dfrac{3}{2}nRT$

(N : 기체의 분자 수,　n : 몰수,　R : 기체 상수)

(3) 이원자 분자의 내부 에너지 : $U = N \cdot \dfrac{5}{2}kT = \dfrac{5}{2}nRT$

제**4**절　**열역학 법칙과 열기관**

1 열역학 제0법칙(온도의 정의) 2015

두 물체 A, B가 제3의 물체 C와 열적 평형 상태에 있으면 A와 B는 서로 열적 평형을 이룬다. 열평형을 이룬 두 계의 온도는 같다.

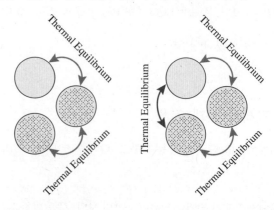

2 열역학 제1법칙 2015

(1) **열역학 제1법칙** : 외부에서 기체에 가해 준 열량 Q, 내부 에너지의 증가량 ΔU, 기체가 외부에 한 일 W의 관계를 나타낸 에너지 보존 법칙(제1종 영구 기관은 없다)

$Q = \Delta U + W$

(열을 방출 시 $-Q$, 일을 받을 시 $-W$)

① 기체의 부피 변화와 일

$W = F\Delta L = PA\Delta L = P(V_2 - V_1) = P\Delta V$

($W > 0$이면 기체가 외부에 일을 한 것, $W < 0$이면 기체가 외부로부터 일을 받은 것)

※ 기체의 압력 $\left(P = \dfrac{F}{A} [\text{Pa} = \text{N/m}^2] \right)$

(2) **정적 변화($\Delta V = 0$)** : $Q = \Delta U = \dfrac{3}{2}nRT$ (단원자 분자 이상 기체)

(3) **정압 변화($P\Delta V = nR\Delta T$)** : $Q = P\Delta V + \dfrac{3}{2}nRT = \dfrac{5}{2}nRT$

(4) **등온 변화($\Delta U = 0$)** : $Q = W = P\Delta V = nRT \cdot \ln\dfrac{V_2}{V_1}$

(5) **정적 몰비열과 정압 몰비열** : $Q = nc\Delta T$이고, 단원자 분자인 경우

① 정적 몰비열 : $c_V = \dfrac{3}{2}R$

② 정압 몰비열 : $c_p = \dfrac{5}{2}R$

(6) **단열 과정** : $Q = 0$, 열의 출입 없이 부피, 온도 등의 변화를 주는 과정

① 단열 팽창 : $\Delta U = -P\Delta V < 0\,(\Delta V > 0)$, 외부에 일한만큼 내부 에너지가 감소하여 온도가 낮아진다.

예 높새 바람이 동해에서 태백산맥으로 올라가는 일

② 단열 압축 : $\Delta U = -P\Delta V > 0\,(\Delta V < 0)$, 외부에서 일을 받은 만큼 내부 에너지가 증가하여 온도가 증가한다.

예 높새 바람이 태백산맥에서 영서로 내려오는 일

어떤 이상 기체에 500J의 에너지를 주었더니 압력은 10^5N/m^2으로 일정하게 유지되면서, 부피가 10^{-3}m^3만큼 증가하였다. 이때 기체의 내부에너지 증가량은 몇 J인가?

① 100 ② 200
③ 300 ④ 400

해설
$Q = \Delta U + W = \Delta U + P\Delta V$에서
$\Delta U = Q - P\Delta V = 500\text{J} - 10^5\text{N/m}^2 \times 10^{-3}\text{m}^3$
$\quad = 400\text{J}$

답 ④

4몰의 단원자 분자 이상 기체가 열에너지를 공급받아 부피변화 없이 온도만 10K 상승하였다고 한다. 내부 에너지 증가량은 얼마인가?(단, 기체 상수는 R이다)

① $40R$ ② $50R$
③ $60R$ ④ $70R$

해설
$Q = \Delta U + P\Delta V = \dfrac{3}{2}nR\Delta T = \dfrac{3}{2} \times 4 \times R \times 10 = 60R$

답 ③

27℃, 1기압의 2몰의 이상 기체가 팽창을 한다. 압력이 일정할 때 나중 부피가 처음 부피의 4배가 된다면 기체가 한 일은 얼마인가?(단, 1기압은 10^5N/m^2이고, 기체 상수 $R = 8.31\text{J/mol} \cdot \text{K}$이다)

① 약 30kJ ② 약 25kJ
③ 약 15kJ ④ 약 10kJ

해설
부피가 처음의 4배가 된다면 부피의 변화량은 $3V$이다.
따라서 $W = P\Delta V = 3PV = 3nRT$
$\qquad = 3 \times 2 \times 8.31 \times (27 + 273) = 14{,}958\text{J}$

답 ③

카르노 순환 과정에서 열을 흡수하는 과정은?

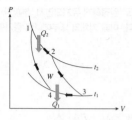

① 1 → 2　　　　② 2 → 3
③ 3 → 4　　　　④ 4 → 1

해설
1 → 2 : 등온팽창, 2 → 3 : 단열팽창, 3 → 4 : 등온압축,
4 → 1 : 단열압축

답 ①

에너지를 절약해야 하는 이유와 관련되는 법칙은?

① 패러데이 법칙　　　　② 열역학 제0법칙
③ 열역학 제1법칙　　　　④ 열역학 제2법칙

해설
자연 현상은 비가역적 현상이며, 효율이 100%인 열기관은 결코 만들 수 없다는 것이 열역학 제2법칙이다.

답 ④

열역학 제2법칙과 관계가 없는 것은 어느 것인가?

① 자연계의 에너지는 전환 전후에 보존이 된다.
② 열기관의 효율을 다룬다.
③ 열은 낮은 온도에서 높은 온도의 물체로 이동하지 않는다.
④ 에너지는 사용하면 유용하지 못한 에너지가 된다.

해설
에너지 보존 법칙은 열역학 제1법칙이다.

답 ①

(7) 스털링 엔진 : 공급받은 열(Q_H)로 일을 하고 남은 열(Q_L)은 방출하여 내부 에너지 변화가 없는 기관

$$Q_H - Q_L = W, \ \Delta U = 0$$

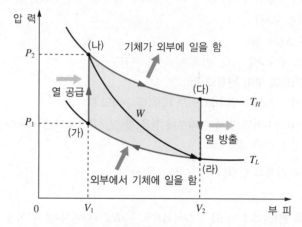

(가) → (나)	• 정적 과정($\Delta V=0$, $Q=\Delta U$, $Q>0$, 열 흡수) • 기체에 열이 공급되어 온도가 T_H로 상승
(나) → (다)	• 등온 팽창($\Delta U=0$, $Q=W$, $W>0$) • 온도 T_H에서 기체가 팽창하여 외부에 일을 한다.
(다) → (라)	• 정적 과정($\Delta V=0$, $Q=\Delta U$, $Q<0$, 열 방출) • 기체는 일을 하고 남은 열을 방출하고 온도가 T_L로 낮아진다.
(라) → (가)	• 등온 압축($\Delta U=0$, $Q=W$, $W<0$) • 온도 T_L에서 기체가 압축하여 외부로부터 일을 받는다.
(나) → (라)	단열 팽창($Q=0$, $\Delta U=-P\Delta V<0(\Delta V>0)$)
(라) → (나)	단열 압축($Q=0$, $\Delta U=-P\Delta V>0(\Delta V<0)$)

3 열역학 제2법칙 `2015`

(1) 열역학 제2법칙 : 열에너지 이동의 방향성에 관한 법칙

(2) 열은 고온에서 저온으로 흐른다.

(3) 자연 현상은 대부분 비가역적이며, 무질서도(엔트로피)가 증가하는 방향으로 진행된다.

(4) 역학적 일은 전부 열로 바꿀 수 있으나, 열은 모두 일로 바꿀 수 없다.

(5) 효율이 100%인 열기관은 결코 만들 수 없다.

4 가역 과정과 비가역 과정 2015

(1) **가역 과정** : 외부에 아무런 변화도 남기지 않고 스스로 원래의 상태로 되돌아갈 수 있는 변화

예 마찰이 없을 때 진자의 운동

(2) **비가역 과정** : 외부에 아무런 변화도 남기지 않고 스스로 원래의 상태로 되돌아 가지 못하는 변화

① 비가역 현상에서도 에너지 보존법칙은 항상 성립

② 비가역 현상은 계가 평형상태에 도달할 때까지 진행

예 기체의 자유팽창, 고온에서 저온으로의 열의 이동, 잉크 방울의 확산, 바위의 풍화

5 엔트로피

(1) **엔트로피(무질서도)** : 자연계의 모든 엔트로피 $\Delta S > 0$

$$\Delta S = Q \left(\frac{1}{T_2} - \frac{1}{T_1} \right)$$

6 열기관과 열효율 2015

(1) **열기관** : 고온과 저온의 열원 사이에서 순환과정을 통해 열에너지를 역학적 에너지로 바꾸는 장치

(2) **열기관이 한 일** : $W = Q_1 - Q_2$ (Q_1 : 고열원, Q_2 : 저열원)

(3) **열효율** : $e = \dfrac{W}{Q_1} = 1 - \dfrac{Q_2}{Q_1} = 1 - \dfrac{T_2}{T_1}$ $(0 < e < 1)$

어떤 열기관에 고온에서 500J의 에너지를 공급하였더니 외부에 20J의 일을 하였다. 이 기관의 최대 효율은 얼마 인가?

① 8% ② 16%

③ 4% ④ 40%

해설

열효율 $e = \dfrac{W}{Q_1} \times 100 = \dfrac{Q_1 - Q_2}{Q_1} \times 100$

$\qquad = \dfrac{20J}{500J} \times 100 = 4\%$

답 ③

어떤 열기관이 500K의 열을 받아 일을 하고 300K의 열을 내보냈다면, 이 기관의 열효율은?

① 20% ② 30%

③ 40% ④ 50%

해설

열효율 $e = \dfrac{T_1 - T_2}{T_1} \times 100 = \dfrac{500 - 300}{500} \times 100 = 40\%$

답 ③

CHAPTER 03 적중예상문제

01 섭씨 30도는 절대 온도로 몇 도인가?

① 30K

② 273K

③ 303K

④ 0K

해설

$T = t + 273 = 30 + 273 = 303$K

02 다음 중 기체의 온도를 결정하는 요인과 관계 깊은 것은?

① 분자들 간의 탄성 에너지

② 분자의 회전 에너지

③ 분자간의 인력에 의한 위치 에너지

④ 분자의 평균 운동 에너지

해설

기체 분자의 평균적인 병진 운동 에너지 $E_k = \frac{1}{2}mV^2 = \frac{3}{2}kT$에서 $T \propto E_k$

03 $-10℃$ 얼음 100g을 $10℃$ 물로 만드는데 필요한 열량은?(단, 얼음의 융해열은 80cal/g이며, 얼음의 비열은 물과 같다)

① 10,000cal

② 9,000cal

③ 8,000cal

④ 800cal

해설

$Q = (-10℃\ 얼음\sim0℃\ 얼음의\ 열량) + (얼음\sim물로\ 되는\ 융해열)$
$\quad\quad + (0℃\ 물\sim10℃\ 물의\ 열량)$
$\quad = (10 \times 100\text{g} \times 1\text{cal/g}) + (100\text{g} \times 80\text{cal/g})$
$\quad\quad + (10 \times 100\text{g} \times 1\text{cal/g})$
$\quad = 10,000\text{cal}$

04 어떤 그릇에 온도가 $30℃$ 이다. 5kcal의 열로 $45℃$가 되도록 가열했을 때 이 그릇의 열용량은 얼마인가?

① $\frac{1}{3}$ kcal/℃

② 3 kcal/℃

③ 30 kcal/℃

④ 15 kcal/℃

해설

열량 $Q = C\Delta T$이므로 $C = \dfrac{Q}{\Delta T} = \dfrac{5\text{kcal}}{15℃} = \dfrac{1}{3}$ kcal/℃

05 10kg의 물체가 10m 높이에서 자유낙하하여 지면과 충돌하였다. 이때 발생하는 역학적에너지가 전부 열에너지로 전환된다면, 발생하는 열량은?(단, $g = 10\text{m/s}^2$, $1\text{cal} = 4\text{J}$이다)

① 250cal

② 500cal

③ 750cal

④ 1,000cal

해설

$Q = \dfrac{mgh}{4} = \dfrac{10\text{kg} \times 10\text{m/s}^2 \times 10\text{m}}{4} = 250\text{cal}$

06 열봉량이 각기 다른 4가시 금속에 같은 열에너지를 가했을 때, 어떤 금속의 온도가 빠르게 상승하겠는가?(단, 각 금속의 열용량 크기는 A<B<C<D 이다)

① A   ② B
③ C   ④ D

해설

열용량이 작을수록, 온도 변화의 크기가 크다. $\Delta T = \dfrac{Q}{C}$

07 40℃의 물 3kg과 10℃의 물 1kg을 섞었을 경우 열적 평형 상태가 되었을 때 물의 온도는 몇 도인가?(단, 물의 비열은 $1\,kcal/kg \cdot ℃$ 이다)

① 22℃   ② 25.5℃
③ 28℃   ④ 32.5℃

해설

잃은 열량=얻은 열량이므로 $m_1 c_1 \Delta T_1 = m_2 c_2 \Delta T_2$ 이다.

$3 \times 1 \times (40 - T) = 1 \times 1 \times (T - 10)$ $\therefore$ $T = \dfrac{130}{4} = 32.5℃$

08 이상 기체 1몰이 있다. 이 이상 기체의 상태가 압력이 3배, 부피가 $\dfrac{1}{4}$로 변하게 되었다. 최종 상태의 내부 에너지는 처음 상태 내부 에너지의 몇 배가 되겠는가?

① $\dfrac{3}{4}$ 배   ② $\dfrac{4}{3}$ 배

③ $\dfrac{1}{4}$ 배   ④ $\dfrac{1}{12}$ 배

해설

이상 기체 내부 에너지 $U = \dfrac{3}{2} nRT$

$\Delta U = \dfrac{3}{2} nR\Delta T = \dfrac{3}{2} \Delta(PV)$

이때 압력이 3배, 부피가 $\dfrac{1}{4}$ 배이므로

$\Delta U' = \dfrac{3}{2} \Delta\left(3P \times \dfrac{1}{4} V\right) = \dfrac{3}{4} \Delta U$

09 오른쪽 그림과 같이 온도가 200K인 이상 기체 n몰이 A상태에서 B상태로 변화하였다. 이때 기체의 변화를 틀리게 설명한 것은?(단, 이 기체는 단원자 분자이다)

[2015]

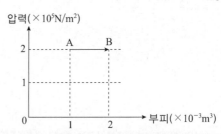

① A 상태의 압력과 B상태의 압력은 동일하다.
② A → B과정에서 기체가 외부에 한 일은 200J이다.
③ A → B과정이 진행되는 동안 분자간 거리는 가까워 진다.
④ B 상태의 온도는 400K이다.

해설

부피가 팽창하므로 분자간 거리는 멀어진다.

[10~12] 4몰의 임의의 단원자 분자 기체 방울 하나가 일정한 압력에서 10℃의 온도 변화가 있는 동안 물속의 깊은 곳에서 솟아올라 오면서 기체 방울이 커졌다.

10 위와 같은 과정에서 얼마나 많은 열 에너지가 기체 방울에 공급되었겠는가?

① 40R ② 60R
③ 80R ④ 100R

해설
단원자 분자의 정압 몰비열에 의한 열량
$Q = nC_p\Delta t = \dfrac{5}{2}nR\Delta t = \dfrac{5}{2} \times 4 \times R \times 10 = 100R$

11 기체의 온도가 증가하는 동안 기체의 내부 에너지 증가량은 얼마인가?

① 40R ② 60R
③ 80R ④ 100R

해설
온도 증가 과정에서의 단원자 분자의 내부 에너지 증가량
$\Delta U = \dfrac{3}{2}nR\Delta t = \dfrac{3}{2} \times 4 \times R \times 10 = 60R$

12 기체가 팽창하면서 주위의 물을 밀어내는데 하는 일의 양은 얼마인가?

① 40R ② 60R
③ 80R ④ 100R

해설
$Q = \Delta U + W$이므로 $W = Q - \Delta U = 100R - 60R = 40R$

13 제1종 영구기관을 만들 수 없음에 대한 법칙은?
[2015]

① 열역학 제0법칙 ② 열역학 제1법칙
③ 열역학 제2법칙 ④ 열역학 제3법칙

해설
제1종 영구기관(에너지 공급 없이 영원히 움직이는 기관)은 없다는 것이 에너지 보존 법칙인 열역학 제1법칙이다.

14 다음 표는 종류가 같은 전구 A, B와 열기관 C, D의 에너지 전환 효율을 나타낸 것이다. 이 표를 보고 설명한 내용 중에서 옳지 않은 것은?
[2015]

기 구	전환 효율(%)
A(전구)	8
B(전구)	24
C(열기관)	30
D(열기관)	45

① 전구 A는 B보다 어둡다.
② 같은 시간동안 B는 A보다 3배의 에너지를 소비한다.
③ 같은 시간동안 A, B의 소비 전력량은 같다.
④ D가 C보다 열에너지를 더 많이 사용한다.

해설
에너지 전환 효율이 높을수록 동일한 크기의 에너지가 공급되었을 때, 더 많은 일을 할 수 있음을 의미하는 것이지, 더 많은 에너지를 소비하는 것은 아니다.

10 ④ 11 ② 12 ① 13 ② 14 ② **정답**

15 공기 중의 수소(H_2)와 산소(O_2)의 한 분자당 운동에너지와 평균 속력의 비는 얼마인가?(단, 두 종류의 기체는 같은 온도에 있으며, 평균 분자량은 각각 2와 32이다)

	평균 운동 에너지 비	평균 속력 비
①	1 : 1	4 : 1
②	1 : 1	1 : 4
③	4 : 1	1 : 1
④	1 : 4	1 : 1

해설
동일 온도에 있으므로 두 기체의 평균 운동 에너지는 동일하다.
따라서 $\frac{1}{2}mv^2 = \frac{3}{2}kT$에서 $v \propto \frac{1}{\sqrt{m}}$ 이므로
$\sqrt{32} : \sqrt{2} = 4 : 1$

16 이상 기체 압력 P와 절대온도 T와의 관계를 나타낸 그래프이다. 이상 기체의 부피에 대한 설명으로 옳은 것은?

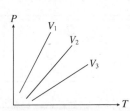

① $V_1 = V_2 = V_3$
② $V_1 < V_2 < V_3$
③ $V_1 > V_2 > V_3$
④ $V_1 < V_3 < V_2$

해설
동일한 온도에서 부피가 클수록 압력은 낮다. $\frac{P}{T} \propto \frac{1}{V}$

17 다음 중 기체의 내부 에너지기 감소하는 과정은?

[2015]

① 단열팽창
② 단열압축
③ 등온팽창
④ 등온압축

해설

등온 변화 과정은 온도변화가 없으므로, $\Delta U = \frac{3}{2}nR\Delta T = 0$

단열 과정은 $Q = 0$으로, 팽창 시 $\Delta U = -P\Delta V$ 내부에 일한만큼 내부 에너지가 감소하여 온도가 낮아진다.

18 카르노 열기관의 순환 과정의 순서로 옳은 것은?

[2015]

① 등온팽창 → 단열팽창 → 등온압축 → 단열압축
② 등온팽창 → 등온압축 → 단열압축 → 단열팽창
③ 단열팽창 → 등온팽창 → 등온압축 → 단열압축
④ 단열팽창 → 등온팽창 → 단열압축 → 등온압축

해설

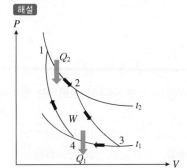

그래프는 카르노 열기관의 순환 사이클이며, 각 과정은
1 → 2 : 등온팽창, 2 → 3 : 단열팽창,
3 → 4 : 등온압축, 4 → 1 : 단열압축

19 단원자 분자로 이루어진 n몰의 이상 기체가 일정한 부피에서 압력이 P_1에서 P_2로 변할 때, 엔트로피의 변화는?

① $\dfrac{5}{2}nR\ln\dfrac{P_2}{P_1}$ ② $\dfrac{5}{2}nR\ln\dfrac{P_1}{P_2}$

③ $\dfrac{3}{2}nR\ln\dfrac{P_2}{P_1}$ ④ $\dfrac{3}{2}nR\ln\dfrac{P_1}{P_2}$

해설

$S=\displaystyle\int dS=\int\dfrac{dQ}{T}=\int\dfrac{dU}{T}\ (dW=0)$, 단원자 분자

$U=\dfrac{3}{2}nRT,\ dU=\dfrac{3}{2}nRdT$

$\therefore\ \displaystyle\int_{P_1}^{P_2}\dfrac{1}{T}dU=\int_{P_1}^{P_2}\dfrac{3}{2}nR\dfrac{1}{T}dT=\dfrac{3}{2}nR\int_{P_1}^{P_2}\dfrac{1}{T}dT$

$=\dfrac{3}{2}nR[\ln T]_{P_1}^{P_2}=\dfrac{3}{2}nR(\ln P_2-\ln P_1)$

$=\dfrac{3}{2}nR\ln\dfrac{P_2}{P_1}$

20 에너지를 절약해야 하는 이유와 관련되는 법칙은?

[2015]

① 패러데이 법칙 ② 열역학 0법칙
③ 열역학 1법칙 ④ 열역학 2법칙

해설
자연 현상은 비가역적 현상이며, 효율이 100%인 열기관은 결코 만들 수 없다는 것이 열역학 2법칙이다.

21 그림과 같이 단열되어 변형되지 않는 용기 안에 이상 기체를 채웠다. 외부에서 열을 공급한다고 할 때, 이에 대한 설명으로 틀린 것은?

[2015]

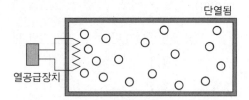

① 기체의 내부에너지는 증가한다.
② 기체는 외부에 일을 하지 않는다.
③ 기체의 압력은 증가하지 않는다.
④ 기체에 공급된 열에너지는 모두 내부에너지가 된다.

해설
변형되지 않는 용기이므로 등적과정에 해당하고, 열에너지를 공급 받았기 때문에 기체의 온도가 증가하여 내부에너지가 증가한다. 또한 부피팽창이 없으므로 $\dfrac{PV}{T}$=일정에 따라 기체의 압력도 증가하게 된다. $Q=U+W=U+P\Delta V$인데, 부피팽창이 없으므로 외부에 일을 하지 않아 $Q=U$가 된다.

22 이상기체가 들어 있는 실린더에 열 Q를 가했더니 기체의 압력이 일정하게 유지되면서 팽창하였다. 이에 대한 설명으로 틀린 것은?

[2015]

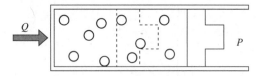

① 기체 분자의 평균속력은 일정하다.
② 기체의 온도는 증가한다.
③ 기체는 외부에 일을 하였다.
④ 기체가 흡수한 열량은 기체가 외부에 한 일보다 크다.

해설
등압팽창과정이 진행되고 있으므로 기체의 온도가 증가하였다. 이는 내부에너지 증가로 나타나며, 기체분자의 운동에너지는 증가하게 되어 평균속력도 증가하게 된다. $Q=U+P\Delta V$에서 $\Delta V>0$이므로 $W>0$이다.

23 그림과 같이 일정량의 이상기체의 상태가 A → B → C → A로 변하고 있다. 이에 대한 설명으로 틀린 것은? [2015]

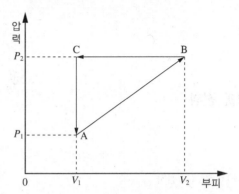

① A → B 과정에서 기체는 외부로부터 열을 흡수하여 내부에너지가 증가하고 외부에 일을 하였다.
② B → C 과정에서 기체는 외부로 열을 방출하여 내부에너지는 감소하였다.
③ B → C 과정에서 기체는 내부에너지가 감소한 만큼 외부에 일을 하였다.
④ C → A 과정에서 기체는 외부로 열을 방출하였지만, 기체가 한 일은 없다.

해설
A → B 과정은 압력과 부피가 모두 증가하였기에 온도가 증가하고 내부에너지가 증가하게 된다. $W > 0$이므로 기체는 외부에 일을 하였다.
B → C 과정은 등압과정으로 부피가 감소했으므로 $W < 0$로 외부로부터 일을 받았고, 온도가 감소하였으므로 내부에너지도 감소한다.
C → A 과정은 등적과정으로 압력이 감소하였기에 보일-샤를의 법칙에 따라 온도가 감소하여 내부에너지가 감소한다.

24 어떤 열기관이 2,000J의 에너지로부터 일을 한 후에 1,600J의 에너지를 기관 외부로 내보내고 있다. 이 열기관의 열효율은? [2015]

① 10% ② 20%
③ 25% ④ 30%

해설
$$e = 1 - \frac{Q_2}{Q_1} = 1 - \frac{1,600}{2,000} = 1 - 0.8 = 0.2$$

전자기

다음 보기는 무엇에 관한 설명인가?

┌ 보기 ┐
전기적으로 중성인 물체에 대전체를 가까이할 때, 먼 쪽에는 대전체와 같은 종류의 전하가 유도되고, 가까운 쪽에는 대전체와 다른 종류의 전하가 유도되는 현상을 말한다.

① 패러데이 현상　　② 정전기 유도 현상
③ 렌츠의 법칙　　　④ 앙페르 법칙

해설
보기의 내용은 정전기 유도 현상에 대한 설명이다.

답 ②

하나의 양성자로부터 $10^{-10}\,\mathrm{m}$ 떨어진 지점에 전자가 들어오게 될 경우 받게 되는 전기력의 세기와 전기장의 세기를 바르게 나열한 것은?

① $23.04 \times 10^{-9}\,\mathrm{N}$, $23.04 \times 10^{-9}\,\mathrm{N/C}$
② $23.04 \times 10^{-9}\,\mathrm{N}$, $14.4 \times 10^{10}\,\mathrm{N/C}$
③ $23.04 \times 10^{-8}\,\mathrm{N}$, $23.04 \times 10^{9}\,\mathrm{N/C}$
④ $14.4 \times 10^{-8}\,\mathrm{N}$, $23.04 \times 10^{-8}\,\mathrm{N/C}$

해설

전기력 $F = k\dfrac{q_1 \times q_2}{r^2}$

$\qquad = 9 \times 10^9 \times \dfrac{1.6 \times 10^{-19} \times 1.6 \times 10^{-19}}{(10^{-10})^2}$

$\qquad = 23.04 \times 10^{-9}\,\mathrm{N}$

전기장 $E = \dfrac{F}{q} = \dfrac{23.04 \times 10^{-9}}{1.6 \times 10^{-19}} = 14.4 \times 10^{10}\,\mathrm{N/C}$

답 ②

제**1**절　전기장과 전위

1 전기력 `2015`

(1) 전하의 종류 : (+)전하, (−)전하

(2) 전기력 : 전하 사이에 작용하는 힘
　① **인력** : 다른 종류의 전하 사이의 힘
　② **척력** : 같은 종류의 전하 사이의 힘

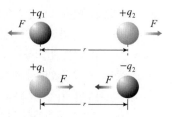

(3) 전하량 보존법칙 : 어떤 반응 전후에도 전하의 총량은 변하지 않는다.

(4) 정전기 유도 : 전기적으로 중성인 물체에 대전체를 가까이 하면 가까운 쪽에는 다른 전하가 유도되고, 먼 쪽에는 같은 전하가 유도되는 현상

(5) 쿨롱의 법칙 : $F = k\dfrac{q_1 q_2}{r^2}$ (단위 : N, $k = 9.0 \times 10^9\,\mathrm{N \cdot m^2/C^2}$)

	도 체	부도체
공통점	대전체(+)이면 가까운 쪽은 (−), 먼쪽은 (+)가 유도된다.	
차이점	도체 내부에도 나타난다.	부도체 내부의 인접한 분극들은 중화되어 표면만 전하가 유도된다.
	자유 전자의 이동	유전 분극
현 상		

2 전기장과 전기력선

(1) **전기장** : 전기력이 미치는 공간

(2) **전기장의 세기와 방향** : 전기력
이 작용하는 공간의 어느 한 지점
에 단위 양전하(+1C)를 놓았을
때, 이 전하가 받는 힘의 크기와
방향을 그 지점에서의 전기장의
세기와 방향이라고 한다.

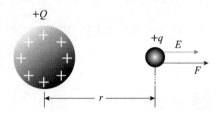

(3) **전기장의 세기**

① 전기장 속에 전하 $+q$를 놓았을 때 이 전하가 받는 전기력의 크기를 F라
고 할 때, 전기장의 세기

$$E = \frac{F}{q} (단위 : N/C)$$

② 전하 $+q$가 놓인 지점에서의 전하 $+Q$에 의한 전기장의 세기

$$E = \frac{F}{q} = k\frac{Q}{r^2}$$

(4) **전기력선** : (+)전하가 받는 힘의 방향을 연속적으로 이은 선

(5) **전기력선의 성질**

① 전기력선은 (+)전하에 나와 (−)전하로 들어간다.
② 전기력선은 도중에 분리되거나 교차하지 않는다.
③ 전기력선의 간격이 좁을수록 전기장의 세기가 세다.
④ 전기력선에 그은 접선 방향은 그 점에서의 전기장 방향이다.

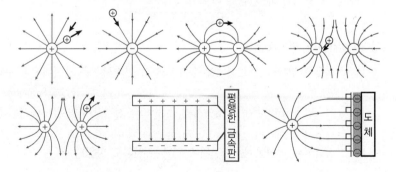

$^{24}_{12}Mg^{2+}$의 원자핵에서 10^{-10}m 떨어진 지점에 전자 1개
가 놓여 있을 때 전자가 받는 전기장의 크기는?(단, $e =$
기본 전하량)

① $k\frac{2e}{r^2}$ ② $k\frac{e^2}{r^2}$

③ $2e^2$ ④ $2e$

해설

전기장 $E = \frac{F}{q} = \frac{k\dfrac{2e \times e}{r^2}}{e} = k\frac{2e}{r^2}$

답 ①

다음 중 전기장을 이용한 정보의 저장 방식이 아닌 것은?

① USB 메모리   ② DRAM
③ HDD   ④ SSD

해설
HDD는 자기장을 이용한 정보 저장 방식이다.

답 ③

전기장 내의 한 지점에서 다른 지점으로 2C의 전하를 옮기는데 2J의 일이 필요하였다면, 두 지점 간의 전위차는?

① 0.5 V   ② 1 V
③ 2 V   ④ 4 V

해설

전위 $V = \dfrac{W}{q} = \dfrac{2\text{J}}{2\text{C}} = 1\text{V}$

답 ②

전기장 내에 5C의 전하를 임의의 두 지점 사이로 이동시키는데 300J의 일을 하였다면, 두 지점 사이의 전위차는 몇 V인가?

① 5 V   ② 30 V
③ 60 V   ④ 90 V

해설

$W = qV$에서 $V = \dfrac{W}{q} = \dfrac{300\text{J}}{5\text{C}} = 60\text{V}$

답 ③

3 전위와 등전위면

(1) 전위 : 단위 전하(+1C)를 옮기는데 필요한 전기력에 의한 퍼텐셜 에너지

(2) 전위차(전압) : 전기장 내 두 지점 사이의 전위의 차이

$$V = \frac{W}{q} \, (단위 : \text{J/C, V})$$

4 균일한 전기장

(1) 균일한 전기장에서 전하가 하는 일
$$W = Fd = qEd$$

(2) 균일한 전기장에서의 전위차 : 위치 A와 B에서의 전위를 각각 V_A와 V_B라고 할 때, 두 지점 사이의 전위차(ΔV)는 다음과 같다.

$$\Delta V = V_\text{A} - V_\text{B} = \frac{W}{q} = \frac{qEd}{q} = Ed$$

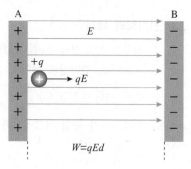

5 등전위면

(1) 등전위면 : 전기장 내의 전위가 같은 점을 연결한 선이나 면

(2) 등전위선에서 전하가 하는 일 : 전위 차이가 없으므로, 등전위선을 따라 전하를 이동시킬 때 필요한 일은 0

(3) 등전위선과 전기력선
① 전기장의 방향은 등전위선에 수직이므로, 전기력선은 등전위선과 수직이다.
② 등전위면은 전기장이 센 곳에서는 촘촘하고, 전기장이 약한 곳에서는 듬성듬성하다.
③ 전기력선의 방향은 높은 전위에서 낮은 전위로 향한다.

제2절 | 평행판 축전기

1 축전기

(1) **축전기** : 전기 에너지를 저장하는 장치

(2) **축전기의 원리**
　① 평행판 축전기에 전지를 연결하고 스위치를 닫으면 축전기의 한쪽 판 A
　　에는 (+)전하가, 다른 쪽 판 B에는 (−)전하가 대전된다.
　② 두 금속판 사이의 전위차가 전지의 전압과 같아질 때까지 전하가 이동하
　　여 각 금속판에는 전하가 같은 양으로 분포한다.
　③ 이 상태가 되면 전지를 떼어도 두 금속판에는 전하 사이의 전기력에 의해
　　전하가 그대로 저장된다.

(3) **충전과 방전** : 축전기에 전하를 공급하여 축전시키는 상태를 충전, 그 반대의
　　과정을 방전이라고 한다.

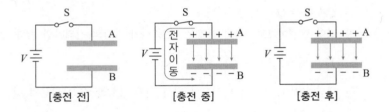

2 평행판 축전기 내부의 전기장

(1) **평행판 축전기 내부의 전기장** : 균일한
　　전기장이 생성되며, 전기력선은 간격이
　　일정하다.

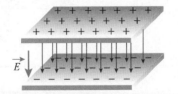

(2) 등전위면은 전기력선에 수직하므로, 금
　　속판에 평행한 등전위면이 형성된다.

(3) (+)전하로 대전된 금속판이 (−)전하로 대전된 금속판보다 전위가 높다.

평행판 축전기를 전하량 Q만큼을 충전시킨 후 두 판 사이의 간격을 벌렸을 때, 나타나는 결과로 옳은 것은?

① 축전기의 전압 V가 증가한다.
② 축전기의 전하량 Q가 증가한다.
③ 축전기의 전하량 Q가 감소한다.
④ 축전기의 전기용량 C는 증가한다.

해설

축적된 전하량 Q는 변화가 없다. $C = \varepsilon \dfrac{S}{d}$에서 $C \propto \dfrac{1}{d}$ 이므로 전기용량은 감소하고, $Q = CV$에서 $V \propto \dfrac{1}{C}$ 이므로, 전압은 증가한다.

답 ①

전기 용량이 $4F$인 축전기 2개를 직렬로 $8V$의 전원에 연결하였을 때, 축전기 하나에 저장되는 전하량은?

① 16C 　　　　② 8C
③ 4C 　　　　　④ 2C

해설

축전지의 직렬 연결에서 $Q = Q_1 = Q_2$, $\dfrac{1}{C} = \dfrac{1}{C_1} + \dfrac{1}{C_2}$

이므로 $Q = CV = \dfrac{1}{\dfrac{1}{4} + \dfrac{1}{4}} \times 8 = 2 \times 8 = 16C$

답 ①

$3F$짜리 축전기 3개를 직렬 연결하였다. 전체 합성용량은 몇 F인가?

① 3 　　　　　② 6
③ 9 　　　　　④ 1

해설

축전기의 직렬 연결 $\dfrac{1}{C_t} = \dfrac{1}{C_1} + \dfrac{1}{C_2} + \dfrac{1}{C_3}$

$\qquad\qquad = \dfrac{1}{3} + \dfrac{1}{3} + \dfrac{1}{3} = 1F$

답 ④

3 전기 용량

(1) 전기 용량 : $Q \propto V$이므로, $Q = CV$

① 비례 상수 C : 축전기의 전기 용량
② 단위 : $1F$(패럿) $= [1C/1V]$

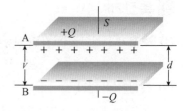

(2) 평행판 축전기의 전기 용량

$C = \varepsilon \dfrac{S}{d}$ (ε : 유전율)

(3) 유전율 : 극판 사이의 물질의 종류에 따라 결정되는 상수

4 축전기의 연결

(1) 축전기의 직렬 연결

① 직렬 연결이므로 두 축전기에 축적된 전하량은 같다.

$\quad Q = Q_1 = Q_2$

② 직렬 연결이므로, 전체 전압은 두 축전기 각각의 전위차의 합과 같다.

$\quad V_t = V_1 + V_2 \left(V_1 = \dfrac{Q}{C_1}, \ V_2 = \dfrac{Q}{C_2} \right)$

③ 전위차가 $V_t = V_1 + V_2$이므로 합성 전기 용량을 C_t는 다음과 같다.

$\quad \dfrac{Q}{C_t} = \dfrac{Q}{C_1} + \dfrac{Q}{C_2}, \ \dfrac{1}{C_t} = \dfrac{1}{C_1} + \dfrac{1}{C_2}$

④ 축전기 직렬 연결의 효과 : 극판 간의 거리 d가 증가하므로 전기용량 C는 감소한다.

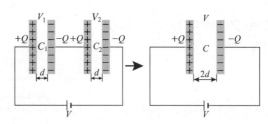

(2) 축전기의 병렬 연결

① 병렬 연결이므로 축전기에는 같은 크기의 전압 V가 걸린다.

$$V = V_1 = V_2$$

② 병렬 연결이므로 전체 전하량은 두 축전기 각각의 전하량의 합과 같다.

$$Q_t = Q_1 + Q_2 \, (Q_1 = C_1 V, \; Q_2 = C_2 V)$$

③ 전하량이 $Q_t = Q_1 + Q_2$이므로 합성 전기 용량을 C_t는 다음과 같다.

$$Q_t = C_t V = C_1 V + C_2 V, \; C_t = C_1 + C_2$$

④ 축전기 병렬 연결의 효과 : 극판의 면적 S가 증가하므로 전기 용량 C는 증가한다.

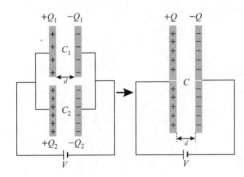

5 축전기에 저장된 전기 에너지

$$W = QV_{평균} = \frac{1}{2}QV = \frac{1}{2}CV^2 = \frac{1}{2}\frac{Q^2}{C}$$

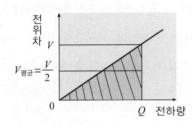

4F짜리 축전기 4개를 병렬 연결하였다. 전체 합성용량은 몇 F인가?

① 16

② $\dfrac{1}{16}$

③ 2

④ 1

해설

축전기의 병렬 연결 $C_t = C_1 + C_2 + C_3 + C_4$

$= 4 + 4 + 4 + 4 = 16\text{F}$

답 ①

3F의 축전기에 600J의 에너지를 저장하려고 한다. 사용해야 하는 전압은 얼마인가?

① 400 V

② 100 V

③ 50 V

④ 20 V

해설

축전기에 저장된 에너지 $W = \dfrac{1}{2}CV^2$에서

$V = \sqrt{\dfrac{2W}{C}} = \sqrt{\dfrac{2 \times 600}{3}} = \sqrt{400} = 20\text{V}$

답 ④

단면적 S 인 도선에 전자들이 평균 속력 v로 이동할 때, 전류의 세기는?(단, 단위 체적당 전자의 수$=n$, 전자의 전하량$=e$이다)

① $I= Sevn$　　　② $I= \dfrac{evn}{S}$

③ $I= \dfrac{en}{Sn}$　　　④ $I= ve$

해설

초당 부피 Sv 속에 포함된 전자의 수는 nSv이고 전자의 전하량을 고려하면 $Sevn$이다.

 ①

다음 저항에 관한 설명으로 틀린 것은?

① 도체의 전기저항은 길이에 비례하고, 단면적에 반비례한다.

② 초전도체란 상온에서 전기 저항이 0이 되는 물질을 말한다.

③ 직렬 연결의 합성저항 값은 $R_t = R_1 + R_2 + R_3 + \cdots$

④ 병렬 연결의 합성저항 값은 $\dfrac{1}{R_t} = \dfrac{1}{R_1} + \dfrac{1}{R_2} + \dfrac{1}{R_3} + \cdots$

해설

초전도체는 임계온도 이하에 전기 저항이 0이 되는 물질을 말한다.

 ②

어떤 저항을 원래 길이보다 4배 늘렸을 때, 도선의 전기 저항은 몇 배가 되겠는가?

① 16배　　　② 8배

③ 4배　　　④ 변함없음

해설

길이가 4배 증가하면 면적은 4배 감소한다. $R= \rho \dfrac{l}{S}$ 이므로 저항은 16배 증가한다.

 ①

제 **3** 절 　전류와 전기 저항

1 전류와 전압

(1) 전류 : 전하를 띤 입자의 흐름

① **전류의 세기** : 단위 시간 동안 도선의 단면(S)을 통과한 전하량

$I= \dfrac{Q}{t}$ (단위 : $A=C/s$), $I= Sevn$

② 1A가 흐를 때 1초 동안 도선을 통과한 전자의 수

$Q= ne$에서 $n= \dfrac{Q}{e} = \dfrac{1C}{1.6 \times 10^{-19}C} = 6.25 \times 10^{18}$개

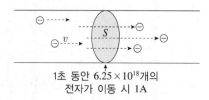

1초 동안 6.25×10^{18}개의
전자가 이동 시 1A

(2) 옴의 법칙

$I= \dfrac{V}{R}$ 또는 $V= IR$

2 전기저항

(1) 전기저항 : 도체 내에서 전류의 흐름을 방해하는 정도, 단위 Ω

① 도선의 길이 l, 단면적 S, 비저항 ρ이면 전기저항은 $R= \rho \dfrac{l}{S}$

② **비저항 ρ** : 물질의 특성, 물질의 종류에 따라 다름, 온도에 따라 변한다.
(온도 $\uparrow$ 일 때, 도체의 비저항 $\uparrow$, 부·반도체의 비저항 $\downarrow$)

③ **온도와 저항** : 온도가 높아지면 저항은 증가

$R= R_0(1+\alpha t)$ (R_0 : $0℃$에서의 저항, α : 비저항의 온도 계수)

(2) 저항의 연결

	직렬 연결	병렬 연결
전체 전류	$I = I_1 = I_2$	$I_t = I_1 + I_2$
전체 전압	$V_t = V_1 + V_2$	$V = V_1 = V_2$
전체 저항	$R_t = R_1 + R_2$	$\dfrac{1}{R_t} = \dfrac{1}{R_1} + \dfrac{1}{R_2}$
회로도		

0℃에서 15Ω인 저항이 온도를 50℃로 올려 주면, 저항은 얼마가 되는가?(단, 비저항 온도계수 $\alpha = 5 \times 10^{-3}$이다)

① 18.75Ω   ② 22.5Ω

③ 30Ω   ④ 50Ω

해설

온도에 따른 저항 $R = R_0(1 + \alpha t)$
$$= 15(1 + 5 \times 10^{-3} \times 50)$$
$$= 15 \times 1.25$$
$$= 18.75\Omega$$

답 ①

3 전류가 하는 일

(1) 전류의 열작용

① 저항체에 발생하는 열 에너지

$$E = VIt = I^2Rt = \frac{V^2}{R}t \ (단위 : J)$$

$$E = 0.24VIt = 0.24I^2Rt = 0.24\frac{V^2}{R}t \ (단위 : cal)$$

② 저항 연결에 따른 발열량 비교

㉠ 직렬 연결($E = I^2Rt$) : 발열량은 저항에 비례

㉡ 병렬 연결$\left(E = \dfrac{V^2}{R}t\right)$: 발열량은 저항에 반비례

정격 전압과 소비 전력이 200V − 1,000W용 전열기를 하루에 10분 동안 사용하였다. 이 전열기의 저항은 몇 Ω인가?

① 20Ω   ② 40Ω

③ 60Ω   ④ 80Ω

해설

소비 전력 $P = \dfrac{V^2}{R}$ 이므로 ∴ $R = \dfrac{V^2}{P} = \dfrac{200^2}{1,000} = 40\Omega$

답 ②

(2) 전력과 전력량

① 전력 : 전류가 단위 시간 동안 생산 또는 소비하는 전기 에너지

$$P = VI = \frac{V^2}{R} = I^2R \ (단위 : W, \ J/s)$$

② 전력량 : 전력 P를 $t(h)$시간 만큼 사용한 전력량은

$W = Pt$ (단위 : Wh, kWh), 1Wh = 3,600J

1,000W − 100V 전구를 80V 전원에 연결할 경우 소모 전력은 몇 W인가?

① 640   ② 800

③ 1,000   ④ 8,000

해설

소모 전력 $P = \dfrac{V^2}{R}$ 에서 $R = \dfrac{V^2}{P} = \dfrac{100^2}{1,000} = 10\Omega$이다. 이

전구를 80V에서 연결할 경우 $P' = \dfrac{V^2}{R} = \dfrac{80^2}{10} = 640$W이다.

답 ①

4 직류와 교류

(1) 직류 : 전류의 방향과 세기가 일정하다.

(2) 교류 : 전류의 방향과 세기가 주기적으로 변한다.

그림과 같이 화살표 방향으로 직선 도선 아래에 나침반이 놓여 있다. 만약 화살표 방향으로 전류가 흐르게 되면, 나침반의 자침 N극(검은 부분)은 어느 방향을 가리키게 되는가?

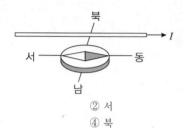

① 동   ② 서
③ 남   ④ 북

해설
앙페르의 오른손 법칙에 따라 나침반의 바늘은 북쪽을 가리키게 된다.

답 ④

직선 도선에 전류 0.2A 가 그림과 같이 흐르고 있다. 이 도선으로부터 2m 떨어진 지점에서 생성되는 자기장의 세기는 얼마이며, 자기장의 방향은?

① 2×10^{-7}T, 시계방향
② 2×10^{-8}T, 시계방향
③ 2×10^{-6}T, 시계방향
④ $2\pi \times 10^{-7}$T, 반시계방향

해설
직선 도선 주위에 생성되는 자기장
$B = 2 \times 10^{-7} \dfrac{I}{r} = 2 \times 10^{-7} \times \dfrac{0.2}{2} = 2 \times 10^{-8}$T이며,
앙페르의 오른손 법칙에 의해서 방향은 시계방향이다.

답 ②

원형 도선에 전류가 그림과 같이 흐르고 있다. 이 도선의 중심에서 생성되는 자기장의 세기와 방향은?

① $\pi \times 10^{-5}$T, N극 : 지면 안쪽
② $\pi \times 10^{-5}$T, N극 : 지면 위쪽
③ $4\pi \times 10^{-5}$T, N극 : 지면 안쪽
④ $4\pi \times 10^{-5}$T, N극 : 지면 위쪽

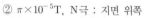
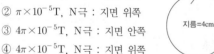

해설
원형 도선 주위에 생성되는 자기장
$B = 2\pi \times 10^{-7} \dfrac{I}{r} = 2\pi \times 10^{-7} \times \dfrac{4}{0.02} = 4\pi \times 10^{-5}$T이며,
앙페르의 오른손 법칙에 의해서 방향은 N 극이 지면 안쪽이다.

답 ③

제**4**절   **전류에 의한 자기장**

1 직선 전류에 의한 자기장 2015

(1) **자기장의 모양** : 도선을 중심으로 하는 동심원 모양

(2) **자기장의 방향** : 앙페르 오른손 법칙
   ① 전류의 방향 : 오른손 엄지손가락
   ② 자기장의 방향 : 나머지 네 손가락이 감기는 방향

(3) **자기장의 세기**

$$B = k\frac{I}{r} (단위 : \text{T}, \; k = 2 \times 10^{-7}\text{T} \cdot \text{m/A})$$

2 원형 도선 주위의 자기장 2015

(1) **자기장의 모양** : 직선 전류에 의한 자기장이 합성된 모양

(2) **자기장의 방향** : 앙페르 오른손 법칙
   ① 전류의 방향 : 오른손 엄지손가락
   ② 자기장의 방향 : 나머지 네 손가락이 돌아가는 방향

(3) **자기장의 세기**

$$B = k'\frac{I}{r} (k' = 2\pi \times 10^{-7}\text{T} \cdot \text{m/A})$$

3 솔레노이드 주위의 자기장 2015

(1) **자기장의 모양** : 솔레노이드 내부는 축에 나란한 방향으로 균일한 자기장 생성

(2) **자기장의 방향** : 앙페르 오른손 법칙

① 전류의 방향 : 나머지 네 손가락이 돌아가는 방향

② 자기장의 방향 : 오른손 엄지손가락

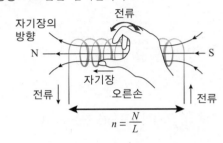

$$n = \frac{N}{L}$$

(3) **자기장의 세기**

$$B = k'' nI (k'' = 4\pi \times 10^{-7} \text{T} \cdot \text{m/A})$$

4 전류에 의한 자기장의 이용의 예 2015

전동기, 스피커, 뇌자도, 자기부상열차, 전자석 기중기, 토카막, 자기테이프, 하드디스크, MRI 조영제 등

| 제5절 | 자기장 속에서 운동하는 전하가 받는 힘 |

1 로렌츠 힘

(1) **로렌츠 힘** : 자기장 속에서 운동하는 대전 입자가 받는 힘

(2) **로렌츠 힘의 크기** : $B \perp v$, 운동하는 전하량 q인 입자가 받는 힘

① $B \perp v$일 때 : $F = qvB$

② B와 v가 $\angle \theta$를 이룰 때 : $F = qvB\sin\theta$

③ $B \parallel v$일 때 : $F = 0$

반지름이 2cm인 솔레노이드에 6m 코일로 한방향으로 감은 후 2A의 전류를 흘려 보냈다. 이때 솔레노이드 내부에 생성되는 자기장의 세기는?(단, $\pi \doteqdot 3$이다)

① 2.4×10^{-4}T   ② 1.2×10^{-5}T

③ 1.2×10^{-4}T   ④ 8×10^{-4}T

해설

솔레노이드 내부에 생성되는 자기장

$$B = 4\pi \times 10^{-7} nI = 4\pi \times 10^{-7} \times \frac{6}{2\pi \times 0.02} \times 2$$
$$= 1.2 \times 10^{-4} \text{T}$$

답 ③

균일한 자기장 속에 전하를 띤 입자가 수직 방향으로 입사하였다. 자기장의 세기가 4T이고, 입자의 전하량이 4C, 속력은 4m/s일 때, 입자가 받는 힘의 크기는?

① 64 N   ② 16 N
③ 4 N   ④ 256 N

해설
로렌츠 힘 $F = qvB = 4\mathrm{C} \times 4\mathrm{m/s} \times 4\mathrm{T} = 64\mathrm{N}$

답 ①

전기장 E와 자기장 B가 서로 수직인 장 안에 전하가 전기장과 자기장에 대하여 직각인 방향으로 등속도 운동을 하고 있다. 이 전하의 속력은?

① EB ② $\dfrac{E}{B}$
③ $\dfrac{B}{E}$ ④ $\sqrt{EB}$

해설
전기력($F_E = qE$) = 자기력($F_B = qvB$) 관계가 성립한다.
따라서, $v = \dfrac{E}{B}$ 이다.

답 ②

균일한 자기장 B를 가진 공간에 수직 방향으로 v의 속도로 입사한 질량 m, 전하량 e인 전자가 그리는 원궤도의 반지름은 얼마인가?

① $\dfrac{ev}{mB}$ ② $\dfrac{\pi m v^2}{eB}$
③ $\dfrac{mv}{eB}$ ④ $\dfrac{mev^2}{B}$

해설
구심력 = 로렌츠 힘이므로 $F = evB = \dfrac{mv^2}{r}$ 을 정리하면
$r = \dfrac{mv}{eB}$

답 ③

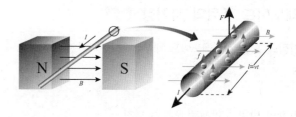

(3) 균일한 자기장 내에 수직으로 입사된 전하의 운동

$$F = qvB = \frac{mv^2}{r}$$

① 원운동의 반지름 : $r = \dfrac{mv}{qB}$

② 주기 : $T = \dfrac{2\pi m}{qB}$

③ 진동수 : $f = \dfrac{qB}{2\pi m}$ (사이클로트론 진동수)

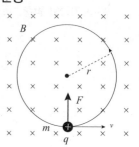

(4) 로렌츠 힘의 이용

① 사이클로트론 : 입자 가속기의 원리
② 반 알렌 대 : 태양풍의 전하들이 지자기장에 의해 나선 운동을 하여 극지방으로 이동
③ 토카막 : 토카막 내부에 생성된 균일한 자기장 내에서 전하의 나선 운동

2 홀 효과

(1) 홀 효과 : 전류가 흐르는 도체에 자기장을 걸어주면 전류의 방향과 자기장의 방향에 수직인 방향으로 전위차가 발생하여 로렌츠 힘을 받는 현상

(2) 홀 효과의 이용 : 자기장 센서, 스마트폰, GPS 등

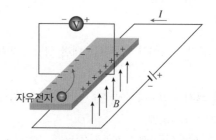

자유전자

제6절 평행한 두 도선 사이에 작용하는 힘

1 자기력

(1) **자기력** : 자기장 속에서 전류가 흐르는 도선이 받는 힘

(2) **자기력의 방향** : 플레밍의 왼손 법칙

(3) **자기력의 크기** : $F = BIl$(단위 : N)

① $B /\!/ I$일 때 : $F = 0$

② $B \perp I$일 때 : $F = BIl$

③ B와 I가 $\angle\theta$를 이룰 때 : $F = BIl\sin\theta$

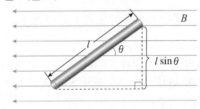

2 평행한 두 도선 사이에 작용하는 힘

(1) **평행한 두 도선 사이에 작용하는 자기력의 크기**

$$F = k\frac{I_1}{r}I_2 l = 2 \times 10^{-7}\frac{I_1 I_2}{r}l \text{(단위 : N)}$$

(2) **전류의 방향에 따른 힘의 방향**

① 두 전류가 같은 방향일 때 : 인력

② 두 전류가 반대 방향일 때 : 척력

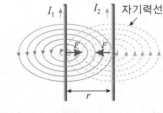 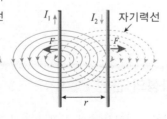

다음에 제시된 보기와 관련하여 전자기력이 가장 강한 경우와 그 방향을 찾기 위한 법칙으로 올바르게 짝지은 것은?

┌보기┐
ⓐ B와 I가 이루는 각도가 $0°$일 때
ⓑ B와 I가 이루는 각도가 $45°$일 때
ⓒ B와 I가 이루는 각도가 $90°$일 때
└────┘

① 앙페르의 법칙, ⓒ
② 플레밍의 오른손 법칙, ⓐ
③ 플레밍의 왼손 법칙, ⓒ
④ 패러데이 법칙, ⓑ

해설

전자기력의 방향은 플레밍의 왼손 법칙을 통해 알 수 있으며, 전자기력 $F = BIL\sin\theta$이므로 $\sin\theta$가 가장 큰 $90°$에서 전자기력이 제일 강하다.

답 ③

다음 그림과 같이 자기력선이 지나가고 있는 공간에 자기장의 세기는 얼마인가?(단, 가로 길이는 $20\,\mathrm{cm}$, 세로 길이는 $40\,\mathrm{cm}$이며, 화살표 하나당 $1\,\mathrm{Wb}$이다)

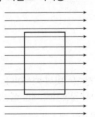

① $\dfrac{700}{8}\,\mathrm{T}$　　　　② $\dfrac{70}{8}\,\mathrm{T}$

③ $\dfrac{7}{8}\,\mathrm{T}$　　　　④ $\dfrac{13}{8}\,\mathrm{T}$

해설

사각형 안을 지나가는 화살표가 총 7개이므로 $\phi = 7\mathrm{Wb}$이다.

따라서, 자기장 $B = \dfrac{\phi}{A} = \dfrac{7\mathrm{Wb}}{0.2 \times 0.4\mathrm{m}^2} = \dfrac{700}{8}\mathrm{T}$

답 ①

제7절 자기 쌍극자

1 자기 쌍극자

(1) **자기 쌍극자** : N극과 S극을 가지는 작은 물체

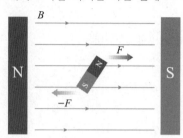

(2) **자기 모멘트** : 자기장 속에서 받는 자기 쌍극자의 토크의 크기를 결정하는 물리량

① 자기 모멘트의 방향 : 전류 고리가 만드는 자기장의 방향

② 자기 모멘트의 세기 : 전류의 세기 I, 고리의 면적 A일 때

$$\mu = IA(\text{단위} : \text{N} \cdot \text{T}, \text{A} \cdot \text{m}^2)$$

자기 모멘트

면적 A

(3) **자기 쌍극자에 작용하는 토크** : $\tau = \mu B \sin\theta$(단위 : N · m)

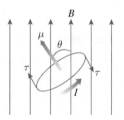

2 자성의 근원 `2015`

(1) **자성** : 자기장 속에 물체가 놓여 있을 때 자기 모멘트가 나타나는 성질

(2) **자성의 원인**

① 전하를 띤 전자나 핵의 스핀, 전자의 궤도 운동

모든 원자 내의 전자는 미세 자석이다. 그런데 왜 모든 물질이 자석이 되지 않는지에 대한 설명으로 옳은 것은?

① 중성원자는 전자의 개수와 양성의 개수가 같기 때문에 자성을 띠지 않는다.
② 전자의 궤도 운동 방향과 같은 방향으로 원자 자체가 스핀 운동을 하기 때문이다.
③ 전자의 스핀 방향 운동과 같은 방향으로 원자핵이 스핀 운동을 하기 때문이다.
④ 반대 방향으로 스핀을 갖는 전자와 쌍을 이루기 때문이다.

> **해설**
> 전자의 스핀 운동 및 궤도 운동이 물질 내 자성의 원인이 된다.
> **답** ④

② 전하를 띠는 전자와 핵은 모두 스핀이나 궤도 운동에 의해 전류 고리가 되어 자기 모멘트가 자성을 만들어 낸다.

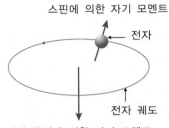

스핀에 의한 자기 모멘트

전자

전자 궤도

전자 공전에 의한 자기 모멘트

(3) **자화** : 외부 자기장의 영향으로 원자 자석들이 정렬되는 현상

3 자성체의 종류와 특징 2015

(1) 강자성체
① 강자성체 : 외부 자기장에 대하여 자화되는 정도가 큰 자성체로 외부 자기장을 제거해도 자화 상태가 유지된다.
② 강자성체의 예 : 철, 니켈, 코발트 등

(2) 상자성체
① 상자성체 : 자기장에 대하여 자화되는 정도가 약한 자성체로 외부 자기장을 제거하면 자화 상태가 사라진다.
② 상자성체의 예 : 아연, 마그네슘, 우라늄 등

(3) 반자성체
① 반자성체 : 외부 자기장에 대하여 반대 방향으로 자기 모멘트가 형성되는 자성체
② 반자성체의 예 : 금, 은, 구리, 납 등

제**8**절 **전자기 유도 법칙**

1 전자기 유도 2015

(1) **전자기 유도** : 코일과 자석의 상대적인 운동으로 인하여 코일에 전류가 유도되는 현상

다음 중 전자기 유도 현상에 의해 일어나는 현상이 아닌 것은?

① 스피커   ② 마이크
③ 변압기   ④ 발전기

해설
스피커는 전자기력과 관련된 현상이다.

답 ①

세기가 각기 다른 자석(Ⓐ > Ⓑ > Ⓒ)과 감긴 횟수가 각기 다른 코일(㉮ > ㉯ > ㉰)이 있다. 어떤 자석과 코일을 조합할 때 가장 센 유도 기전력이 발생할 수 있는가?(단, 코일과 자석의 상대적인 속도는 동일하다)

① 자석 Ⓐ, 코일 ㉮　　② 자석 Ⓑ, 코일 ㉮
③ 자석 Ⓐ, 코일 ㉰　　④ 자석 Ⓒ, 코일 ㉰

해설
유도 기전력 $\varepsilon = -N\dfrac{\Delta\phi}{\Delta t}$ 이므로 자석의 세기가 강하고, 코일의 감긴 횟수가 많을수록 유도 기전력의 세기가 크다.

답 ①

ㄷ-자로 굽어진 도선 위에 직선 도선 막대를 다음 그림과 같이 v의 속도로 굴린다. 이때, 도선에 발생하는 유도 전류의 세기와 방향이 바르게 짝지어진 것은?

① $\varepsilon = BLv$, 시계방향
② $\varepsilon = BLv$, 반시계방향
③ $\varepsilon = Blv$, 시계방향
④ $\varepsilon = Blv$, 반시계방향

해설
유도 기전력의 세기
$\varepsilon = N\dfrac{\Delta\phi}{\Delta t} = \dfrac{\Delta(B\cdot S)}{\Delta t} = B\dfrac{(L\cdot v\Delta t)}{\Delta t} = BLv$ 이고,
유도 전류의 방향은 렌츠의 법칙에 따라 반시계 방향으로 발생한다.

답 ②

---

(2) **유도 전류** : 전자기 유도에 의해 형성된 유도 기전력에 의해 코일에 흐르는 전류

(3) **렌츠 법칙** : 유도 전류는 외부 자기력선속의 변화를 방해하는 방향으로 전류가 흐른다.

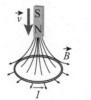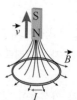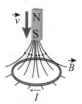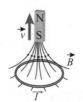

(4) **전자기 유도의 이용의 예** : 교통카드의 작동, 공항 검색대, 고속도로 하이패스, 도난 방지 장치, 휴대전화 및 전동칫솔의 무선 충전, 발전기, 하이브리드 자동차의 회생제동 등

2 유도 기전력 2015

패러데이 법칙 $\varepsilon = -N\dfrac{\Delta\phi}{\Delta t}$ (단위 : V) : (−)부호는 렌츠의 법칙을 의미한다.

3 균일한 자기장 속에서 움직이는 도선에 의한 유도 기전력

(1) **유도 전류의 방향** : 렌츠의 법칙을 따른다.

(2) **유도 기전력의 크기** : 균일한 자기장 B, 길이 l인 도선을 자기장에 수직하게 속력 v로 운동시킬 때, 도선의 양 끝에 발생하는 유도 기전력의 크기

$$\varepsilon = -\dfrac{\Delta(B\cdot S)}{\Delta t} = -B\cdot\dfrac{(l\cdot v\Delta t)}{\Delta t} = -Blv$$

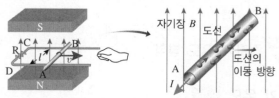

제9절 자체 유도와 상호 유도

1 자체 유도

(1) **자체 유도** : 솔레노이드에 전류의 세기가 변하면, 자신이 생성한 자기장의 변화를 방해하는 방향으로 유도 기전력이 발생하는 현상

(2) **자체 인덕턴스(L)** : 솔레노이드의 감은 수 N과 자기력선속 ϕ에 비례하고, 전류의 세기 I에 반비례

$$L = \frac{N\phi}{I}(단위 : H)$$

(3) **자체 유도 기전력** : Δt동안에 전류가 ΔI만큼 변했을 때의 유도 기전력

$$\varepsilon = -N\frac{\Delta\phi}{\Delta t} = -\frac{N\Delta\phi}{\Delta t} = -L\frac{\Delta I}{\Delta t}$$

(4) **자체 유도 전류의 방향**

	스위치 닫는 순간	스위치가 연결 완료	스위치 열린 순간
전 류			
유도 전압			
회로도			

자체 인덕턴스가 40mH인 코일이 0.01초 동안 4A의 전류를 증가시키면 이 회로에 발생하는 유도 기전력의 크기는?

① 1.6V   ② 16V
③ 0.1V   ④ 1V

해설

자체 유도 기전력 $\varepsilon = L\dfrac{\Delta I}{\Delta t} = 40 \times 10^{-3} \times \dfrac{4}{0.01} = 16V$

답 ②

승압 변압기는 전압, 전류, 에너지 중에서 무엇을 상승시키는가?

① 전압만   ② 전압과 전류
③ 에너지만   ④ 전압과 에너지

해설
승압 변압기는 전압은 상승하지만, 전류는 줄어들게 된다. 그래서 동일한 전력이 유지된다.

답 ①

220V 전원을 이용하여 4.8V로 낮추고자 할 때, 1차 코일 : 2차 코일의 감은 수 비로 옳은 것은?

① 275 : 6   ② 220 : 110
③ 375 : 4   ④ 6 : 275

해설
감은 수 비 = 전압의 비이므로
$n_1 : n_2 = 220V : 4.8V = 275 : 6$

답 ①

2차 코일의 감은 수가 1차 코일의 감은 수에 비해 5배이고, 1차 코일에 걸리는 입력 전압이 6V이면 2차 코일에 유도되는 전압은 얼마인가?

① 5V   ② 6V
③ 10V   ④ 30V

해설
$N_1 : N_2 = V_1 : V_2$이므로 $1 : 5 = 6 : x$ $\therefore x = 30V$

답 ④

2 상호 유도

(1) 상호 유도 : 두 개의 코일을 가까이 한 후, 한쪽 코일에 흐르는 전류의 세기를 변화시키면, 근처에 있는 다른 코일에 유도 기전력이 발생하는 현상

(2) 상호 유도 기전력 : 1차 코일에 Δt 동안에 전류가 ΔI_1만큼 변했을 때 2차 코일에 생기는 유도 기전력 ε는 다음과 같으며, M은 비례 상수로 상호 유도 계수라 하고, 단위는 H이다.

$$\varepsilon = -N_2 \frac{\Delta\phi_2}{\Delta t} = -N_2 \frac{\Delta\phi_2}{\Delta I_1} \frac{\Delta I_1}{\Delta t} = -M \frac{\Delta I_1}{\Delta t}$$

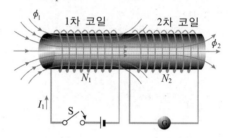

(3) 상호 유도 기전력의 방향 : 1차 코일에 의해 생기는 자기장의 변화를 방해하는 방향으로 2차 코일에 유도 전류가 흐른다.

3 변압기

(1) 변압기 : 1차 코일에서 전력을 받아 2차 코일에 전달하는 장치

① 변압기에 걸리는 전압의 비 : $\dfrac{V_2}{V_1} = \dfrac{N_2}{N_1} = \dfrac{I_1}{I_2}$

② 변압기의 전력 : $P_1 = P_2$

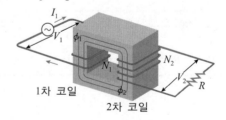

제**10**절 $R-L-C$ 회로

1 교류 발생

(1) 교류 : 전류의 세기와 방향이 주기적으로 변하는 전류

(2) 교류에서 자기력선속 : 코일을 자기장 속에서 각속도 ω로 회전시키면, 자기력선과 이루는 각이 θ일 때 코일 면을 통과하는 자기력선속은 다음과 같다.

$\phi = \phi_0 \cos\theta = \phi_0 \cos\omega t$

(3) 코일에 유도되는 전압 : $V = -\dfrac{\Delta\phi}{\Delta t} = \omega\phi_0\sin\omega t = V_0\sin\omega t$

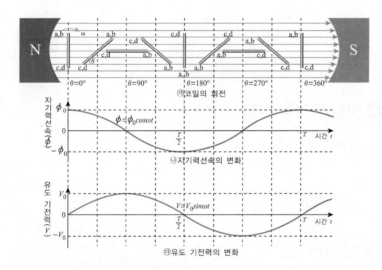

2 교류의 실횻값

(1) 실횻값

① 교류의 전압, 전류의 절댓값을 평균한 값으로 교류의 실제전압, 실제 전류를 나타낸다.

② 실횻값은 최댓값의 $1/\sqrt{2}$ 배이다.

(2) 전압의 실횻값(V_e), 전류의 실횻값(I_e)

$V_e = \dfrac{V_m}{\sqrt{2}}, \quad I_e = \dfrac{I_m}{\sqrt{2}}$

200W$-$100V의 전구를 100V의 교류 전원에 연결하여 사용할 때 전구에 흐르는 전류의 최댓값은 얼마인가?

① 약 1.4A ② 약 2A
③ 약 2.8A ④ 약 4A

해설

전력 $P = VI$에서 $I = \dfrac{P}{V} = \dfrac{200}{100} = 2$A 이다. 최댓값

$I_m = \sqrt{2}\,I_e = \sqrt{2}\times 2 = 2.82$A

답 ③

실횻값이 100V일 때, 교류 전압의 파형으로 옳은 것은?

①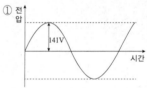
②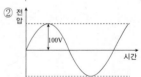
③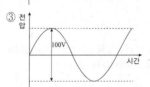
④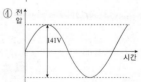

해설
최댓값 $V_m = \sqrt{2}\,V_e = \sqrt{2}\times 100 = 141$V

답 ①

3 저항과 교류 회로

(1) 교류 전압 : $V = V_m \sin\omega t$

(2) 교류 전류 : $I = \dfrac{V}{R} = \dfrac{V_m}{R} \sin\omega t = I_m \sin\omega t$

(3) 전압과 전류의 위상차 : 저항 R에 흐르는 전류의 위상이 전압의 위상과 동일

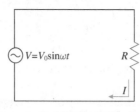

[교류가 흐르는 저항]

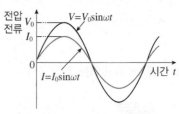

[저항에서 전압과 전류의 위상]

축전기와 코일에 직류 전류가 흐를 때, X_C값과 X_L값을 올바르게 순서대로 짝지은 것은?

① $0\,\Omega$, $\infty\,\Omega$ ② $\infty\,\Omega$, $0\,\Omega$

③ $0\,\Omega$, $0\,\Omega$ ④ $\infty\,\Omega$, $\infty\,\Omega$

해설

용량 리액턴스 $X_C = \dfrac{1}{2\pi f C}$ 이므로 $X_C \propto \dfrac{1}{f}$, 유도 리액턴스 $X_L = 2\pi f L$ 이므로 $X_L \propto f$ 이다.

답 ②

4 코일과 교류 회로

(1) 교류 전압 : $V = V_m \sin\omega t$

(2) 교류 전류 : $I = -\dfrac{V_m}{\omega L} \cos\omega t$

(3) 유도 리액턴스(X_L)

$$X_L = \omega L = 2\pi f L (\text{단위} : \Omega)$$

(4) 전압과 전류의 위상차 : 코일의 전류는 전압의 위상보다 90° 느림

유도계수가 $5 \times 10^{-2}\,\text{H}$인 코일에 $60\,\text{Hz}$인 교류 전압을 걸어 주었을 때, 유도 리액턴스의 크기는?

① $5\,\Omega$ ② $6\pi\,\Omega$

③ $6\,\Omega$ ④ $60\,\Omega$

해설

유도 리액턴스 $X_L = 2\pi f L = 2\pi \times 60 \times 5 \times 10^{-2} = 6\pi\,\Omega$

답 ②

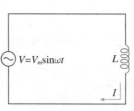

[교류가 흐르는 코일]

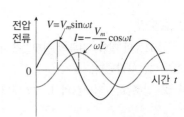

[코일에서 전압과 전류의 위상]

5 축전기와 교류 회로

(1) 교류 전압 : $V = V_m \sin\omega t$

(2) 교류 전류 : $I = \dfrac{V_m}{1/\omega C} \cos\omega t$

(3) 용량 리액턴스(X_C)

$X_C = \dfrac{1}{\omega C} = \dfrac{1}{2\pi f C}$ (단위 : Ω)

(4) 전압과 전류의 위상차 : 축전기의 전류는 전압의 위상보다 90° 빠르다.

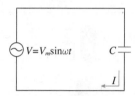

[교류가 흐르는 축전기]

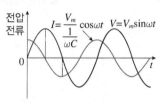

[축전기에서 전압과 전류의 위상]

6 $R-L-C$ 회로

(1) 전압 : $V = \sqrt{V_R^2 + (V_L - V_C)^2} = \sqrt{(IR)^2 + (IX_L - IX_C)^2}$

(2) 임피던스 : $R-L-C$의 합성저항 값

$Z = \sqrt{R^2 + (X_L - X_C)^2} = \sqrt{R^2 + (\omega L - \dfrac{1}{\omega C})^2}$

(3) 고유 진동수 : $2\pi f L = \dfrac{1}{2\pi f C}$ 일 때 회로에는 최대 전류가 흐르는데, 이 진동수를 고유 진동수라고 한다.

$f = \dfrac{1}{2\pi\sqrt{LC}}$

(4) 전류(I), 최대 전류(I_m), 실횻값(I_e)

$I = \dfrac{V}{Z}, \ I_m = \dfrac{V_m}{Z}, \ I_e = \dfrac{I_m}{\sqrt{2}}$

(5) 소비 전력(P)

$P = I_e^2 R$

60Hz의 교류가 공급되는 $20\,\mu F$의 축전기에서 나타나는 용량 리액턴스의 크기는?

① $\dfrac{1,200}{\pi}\,\Omega$ ② $60\,\Omega$

③ $1,200\,\Omega$ ④ $\dfrac{1,250}{3\pi}\,\Omega$

해설

용량 리액턴스 $X_C = \dfrac{1}{2\pi f C}$

$= \dfrac{1}{2\pi \times 60 \times 20 \times 10^{-6}}$

$= \dfrac{1,250}{3\pi}\,\Omega$

답 ④

전기 회로에서 임피던스가 의미하는 물리량은?

① 저 항   ② 전 류
③ 전 압   ④ 전 력

답 ①

RLC직렬 회로에서 전원의 단자 전압이 30V일 때, 저항과 축전기에 걸린 전압을 각각 측정하였더니 30V, 10V이었다면, 코일에 걸린 전압은 얼마인가?

① 10V   ② 20V
③ 30V   ④ 0V

해설

RLC직렬 회로 단자전압 $V = \sqrt{V_R^2 + (V_L - V_C)^2}$ 에서

$V_L = \sqrt{V^2 - V_R^2} + V_C = \sqrt{30^2 - 30^2} + 10V = 10V$

답 ①

방송국에서 $100\,MHz$의 전파를 발생시키고 있다. LC회로의 C값이 $100\,pF$이라면, L의 값은 몇 H인가?

① $\dfrac{1}{4\pi^2 \times 10^6}\,H$ ② $\dfrac{1}{4\pi^2 \times 10^8}\,H$

③ $\dfrac{1}{4\pi^2 \times 10^{12}}\,H$ ④ $\dfrac{10^6}{4\pi^2}\,H$

해설

공진 주파수 $f = \dfrac{1}{2\pi\sqrt{LC}}$ 이므로

$L = \dfrac{1}{4\pi^2 f^2 C} = \dfrac{1}{4\pi^2 \times (10^8)^2 \times 10^{-10}} = \dfrac{1}{4\pi^2 \times 10^6}\,H$

답 ①

01 다음 빈 칸을 순서대로 옳게 제시한 것은?

> 전류의 흐름을 방해하는 것을 (㉠)이라 하고, 단위
> 는 (㉡)를/을 사용한다.

① 전압, V
② 저항, A
③ 전력, W
④ 저항, Ω

해설
저항은 전류의 흐름을 방해하는 전기 소자로 단위는 옴(Ω)을 사용
한다.

02 자기장의 세기가 각기 다른 자석(Ⓐ>Ⓑ>Ⓒ)과 단
위길이당 감은 수가 각기 다른 코일(㉮>㉯>㉰)이
있다. 어떤 자석과 코일을 조합할 때 가장 센 유도기
전력이 발생할 수 있는가?(단, 코일과 자석의 상대적
인 속도는 동일하다) [2015]

① 자석 Ⓐ, 코일 ㉮
② 자석 Ⓑ, 코일 ㉮
③ 자석 Ⓐ, 코일 ㉰
④ 자석 Ⓒ, 코일 ㉰

해설
$$\varepsilon = -N\frac{\Delta\phi}{\Delta t}$$

03 자석을 코일 속에 넣거나 뺄 때에는 코일에 전류가
흐른다. 다음의 그림을 잘 보고 자석의 운동 방향과
원통에 코일이 감긴 방향에 따라 자석을 코일 속에
넣거나 뺄 때 코일에 흐르는 전류의 방향을 틀리게
표시한 것은? [2015]

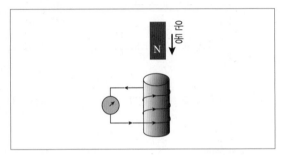

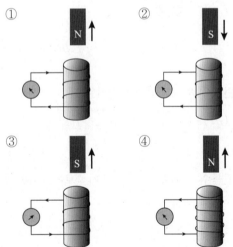

해설
렌츠의 법칙에 따라 유도 전류의 방향은 결정된다.

04 전자기 유도 실험에서 유도 전류의 세기를 단위 시긴 동안에 코일 속을 통과하는 자기력선 수의 변화로 나타낸다. 유도 전류를 높이기 위한 방법이 아닌 것은?

[2015]

① 강한 자석을 사용한다.
② 원통형의 코일에 에나멜선 굵기가 얇은 것을 적게 감는다.
③ 자석과 원통형 코일의 상대적인 움직임을 빠르게 한다.
④ 원통형의 코일에 에나멜선을 되도록 많이 감도록 한다.

해설

유도 기전력 $\varepsilon = -N\dfrac{\Delta\phi}{\Delta t}$ 이므로 코일에 감긴 횟수가 많을수록 유도전류의 세기가 크다.

05 다음 전기 기구들 중에서 성격이 다른 전류의 작용은?

① 다리미 ② 토스트기
③ 헤어드라이기 ④ 변압기

해설

제시된 전기 기구의 공통적인 성격은 전류의 열작용이다.

06 코일 주변에서 자석이 움직이면, 코일에 전류가 흐르는 현상이 나타난다. 이를 무엇이라 부르는가?

[2015]

① 유도 기전력 ② 변압기
③ 발전기 ④ 전자기유도

해설

코일 주변에서 자기장이 변화할 때 유도 기전력이 발생하며 이를 전자기유도라고 한다.

07 먼 거리까지 전력을 수송하는 데 고전압이 유리한 이유는 무엇인가?

① 생산단가가 싸기 때문에
② 안전하기 때문에
③ 송전 시 발생하는 전력손실을 줄일 수 있기 때문에
④ 멀리 보내야 하기 때문에

해설

송전선에서 발생하는 전력 손실 $P = I^2 R$이므로 고전압, 저전류로 송전해야 한다.

08 다음 짝지어진 내용이 올바르게 연결된 것은?

[2015]

① 렌츠의 법치-자기장의 방향
② 앙페르의 오른손 법칙-전류에 의한 자기장 방향
③ 앙페르의 왼손 법칙-전류에 의한 자기장 방향
④ 플레밍의 오른손 법칙-자기장 내에서 전류가 받는 힘의 방향

해설

• 렌츠의 법칙, 플레밍의 오른손 법칙-유도 전류의 방향
• 플레밍의 왼손 법칙-전자기력의 방향

09 전자의 이동을 전압과 저항의 관계로 표현한 법칙은 무엇인가?

① 옴의 법칙
② 렌츠의 법칙
③ 앙페르 법칙
④ 가우스 법칙

해설

옴의 법칙 : $I = \dfrac{V}{R}$

11 전류가 흐르면, 그 주변에 자기장이 생성된다. 이때 그 자기장의 세기에 관한 서술 중 옳은 것은?

[2015]

① 자기장의 세기는 흐르는 전류의 세기와 무관하다.
② 자기장의 세기는 전류의 세기에 반비례한다.
③ 전류가 흐르는 도선으로부터 멀어질수록 자기장의 세기는 감소한다.
④ 원형도선의 경우 반지름이 클수록 자기력선이 많이 모이기에 더욱 강해지는 경향을 보인다.

해설

전류에 의한 자기 현상은 그 세기가 거리에 반비례한다.

10 직선 도선에 전류가 흐를 때, 그 주변에 생성되는 자기장의 방향을 바르게 나타낸 것은?

[2015]

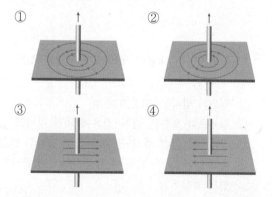

해설

앙페르 오른손 법칙에 따라 전류에 의한 자기장의 방향이 생성된다.

12 도선에 전류가 흐를 때, 자기장의 크기와 방향에 관한 내용으로 옳은 것은?

[2015]

① 자기장의 방향은 일반적으로 자침의 N극이 가리키는 방향으로 정한다.
② 원형 도선에 전류가 흐를 때와 솔레노이드에 전류가 흐를 때 발생하는 자기장의 세기를 구하는 식은 같다.
③ 원형 도선에 의한 자기장의 세기를 구하는 식은 $B = knI$이다.
④ 직선 도선에 전류가 흐를 때 자기장의 세기를 구하는 식은 $B = k\dfrac{I}{r}$이며, 이때 $k = 2 \times 10^7$이다.

해설

직선 도선에 전류가 흐를 때 자기장의 세기는 $B = 2 \times 10^{-7} \dfrac{I}{r}$

9 ① 10 ① 11 ③ 12 ① 정답

13 직선 도선에 일정한 전류 I가 흐르고 있을 때, 거리비가 $R_1 : R_2 = 2 : 5$인 두 지점에서의 자기장의 세기 비 $B_1 : B_2$는 얼마인가?

[2015]

① $1 : 1$ ② $2 : 5$

③ $5 : 2$ ④ $2 : 1$

해설

직선 도선 주위에 생성되는 자기장 $B = 2 \times 10^{-7} \dfrac{I}{r}$에서 $B \propto \dfrac{1}{r}$

이므로 거리비가 $2 : 5$인 두 지점의 자기장 세기의 비는 $5 : 2$이다.

---

14 반지름 R인 원형 도선에 일정한 전류 I가 흐르고 있다. 이때, 도선의 반지름을 $\dfrac{1}{4}R$로 줄일 때, 처음과 같은 자기장의 세기를 만들어내고자 한다. 전류의 세기를 어떻게 조절해 주어야 하는가?

[2015]

① 반지름이 $\dfrac{1}{4}R$로 줄어 들었으므로, 전류도 $\dfrac{1}{4}$로 감소시킨다.

② 반지름이 $\dfrac{1}{4}R$로 줄어 들었으므로, 전류도 $\dfrac{1}{2}$로 감소시킨다.

③ 반지름이 $\dfrac{1}{4}R$로 줄어 들었으므로, 전류를 2배 증가시킨다.

④ 전류에 의한 자기장은 전류에 의존하므로, 변화시킬 필요가 없다.

해설

원형 도선 주위에 생성되는 자기장 $B = 2\pi \times 10^{-7} \dfrac{I}{r}$에서

$B \propto \dfrac{1}{r}$, $B \propto I$이므로 반지름을 $\dfrac{1}{4}$로 줄이면 I도 $\dfrac{1}{4}$로 감소시켜야 한다.

---

15 다음 조건에 의한 전류에 의한 자기장의 세기는?

[2015]

- 솔레노이드의 내부 직경은 $0.5\,\text{cm}$
- 솔레노이드를 만드는 관의 길이는 $2.5\,\text{m}$
- 위와 같은 원기둥 통에 솔레노이드를 감은 횟수 250회
- 위와 같은 방식으로 3겹을 감음
- 코일에 흐르는 전류의 세기 5A

① $20\pi \times 10^{-7}\,\text{T}$ ② $60\pi \times 10^{-7}\,\text{T}$

③ $60\pi \times 10^{-5}\,\text{T}$ ④ $5\pi \times 10^{-5}\,\text{T}$

해설

솔레노이드 주위에 생성되는 자기장

$B = 4\pi \times 10^{-7} \dfrac{N}{l} I = 4\pi \times 10^{-7} \times \dfrac{250}{2.5} \times 5 = 20\pi \times 10^{-5}\,\text{T}$이며,

3겹을 감았으므로 $3B$가 된다.

---

16 다음 과학자와 그들이 발견한 과학적 사실이 올바르게 짝지어진 것은?

[2015]

〈과학자〉
ⓐ 외르스테드   ⓑ 렌 츠   ⓒ 패러데이

〈과학적 사실〉
Ⓐ 전류가 흐르는 도선 주위에 자기장이 형성된다.
Ⓑ 자기장으로부터 전류를 발생시키는 전자기유도 현상을 발견하였다.
Ⓒ 오른손 엄지를 전류의 방향으로 할 때, 자기장의 방향은 나머지 4개의 손가락이 주먹을 쥘 때 가리키는 방향이다.
Ⓓ 전기적 현상과 자기적인 현상은 항상 같이 일어나며, 이를 진자기유도 현상이라고 한다.

① ⓐ - Ⓐ, ⓒ - Ⓑ   ② ⓐ - Ⓐ, ⓑ - Ⓑ

③ ⓑ - Ⓑ, ⓒ - Ⓒ   ④ ⓒ - Ⓒ, ⓐ - Ⓓ

해설

- 외르스테드 : 전류가 흐르는 도선 주위에 자기장
- 렌츠 : 유도전류의 방향
- 패러데이 : 전자기 유도 현상에 따른 유도기전력

---

17 다음 그림은 화살표 방향으로 전류가 흐르는 무한히 긴 직선 도선에 수직한 평면 내에 2cm의 등간격으로 있는 세 점 A, B, C를 보여 주고 있다. 세 점 A, B, C에서 자기장 세기의 비는 다음 중 어느 것인가?

[2015]

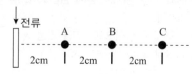

① 6 : 4 : 2
② 2 : 3 : 6
③ 6 : 3 : 2
④ 2 : 4 : 6

해설

직선 도선 주위에 생성되는 자기장 $B=2\times10^{-7}\dfrac{I}{r}$에서

$B\propto\dfrac{1}{r}$이므로 거리가 2 : 4 : 6인 각 지점의 자기장 비는 6 : 3 : 2 이다.

[18~21] 1m짜리 평행한 2개의 도선이 있다. 두 도선 사이의 거리가 20cm이고, 각 도선에는 각각 2A의 전류가 흐르고 있다.

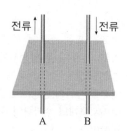

18 도선 A에 의해 도선 B가 받게 될 자기장의 세기는 얼마인가?

[2015]

① 5×10^{-7}T
② 2×10^{-7}T
③ 5×10^{-6}T
④ 2×10^{-6}T

해설

직선 도선 주위에 생성되는 자기장

$B=2\times10^{-7}\dfrac{I}{r}=2\times10^{-7}\times\dfrac{2}{0.2}=2\times10^{-6}$T

19 도선 A에 의해 도선 B가 받게 될 힘의 크기와 방향이 바르게 짝지어진 것은?

① 4×10^{-6}N, 왼쪽
② 4×10^{-6}N, 오른쪽
③ 5×10^{-6}N, 오른쪽
④ 5×10^{-5}N, 왼쪽

해설

자기력 $F=BIL\sin\theta=2\times10^{-6}\times2\times1=4\times10^{-6}$N이며, 플레밍의 왼손 법칙에 따라 도선 B는 오른쪽으로 힘을 받는다.

20 도선 B에 의해 도선 A가 받게 될 힘의 크기와 방향이 바르게 짝지어진 것은?

① 4×10^{-6}N, 왼쪽
② 4×10^{-6}N, 오른쪽
③ 5×10^{-6}N, 오른쪽
④ 5×10^{-5}N, 왼쪽

해설

자기력 $F=BIL\sin\theta=2\times10^{-6}\times2\times1=4\times10^{-6}$N이며, 플레밍의 왼손 법칙에 따라 도선 A는 왼쪽으로 힘을 받는다.

21 위의 문항 19와 문항 20의 결과로부터 알 수 있는 법칙은?

[2015]

① 관성의 법칙
② 렌츠의 법칙
③ 작용·반작용 법칙
④ 가속도 법칙

해설

힘의 크기가 같고, 방향이 반대이므로 작용·반작용 법칙이 작용함을 알 수 있다.

22 다음은 서로 다른 전기 회로에서 저항선 (가)와 (나)의 양끝 전압의 변화에 따라 도선에 흐르는 전류의 세기를 측정하여 그래프로 나타낸 것이다. 다음 사항 중 옳지 않은 것은?

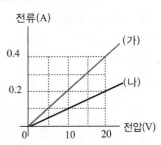

① 그래프의 기울기는 저항 역수의 크기를 나타낸다.
② (가)의 저항값은 20 Ω 이다.
③ (가)의 저항이 (나)의 저항보다 작다.
④ 전류의 세기는 저항의 크기에 반비례 한다.

> **해설**
> 그래프에서 기울기의 역수가 저항이므로 (가)의 저항값은 $\frac{10}{0.2} = 50\,\Omega$ 이다.

[23~26] 저항이 40 Ω 인 전동기를 200 V 전원에 연결하여 하루 10분씩 2번 사용한다고 한다.

23 이 전동기에 흐르는 전류는 몇 A 인가?

   ① 1 A   ② 3 A
   ③ 5 A   ④ 10 A

> **해설**
> 옴의 법칙 $I = \dfrac{V}{R} = \dfrac{200}{40} = 5\,\text{A}$

24 이 전동기의 소비 전력은 몇 W 인가?

   ① 1,000 W   ② 700 W
   ③ 500 W   ④ 300 W

> **해설**
> 소비 전력 $P = VI = 200 \times 5 = 1{,}000\,\text{W}$

25 하루 소비 전력량은 약 몇 Wh 인가?

   ① 100 Wh   ② 250 Wh
   ③ 333 Wh   ④ 500 Wh

> **해설**
> $W = Pt = 1{,}000\,\text{W} \times \dfrac{10}{60}\,\text{h} \times 2 = 333.3\,\text{Wh}$

26 전동기를 1분 사용할 때 발생하는 열량은 몇 kcal 인가?

   ① 24.4 kcal   ② 14.4 kcal
   ③ 60 kcal   ④ 6 kcal

> **해설**
> 열량 $Q = 0.24Pt$
> $= 0.24 \times 1{,}000\,\text{W} \times (1 \times 60)\,\text{s}$
> $= 14{,}400\,\text{cal}$
> $= 14.4\,\text{kcal}$

27 정격 전압과 소비 전력이 $200\,V{-}1{,}000\,W$용 전기난로를 하루에 2시간씩 30일 동안 사용하면 전기 요금은 얼마나 되겠는가?(단, 전기 요금은 kWh당 100원이라고 한다)

① 10,000원   ② 7,500원
③ 6,000원   ④ 4,500원

해설
소비 전력 $W = 1{,}000\,W \times 2h \times 30$일 $= 60{,}000\,Wh = 60\,kWh$
$\therefore$ 전기 요금 $= 60\,kWh \times 100$원 $= 6{,}000$원

29 15A가 초과되면 차단되는 $220V$용 3구 멀티 콘센트에 $220V{-}2{,}200W$의 에어컨과 $220V{-}440W$의 냉장고가 연결되어 있다. 나머지 콘센트에 연결하여 사용할 수 있는 가전제품 중에서 용량이 최대인 것은?

① 컴퓨터 : $220V{-}660W$
② 전자레인지 : $220V{-}1{,}450W$
③ TV 수상기 : $220V{-}240W$
④ 진공청소기 : $220V{-}1{,}150W$

해설
$P = VI$에 따라 에어컨 10A, 냉장고 2A이다. 허용 전류가 15A이므로 연결 가능한 최대 전류는 컴퓨터 3A이다.

28 그림은 $100\,\Omega$인 전기 저항 2개를 (가)와 (나) 같이 연결하였다.

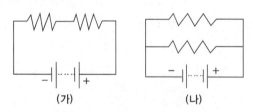

(가)   (나)

이 두 회로에 대한 설명 중 옳지 않는 것은?

① (나)회로에서 각각의 저항에 걸리는 전압은 같다.
② (나)회로의 합성저항은 (가)회로보다 적다.
③ (나)회로에는 (가)회로보다 전류가 많이 흐른다.
④ (나)회로의 소비 전력은 (가)회로보다 적다.

해설
소비 전력 $P = VI = \dfrac{V^2}{R}$이므로 소비 전력 $P \propto \dfrac{1}{R}$이다. (가)회로의 합성저항은 $200\,\Omega$, (나)회로의 합성저항은 $50\,\Omega$이므로 (가)회로와 (나)회로의 소비 전력 비는 $1:4$이다.

30 그림과 같이 연철 막대에 코일을 감아서 화살표 방향으로 전류가 흐르는 솔레노이드가 있다. 그림처럼 자침을 놓았을 때 자침의 N극이 가리키는 방향은 어느 쪽인가?

[2015]

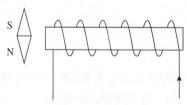

① 솔레노이드 왼쪽 방향
② 솔레노이드 오른쪽 방향
③ 지면 위쪽 방향
④ 지면 아래쪽 방향

해설
앙페르의 오른손 법칙에 따라 나침반의 바늘은 왼쪽을 가리키게 된다.

31 그림과 같이 영구 자석 사이에 자기장의 방향과 수직되게 지면 앞에서 뒤로 들어가는 방향으로 직선 도선에 전류가 흐른다. 도선이 받는 힘의 방향은?

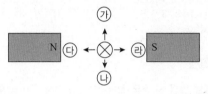

① 가   ② 나
③ 다   ④ 라

해설
플레밍의 왼손 법칙에 따라 아래쪽으로 전자기력의 방향을 갖는다.

32 간격이 d인 평행판 축전기에 두께 $\frac{2}{4}d$인 금속판을 등간격이 되도록 끼워 넣으면, 축전기의 전기용량은 넣기 이전의 몇 배가 되는가?

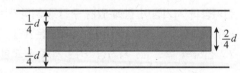

① 1배   ② 1.5배
③ 2배   ④ 0.5배

해설
처음 전기 용량 $C = \varepsilon_0 \dfrac{A}{d}$ 에서 금속판을 끼워 넣으면 거리가 $\dfrac{2}{4}d$ 줄어든다. 따라서 $C' = \varepsilon_0 \dfrac{A}{\frac{2}{4}d} = 2C$

33 선기용량이 $2F$인 축진기의 극판 사이에 $10V$의 전압을 걸었을 때, 축전기에는 몇 C의 전하가 축적되는가?

① 2   ② 10
③ 20   ④ 0.2

해설
축전기에 축적된 전하량 $Q = CV = 2F \times 10V = 20C$

34 다음 ( ) 안에 들어갈 말을 순서대로 옳게 나열한 것은?

> 전압계는 회로에 ( ) 연결하고, 전류계는 회로에 ( ) 연결한다.

① 직렬, 직렬   ② 직렬, 병렬
③ 병렬, 직렬   ④ 병렬, 병렬

해설
저항에 대하여 전압을 측정하는 전압계는 병렬, 전류를 측정하는 전류계는 직렬로 연결한다.

35 $10V - 1A$가 흐르는 니크롬선 저항을 4등분하여 병렬 연결하면 전체 저항은 몇 Ω이 되는가?

① 약 0.6Ω ② 약 6Ω
③ 약 10Ω ④ 약 40Ω

해설
옴의 법칙 $V = IR$에서 $R = \dfrac{V}{I} = \dfrac{10V}{1A} = 10\Omega$ 이므로

분할된 니크롬선의 저항은 $R' = \dfrac{1}{4}R = \dfrac{1}{4} \times 10\Omega = 2.5\Omega$ 이다.

병렬 합성저항 $\dfrac{1}{R_t} = 4 \times \left(\dfrac{1}{\frac{R}{4}}\right) = 4 \times \left(\dfrac{1}{2.5\Omega}\right) = 1.6$

$\therefore R_t = \dfrac{1}{1.6} = 0.625\Omega$

36 5Ω과 10Ω의 저항을 병렬로 연결할 경우, 전체 저항값은?

① 10Ω보다 크다.
② 10Ω보다 작다
③ 5Ω보다 크다.
④ 5Ω보다 작다.

해설
병렬의 합성저항 값은 가장 작은 저항값보다 작아진다.

37 100V−100W의 전구 A와 100V−200W의 전구 B가 있다. 두 개의 전구를 직렬과 병렬 중 어떤 형태로 연결했을 때, 어느 전구가 더 밝은가?

① 직렬, 100V−100W
② 직렬, 100V−200W
③ 병렬, 100V−100W
④ 두 전구의 밝기는 동일하다.

해설
소비 전력은 직렬 연결일 때 $P \propto R$, 병렬 연결일 때 $P \propto \dfrac{1}{R}$이다.

38 각기 다른 저항값을 갖는 3Ω, 6Ω, 9Ω의 저항을 병렬로 연결한 후 30V의 전원에 연결하였다. 각 저항에서 소모되는 소비 전력비로 옳은 것은?

① 1 : 2 : 3
② $1^2 : 2^2 : 3^2$
③ $3^2 : 2^2 : 1^2$
④ 6 : 3 : 2

해설
병렬 연결 시 소모 전력 $P = \dfrac{V^2}{R}$에서 $P \propto \dfrac{1}{R}$이므로

소비 전력비는 $\dfrac{1}{3} : \dfrac{1}{6} : \dfrac{1}{9} = 6 : 3 : 2$이다.

39 전기장과 자기장이 함께 있는 구간을 지나가는 전하 q가 통과할 때, 전하 q가 직진할 조건은?(단, 전기장 E, 전하의 속도 v, 자기장 B는 서로 직교한다)

① $E = vB$
② $E = \dfrac{v}{d}$
③ $E = \dfrac{v}{B}$
④ $E = qvB$

해설
전하가 전기장 내에서 받는 힘 $F_E = qE$이고, 전하가 자기장 내에서 받는 힘 $F_B = qv \times B$에서 $F_B = F_E$일 때 직진하므로 $qE = qvB$ ∴ $E = vB$

40 라디오에 그림과 같이 축전기를 연결하였다. 이에 대한 설명으로 틀린 것은?

① 스피커 선과 직렬로 축전기를 연결하면, 주파수 낮은 소리가 스피커에서 출력되지 않는다.
② 스피커 선과 직렬로 연결된 축전기의 저항값은 주파수와 반비례 관계이다.
③ 스피커 선과 병렬로 축전기를 연결하면, 주파수 높은 소리가 스피커에서 출력되지 않는다.
④ 스피커 선에 축전기를 연결하면, 소리의 세기가 증가하는 효과가 나타난다.

해설
$X_C \propto \dfrac{1}{f}$ 이며, 이를 직렬로 연결 시 진동수에 반비례하여 저항값이 증가하고, 병렬로 연결 시 진동수에 비례하여 저항값이 증가한다.

41 다음 중 전자기파가 발생할 수 있는 조건이 아닌 것은?

① 일정한 전류가 흐르는 도선 주위
② LC 회로에서 전기 진동이 일어날 때
③ 전자가 가속운동을 할 때
④ 전기장과 자기장이 서로 시간에 대해 변할 때

해설
일정한 전류가 흐르는 도선 주위는 일정한 자기장이 생성된다.

42 10T로 균일한 자기장이 발생하는 공간에서 자기장에 직각 방향으로 $4\mathrm{m/s}$의 속도로 움직이는 $0.3\mathrm{m}$ 도선에 유도되는 유도 기전력의 크기는? [2015]

① 40V
② 30V
③ 12V
④ 1.2V

해설
균일한 자기장 내 유도 기전력 $\varepsilon = Blv = 10 \times 0.3 \times 4 = 12\mathrm{V}$

43 상호 인덕턴스가 3H인 두 개의 코일이 있다. 스위치를 닫은 후 0.2초 동안 1차 코일에 흐르는 전류가 20A에서 60A로 변하였다면, 2차 코일에 발생하는 유도 기전력의 크기는?

① 600V
② 60V
③ 120V
④ 1,200V

해설
상호 유도 기전력 $\varepsilon = -M\dfrac{\Delta i}{\Delta t}$ 에서 $\Delta i = 60 - 20 = 40\mathrm{A}$ 이므로
$\varepsilon = 3 \times \dfrac{40}{0.2} = 600\mathrm{V}$

44 4개의 축전기가 모두 동일하게 $X_c = 500\Omega$ 이라고 한다. 이를 직렬로 연결했을 때, 합성 리액턴스는 얼마인가?

① 125Ω
② 250Ω
③ 1,000Ω
④ 2,000Ω

해설
합성 리액턴스
$X_c = X_{c1} + X_{c2} + X_{c3} + X_{c4} = 500 \times 4 = 2,000\Omega$

45 콘덴서에 걸어 준 교류전압의 진동수를 증가시킬 경우 콘덴서의 저항값은 어떻게 되는가?

① 변함없다.
② 증가한다.
③ 감소한다.
④ 증가와 감소를 반복한다.

해설

용량 리액턴스 $X_c = \dfrac{1}{2\pi f C}$에서 $X_c \propto \dfrac{1}{f}$ 이므로 진동수를 증가시키면 저항값은 감소한다.

46 교류 전원에 직렬로 연결된 저항, 코일, 콘덴서가 있다. 저항의 저항값이 4Ω이고, 코일의 리액턴스 $X_L = 6\Omega$, 콘덴서의 리액턴스 $X_C = 9\Omega$일 때, 이 회로의 임피던스는 얼마인가?

① 4Ω ② 5Ω
③ 19Ω ④ 25Ω

해설

합성저항 값＝임피던스이므로
$Z = \sqrt{R^2 + (X_L - X_c)^2} = \sqrt{4^2 + (6-9)^2} = \sqrt{25} = 5\Omega$

47 그림과 같이 링자석을 서로 다른 재질로 연결된 관에 통과시키고자 한다. 이에 대한 설명으로 틀린 것은?

[2015]

① 링자석이 플라스틱관을 통과할 때 두 물체 사이에 인력이 작용하여 가장 빠르게 통과한다.
② 링자석이 알루미늄관을 지날 때 두 물체 사이에 척력이 작용한다.
③ 링자석이 구리관을 지날 때 구리관에 유도전류가 발생한다.
④ 링자석이 A점을 지날 때 알루미늄관과 링자석 사이에는 인력이 발생한다.

해설

플라스틱관에서는 유도전류가 발생하지 않아서 중력에 의해 가장 빠르게 낙하한다.

48 그림과 같이 균일한 자기장이 형성된 곳에 구리선의 양 끝을 일정한 속력으로 밀어 원 P의 크기를 일정하게 증가시키고 있다. 원 P에 생성되는 유도전류의 크기와 방향은?(단, 자기장의 방향은 지면에 수직한 방향으로 들어가고 있고, 구리선은 지면과 나란하다)

[2015]

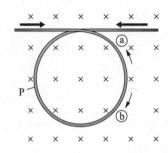

	유도전류 크기	유도전류 방향
①	감소한다.	ⓐ
②	증가한다.	ⓐ
③	감소한다.	ⓑ
④	증가한다.	ⓑ

해설

원의 반지름이 $0 \to \dfrac{r}{2}$ 가 될 때, 면적의 변화량은 $\dfrac{\pi r^2}{4} - 0$ 이고, 원의 반지름이 $\dfrac{r}{2} \to r$ 가 될 때, 면적의 변화량은 $\pi r^2 - \dfrac{\pi r^2}{4}$ 이 된다. $\varepsilon \propto \dfrac{\Delta S}{\Delta t}$ 이므로, 유도기전력이 증가하여 유도전류도 증가하게 되며, 렌츠의 법칙에 따라 유도전류의 방향은 ⓐ가 된다.

빛과 파동

다음 중 파동의 분류와 그 기준이 옳게 짝지어진 것은?

> **<파동의 분류>**
> ㉠ 횡파, 종파
> ㉡ 구면파, 평면파, 원형파
> ㉢ 전자기파, 탄성파
>
> **<분류 기준>**
> ⓐ 매질의 유무
> ⓑ 파면의 모양
> ⓒ 에너지의 유무
> ⓓ 파동의 전달속도
> ⓔ 매질의 진동 방향과 파동의 진행방향

① ㉠, ⓐ   ② ㉡, ⓒ
③ ㉢, ⓐ   ④ ㉢, ⓓ

해설
파동이 에너지를 전파함에 있어서 매질이 있어야만 에너지가
전달되는 파동과 없어도 에너지가 전달되는 파동이 있다. 이는
탄성파와 전자기파의 분류 기준이다.
답 ③

다음 중 전자기파가 아닌 것은?

① 태양빛   ② X선
③ 적외선   ④ 초음파

해설
초음파는 탄성파이다.
답 ④

**바람이 불지 않는 바다에 마루와 마루 간격이 10 m이고
높이가 2 m인 파도가 3 m/s의 속력으로 동쪽으로 나아
가고 있다. 지금 파도의 마루 위에 있는 엔진이 꺼진 배는
5초 후에 어느 곳에 있겠는가?**

① 동쪽으로 10 m   ② 동쪽으로 20 m
③ 동쪽으로 30 m   ④ 제자리

해설
파동 현상에서 매질은 이동하지 않고 제자리에서 진동만 할 뿐
이다.
답 ④

제 1 절 **파동의 표현**

1 파동의 발생 2015

(1) 파동 : 매질의 진동을 통해 에너지가 전파해 나아가는 것

① **파원** : 파동이 발생한 지점
② **매질** : 파동을 전달하는 물질

(2) 파동의 종류

① **탄성파** : 매질이 있어야만 에너지가 전달되는 파동
  예 물결파, 지진파, 음파 등
② **전자기파** : 매질 없이도 에너지가 전달되는 파동
  예 빛, 마이크로파, 라디오파 등

(3) 파동의 진동 형태에 따른 분류

① **횡파** : 파동의 진행 방향과 매질의 진동 방향이 수직인 파동
  예 물결파, 전자기파, 지진파의 S파 등
② **종파** : 파동의 진행 방향과 매질의 진동 방향이 나란한 파동
  예 음파, 지진파의 P파 등

(4) 파동의 발생

① 매질은 진동만할 뿐 파동과 함께 이동하지 않는다.
② 에너지는 매질을 이루는 입자를 진동시키며, 진동하는 입자에 의해 에너
  지가 전달된다.

2 파동의 표시 2015

(1) 파동의 요소

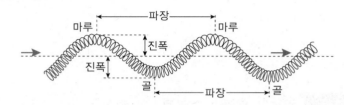

① 진폭 : 진동 중심에서 마루 또는 골까지의 높이
② 마루 : 파동의 변위가 최대인 곳
③ 골 : 파동의 변위가 최소인 곳
④ 파장(λ) : 마루에서 마루까지 또는 골에서 골까지의 수평 거리
⑤ 주기(T) : 1파장이 만들어지는 데 걸리는 시간(s)
⑥ 진동수(f) : 1초 동안 만들어지는 파장의 수(1/s =Hz)

$$f = \frac{1}{T}$$

3 파동의 속도 2015

(1) 파동의 속도(v) : 파동이 단위 시간 동안 이동한 거리 $v = f\lambda$

(2) 파동의 종류와 매질에 따라 전파 속도는 다르다.

4 매질에 따른 파동의 속도 2015

(1) 줄을 따라 진행하는 파동의 속도

$$v = \sqrt{\frac{T}{\rho}} \ \ (T : 줄의 장력, \ \rho : \frac{줄의\ 질량}{줄의\ 길이} = 선밀도)$$

(2) 음파의 속도

① 매질의 종류에 따른 음파의 속도 : 고체 > 액체 > 기체
② 매질의 온도가 높을수록 음파의 속도가 빠르다.
   $$v = 331 + 0.6t \ \ (m/s)$$
③ 기체의 질량에 따른 음파의 속도 : 가벼울수록 빠르다.

다음 중 파동의 각 요소에 관한 설명으로 틀린 것은?

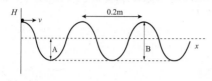

① 파장의 크기는 0.2m이다.
② 반파장의 크기는 0.1m이다.
③ 그림에 나타난 전체 파장 수는 2.5파장이다.
④ 진폭은 B이다.

해설

진폭은 진동의 중심에서 마루 또는 골까지의 깊이이다.

답 ④

어떤 파동의 속력이 400m/s라고 한다. 이 파동의 파장이 2,000m라고 할 때, 다음 중 옳은 것은?

① 파동의 진동수는 50Hz이다.
② 파동의 진동수는 5Hz이다.
③ 파동의 진동수는 $\frac{1}{5}$Hz이다.
④ 파동의 진동수는 1초당 5회 진동한다.

해설

파동 속력 $v = \lambda f$이므로 $f = \frac{v}{\lambda} = \frac{400}{2,000} = \frac{1}{5}$Hz이다.
따라서 5초에 1회 진동하는 진동수를 가진 파동이다.

답 ③

길이가 4m이고, 질량이 0.4kg인 밧줄에 40N의 장력이 주어질 때, 이 줄에서 발생할 수 있는 횡파의 속력은 얼마인가?

① 20m/s   ② 15m/s
③ 40m/s   ④ 10m/s

해설

줄을 따라 진행하는 파동의 속도
$$v = \sqrt{\frac{T}{\rho}} = \sqrt{\frac{T}{\frac{m}{l}}} = \sqrt{\frac{40}{\frac{0.4}{4}}} = \sqrt{400} = 20m/s$$

답 ①

파동에서 같은 위상의 점들을 이은 선이나 면을 무엇이라 하는가?

① 마 루   ② 골
③ 파 장   ④ 파 면

해설
동일한 파면은 동일한 위상을 가지는 지점들이다.

답 ④

파동의 전파 원리를 설명할 수 있는 이론은 무엇인가?

① 호이겐스의 원리   ② 뉴턴의 법칙
③ 상대성이론   ④ 광량자설

해설
파동의 전파 원리는 호이겐스의 원리에 의해 설명된다.
호이겐스의 원리 : 파면 위의 모든 점들은 새로운 점파원이 되고 이 점파원에서 만들어진 파들의 파면에 공통 접선이 새로운 파면이 된다.

답 ①

다음 그림은 무엇을 설명하기 위한 그림인가?

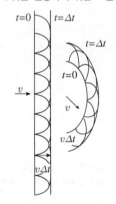

① 파동의 회절 현상   ② 주 기
③ 진 폭   ④ 진동수

해설
파동의 진행은 한 파면상의 각 점에는 그 점을 점파원으로 하는 무수히 많은 2차적인 구면파가 생기고, 그 구면파에 공통으로 접하는 면이 다음 순간의 새로운 파면이 된다. 이를 호이겐스의 원리라고 한다.

답 ①

(3) 물결파의 속도

　① 얕은 곳보다 깊은 곳에서 속도가 더 빠르다.
　② 깊은 곳에서 물결파의 파장이 길어지고, 얕은 곳에서 물결파의 파장이 짧아진다.

제2절　중첩의 원리와 호이겐스의 원리

1 호이겐스 원리

(1) 파면 : 파동의 위상이 같은 점들로 이루어진 면이나 선

(2) 호이겐스 원리 : 파동이 진행할 때 한 파면상의 각 점에는 그 점을 점파원으로 하는 무수히 많은 2차적인 구면파가 생기며, 이러한 구면파에 공통으로 접하는 면이 다음 순간의 새로운 파면이 된다.

　① 평면파 : 파면의 모양이 직선 또는 평면인 파동으로 한 방향으로만 전파되는 파동
　② 구면파 : 파면의 모양이 원 또는 구면인 파동으로 모든 방향으로 전파되는 파동

2 파동의 중첩과 간섭 2015

(1) 파동의 독립성 : 각각의 파동이 겹쳐지더라도 서로 영향을 미치지 않는다.

(2) 파동의 중첩 원리 : 두 개 이상의 파동이 겹쳐질 때, 어느 순간 매질의 각 점의 변위는 그 점을 지나는 각 파동의 변위를 합한 것과 같다.

	서로 같은 위상으로 중첩	서로 반대 위상으로 중첩
중첩 전		
중 첩		
중첩 후		원래 파동의 성질을 그대로 가지고 있다.

(3) 합성파 : 파동이 중첩된 결과 만들어지는 새로운 파동

(4) 파동의 간섭 : 파동이 중첩될 때 중첩된 파동의 진폭이 커지거나 작아지는 현상

① 보강 간섭 : 합성파의 진폭이 중첩되기 전 진폭보다 커지는 것

② 상쇄 간섭 : 합성파의 진폭이 중첩되기 전 진폭보다 작아지는 것

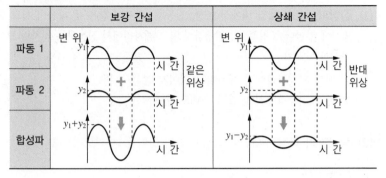

	보강 간섭	상쇄 간섭
파동 1		
파동 2		
합성파		

(5) 중첩 원리

① 보강 간섭 조건 : 두 파원 S_1, S_2에서 발생한 파장을 λ라고 할 때 임의의 점 P_1에서 두 파원 S_1, S_2로부터의 경로차가 반파장의 짝수배인 경우

$$|S_1P_1 - S_2P_1| = \frac{\lambda}{2}(2m) \quad (m = 0,\ 1,\ 2,\ \cdots)$$

② 상쇄 간섭 조건 : 임의의 점 P_2에서 두 파원 S_1, S_2로부터의 경로차가 반파장의 홀수배인 경우

$$|S_1P_2 - S_2P_2| = \frac{\lambda}{2}(2m+1) \quad (m = 0,\ 1,\ 2,\ \cdots)$$

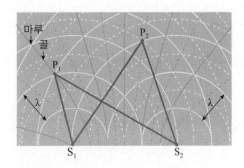

(6) 간섭의 활용 : 소음제거 이어폰, 지폐 위조 방지 기술, 안경의 반사 방지막 코팅, 태양전지의 반사 방지막 코팅, CD/DVD

다음 중 두 개의 파동이 만나서 진폭이 최대가 되는 위상 차는?

① π 라디안의 홀수배   ② π 라디안의 짝수배

③ $\frac{\pi}{2}$ 라디안의 홀수배   ④ $\frac{\pi}{2}$ 라디안의 짝수배

해설

$\frac{\lambda}{2}(2m)$ 인 경우 진폭이 최대가 된다. 따라서 π 라디안의 짝수 배이다.

답 ②

양 끝이 고정된 길이 40cm의 줄에서 생기는 정상파의 파장으로 가능한 것은?

① 60cm   ② 30cm

③ $\dfrac{80}{3}$ cm   ④ 15cm

해설

현의 진동 $l = \dfrac{n\lambda}{2}$ 에서, $\lambda = \dfrac{80}{n}$ 에서 n = 자연수을 대입하여 정상파의 파장을 찾을 수 있다.

답 ③

바이올린 줄이 진동할 때 소리의 높낮이에 대한 설명이다. 옳은 것은?

① 줄의 진동수가 클수록 큰소리가 발생한다.
② 줄의 장력이 커질수록 큰소리가 발생한다.
③ 줄이 짧을수록 고음이 발생한다.
④ 줄이 굵을수록 관성이 작아져 고음이 발생한다.

해설

줄이 짧아질수록 진동수가 커져 고음이 된다.

답 ③

제3절   정상파와 공명

1 정상파

(1) **정상파** : 동일 매질 내에서 파장, 진동수, 진폭이 같은 두 파동이 서로 반대 방향에서 만나 중첩할 때, 진행하지 않고 제자리에서 진동하는 것처럼 보이는 합성파

  ① **마디** : 정상파에서 매질이 움직이지 않는 부분

  ② **배** : 정상파에서 매질이 최대로 움직이는 부분

(2) **정상파의 파장** : 양끝이 고정된 줄의 길이를 l이라고 할 때

$$l = \frac{\lambda}{2}n \, (n = 1, \ 2, \ 3, \ \cdots)$$

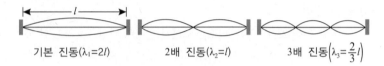

기본 진동($\lambda_1 = 2l$)   2배 진동($\lambda_2 = l$)   3배 진동$\left(\lambda_3 = \dfrac{2}{3}l\right)$

(3) **고유 진동수** : 파동의 진행 속도 v일 때 만들어지는 정상파의 진동수

$$f = \frac{v}{\lambda} = n\frac{v}{2l}$$

2 파동의 공명

(1) **공명** : 외부에서 가해지는 주기적인 진동과 줄의 고유 진동수가 일치할 때 나타나는 큰 진폭의 파동

(2) **공명 진동수** : 고유 진동수와 일치하는 순간의 진동수

(3) 한쪽이 막힌 유리관 속 공기 기둥의 공명을 이용한 음파의 파장 측정

① 소리굽쇠가 공기 중에서 발생하는 음의 파장

$\lambda = 2(l_{n+1} - l_n)$ ($l_0, l_1, l_2, \cdots, l_n$: 유리관 내의 공명 위치)

② 공기 중에서 진동수가 f, 파장 λ인 파동의 진행 속도

$v = f\lambda$, 즉 $v = 2f(l_{n+1} - l_n)$

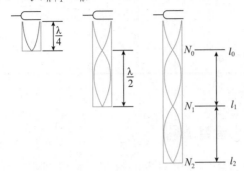

제4절 파동의 반사와 굴절

1 파동의 반사 2015

(1) **파동의 반사** : 파동이 진행하다가 다른 매질을 만나 그 경계면에서 되돌아오는 현상

① 반사 법칙 : 입사각 = 반사각

② 입사파, 법선, 반사파는 항상 동일 평면상에 있다.

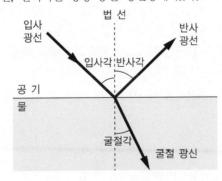

빛이 매질 1에서 매질 2로 진행하고 있다. 이때 법선과 이루는 각인 입사각이 $45°$이고, 굴절각이 $30°$이다. 이에 대한 설명으로 옳은 것은?

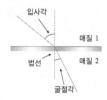

① 파장의 크기의 비는 $1 : \sqrt{2}$ 이다.
② 빛의 진행속도는 매질 1보다 매질 2가 크다.
③ 굴절률은 매질 1이 매질 2보다 크다.
④ 빛이 매질 1에서 매질 2로 진행하는 동안 진동수는 변하지 않는다.

해설

$n_{12} = \dfrac{n_2}{n_1} = \dfrac{v_1}{v_2} = \dfrac{\lambda_1}{\lambda_2} = \dfrac{\sin i}{\sin r}$ 이므로, 파장의 비는 $\sqrt{2} : 1$ 이다.

답 ④

어떤 빛이 공기 중에서 진행하다가 굴절률이 $\sqrt{3}$ 인 물질에 입사되었다면, 입사된 후 빛의 속도는?(단, 공기 중에서 빛의 속도는 c이다)

① c ② $\sqrt{3}\,c$
③ $3c$ ④ $\dfrac{c}{\sqrt{3}}$

해설

굴절률이 n일 때, 매질 내에서의 속도 $v = \dfrac{c}{n}$이다.

답 ④

(2) 파동의 반사에서 위상의 변화

고정단 반사	자유단 반사
소한 매질 → 밀한 매질로 진행	밀한 매질 → 소한 매질로 진행
위상 $180°(=\pi)$ 변함	위상 변화 없음

2 파동의 굴절 2015

(1) 파동의 굴절 : 파동이 진행하다가 다른 매질을 만나 그 경계면에서 진행방향이 꺾여서 진행되는 현상

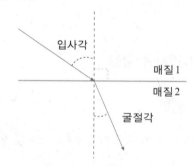

(2) 굴절 법칙 : 매질 1에서 매질 2로 진행하는 파동은 다음 식을 만족한다.

$$\frac{\sin i}{\sin r} = \frac{v_1}{v_2} = \frac{\lambda_1}{\lambda_2} = n_{12}$$

(i : 입사각, r : 굴절각, n_{12} : 매질 1에 대한 매질 2의 굴절률)

(3) 굴절의 예 : 수심이 얕아 보이는 것, 신기루, 렌즈 등

3 전반사 2015

(1) 전반사 : 밀한 매질에서 소한 매질로 빛이 임계각보다 큰 입사각으로 입사할 때, 굴절하는 빛이 없이 모두 반사된 빛만 있는 현상

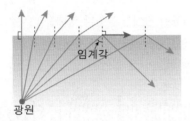

(2) 임계각 : 입사각이 특정한 값에 도달하여 굴절각이 $90°$로 되어 빛의 세기는 0이 되고, 입사된 빛을 모두 반사시키게 될 때의 입사각

$$n_1 \sin\theta_c = n_2 \sin 90°, \ \sin\theta_c = \frac{n_2}{n_1}(n_1 > n_2)$$

※ 굴절률이 큰 물질일수록 임계각이 작다.
※ 전반사광의 세기는 입사광과 같다.

(3) 광통신

① 광통신은 음성, 영상 등과 같은 정보를 전기신호로 바꾸고, 이를 다시 빛 신호로 바꾸어 광섬유로 전송하는 통신 방식이다.

② 빛이 반사와 굴절을 모두 하면 입사광의 세기는 굴절광과 반사광의 합한 값과 같다. 광통신은 광섬유 내 코어에서 빛을 전반사 시켜 송수신하는 방식이다.

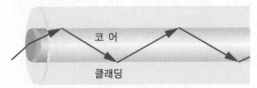

③ 굴절률 : $n_\text{코어} > n_\text{클래딩}$, 빛의 속력 : $v_\text{코어} < v_\text{클래딩}$

④ **광통신의 장단점** : 구리 도선에 의한 유선통신은 전류의 열작용에 의해 에너지 손실이 발생해 정보의 세기가 약해진다. 그러나 광통신은 빛의 세기가 약해지지 않기에 정보를 멀리 보낼 수 있다.
 • 장점 : 전송거리가 매우 길고, 외부 전파에 의한 간섭이나 혼선이 없어 도청이 어렵다.
 • 단점 : 화재나 충격에 약하고 한번 끊어지면 연결이 어렵다.

⑤ **전반사의 예** : 잠만경, 카메라의 펜타프리즘, 내시경, 차량의 레인센서 등

다음 중 광통신의 원리에 해당하는 것은?

① 빛의 간섭   ② 빛의 굴절
③ 빛의 전반사   ④ 빛의 회절

해설
밀한 매질 내에서의 빛의 진행은 빛의 전반사 성질과 관련 있다.
답 ③

일상생활에서 회절은 광파(빛)와 음파 중 어느 것의 회절이 더 잘 일어나는가? 그리고 그 이유로 옳게 짝지어진 것은?

① 광파, 광파가 음파보다 빠르기 때문이다.
② 광파, 광파가 음파보다 잘 휘기 때문이다.
③ 음파, 음파가 광파보다 진폭이 크기 때문이다.
④ 음파, 음파가 광파보다 파장이 길기 때문이다.

해설
회절 현상은 파장이 길수록 잘 일어난다.

답 ④

이중 슬릿 실험에서 이중 슬릿 사이 간격이 0.15mm, 이중 슬릿에서 스크린까지의 거리가 2m일 때, 스크린 중앙의 밝은 무늬에서 다음 무늬까지의 거리가 4mm이었다면, 이때 사용한 빛의 파장은 얼마인가?

① $1.5 \times 10^{-7}\text{m}$ ② $3.0 \times 10^{-7}\text{m}$
③ $1.5 \times 10^{-6}\text{m}$ ④ $3.0 \times 10^{-6}\text{m}$

해설
$d\sin\theta = \dfrac{\lambda}{2}(2m)$에서 $\theta \ll 1$일 경우 $\sin\theta = \dfrac{y}{L}$이다.
$m = 1$이므로
$\lambda = \dfrac{yd}{L} = \dfrac{0.15 \times 10^{-3} \times 4 \times 10^{-3}}{2}$
$\quad = 3.0 \times 10^{-7}\text{m}$

답 ②

영의 이중 슬릿 실험에서 이웃하는 두 밝은 무늬 사이의 간격을 넓히는 방법에 해당하지 않는 것은?

① 긴 파장의 빛을 사용한다.
② 이중 슬릿과 스크린 사이의 거리를 증가시킨다.
③ 슬릿 사이의 간격이 넓게 한다.
④ 진동수가 작은 파장의 빛을 사용한다.

해설
이웃하는 두 밝은 무늬 사이 간격 $\Delta x = \dfrac{\lambda l}{d}$이다.

답 ③

제5절 파동의 간섭과 회절

1 파동의 회절 2015

(1) **파동의 회절** : 파동이 장애물을 만나 장애물의 뒤쪽으로 전파되는 현상
　① 슬릿의 폭이 좁을수록 회절이 잘 일어난다.
　② 파장이 길수록 회절이 잘 일어난다.

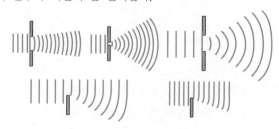

2 빛의 회절과 간섭 2015

(1) **영의 간섭 실험** : 이중 슬릿을 사용하여 빛의 간섭무늬를 생성
　① 밝은 무늬 : $|S_1P - S_2P| = \dfrac{\lambda}{2}(2m)$　$(m = 0,\ 1,\ 2,\ \cdots)$
　② 어두운 무늬 : $|S_1P - S_2P| = \dfrac{\lambda}{2}(2m+1)$　$(m = 0,\ 1,\ 2,\ \cdots)$

(2) **이중 슬릿에 의한 간섭무늬의 간격**
　① 두 슬릿을 통과하여 한 점에 닿은 두 광선의 경로차
　　$|S_1P - S_2P| = d\sin\theta \fallingdotseq \dfrac{dx}{l}$
　② 이웃하는 밝은 무늬 또는 어두운 무늬 사이의 간격 Δx
　　$\Delta x = \dfrac{l\lambda}{d}$　(이때 $|S_1P - S_2P| = \lambda$)
　③ 이중 슬릿에 의한 간섭무늬의 간격을 넓히는 방법
　　슬릿에서 스크린까지의 거리(l)가 멀수록, 빛의 파장(λ)이 길수록, 이중 슬릿 사이의 간격(d)이 좁을수록 넓어진다.

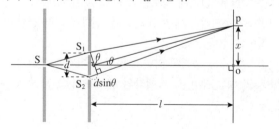

3 얇은 막에 의한 간섭 `2015`

(1) 공기 중을 진행하던 빛이 얇은 막에 입사하면 공기와 얇은 막의 경계면에서 반사하는데, 반사된 두 광선이 보강 간섭을 하거나 상쇄 간섭을 하여 특정 색만 보이게 된다.

(2) 얇은 막의 두께가 파장의 몇 배가 되느냐에 따라 간섭된 빛이 어둡거나 밝게 나타남

  ① 파장에 비해 매우 얇은 경우 : 상쇄 간섭

  ② 경로차가 $\dfrac{\lambda}{2}$ 만큼 차이가 나는 경우 : 보강 간섭

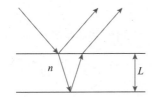

제**6**절 도플러 효과와 충격파

1 도플러 효과

(1) **도플러 효과** : 소리를 내는 음원이나 소리를 듣는 관찰자의 상대적인 운동으로 인하여 듣는 소리의 진동수가 달라지는 현상

(2) 정지 상태의 음원 S에서 퍼져 나가는 구면파의 속도

  $v = f\lambda, \;\; f = \dfrac{v}{\lambda}$

2 관찰자가 움직일 때의 도플러 효과

(1) 관찰자가 v_o의 속력으로 정지 상태의 음원 쪽으로 움직일 때 : 진동수가 증가하여 고음이 들린다.

  $f' = \dfrac{v'}{\lambda} = \dfrac{v + v_o}{\lambda}, \;\; f' = \left(\dfrac{v + v_o}{v}\right)f$

물 위에 떠 있는 기름막은 알록달록한 색상과 무늬를 보여준다. 이러한 현상과 관계가 깊은 빛의 특성은?

① 편 광   ② 굴 절
③ 직 진   ④ 간 섭

해설
기름막의 경로차에 의한 간섭 현상이다.

답 ④

얇은 기름막의 굴절률은 1.5이다. 공기 중에 떠 있는 얇은 기름막에 $6{,}000\,\text{Å}$의 단색광을 수직으로 입사시킬 때, 수직 위에서 볼 때 밝게 보일 기름막의 최소 두께는?

① $4{,}000\,\text{Å}$ ② $2{,}000\,\text{Å}$
③ $1{,}000\,\text{Å}$ ④ $500\,\text{Å}$

해설
$n_{air} < n,\; n > n_w$일 때 $2nd\cos\theta = \dfrac{\lambda}{2}(2m+1)$에서

$m = 0,\; \theta = 0$이므로 $2nd = \dfrac{\lambda}{2}$

$\therefore\; d = \dfrac{\lambda}{4n} = \dfrac{6{,}000\,\text{Å}}{4 \times 1.5} = 1{,}000\,\text{Å}$

답 ③

(2) 관찰자가 음원에서 멀어질 때 : 진동수가 감소하여 저음이 들린다.

$$f' = \left(\frac{v - v_o}{v}\right)f$$

3 음원이 움직일 때의 도플러 효과

(1) 음원이 관찰자 A를 향하여 v_s의 속력으로 가까이 다가갈 때 관찰자 A가 듣는 소리의 진동수 f : 진동수가 증가하여 고음이 들린다.

① 관찰자 A가 듣는 소리의 파장 λ'

$$\lambda' = \lambda - \Delta\lambda = \lambda - \frac{v_s}{f}$$

② 관찰자 A가 듣는 소리의 진동수 f'

$$f' = \frac{v}{\lambda'} = \frac{v}{\lambda - (v_s/f)} = \frac{v}{(v/f) - (v_s/f)} = \left(\frac{v}{v - v_s}\right)f$$

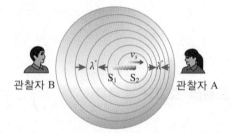

관찰자 B S_1 S_2 관찰자 A

어떤 기차가 500Hz의 진동수를 가진 경적을 울리면서 관측자로부터 멀어지고 있다. 기차의 속도는 50m/s 이고, 음속은 350m/s 라고 할 때, 관측자의 진동수는 얼마인가?

① 500Hz   ② 450Hz
③ 437.5Hz   ④ 550Hz

해설
도플러 효과에 의한 진동수 변화
$$f' = \left(\frac{v}{v + v_s}\right)f$$
$$= \left(\frac{350}{350 + 50}\right)500\text{Hz} = 437.5\text{Hz}$$

답 ③

(2) 음원이 관찰자 B로부터 v_s의 속력으로 멀어질 때 관찰자 B가 듣는 소리의 진동수 f' : 진동수가 감소하여 저음이 들린다.

$$f' = \left(\frac{v}{v + v_s}\right)f$$

4 도플러 효과의 일반적인 관계식

$$f' = \left(\frac{v \pm v_o}{v \mp v_s}\right)f, \ (v_0 : \text{관찰자 속도}, \ v_s : \text{음원 속도}, \ v : \text{음속})$$

	(+)	(−)
분 자	관측자가 음원에 가까워진다.	관측자가 음원에 멀어진다.
분 모	음원이 관측자와 멀어진다.	음원이 관측자와 가까워진다.

5 충격파

(1) **충격파** : 음원의 속도가 음속보다 클 때 파면들이 모여 형성하는 원뿔 모양의 파

(2) **소닉 붐** : 공기의 압력이 급격히 증가했다가 급격히 감소는 과정에서 나타나는 폭발음

---

7 절   **거울과 렌즈**

1 거울에 의한 상

(1) **상** : 거울, 렌즈와 같은 광학 기기에 의하여 나타나는 물체의 모습

(2) **평면 거울에 의한 상**
① 거울을 중심으로 물체에서 대칭되는 위치에 상이 생긴다.
② 평면 거울에 의한 상은 좌우가 바뀌거나 앞뒤가 바뀐다.
③ 전신을 볼 거울의 크기
거울 크기 = 사람의 키/2

(3) **구면 거울의 초점**
① 오목 거울의 초점 : 광축에 나란하게 입사한 빛이 반사 후 거울 앞 광축 위에서 만나는 지점
② 볼록 거울의 초점 : 광축에 나란하게 입사한 빛이 반사될 때 거울 뒤 광축 위의 한 점에서 나오는 것처럼 보이는 지점

(4) **구면 거울에 의한 상의 작도 방법**
① 광축에 나란하게 입사한 빛은 반사 후 초점을 지나거나(오목 거울) 초점에서 나온 것처럼(볼록 거울) 진행한다.
② 초점을 향하여 입사한 빛은 반사 후 광축에 나란하게 진행한다.
③ 구심으로 입사한 빛은 반사 후 온 길을 그대로 되돌아 간다(입사각 = 반사각 = 0).
④ 거울 중심을 향해 입사한 빛은 반사 후 광축에 반사의 법칙에 따라 진행한다(광축 = 법선).

키가 170cm인 사람이 전신 거울을 사려고 한다. 전신 거울의 최소 크기는?

① 200cm　　　　② 170cm
③ 100cm　　　　④ 85cm

해설
전신 거울의 크기는 사람 키의 절반이다.

답 ④

볼록 거울 앞 20cm 지점에 물체를 놓았더니, 처음보다 4배 크기가 줄어든 정립 허상이 생겼다. 이 거울의 초점 거리는 얼마인가?

① 20cm　　　　② $\dfrac{20}{3}$cm
③ 10cm　　　　④ $\dfrac{10}{3}$cm

해설
배율 $m = \dfrac{b}{a}$ 에서 허상이므로 $b < 0$이다.

$\dfrac{1}{a} - \dfrac{1}{b} = -\dfrac{1}{f} = \dfrac{1}{20} - \dfrac{1}{5} = -\dfrac{3}{20}$

$\therefore f = \dfrac{20}{3}$cm

답 ②

CHAPTER 05 | 빛과 파동 **111**

오목 거울 앞에 20cm 되는 곳에 길이가 2cm 인 물체를 놓았을 때, 상의 위치와 크기는?(단, 오목 거울의 초점 거리는 15cm 이다)

① 거울 앞 15cm 지점, 3cm

② 거울 앞 60cm 지점, 3cm

③ 거울 앞 15cm 지점, 6cm

④ 거울 앞 60cm 지점, 6cm

해설

$\dfrac{1}{a}+\dfrac{1}{b}=\dfrac{1}{f}$ 에서 $b=\dfrac{1}{\frac{1}{f}-\frac{1}{a}}=\dfrac{1}{\frac{1}{15}-\frac{1}{20}}=60\text{cm}$ 이다.

따라서 배율 $m=\dfrac{b}{a}=\dfrac{60}{20}=3$ 배이므로 상의 크기는 6cm 이다.

답 ④

오목 거울로 어떤 물체의 4배되는 실상을 얻었다. 이때 물체를 거울쪽으로 가까이 가져갔더니, 상이 선명해지지 않아서 스크린을 40cm 뒤로 더 이동시켰더니 다시 선명한 상을 얻었다. 이때 배율이 8배라 하면, 이 오목 거울의 초점 거리는?

① 10cm

② 20cm

③ 8cm

④ 6cm

해설

$b=4a,\ b'=8a',\ a'=a-x,\ b'=b-40=8(a-x),$
$\dfrac{1}{a}+\dfrac{1}{b}=\dfrac{1}{f},\ \dfrac{1}{a'}+\dfrac{1}{b'}=\dfrac{1}{f}$ 으로 연립 방정식을 이용해 계산

답 ①

초점 거리가 20cm 인 볼록 렌즈 앞 30cm 지점에 물체를 놓을 경우 상의 배율은?

① 1배

② 2배

③ 3배

④ $\dfrac{1}{2}$ 배

해설

$\dfrac{1}{a}+\dfrac{1}{b}=\dfrac{1}{f}$ 에서 $b=\dfrac{1}{\frac{1}{f}-\frac{1}{a}}=\dfrac{1}{\frac{1}{20}-\frac{1}{30}}=60\text{cm}$ 이다.

따라서, 배율 $m=\dfrac{b}{a}=\dfrac{60}{30}=2$ 배이다.

답 ②

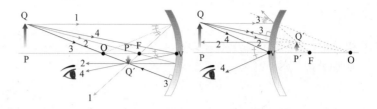

(5) 상의 위치 : 물체에서 거울까지의 거리를 a, 거울에서 상까지의 거리를 b, 거울의 초점 거리를 f, 구면 반지름을 r라고 할 때 다음의 관계가 성립한다.

$$\frac{1}{a}+\frac{1}{b}=\frac{1}{f}=\frac{2}{r}$$

① b의 부호 : 상이 거울 앞에 있는 경우 (+), 뒤에 있는 경우 (−)

② f의 부호 : 초점이 거울 앞에 있는 경우 (+), 뒤에 있는 경우 (−)

③ r의 부호 : 구심이 거울 앞에 있는 경우 (+), 뒤에 있는 경우 (−)

2 렌즈에 의한 상

(1) 렌즈 : 빛의 굴절을 이용하여 상을 만드는 광학 기기

(2) 렌즈에 의한 상의 작도 방법

① 광축에 평행하게 입사한 광선은 굴절 후 초점을 지나거나(볼록 렌즈), 초점에서 나온 것처럼(오목 렌즈) 진행한다.

② 렌즈 중심을 향해 입사한 광선은 렌즈를 지난 후 그대로 직진한다.

③ 초점을 지나거나(볼록 렌즈) 건너편 초점을 향하여(오목 렌즈) 입사한 광선은 굴절 후 광축에 평행하게 진행한다.

(3) 렌즈의 초점 거리 : 렌즈 재료의 굴절률이 클수록, 렌즈 표면이 많이 굽어 있을수록 짧다.

(4) 상의 위치 : 물체에서 렌즈까지의 거리를 a, 렌즈에서 상까지의 거리를 b, 렌즈의 초점 거리를 f라고 할 때 다음의 관계가 성립한다.

$$\frac{1}{a}+\frac{1}{b}=\frac{1}{f}$$

① b의 부호 : 상이 렌즈 뒤에 있는 경우 (+), 앞에 있는 경우 (−)

② f의 부호 : 볼록 렌즈에서 (+), 오목 렌즈에서 (−)

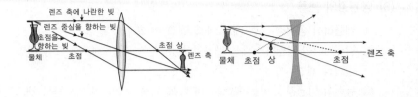

3 상의 종류와 배율

(1) 실상과 허상

① 실상 : 반사 또는 굴절 광선이 실제로 모여서 맺는 상

② 허상 : 반사 또는 굴절 광선의 연장선이 모여서 맺는 상

(2) 정립상과 도립상

① 정립상 : 물체가 서 있는 방향과 같은 방향으로 서 있는 상

② 도립상 : 물체가 서 있는 방향과 반대 방향으로 뒤집어진 상

(3) 배율 : 물체에 대한 상의 크기의 비

$$m = \frac{b}{a}$$

(a : 물체에서 렌즈까지의 거리, b : 렌즈에서 상까지의 거리, m : (+)-도립상, (−)-정립상)

(4) 상의 종류

물체의 위치	거 울		렌 즈	
	볼 록	오 목	볼 록	오 목
초점 안	축소된 정립 허상	확대된 정립 허상	확대된 정립 허상	축소된 정립 허상
초점 밖		도립 실상	도립 실상	

4 망원경

(1) 망원경 : 렌즈 또는 거울을 사용하여 멀리 떨어진 물체를 관찰하는 광학 기기

(2) 대물 렌즈가 만드는 상을 접안 렌즈로 관찰한다.

정상적인 사람의 명시 거리는 25cm이다. 명시 거리가 50cm인 사람이 사용할 볼록 렌즈의 초점 거리는 얼마인가?

① 30cm   ② 40cm

③ 50cm   ④ 75cm

해설

$\frac{1}{25} - \frac{1}{d} = \frac{1}{f}$ 에서 명시 거리 $d = 50$ 이므로 $f = 50$cm

답 ③

초점 거리가 15cm인 오목 렌즈 앞 30cm 지점에 길이 3cm 크기의 물체가 놓여 있다. 이 물체의 렌즈에서 상까지의 거리와 물체의 크기는?

① 거울 앞 10cm 지점, 1cm

② 거울 앞 60cm 지점, 3cm

③ 거울 앞 10cm 지점, 3cm

④ 거울 앞 60cm 지점, 6cm

해설

배율 $m = \frac{b}{a}$ 에서 허상이므로 $b < 0$ 이다. $\frac{1}{a} - \frac{1}{b} = -\frac{1}{f}$ 에서 $b = \frac{1}{\frac{1}{a} + \frac{1}{f}} = \frac{1}{\frac{1}{30} + \frac{1}{15}} = 10$cm 이다. 배율 $m = \frac{10}{30} = \frac{1}{3}$ 이므로 렌즈에서 물체의 크기는 1cm 이다.

답 ①

(3) 망원경의 종류

① 케플러식 망원경 : 두 개의 볼록 렌즈 → 도립상 관찰

② 갈릴레이식 망원경 : 대물 렌즈로 볼록 렌즈, 접안 렌즈로 오목 렌즈 → 정립상 관찰

③ 뉴턴식 망원경 : 빛을 모으는 데 오목 거울, 접안 렌즈로 볼록 렌즈

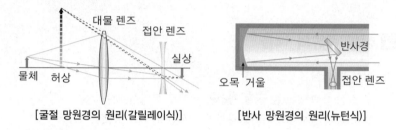

[굴절 망원경의 원리(갈릴레이식)]　　　　[반사 망원경의 원리(뉴턴식)]

5 광학 현미경

(1) 광학 현미경 : 두 개의 볼록 렌즈 이용

(2) 대물 렌즈의 초점 거리가 접안 렌즈의 초점 거리보다 짧다.

(3) 광학 현미경에 의한 상 : 확대된 도립 허상

(4) 현미경의 배율 = 대물 렌즈의 배율 × 접안 렌즈의 배율

6 카메라와 빔 프로젝터

(1) 카메라 : 렌즈에 의해 필름에 물체보다 작은 실상

(2) 빔 프로젝터 : 렌즈에 의해 스크린에 물체보다 큰 실상

제8절 전자기파의 발생과 이용

1 전파의 발생 2015

(1) 진동하는 전기장과 자기장은 서로를 유도한다.

(2) 전파는 주로 교류 회로와 안테나를 이용하여 발생시킨다.

2 X선의 발생 2015

(1) 속도가 변하는 전자는 전자기파를 발생시킨다.

(2) **X선의 발생** : 고속의 전자를 원자에 충돌시키면서 전자를 갑자기 정지하게 하여 발생한다.

(3) 고속의 전자가 가진 운동 에너지는 X선과 열에너지로 전환된다.

3 γ선의 발생 2015

(1) **γ선** : 방사성 붕괴를 이용하여 발생한다.

(2) **방사성 붕괴** : 불안정한 상태의 원자핵이 자발적으로 방사선을 방출하고 안정한 상태의 다른 원자핵으로 전환되는 과정이다.

(3) **방사선의 종류**
① α선 : 핵붕괴 시 α입자(헬륨 원자핵)가 방출되는 방사선
② β선 : 핵붕괴 시 β입자가 방출되는 방사선
③ γ선 : 진동수가 매우 큰 전자기파

(4) α붕괴나 β붕괴를 한 불안정한 원자핵이 안정화되는 과정에서 γ선이 방출된다.

다음은 다양한 전자기파의 생성에 관한 설명이다. 이 중에서 틀린 것은?

① α선은 핵붕괴 시 헬륨 원자핵이 방출되는 방사선이다.
② β선은 핵붕괴 시 전자나 양전자가 방출되는 방사선이다.
③ γ선은 불안정한 원자핵이 안정화 되어가는 과정에서 방출되는 진동수가 매우 큰 전자기파이다.
④ X선은 불안정한 원자핵이 안정화 되어가는 과정에서 처음으로 방출되는 질량이 없는 입자의 방사선이다.

해설
X선은 고속의 전자가 원자에 충돌하면서 발생하는 전자기파이다.

답 ④

4 자외선, 가시광선, 적외선의 발생 2015

(1) 가열 등의 방법으로 에너지를 공급받아 들뜬 상태의 전자가 에너지 준위가 낮은 궤도로 이동할 때 주로 방출된다.

(2) 에너지 준위 차가 클수록 진동수가 큰 전자기파가 방출된다.

다음 전자기파의 파장에 따른 순서로 옳은 것은?

① 감마선 < 자외선 < 적외선 < 라디오파
② 자외선 < 적외선 < 감마선 < 라디오파
③ 적외선 < 라디오파 < 자외선 < 감마선
④ 감마선 > 자외선 > 적외선 > 라디오파

해설

감마선이 파장이 가장 짧고, 라디오파가 가장 길다.

답 ①

5 전자기파의 종류와 성질 2015

(1) **파장이 짧은 순** : γ선, X선, 자외선, 가시광선, 적외선, 전파

(2) 파장이 짧을수록 직진성이 강하다.

(3) 파장이 길수록 회절이 잘된다.

6 전자기파의 이용 2015

(1) γ선의 이용
  ① 파장 : 0.01nm 보다 짧다.
  ② 에너지와 투과력이 매우 크다.
  ③ 암 치료 등의 의학 분야에 이용된다.

(2) X선의 이용
  ① 파장 : 0.01~10nm
  ② 투과력은 γ선 다음으로 강하다.
  ③ 인체 내부의 이상을 알아보거나 물질의 구조를 알아보는 데 사용된다.

(3) 전파의 이용
  ① 파장 : 0.1mm 이상
  ② 텔레비전과 라디오 등 방송에 이용, 무전기 등 무선 통신에 이용, GPS와 레이더 등 위치나 속도 측정에 이용

(4) 자외선, 가시광선, 적외선의 이용
  ① 가시광선 : 사람의 눈은 가시광선을 인식하여 사물을 관찰
  ② 적외선 : 물체의 온도를 알 수 있어 적외선 온도계, 적외선 카메라 등에 이용
  ③ 자외선 : 체내 비타민 D 생성, 살균 기능

제 **9** 절 레이저의 원리와 이용

1 에너지의 양자화

(1) 바닥 상태와 들뜬 상태

① 바닥 상태 : 전자가 가장 낮은 에너지 준위 궤도에 있는 상태

② 들뜬 상태 : 전자가 바닥 상태보다 높은 에너지 준위 궤도에 있는 상태

③ 바닥 상태에 있는 전자가 에너지를 공급받으면 들뜬 상태로 전이

④ 들뜬 상태에 있는 전자는 빛(광자)을 방출하면서 바닥 상태로 전이

(2) 전자가 전이할 때 방출되는 광자의 에너지는 두 에너지 준위의 차와 같다.

$$\Delta E_\text{에너지 준위} = E_\text{광자} = hf$$

2 레이저의 원리와 구조

(1) 레이저 : '유도 방출에 의한 빛의 증폭'이라는 말의 약자

(2) 자발 방출과 유도 방출

① **자발 방출** : 전자가 낮은 에너지 준위로 자발적으로 전이하면서 빛을 방출하는 현상이다.

② **유도 방출** : 원자가 높은 에너지 상태에 있다가 외부에서 입사된 빛 자극을 받아 빛을 방출하는 것으로 외부에서 쪼인 빛과 유도 방출된 빛은 진행 방향, 진동수, 위상이 모두 같기 때문에 중첩되면서 증폭된다.

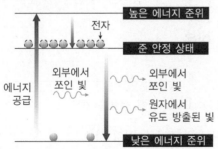

(3) 레이저의 구조 : 전원, 매질, 두 개의 거울로 구성

① **전원** : 매질에 에너지를 공급하여 전자를 들뜨게 한다.

② **매질** : 에너지를 공급받은 후 빛을 방출할 물질이다.

③ **거울** : 매질의 양 옆에서 서로 마주 보고 있는 두 거울 중, 하나는 완전 반사 거울이고, 다른 하나는 부분 반사 거울이다.

레이저에 대한 설명으로 틀린 것은?

① 자발 방출과 유도 방출에 의하여 레이저가 생성된다.

② 단색광이다.

③ 위상이 다른 빛들의 결합으로 멀리까지 빛이 전달된다.

④ 준안정 상태에 있는 전자가 많아지면서 밀도 반전이 일어난다.

[해설]

레이저는 단색광의 동일 위상의 빛의 결합이다.

답 ③

(4) 레이저의 원리

① 전원에서 매질에 에너지를 공급하여 전자를 높은 에너지 준위로 전이시킨다.

② 준안정 상태에 있는 전자가 많아지면서 밀도 반전이 일어난다.

③ 준안정 상태에 있는 전자의 일부가 자발 방출한다.

④ 거울 축 방향으로 자발 방출한 빛에 의해 유도 방출이 연쇄적으로 일어나면서 증폭된다.

⑤ 양쪽 거울에서 거울 축 방향으로 진행하는 빛을 계속 반사하면서 빛이 증폭되다가 부분 반사 거울로 레이저 빛이 방출된다.

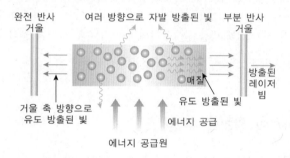

3 레이저의 특성 및 종류

(1) 빛의 세기가 약해지지 않고 멀리까지 진행할 수 있다.

(2) 단색광이며, 위상이 모두 같다.

(3) 고체 레이저, 액체 레이저, 기체 레이저, 반도체 레이저

4 레이저의 이용

(1) 레이저 쇼

(2) 광학 매체 CD, DVD 등에 정보를 기록

(3) 금속, 세라믹 등의 절단 및 용접

(4) 의료 분야에서의 문신 제거, 혈관종 및 혈관 확장증 치료 등

제10질 편광의 원리와 이용

1 편 광

(1) **정의** : 전기장(또는 자기장)이 한쪽 방향으로만 진동하는 빛

(2) **편광판**

　① 편광축과 나란하게 진동하는 빛은 편광판을 통과할 수 있다.
　② 편광축과 수직하게 진동하는 빛은 편광판을 통과할 수 없다.

(3) **말루스의 법칙** : 첫 번째 편광판(A_1)을 통과한 빛(I_0)이 두 번째 편광판(A_2)과 θ의 각을 이루고 있을 때, 빛의 세기 I는 다음과 같다.

$$I = I_0 \cos^2\theta$$

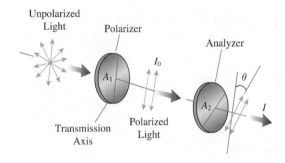

2 반사에 의한 편광

(1) 반사되는 자연광은 입사각에 따라 완전 편광 혹은 부분 편광된다.

(2) 입사각이 0° 혹은 90°일 때 반사광은 편광되지 않는다.

(3) 입사각이 브루스터각일 때 반사광은 반사면과 평행한 방향으로만 반사되는 완전 편광이 일어난다.

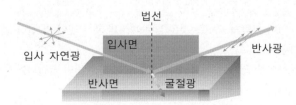

다음 중 음파에서 일어나지 않는 파동의 현상은?

① 편 광　　　　② 굴 절
③ 반 사　　　　④ 회 절

해설
편광은 빛에서만 일어나는 현상이다.

답 ①

다음 중 빛의 횡파라는 증거에 해당하는 것은?

① 빛의 회절　　　② 빛의 전반사
③ 빛의 편광　　　④ 빛의 간섭

해설
편광은 오직 횡파일 때 나타나는 현상이다.

답 ③

3 복굴절

(1) **복굴절** : 빛이 결정 속을 지나갈 때 두 갈래로 나누어지는 현상

(2) **광탄성** : 탄성체가 외력에 의해 변형되어 복굴절을 일으키는 현상

4 편광 현상의 이용

(1) **편광 현미경**
　① 편광판이 설치되어 있는 현미경
　② 광물에 따라 복굴절이 다름을 이용하여 암석 내 광물을 분류하는 데 이용

(2) **편광 선글라스**
　① 편광 선글라스의 편광축은 반사면과 수직인 방향이다.
　② 반사에 의해 발생한 평행한 방향의 편광을 대부분 제거한다.

(3) **입체 영상**

5 분산 및 산란

(1) **분 산**
　① 빛은 매질 내에서 파장에 따라 속도가 다르므로 굴절률이 달라져 여러 가지 색깔의 빛으로 나누어진다. 이를 분산이라고 한다.
　② 빛의 파장이 짧을수록 굴절률이 크다.
　③ 무지개는 빛의 분산과 굴절의 현상이다.

(2) **산 란**
　① 빛이 매질 속의 원자나 분자 등 매우 작은 입자를 만나서 사방으로 퍼져나가는 현상
　② 공기분자에 의한 산란 빛의 세기는 $I \propto \dfrac{1}{\lambda^4}$ 이다.
　③ 하늘이 파랗게 보이는 것은 짧은 파장의 푸른 빛이 더 산란을 잘 일으키기 때문이다.
　④ 노을이 붉은 것은 파랑 빛은 산란되고, 붉은 빛만 굴절되어 들어오기 때문이다.
　⑤ 눈, 설탕, 구름 등이 흰색으로 보이는 것은 모든 빛이 동일하게 산란되었기 때문이다.

다음 중 빛의 산란 현상과 관련이 없는 것은?

① 저녁 노을이 붉다.　　② 구름이 하얗다.
③ 하늘이 푸르다.　　④ 무지개가 보인다.

해설
무지개는 빛의 굴절과 분산에 의한 현상이다.

답 ④

제11절 색채 인식

1 빛의 3원색

(1) **빛의 색** : 파장에 따라 구별

색 상	파장(nm)	진동수(THz)
빨강	780~622	384~482
주황	622~597	482~503
노랑	597~577	503~520
초록	577~492	520~610
파랑	492~455	610~659
보라	455~390	659~769

(2) $c(3 \times 10^8 \mathrm{m/s}) = f \cdot \lambda$

(3) **빛의 3원색** : Red-Green-Blue를 조합하여 다양한 색의 빛 구성

(4) **빛의 합성의 예**
　① 빨강(R) + 초록(G) = 노랑(Yellow)
　② 빨강(R) + 파랑(B) = 자홍(Magenta)
　③ 파랑(B) + 초록(G) = 청록(Cyan)
　④ 빨강(R) + 초록(G) + 파랑(B) = 흰색

(5) **빛의 합성과 우리 눈의 인식** : 단일 파장의 색상과 빛의 혼합 색상을 우리는 구별하지 못한다.

어떤 빛의 파장이 455nm 이다. 이 빛의 진동수는 얼마인가?

① 659THz ② 610THz
③ 520THz ④ 503THz

해설

$c = f\lambda$ 에서

$f = \dfrac{c}{\lambda} = \dfrac{3 \times 10^8}{455 \times 10^{-9}}$

　$= 6.59 \times 10^{14}\mathrm{Hz} = 659\mathrm{THz}$ 이다.

답 ①

어떤 빛의 파장이 780nm 로써, 가시광선의 빛 중에 가장 긴 파장의 빛을 가지고 있다. 이 빛의 색깔은?

① 빨간색 ② 노란색
③ 초록색 ④ 보라색

해설

가시광선 중 가장 긴 파장의 빛은 빨간색이다.

답 ①

다음 빛의 혼합으로 틀린 것은?

① 자홍+초록=청록 ② 빨강+파랑=자홍
③ 빨강+초록=노랑 ④ 파랑+초록=청록

해설

자홍(빨강 + 파랑) + 초록 = 흰색이다.

답 ①

2 눈에서의 색의 인식

(1) 눈의 신경 세포

세 포	감 지	개 수	감 도	비 고
막대 세포	명 암	1억 2천만 개	뛰어나다.	어두운 곳에서 잘 작동
원뿔 세포	빛의 색	650만 개	떨어진다.	어두운 곳에서 색 구별이 힘들다.

(2) 원뿔 세포 종류

원뿔 세포 종류	R	G	B
감지하는 빛의 색	빨간색	초록색	파란색

(3) 눈에서 특별히 더 잘 감지하는 색 : 555nm (녹색 계열)

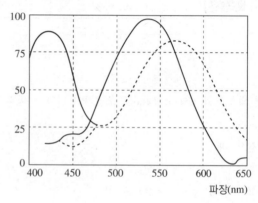

[RGB 원뿔 세포의 상대적 감지 능력]

(4) 과학사

① 뉴턴 : 무지개 색의 빛 합성, 백색광 발견(1666년)

② 토마스 영 : RGB의 빛으로 다양한 색 합성 제안(1801년)

③ 헬름홀츠 : 빛의 3원색 이론 주장

④ 존스홉킨스대학, 하버드대학 연구원 : 우리 눈의 감각 기관 3가지 색 인식
실험 결과(1964년)

우리 눈이 가장 잘 감지할 수 있는 색은 무엇인가?

① 빨간색 ② 노란색
③ 초록색 ④ 보라색

해설

G (초록) 원뿔 세포가 R, B 원뿔 세포에 비해 상대적 감지 능
력이 크므로 우리 눈은 초록색을 가장 잘 감지한다.

답 ③

01 다음 보기와 다른 종류의 파동인 것은? [2015]

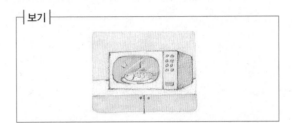

보기

①  ②

③  ④

해설
보기의 전자기파는 횡파이다. 소리는 종파이다.
① 전자기파(횡파)
② 가시광선(횡파)
③ 물결파(횡파)
④ 음파(종파)

02 다음은 파동의 속력에 대한 정의이다. 빈 칸에 알맞은 단어를 순서대로 제시한 것은? [2015]

파동의 속력은 파장×( ) 또는 파장÷( )로 나타낼 수 있다.

① 진동수, 주기 ② 진폭, 주기
③ 마루, 진폭 ④ 진동수, 진폭

해설
파동의 속력 $v = \lambda f = \dfrac{\lambda}{T}$

03 소리의 3요소로 맞게 짝지어진 것을 고르면?[2015]

㉠ 펄 스	㉡ 파 동
㉢ 파 장	㉣ 진 폭
㉤ 진동수	㉥ 파 형
㉦ 회 절	㉧ 파 면

① ㉠, ㉡, ㉧ ② ㉡, ㉢, ㉣
③ ㉢, ㉣, ㉤ ④ ㉣, ㉤, ㉥

해설
소리의 크기 – 진폭, 소리의 높낮이 – 진동수, 소리의 음색 – 파형

04 공기 중에서 음속은 340m/s 이다. A가 20m 떨어진 B를 부르고 있다. 이때 A가 만들어낸 음파의 진동수가 100Hz라면, B가 듣게 되는 음파의 파장과 주기를 옳게 구한 것은? [2015]

	파 장	주 기
①	3.4m	100s
②	3.4m	0.01s
③	100m	3.4s
④	0.01m	3.4s

해설

파장 $\lambda = \dfrac{v}{f} = \dfrac{340\text{m/s}}{100\text{Hz}} = 3.4\text{m}$ 이며, 주기 $T = \dfrac{1}{f} = 0.01\text{s}$ 이다.

05 실험대 위에서 A는 용수철을 앞뒤로, B는 좌우로 흔들어서 파동을 발생시켰다. 그리고 그에 대해 다음과 같이 진술하였다. [2015]

> A : 파동의 진동 방향과 진행 방향은 일치하고 있다.
> B : 파동의 진동 방향과 진행 방향은 수직하여 나아가고 있다.

이에 대하여 A와 B가 만든 파동의 종류에 해당하는 예를 바르게 짝지은 것은?

	A	B
①	음 파	물결파
②	물결파	지진파의 P파
③	지진파의 P파	음 파
④	지진파의 S파	음 파

해설

A는 종파이며, B는 횡파이다.
종파의 종류로는 음파, 지진파의 P파 등이 있으며, 횡파의 종류로는 물결파, 전자기파, 지진파의 S파 등이 있다.

06 다음은 파동에 관한 설명으로 옳은 것은? [2015]

① 고음을 잘 내는 사람은 진폭이 크다.
② 사람마다 음색이 다른 것은 파형이 다르기 때문이다.
③ 큰소리를 내는 사람일수록 진동수가 크다.
④ 파동 에너지의 크기는 거리와 무관하게 일정하다.

해설

동일한 음을 내는 사람이더라도 사람마다 파형이 달라 음색이 다른 것이다.

07 다음 보기 중에서 각 학생들이 만들어 낸 파동 중 에너지가 가장 큰 파동을 만들어 낸 학생과 에너지가 가장 작은 파동을 만들어 낸 학생 두 명을 옳게 짝지은 것을 고르시오. [2015]

보기
	진폭(A)	진동수(f)
A	1/2	4
B	2	3
C	3/2	2
D	2	1/2

① A, B ② B, C
③ A, D ④ B, D

해설

파동 에너지 $E \propto A^2 f^2$ 이므로

A : $\left(\dfrac{1}{2}\right)^2 \times 4^2 = 4$ B : $2^2 \times 3^2 = 36$

C : $\left(\dfrac{3}{2}\right)^2 \times 2^2 = 9$ D : $2^2 \times \left(\dfrac{1}{2}\right)^2 = 1$

08 물체가 한 점을 중심으로 흔들리는 것을 무엇이라 하는가? [2015]

① 파 동　　　　　② 진 자
③ 주 기　　　　　④ 진 동

해설
물체가 한 점을 중심으로 왕복운동하는 것을 진동이라고 한다.

09 어떤 진자의 주기가 20초라고 하자. 이 진자가 2회 왕복하는 데 걸리는 시간은 얼마인가? [2015]

① 10초　　　　　② 20초
③ 40초　　　　　④ 60초

해설
$T = 20\text{s}$ 이므로, 2회 왕복 시 걸리는 시간은 40s 이다.

10 한 사람이 항구의 다리 위에서 해파를 관찰하고 있다. 20초 동안에 10개의 해파가 지나가고, 마루와 마루 사이의 간격이 10m 라면 이 해파의 주기, 진동수, 파장, 속력은 각각 얼마인가? [2015]

	주 기	진동수	파 장	속 력
①	2 s	0.5 Hz	5 m	0.25 m/s
②	0.5 s	2 Hz	5 m	10 m/s
③	2 s	0.5 Hz	10 m	5 m/s
④	2 s	2 Hz	10 m	20 m/s

해설
20초에 10개의 해파가 지나갔으므로, 초당 0.5개의 해파가 왔으며, 이것이 진동수이다. 마루와 마루 사이의 간격이 파장이므로 $v = f\lambda = 0.5 \times 10 = 5\text{m/s}$ 이다.

11 간호원이 측정한 1분 동안의 맥박수는 60회였다. 심장 박동의 주기와 진동수는 얼마인가? [2015]

① 주기 : 60 s , 진동수 : $\frac{1}{60}$ Hz

② 주기 : 1 s , 진동수 : 1 Hz

③ 주기 : $\frac{1}{60}$ s , 진동수 : 60 Hz

④ 주기 : 60 s , 진동수 : 1 Hz

해설
60초동안 60번 진동했으므로 $f = \frac{60}{60} = 1\text{Hz}$ 이고, 주기는 진동수의 역수이므로 1s 이다.

12 멀리서 농부가 큰 쇠망치로 말뚝을 땅에 박고 있다. 그는 2.5초에 한 번씩 계속 망치를 내리치고 있다. 이때 내리치는 동작을 보는 것과 동시에 소리를 들었다고 가정해 보자. 만일 농부가 망치질을 멈춘 후에 한 번의 소리를 더 들었다면 농부까지의 거리는 얼마인가?(단, 현재 온도는 20℃ 이며, $v_0 = 331\text{m/s}$ 이다) [2015]

① 331m　　　　　② 343m
③ 857.5 m　　　　④ 1 km

해설
$v = v_0 + 0.6t = 343\text{m/s}$, 2.5초당 한 번씩 망치질을 했으므로, 2.5초 동안 소리가 진행한 거리를 계산하면 된다.
농부까지의 거리 $s = vt = 343\text{m/s} \times 2.5\text{s} = 857.5\text{m}$ 이다.

13 탄성파는 매질의 상태에 따라 그 전파 속도가 다르다. 그 순서를 빠른 것부터 올바르게 배열한 것은?

[2015]

① 고체 > 액체 > 기체
② 액체 > 고체 > 기체
③ 기체 > 액체 > 고체
④ 기체 > 고체 > 액체

해설
탄성파이므로 물질의 구성 입자간 간격이 좁을수록 전파 속도가 빠르다.

14 다음 그림과 같이 추가 진동 운동할 때, 추의 운동주기를 구하면?

[2015]

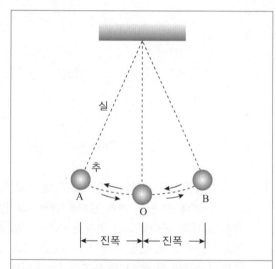

실

추

A   O   B

|← 진폭 →|← 진폭 →|

그림은 추의 왕복운동을 보여주고 있다.
추가 A → O → B까지 가는 데 걸린 시간은 2초라고 한다.

① 1초   ② 2초
③ 4초   ④ 8초

해설
주기는 1회 왕복 운동하는 데 걸리는 시간이다. 따라서 A점으로 돌아오는 데 걸리는 시간은 4초이다.

15 다음은 회절에 대한 설명이다. 이를 읽고 빈 칸에 알맞은 말을 순서대로 옳게 짝지은 것은?

[2015]

파동이 장애물을 만나 장애물 뒤편에도 파동이 나타나는 현상을 회절이라고 하는데, 회절은 (㉠)이 (㉡)수록, 슬릿의 간격이 (㉢)수록 잘 일어난다.

① 진폭, 클, 좁을   ② 진폭, 좁을, 좁을
③ 파장, 짧을, 넓을   ④ 파장, 길, 좁을

해설
파동의 회절은 슬릿의 폭이 좁을수록, 파장이 길수록 잘 일어난다.

16 다음 중에서 파동 에너지 세기와 관계없는 것은?

[2015]

① 구면파 에너지는 파원에서 거리가 멀수록 감소한다.
② 마찰을 무시하면 평면파 에너지는 거리에 관계없이 일정하다.
③ 파동 에너지는 진폭과 속력과 관련 있다.
④ 진동수가 같으면 진폭이 2배가 되면 파동의 세기는 4배가 된다.

해설
파동 에너지 $E \propto A^2 f^2$ 이다.

17 빛에 대한 굴설의 법칙은 무엇인가? [2015]

① 아인슈타인의 법칙
② 호이겐스의 법칙
③ 스넬의 법칙
④ 영의 법칙

해설
스넬의 법칙은 파동의 굴절의 법칙을 나타낸다.
스넬의 법칙 : 매질 1에서 매질 2로 진행하는 파동은 다음 식을 만족한다.

$$\frac{\sin i}{\sin r} = \frac{v_1}{v_2} = \frac{\lambda_1}{\lambda_2} = n_{12}$$

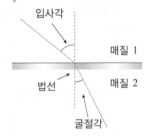

18 CD, DVD가 저장된 정보를 읽기 위해서는 빛의 어떤 현상을 이용하게 되는가? [2015]

① 빛의 회절 현상
② 빛의 간섭 현상
③ 빛의 반사 현상
④ 빛의 굴절 현상

해설
광저장 매체는 빛의 간섭 현상을 이용하여 정보를 읽어들인다.

19 다음은 전자기파의 여러 가지 성질을 니디낸 것이디.

┌**보기**┐
ⓐ 라디오파는 TV파보다 장파이기 때문에 중계소를 적게 설치한다.
ⓑ 자외선은 적외선보다 살균력이 좋아 피부질병 치료에 쓰인다.
ⓒ X선이나 감마선의 투과력이 강한 성질을 이용하면 물체를 뜯어보지 않고도 내부 구조를 조사할 수 있다.
└───────┘

위 사실에 근거하여 유추한 내용과 관계없는 사실은 무엇인가? [2015]

① 진동수가 작을수록 회절이 잘 일어난다.
② 진동수가 클수록 투과력이 강하다.
③ 진동수가 클수록 파동의 에너지는 커진다.
④ 진폭이 클수록 파동의 에너지는 커진다.

해설
보기의 내용은 파동의 진동수와 관련한 내용이다.
ⓐ 라디오파는 TV파보다 파장이 길기(진동수가 작기) 때문에 회절이 잘 일어난다(①).
ⓑ 자외선은 적외선보다 파장이 짧고 진동수가 크므로 살균력이 더 강하다(③).
ⓒ X선이나 감마선은 다른 선보다 진동수가 크기 때문에 투과력이 강하다(②).

20 다음 그림은 정상파를 나타내고 있다. 정상파의 파장은 얼마인가?

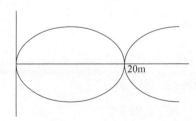

① 10 m
② 20 m
③ 30 m
④ 40 m

해설
정상파의 $\frac{\lambda}{2} = 20\text{m}$ ∴ $\lambda = 40\text{m}$

21 파동에 관한 설명 중에서 옳지 않은 것은? [2015]

① 파동은 에너지가 전달되어 가는 현상이다.
② 투과력이 강한 전자기파는 파장이 길다.
③ 진동수가 20,000Hz 이상의 소리를 초음파라 한다.
④ 진폭이 크면 큰 소리라 한다.

해설
파동의 직진성 및 투과성은 파장이 짧을수록 강하다.

22 다음 중 전자기파에 대한 설명으로 틀린 것은?
[2015]

① 전자기파의 속력은 빛의 속력과 같다.
② 빨간색 빛보다 파란색 빛의 에너지가 더 크다.
③ 적외선이 자외선보다 회절이 잘 된다.
④ 전자기파는 매질이 있는 곳에서 더 빠르게 전파된다.

해설
전자기파는 매질이 없는 곳에서 더 빠르게 전파된다.

23 피아노의 '도' 음의 진동수가 261Hz 라면, 522Hz 의 진동수는 어떤 음인가?

① 1옥타브 아래의 도
② 솔
③ 시
④ 1옥타브 위의 도

해설
1옥타브 위의 음은 진동수가 2배 차이가 난다.

24 실온에 있는 헬륨 가스가 들어 있는 고무풍선의 공기를 들이마셨을 때, 나타나는 목소리의 물리적 변화로 옳은 것은?
[2015]

① 전체적으로 목소리의 진동수가 낮아진다.
② 전체적으로 목소리가 고음으로 바뀐다.
③ 소리의 속력은 헬륨 가스를 마시기 전과 후에 변화가 없다.
④ 목소리가 나오는 기도의 온도가 하강해서 목소리가 변하는 것이다.

해설
헬륨은 공기보다 질량이 가벼워서 소리의 전달 속도가 빠르며, 진동수가 증가하게 된다.

25 몸속에서 진동수가 2MHz 인 초음파의 파장이 0.78mm 이었다. 초음파의 속력은 얼마인가? [2015]

① $1.56 \times 10^3 \text{m/s}$
② $1.56 \times 10^4 \text{m/s}$
③ $1.56 \times 10^5 \text{m/s}$
④ $1.56 \times 10^6 \text{m/s}$

해설
$v = f\lambda = 2 \times 10^6 \times 0.78 \times 10^{-3} = 1.56 \times 10^3 \text{m/s}$

26 400Hz의 진동수를 갖는 소리굽쇠를 진동시켰더니, 진동수를 모르는 소리굽쇠와 매초 2회의 맥놀이를 일으켰다. 이 소리굽쇠의 진동수로 가능한 것을 고르면?

① 400Hz　　　　　② 388Hz
③ 398Hz　　　　　④ 420Hz

해설
맥놀이 수 $N = f - f_0 = 2\text{Hz}$ 이므로
$f_0 = f - N = 400 - 2 = 398\text{Hz}$ 이다.

27 공기에 대한 굴절률이 $\dfrac{2}{\sqrt{3}}$ 인 물질에서 공기 속으로 빛이 입사할 때, 임계각 θ는 얼마인가? [2015]

① 60°　　　　　② 45°
③ 30°　　　　　④ 23°

해설
$n_{물질,공기} = \dfrac{n_{공기}}{n_{물질}} = \dfrac{\sin\theta}{\sin 90°} = \dfrac{\sqrt{3}}{2}$ 이므로

$\theta = \sin^{-1}\dfrac{\sqrt{3}}{2} = 60°$ 이다.

28 다음 중 빛의 파동성과 관련이 없는 현상은? [2015]

① 회 절　　　　　② 간 섭
③ 편 광　　　　　④ 광전 효과

해설
빛의 입자성으로는 광전 효과, 콤프턴 효과가 있다.

29 단일 슬릿 실험에서 사용한 빛의 파장이 6,000 Å 일 때, 두 번째 밝은 무늬가 나타나는 지점에서의 경로차는 얼마인가? [2015]

① 3,000 Å　　　　　② 6,000 Å
③ 9,000 Å　　　　　④ 12,000 Å

해설
단일 슬릿의 밝은 무늬 경로차 $r_1 - r_2 = \dfrac{\lambda}{2}(2m+1)$ 에서 두 번째 밝은 무늬는 $m = 1$ 에서 나타난다.

따라서, 경로차 $r_1 - r_2 = \dfrac{6,000}{2}(2+1) = 9,000$ Å

30 다음 그림과 같이 빛이 2개의 렌즈를 통과하여 나온다고 할 때, 내부에 들어간 렌즈의 배치로 옳은 것은?(단, 렌즈 사이 간격은 조절이 가능하다)

① 볼록 렌즈 - 볼록 렌즈
② 오목 렌즈 - 오목 렌즈
③ 볼록 렌즈 - 오목 렌즈
④ 오목 렌즈 - 볼록 렌즈

해설
볼록 렌즈를 통과한 빛이 오목 렌즈의 반대편 초점을 향하여 진행하면, 광축에 나란하게 진행한다.

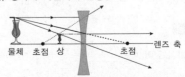

31 유리에서 다이아몬드로 진행하는 빛에 대한 상대 굴절률이 1.8이다. 유리의 절대 굴절률이 1.5라면, 다이아몬드의 절대 굴절률은? [2015]

① 1.8　　　　　② 2.5

③ 2.7　　　　　④ 3.0

해설

상대 굴절률 $n_{12} = \dfrac{n_2}{n_1}$에서 $n_2 = n_1 \times n_{12} = 1.5 \times 1.8 = 2.7$

32 다음 그림과 같이 물통에 물을 채우고, 유리를 덮었다. 물의 굴절률이 $\dfrac{4}{3}$, 유리의 굴절률이 $\dfrac{3}{2}$일 때, 바닥의 겉보기 깊이는 얼마인가? [2015]

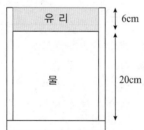

① 19cm　　　　② 20cm

③ 23cm　　　　④ 26cm

해설

겉보기 깊이 $h = \dfrac{h_1}{n_1} + \dfrac{h_2}{n_2} = \dfrac{20}{\frac{4}{3}} + \dfrac{6}{\frac{3}{2}} = 19\text{cm}$

33 빛이 매질 1에서 매질 2로 진행하고 있다. 이때 법선과 이루는 각인 입사각이 45°이고, 굴절각이 30°이다. 이에 대한 설명으로 옳은 것은? [2015]

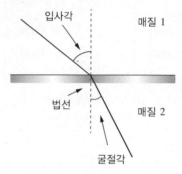

① 파장 크기의 비는 $1 : \sqrt{2}$이다.

② 빛의 진행속도는 매질 1보다 매질 2가 크다.

③ 굴절률은 매질 1이 매질 2보다 크다.

④ 빛이 매질 1에서 매질 2로 진행하는 동안 진동수는 변하지 않는다.

해설

$n_{12} = \dfrac{n_2}{n_1} = \dfrac{v_1}{v_2} = \dfrac{\lambda_1}{\lambda_2} = \dfrac{\sin i}{\sin r}$ 이므로, 파장의 비는 $\sqrt{2} : 1$이다.

34 그림은 진동수 60Hz로 진동하는 1개의 현을 일정한 시간 간격 T로 1초 동안 찍은 다중섬광사진이다. 이때 사진에는 2개의 선이 잡혔다. T가 될 수 있는 것과 파동의 속력으로 옳게 짝지어진 것은?(단, $l = 20cm$ 이다)

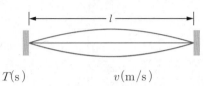

	$T(s)$	$v(m/s)$
①	$\dfrac{1}{30}$s	24m/s
②	$\dfrac{1}{120}$s	12m/s
③	$\dfrac{1}{40}$s	24m/s
④	$\dfrac{1}{60}$s	12m/s

해설

기본 진동에서 파동의 속력 $v = f\lambda = f(2l) = (60)(2 \times 0.2) = 24$ m/s 이고 다중섬광사진이 위와 아래로 2개의 선이 나타나려면 주기의 $\dfrac{1}{2}$의 홀수배가 되어야 한다. 즉, $\dfrac{1}{2}T$, $\dfrac{3}{2}T$, $\dfrac{5}{2}T$……이 되어야 하므로 보기에서 $\dfrac{3}{2}\left(\dfrac{1}{60}\right)$에 해당하는 $\dfrac{1}{40}$s로 사진을 찍어야 두 개의 줄이 보이게 된다.

35 다음은 광섬유의 구조를 나타낸 것이다. 코어의 굴절률은 n_1이고, 클래딩의 굴절률은 n_2라고 한다. 코어에서 클래딩으로 빛이 진행 시 θ_c의 각도로 입사할 때 빛은 코어와 클래딩의 경계에 대하여 나란하게 진행하였다. 다음 중 틀린 것은? [2015]

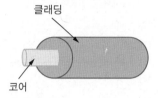

① 굴절률은 $n_1 > n_2$이다.
② 코어에서 클래딩으로 θ_c보다 작은 각도로 입사된 빛의 일부는 굴절을 한다.
③ 코어에서 클래딩으로 θ_c보다 큰 각도로 입사시키면 빛은 코어 내부로 전반사 한다.
④ 빛의 속도는 클래딩에서보다 코어에서 더 빠르다.

해설

전반사 현상은 굴절률이 큰 매질에서 작은 매질로 진행 시 나타나는 현상이므로 코어의 굴절률이 클래딩의 굴절률보다 크다. 문제에서 θ_c는 임계각을 의미하므로, θ_c보다 작은 각도로 입사한 빛은 굴절과 반사를 일으키며, θ_c보다 큰 각으로 입사할 때 빛은 코어 내부로 전반사한다. $\dfrac{n_2}{n_1} = \dfrac{v_1}{v_2}$이므로, 빛의 속도는 클래딩에서 더 빠르다.

36 그림과 같이 단일파장의 레이저를 매질 1에서 매질 2로 진행시켰다. 처음에는 매질 1에서 수직으로 입사시켰더니 매질 2에서 수직으로 진행하였고, 다음에는 매질 1에서 입사각을 a로 하여 입사시켰더니 전반사하였다. 이에 대한 설명으로 틀린 것은? [2015]

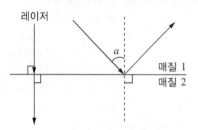

① 매질 1과 매질 2에서 레이저의 파장은 변하지 않는다.
② 매질 1의 굴절률이 매질 2의 굴절률보다 크다.
③ 매질 1에서 빛의 속력은 매질 2에서보다 느리다.
④ 매질 1에서 입사각을 a보다 크게 해도 전반사는 나타난다.

해설
$\dfrac{n_2}{n_1} = \dfrac{v_1}{v_2} = \dfrac{\lambda_1}{\lambda_2}$ 이므로, 매질 2에서 빛의 파장은 더 길어지고, 빛의 속력 또한 매질 1에서보다 빨라진다. 전반사 현상은 굴절률이 큰 매질에서 작은 매질로 진행할 때 나타난다. 전반사 현상은 임계각보다 큰 각에서 빛이 진행할 때 나타난다.

37 어떤 매질 내에서 진행하는 빛의 속력이 2.5×10^8m/s라고 한다. 이 매질의 굴절률은 얼마인가?(단, 공기 중에서 빛의 속력은 3.0×10^8m/s이다) [2015]

① 1.2 　　　　② 1.33
③ 0.9 　　　　④ 0.83

해설
$n = \dfrac{c}{v}$ 이고, 공기 중에서 빛의 속력(c)은 3.0×10^8m/s이므로,
$\therefore n = \dfrac{3.0 \times 10^8}{2.5 \times 10^8} = 1.2$

38 빛이 서로 다른 두 매질을 진행하고 있다. 두 매질에서 빛이 진행하는 경로의 모습으로 옳지 않은 것은? [2015]

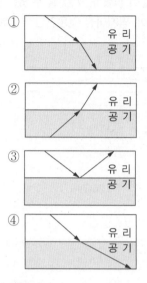

해설
유리(밀한 매질)에서 공기(소한 매질)로 진행 시 굴절각이 더 크게 나온다.

39 다음 중 광통신의 장점에 해당하지 않는 것은? [2015]

① 광섬유에서 열이 발생하지 않는다.
② 외부 전파에 의한 간섭이나 혼선이 없다.
③ 광섬유는 가늘어서 끊어지더라도 연결하기 용이하다.
④ 도청이 어렵다.

해설
광섬유는 끊어지면 연결이 용이하지 않다.

40 다음 중 전자기파의 특성에 해당하지 않는 것은?

[2015]

① 전기장과 자기장의 세기가 증감을 반복하는 파동이다.
② 전자기파는 진공보다 유체 내에서 더 빨라진다.
③ 전기장의 진동 방향과 자기장의 진동 방향은 서로 수직이다.
④ 전자기파는 편광현상을 나타낸다.

해설
전자기파는 매질이 없는 진공에서 가장 빠르다.

41 다음 중 진동수가 가장 큰 전자기파는?

[2015]

① 감마선   ② 엑스선
③ 자외선   ④ 적외선

해설
파장이 가장 짧은 감마선의 진동수가 가장 크다.

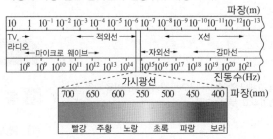

CHAPTER 06 현대물리

고온의 고체나 액체에서 나오는 빛의 스펙트럼을 무슨 스펙트럼이라고 부르는가?

① 선 스펙트럼　　　　② 방출 스펙트럼
③ 연속 스펙트럼　　　　④ 흡수 스펙트럼

해설
선 스펙트럼은 기체 원자에서 방출되는 것이다.

답 ③

온도가 $2,898\,\mathrm{K}$인 완전 흑체가 가지는 복사 스펙트럼의 파장은 $1\,\mu\mathrm{m}$이다. 온도가 $5,796\,\mathrm{K}$인 물체의 복사 스펙트럼 파장은 얼마인가?

① $0.1\,\mu\mathrm{m}$　　　　② $0.5\,\mu\mathrm{m}$
③ $1\,\mu\mathrm{m}$　　　　④ $50\,\mu\mathrm{m}$

해설
$\lambda_{\max} T =$ 일정이므로,
$(1\,\mu\mathrm{m})(2,898\,\mathrm{K}) = (\lambda_{\max})(5,796\,\mathrm{K})$
$\therefore\ \lambda_{\max} = \dfrac{2,898 \times 10^{-6}}{5,796} = 0.5\,\mu\mathrm{m}$

답 ②

제1절 흑체 복사와 플랑크의 양자설

1 복사

(1) **복사** : 절대 온도 0K보다 높은 온도를 가진 물체가 전자기파로 에너지를 방출하는 현상이다.

(2) **전구의 필라멘트를 가열하는 경우**
　① 필라멘트의 색 변화 : (저온)붉은색 → 노란색 → 흰색(고온)
　② 필라멘트의 색깔은 모양이나 크기에는 관계없다.

(3) 열평형을 이루는 물체는 흡수한 만큼의 에너지를 방출한다.

2 흑체 복사

(1) **흑체** : 입사하는 전자기파를 모두 흡수하는 이상적인 물체이다.

(2) **흑체복사** : 흑체가 전자기파를 방출하는 현상이다.
　① 빈 법칙(빈 변위 법칙) : 에너지 밀도가 최고가 되는 파장과 온도 사이의 관계를 나타낸다.
　　$\lambda_{\max} T = 2.898 \times 10^{-3}\,\mathrm{m} \cdot \mathrm{K}$

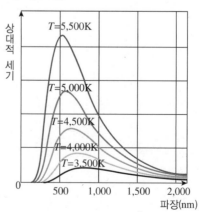

② 슈테판–볼츠만 법칙 : 흑체의 단위 시간당, 단위 면적당 방출하는 복사
에너지 E는 흑체 표면 온도 T의 네제곱에 비례한다.

$E = \sigma T^4$ (슈테판 – 볼츠만 상수 $\sigma = 5.670 \times 10^{-8} \text{W/m}^2 \cdot \text{K}^4$)

3 레일리와 진스의 흑체 복사 스펙트럼 해석

(1) 흑체 내부의 벽이 마디가 되는 정상파로 해석

(2) 빈의 법칙이 장파장 영역에서 에너지 밀도가 온도를 따라가지 않기에 수정을
시도

(3) 파장이 긴 영역에서는 측정 결과와 일치하지만, 단파장(자외선)영역에서 실패
  ① **자외선파탄** : 자외선 영역 파장이 짧을수록 에너지가 무한대로 접근하는
  현상 발생 → 고전 물리로 흑체복사 설명 불가능

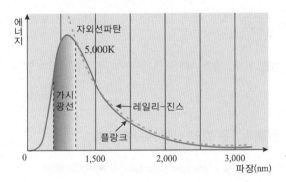

4 플랑크의 양자설

플랑크는 자외선파탄 문제를 해결하고 흑체 복사의 실험 결과와 일치하는
결론을 얻기 위해 2가지를 통해 흑체 복사를 설명하고자 했다.

(1) 흑체에서 방출되는 에너지는 hf의 정수배이다.

$E = nhf$ $(n = 1, \ 2, \ 3, \ \cdots\cdots, \ h = 6.626 \times 10^{-34} \text{J} \cdot \text{s})$
에너지는 불연속적인 값만을 가지며, 이를 '에너지 양자화'라 한다.

(2) 양자 상태를 바꿀 때에만 hf의 정수배로 에너지를 방출 또는 흡수한다.

다음 중 흑체 복사에 관한 설명으로 옳은 것은?

① 높은 온도일수록 짧은 파장의 빛을 방출한다.
② 복사에너지는 절대온도에 비례한다.
③ 에너지 밀도가 최대가 되는 파장과 온도는 비례 관계
이다.
④ 표면 온도가 5,800K인 항성의 파장은 580nm이다.

해설

①, ③ $\lambda_{max} T = 2.898 \times 10^{-3} \text{m} \cdot \text{K}$ 이므로 파장과 절대 온
도는 반비례 관계이다.
② 슈테판–볼츠만 법칙 $E = \sigma T^4$에 따라 $E \propto T^4$이다.
④ $\lambda_{max} \times (5,800 \text{K}) = 2.898 \times 10^{-3}$이므로 $\lambda = 500 \text{nm}$

답 ①

광전 효과에 대한 설명으로 옳은 것은?

① 한계 진동수 이상의 빛을 금속에 쪼이면, 금속 표면으로부터 전자가 튀어나오는 현상이다.

② 파란색 빛을 쪼였을 때 전자가 튀어나오는 금속 표면에 노란색 빛을 쪼여도 전자는 튀어나온다.

③ 한계 진동수 이상의 빛에서 전자가 금속 표면으로부터 방출되려면, 전자가 빛에너지를 얻어 금속 표면을 탈출할 시간이 필요하다.

④ 한계 진동수 이상의 빛이 쪼여지면, 금속 표면에서 나오는 전자의 개수는 증가한다.

[해설]
한계 진동수 이상의 빛이 쪼여질 때만 금속에서 전자가 방출되므로, 파란색 빛이 쪼여질 때는 그 이상의 진동수를 갖는 빛을 쪼일 때 전자가 즉각적으로 튀어나오며, 그 전자의 운동 에너지는 증가하게 된다.

답 ①

어떤 금속에 파란색의 단일파장의 빛을 쪼여 주었더니, 전자가 방출되기 시작하였다. 다음 중 어떤 색깔의 빛을 쪼여줄 때, 전자가 계속 방출될 수 있는가?

① 빨간색   ② 노란색
③ 초록색   ④ 보라색

[해설]
파란색의 빛이 닿을 때 전자가 방출되었으므로, 한계 진동수에 해당하는 빛이 파랑이다. 따라서 그 이상의 진동수를 가진 빛을 쪼여 주어야 금속 표면에서 전자는 방출된다.

답 ④

어떤 광자의 파장이 500nm라고 하면, 이 광자의 에너지는 얼마인가?(단, $h = 6.6 \times 10^{-34}\text{J} \cdot \text{s}$이다)

① $5.0 \times 10^{-19}\text{J}$ ② $6.6 \times 10^{-19}\text{J}$
③ $3.96 \times 10^{-19}\text{J}$ ④ $3.0 \times 10^{19}\text{J}$

[해설]
광자 에너지 $E = hf = \dfrac{hc}{\lambda}$

$$= \frac{6.6 \times 10^{-34} \times 3 \times 10^8}{500 \times 10^{-9}}$$
$$= 3.96 \times 10^{-19}\text{J}$$

답 ③

제**2**절　광전 효과와 광자 이론

1 광전 효과 2015

(1) **광전 효과** : 금속 표면에 특정 진동수 이상의 빛을 쪼였을 때 광전자가 방출되는 현상이다.

(2) **광전자** : 빛을 쪼인 금속 표면에서 나오는 전자이다.

(3) **한계 진동수(f_c)** : 특정 진동수 이상의 빛이 금속 표면에 닿으면 즉시 광전자가 방출되고, 이때의 진동수를 한계 진동수(f_c)라고 한다. 한계 진동수보다 작은 진동수의 빛이 닿으면 광전자는 방출되지 않는다.

(4) **광전류** : 광전자에 의한 전류, 빛이 밝아지면 전류 세기도 증가한다.

$I = \dfrac{Q}{\Delta t} = \dfrac{Ne}{\Delta t}$ (Q : 전체 전하량, e : 전자의 전하량)

(5) **정지 전압(V_s)** : 광전관에 흐르는 광전류를 차단할 수 있는 최소의 역전압이다.

(6) **정지 전압(V_s)은 빛의 진동수(f)에 비례**

$V_s \propto E_{\max}\left(= \dfrac{1}{2}m_e v^2\right) \propto (f - f_c)$ (m_e : 전자의 질량)

2 아인슈타인의 광자 이론 2015

(1) 빛은 입자(광양자)의 흐름이다.

(2) **광양자의 에너지**

$E = hf = \dfrac{hc}{\lambda}$

(3) 전자가 광자의 에너지를 흡수하여 광전 효과가 발생한다.

(4) **일함수(W_0)** : 금속의 종류에 따라 결정되는 에너지로서, 금속 내부의 전자를 외부로 방출시키는데 필요한 최소한의 에너지

(5) 광전자의 최대 운동 에너지

$$E_{max} = hf - W_0 = hf - hf_0$$

(6) 한계 진동수가 f_0인 금속의 일함수

$$W_0 = hf_0$$

3 콤프턴 효과

(1) 콤프턴 효과 : X선을 흑연판에 비추었더니 탄소 원자에 의해 산란되는 현상이다.

(2) 산란된 X선의 파장은 입사한 X선보다 길어지고, 산란각이 클수록 더 길어진다.

(3) $E_k = hf$, $p = \dfrac{h}{\lambda}$인 X선 광자가 탄소 원자 내 전자와 완전 탄성 충돌한다고 하면, 운동 에너지와 운동량은 보존된다.

① 운동 에너지 보존식 : $hf_i = hf_f + \dfrac{1}{2}m_e v_e^2$

② 운동량 보존식

x축 : $\dfrac{h}{\lambda_i} = \dfrac{h}{\lambda_f}\cos\theta + m_e v_e \cos\phi$

y축 : $0 = \dfrac{h}{\lambda_f}\sin\theta - m_e v_e \sin\phi$

(f_i : 입사한 X선 진동수, f_f : 산란된 X선 진동수, λ_i: 입사한 X선 파장, λ_f : 산란된 X선 파장, m_e : 전자의 질량, v_e : 광자와 충돌 후 전자의 속도)

$\Delta\lambda = \lambda_f - \lambda_i = \dfrac{h}{m_e c}(1 - \cos\theta)$, 콤프턴 파장 : $\lambda_c = \dfrac{h}{m_e c} = 0.00243\text{nm}$

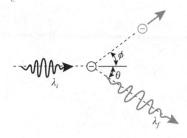

어떤 금속의 일함수는 $2\,\text{eV}$이다. 파장이 600nm인 빛으로 이 금속 표면을 비출 때, 튀어나오는 전자의 운동 에너지는?(단, $h = 6.6 \times 10^{-34}\,\text{J} \cdot \text{s}$이고 $1\text{eV} = 1.6 \times 10^{-19}\,\text{J}$이다)

① $1 \times 10^{-19}\,\text{J}$
② $0.1 \times 10^{-19}\,\text{J}$
③ $5 \times 10^{-19}\,\text{J}$
④ $10 \times 10^{-19}\,\text{J}$

해설
전자의 운동 에너지

$$E_k = hf - W = h\frac{c}{\lambda} - W$$

$$= 6.6 \times 10^{-34} \times \frac{3 \times 10^8}{600 \times 10^{-9}} - 2 \times 1.6 \times 10^{-19}$$

$$= 3.3 \times 10^{-19} - 3.2 \times 10^{-19}$$

$$= 0.1 \times 10^{-19}\text{J}$$

답 ②

다음 중 콤프턴 효과에 대한 설명으로 틀린 것은?

① 빛의 이중성을 보여 주는 실험이다.
② 산란된 X선은 입사한 X선보다 파장이 짧다.
③ 에너지 보존 법칙이 성립한다.
④ 운동량 보존 법칙이 성립한다.

해설
산란된 X선은 파장이 길어지며, 산란각이 클수록 파장은 더 길어진다.

답 ②

입자의 운동량 4배가 되면, 드브로이 파장은 몇 배가 되는가?

① 4배   ② 2배

③ $\frac{1}{4}$배   ④ $\frac{1}{2}$배

해설

물질파의 파장 $\lambda = \frac{h}{p} = \frac{h}{mv}$에서 $\lambda \propto \frac{1}{mv}$이다. 따라서 운동량이 4배가 되면 파장은 $\frac{1}{4}$배가 된다.

답 ③

우리 주변의 세계를 이루는 모든 물질은 이중성을 띄고 있다고 한다. 즉, 미시 세계에서는(전자, 원자 단위의 크기) 물질이 때로는 입자처럼 행동하거나, 때로는 파동처럼 행동을 한다. 그러나 거시 세계(우리의 눈으로 크기가 확인되는 세계)에서는 입자들이 파동을 전혀 나타내고 있지 않다. 그 이유는 무엇인가?

① 본래 거시 세계에서는 적용되지 않는 이론이다.
② 거시 세계의 입자들은 파동성이 나타난다고 하더라도 너무도 작기 때문에 관측하기 어려울 뿐이다.
③ 빛의 파동성으로 설명이 가능하다.
④ 빛의 입자성으로 설명이 가능하다.

해설

드브로이의 물질파 이론에 따라 파장을 계산하면, 거시 세계 입자들의 파동적 성질은 너무 작아서 관측하기 어렵다.

답 ②

어떤 이상 기체의 절대 온도가 T라고 할 때, 이 기체 분자의 드브로이 파장과 절대 온도와의 관계는?

① $\sqrt{T}$에 반비례   ② T^2에 비례
③ T에 비례   ④ $\sqrt{T}$에 비례

해설

운동 에너지 $E_k = \frac{1}{2}mv^2 = \frac{3}{2}kT$에서 $v = \sqrt{\frac{3kT}{m}}$이므로 드브로이 파장 $\lambda = \frac{h}{mv}$에 대입하면 $\lambda = \frac{h}{\sqrt{3kTm}}$이다.
따라서, $\sqrt{T} \propto v \propto \frac{1}{\lambda}$

답 ①

제3절   드브로이의 물질파 이론

1 물질파 2015

(1) **물질파(드브로이파)** : 입자가 파동의 성질을 가질 때 나타나는 파동

(2) **물질파의 파장(드브로이 파장)**

$$\lambda = \frac{h}{p} = \frac{h}{mv}$$

(3) **입자성과 파동성** : 원자나 전자는 질량이 매우 작아 운동량이 플랑크 상수보다 작아서 파동성을 관측할 수 있다. 그러나 일반적으로 원자보다 질량이 큰 수준에서는 운동량이 플랑크 상수보다 커서 입자성만 나타난다.

(4) **물질파의 이용** : 전자 현미경
물체의 구조를 자세히 보려면 사용하는 파동의 파장이 물체의 크기보다 작아야 한다. 즉, 물체보다 작은 크기의 파장을 가진 파동은 물체에 부딪혀 반사되어 이미지를 생성할 수 있다.

2 보어의 원자 모형 2015

(1) **첫 번째 가설(양자화 조건)**

원자 속의 전자는 특정한 조건(양자화 조건)을 만족하는 원 궤도를 회전할 때는 안정된 운동을 하여 전자기파를 방출하지 않고, 양자화된 궤도를 운동하는 전자는 불연속적인 에너지 E_n을 갖는다.

① 전자의 각운동량 양자화 조건
$2\pi r mv = nh$ (양자수 $n = 1,\ 2,\ 3,\ \cdots$)
② 드브로이 파장을 대입하면
$2\pi r = n\lambda$ ($n = 1,\ 2,\ 3,\ \cdots$)
③ 보어의 수소 원자 반지름
$r_n = n^2 r_b = 0.529 \times 10^{-10}\text{m}$
④ 보어의 수소 원자 에너지 준위
$$E_n = \frac{-13.6}{n^2}\text{eV}$$

(2) 두 번째 가설(진동수 조건)

전자가 n궤도에서 m궤도로 전이할 때, 두 에너지 준위의 차이만큼의 광자를 흡수하거나 방출한다.

① 진동수 조건

$$E_n - E_m = hf \ (n, m = 1, 2, 3, \cdots, n > m)$$

② 보어의 수소 원자 내 광자의 에너지

$$\Delta E = -13.6\,\text{eV}\left(\frac{1}{n^2} - \frac{1}{m^2}\right) = hf = h\frac{c}{\lambda}, \quad \frac{1}{\lambda} = R_H\left(\frac{1}{m^2} - \frac{1}{n^2}\right)$$

$$\left(\text{리드버그 상수, } R_H = \frac{13.6\,\text{eV}}{hc} = 1.097 \times 10^7 \text{m}^{-1}\right)$$

3 데이비슨 – 저머의 실험

(1) 니켈 결정에 저속의 전자를 쏘아 전자선의 회절 무늬로 물질파 존재를 확인하였다.

(2) 54V의 전위차로 가속한 경우 입사각과 50°의 각을 이루는 곳에서 전자가 가장 많이 튕겨 나오고, 이를 브래그 회절로 해석할 수 있었으며, 이는 얇은 막의 두 경계면에서 빛이 반사할 때 보강 간섭의 조건과 같았다.

브래그 회절 : $2d\sin\theta = m\lambda$

(3) 드브로이의 물질파 이론이 옳음을 증명하였다.

(4) 톰슨은 X–선으로 동일한 결론을 얻어내어 전자의 물질파 이론을 재증명하였다.

(5) 가속 전압과 전자의 드브로이 파장

① 에너지와 운동량의 관계식

$$E_k = \frac{1}{2}mv^2 = \frac{(mv)^2}{2m} = \frac{p^2}{2m}, \quad p = \sqrt{2mE_k}$$

② 전압 V로 가속된 전자의 운동 에너지 $E_k = eV$인 경우

전자의 운동량 $p = \sqrt{2meV}$

전자의 드브로이 파장 $\lambda = \dfrac{h}{\sqrt{2meV}}$

③ 가속 전압을 높일수록 전자의 드브로이 파장이 짧아진다.

수소원자 선 스펙트럼의 실험적 사실을 가장 잘 설명한 사람은?

① 보 어　　　　② 러더퍼드
③ 한타로　　　④ 아인슈타인

해설
보어는 2가지 가설을 통하여 수소원자 선 스펙트럼 현상을 성공적으로 설명하였다.

답 ①

전자의 질량이 m, 전하량이 e, 가속 전압이 V일 때, 물질파의 파장은?

① $\dfrac{h}{meV}$　　　② $\dfrac{h}{2meV}$
③ $\dfrac{hV}{me}$　　　④ $\dfrac{h}{\sqrt{2meV}}$

해설
전자의 운동 에너지 $E_k = \dfrac{p^2}{2m}$ 이고
전자의 전기 에너지 $E_p = eV$이므로
$\therefore p = \sqrt{2meV}$ 이다.
따라서, 드브로이 파장 $\lambda = \dfrac{h}{p} = \dfrac{h}{\sqrt{2meV}}$

답 ④

제4절 ｜ 하이젠베르그의 불확정성 원리

1 측정의 문제

(1) **측정** : 측정 대상과 측정 장비 사이의 상호 작용이다.

(2) 이러한 상호 작용은 측정 대상에 영향을 주어 상태를 변화시킨다.

(3) 불확정성 원리에 의해 측정의 정확성의 문제는 기술의 문제가 아니라, 자연의 본성임을 알 수 있다.

2 위치와 운동량 사이의 불확정성 원리

(1) **불확정성 원리**
어떤 물체의 위치와 운동량을 동시에 정확하게 측정할 수 없다.
$$\Delta x \Delta p \geq \hbar \ (\hbar = \frac{h}{2\pi})$$

(2) **입자의 관점**
짧은 파장의 빛일수록 전자의 위치는 정확해지지만, 전자의 운동량은 부정확해진다.

(3) **파동의 관점**
전자가 통과하는 슬릿의 폭이 좁아질수록 전자의 위치는 정확해지지만, 전자의 운동량은 부정확해진다.

3 에너지와 시간 사이의 불확정성 원리

어떤 입자의 진동하는 시간과 에너지를 동시에 정확하게 측정할 수 없다.
$$\Delta E \Delta t \geq \hbar$$

제 **5** 절 │ 슈뢰딩거 방정식

1 물질파의 해석

(1) 파동 함수(Wave Function) : 입자의 파동성을 기술하기 위한 함수로, 시간과 공간의 변화를 동시에 나타내고자 하는 슈뢰딩거 방정식의 파동 함수 ψ

(2) 확률 밀도 함수 : 입자가 발견될 확률 $|\psi|^2$

(3) 전자의 이중 슬릿 실험에서 빛의 간섭 무늬와 같은 무늬가 생긴다.

(4) 이중 슬릿 실험의 스크린 중심에서 $|\psi|^2$값이 가장 크다.

2 슈뢰딩거 방정식

(1) 시간에 의존하는 슈뢰딩거 방정식 : 1차원에서 파동 방정식

$$i\hbar\frac{\partial\psi}{\partial t} = -\frac{\hbar^2}{2m}\frac{\partial^2\psi}{\partial x^2} + V\psi$$

(2) 시간에 의존하지 않는 슈뢰딩거 방정식
① 퍼텐셜 에너지 V가 시간에 무관할 경우 방정식의 해
$$\psi(x,t) = \psi(x)e^{-iEt/\hbar}(E : 입자가 가진 에너지)$$
② 이 해를 슈뢰딩거 방정식에 대입한 결과
$$-\frac{\hbar^2}{2m}\frac{\partial^2\psi}{\partial x^2} + V\psi = E\psi(시간에 의존하지 않는 슈뢰딩거 방정식)$$

3 1차원 상자 속의 입자

길이 L인 1차원 상자에 질량 m인 입자가 가진 에너지

(1) 슈뢰딩거 방정식에 의한 입자의 에너지 : 불연속적인 에너지를 갖는다.
$$E_n = \frac{n^2 h^2}{8mL^2}(n=1,\ 2,\ 3,\ \cdots\cdots\ ),\ \psi(x) = \sqrt{\frac{2}{L}}\sin\left(\frac{n\pi x}{L}\right)$$

(2) $n = \infty$일 때 1차원 상자 내부에서 입자가 발견될 확률은 위치에 관계없이 동일하다.

원자론에 관한 설명이다. 이에 대한 설명 중 틀린 것은?

① 아인슈타인의 광전 효과에 의해 전자의 존재가 밝혀졌다.
② 기원전 5세기 모든 물질은 더 이상 나누어지지 않는 입자로 되어 있다고 하였으며, 이를 Amotos라 불렀다.
③ 존 돌턴은 원자를 화학적으로 결합할 수 있는 원소의 기본단위로 정의하였다.
④ 톰슨은 음극선 실험을 통해 전자란, 마치 수박 속에 박힌 씨앗과 같다고 설명하였다.

해설
광전 효과는 빛의 입자성에 관한 실험이다.
답 ①

다음은 원자의 발견과 관련된 사람들이다. 이와 관련된 사실을 역사적 순서에 따라 바르게 연결한 것은?

| ㉠ 채드윅 | ㉡ 러더퍼드 | ㉢ J.J. 톰슨 | ㉣ 밀리컨 |

① ㉢ → ㉣ → ㉡ → ㉠
② ㉢ → ㉡ → ㉣ → ㉠
③ ㉢ → ㉡ → ㉠ → ㉣
④ ㉡ → ㉣ → ㉢ → ㉠

해설
톰슨(1897), 밀리컨(1909), 러더퍼드(1911), 채드윅(1932)
답 ①

---

(3) 전자가 빛을 흡수하여 에너지 E_m인 상태에서 에너지 E_n상태로 이동할 때,
$E_n - E_m = hf$(hf : 진동수 f인 광자가 가지는 에너지)

4 양자 물리에서의 단진동

(1) 위치 x에 있을 때의 퍼텐셜 에너지 $U(x) = \frac{1}{2}kx^2$

(2) 입자의 운동에너지(K)

$$K = \frac{1}{2}mv^2 = E - U(x) = \frac{1}{2}kA^2 - \frac{1}{2}kx^2 (진폭 : A)$$

(3) 입자의 발견 확률은 속력이 느린 반환점에서 가장 높다.

(4) 슈뢰딩거 방정식에 의한 에너지 양자화

$$E_n = \left(n + \frac{1}{2}\right)hf\,(n = 0,1,2,3,...), \quad E_0 = \frac{1}{2}hf$$

제**6**절 **원자의 구조**

1 원자에 대한 옛날 사람들의 이해

(1) **데모크리토스** : 모든 물질은 원자라는 매우 작은 입자로 구성 → 원자의 크기와 모양이 물질의 성질을 결정

(2) **돌턴(1808년)** : 구형 원자 모형 제시 → 원자의 다양한 결합 비율이 다양한 물질을 만듦

(3) **톰슨(1897년)** : 전자 발견, 많은 전자가 (+)전하 물질에 전자가 박혀 있는 원자 모형

(4) **한타로(1903년)** : 토성 고리 모형 → 전자 고리 내의 전기적 반발력을 설명하지 못해 포기

2 러더퍼드와 보어의 원자 모형 2015

(1) **러더퍼드(1911년)** : 태양계 모형. α-입자 산란 실험 → 원자는 핵과 전자로 구성된다.

① 러더퍼드 원자모형의 장점
  ㉠ 실험적 사실로부터 원자 내 공간이 대부분 비어 있으며, 원자핵과 전자를 도입한다.
  ㉡ 원자핵은 원자 질량의 대부분이며, (+)전하를 가지고 있다.
  ㉢ 원자핵의 전하와 원자핵의 크기를 정하는 방법을 제시해 준다.

② 러더퍼드 원자 모형의 문제점
  ㉠ 궤도 운동하는 전자는 전자기파 방출 → 에너지를 잃음 → 전자의 궤도가 작아짐 → 핵에 흡수 → 원자 붕괴 → 원자의 불안정성
  ㉡ 기체 원자의 선 스펙트럼 현상 설명 불가

(2) **보어 원자 모형**

① 보어 원자 모형의 특징 : 두 가지 가설을 통해 원자론을 정립한다.
  ㉠ 진동수 조건
  ㉡ 에너지 양자화 조건

② 보어 원자 모형의 문제점
  ㉠ 수소 이외에 전자가 많은 원자의 경우 설명할 수 없다.
  ㉡ 물질파 입장에서 볼 때 전자가 해당 준위에 있다고 말하기 어렵고, 오히려 존재 확률이 크다고 보는 전자 구름형태로 설명되어야 한다.

3 수소 원자의 에너지 준위 2015

(1) **스펙트럼**

① 빛의 파장에 따른 분포를 스펙트럼이라고 한다. 빛의 색은 파장에 의해 결정되고, 파장이 길어질수록 빛의 에너지는 작아진다.

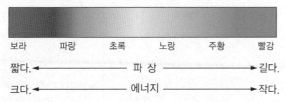

| 보라 | 파랑 | 초록 | 노랑 | 주황 | 빨강 |

짧다. ◄─────── 파 장 ───────► 길다.

크다. ◄─────── 에너지 ───────► 작다.

러더포드 원자 모형에 따른 원자의 반지름을 나타낸 식으로 옳은 것은?(Z는 원자 번호이고, e는 전자의 전하량이다)

① $\dfrac{4\pi\varepsilon_0 Ze^2}{mv^2}$

② $\dfrac{1}{4\pi\varepsilon_0}\dfrac{Ze^2}{mv^2}$

③ $\dfrac{1}{8\pi\varepsilon_0}\dfrac{Ze^2}{mv^2}$

④ $\dfrac{-e^2}{8\pi\varepsilon_0}$

해설
러더퍼드는 원자 내 전자의 운동을 고전적으로 전기적 인력에 의한 원운동으로 보았다. 따라서, 전기력＝구심력이므로

$$\frac{mv^2}{r} = \frac{1}{4\pi\varepsilon_0}\frac{Ze^2}{r^2}$$

답 ②

다음 중 보어 원자 모형의 가설에 해당하는 것은?

① 전자는 파동 형태로 운동을 한다.
② 전자의 궤도는 궤도 운동하는 동안 지속적으로 감소한다.
③ 전자가 특정 궤도만 운동할 때, 전자기파를 방출하지 않고 안정된 궤도 운동을 한다.
④ 전자의 궤도가 작아짐에 따라 방출하는 빛의 진동수는 연속적으로 나타난다.

답 ③

보어 이론은 러더퍼드 원자 모형이 해결하지 못한 부분을 말끔히 해결하는 듯했다. 하지만 그의 이론에도 한계가 있었는데 이에 해당하는 것은?

① 리드버그 상수를 알려 주지 못하였다.
② 전자의 궤도 운동의 물리적 데이터를 제공하지 못하고 있다.
③ 원자의 사이즈를 정확히 알려 주지 못하였다.
④ 수소 원자 이외의 다른 원자의 방출 스펙트럼을 잘 설명하지 못하였다.

해설
보어의 이론은 수소 원자 이외의 다른 원자의 방출 스펙트럼을 설명하지 못하였으며, 어느 특정 선 스펙트럼이 왜 다른 선 스펙트럼들보다 밝은 빛을 띠는지 설명하지 못하였다.

답 ④

② 스펙트럼은 햇빛과 같이 파장의 분포가 끊어짐이 없는 연속 스펙트럼과 특정 기체 또는 원소만 가열되어 방출되는 파장의 끊어짐이 있는 선 스펙트럼이 있다. 따라서 선 스펙트럼의 파장 분포는 원소의 고유 물리량이 된다.

형광등	헬륨 전등
수은 전등	네온 전등

(2) 수소 원자의 방출 선 스펙트럼

① 라이먼 계열 : 전자가 $n > 1 \rightarrow n = 1$인 에너지 준위로 전이할 때 방출하는 빛의 선 스펙트럼, 자외선 계열

② 발머 계열 : 전자가 $n > 2 \rightarrow n = 2$인 에너지 준위로 전이할 때 방출하는 빛의 선 스펙트럼, 가시광선 계열

③ 파센 계열 : 전자가 $n > 3 \rightarrow n = 3$인 에너지 준위로 전이할 때 방출하는 빛의 선 스펙트럼, 적외선 계열

(3) 전자의 전이

① $hf = E_n - E_m$ (단, $n > m$)

② $\dfrac{1}{\lambda} = R\left(\dfrac{1}{m^2} - \dfrac{1}{n^2}\right)$

(n, m : 자연수, $n > m$, R : 뤼드베리 상수$= 1.097 \times 10^7 \mathrm{m}^{-1}$)

③ 보어의 원자 모형과 전자 궤도

에너지 흡수	에너지 방출
전자가 에너지를 흡수하면 높은 에너지 준위로 이동한다.	들뜬상태의 전자가 에너지를 방출하면 낮은 에너지 준위로 이동한다.

원자 내 전자의 전이에 따른 파센 계열에서 나오는 빛들 중에서 가장 짧은 파장이 나올 수 있는 경우의 최외각 전자 껍질 번호와 이에 따른 파장의 길이를 옳게 나열한 것은?

① $n=1$, $\lambda = \dfrac{1}{R}$ ② $n=4$, $\lambda = \dfrac{9}{R}$

③ $n=\infty$, $\lambda = \dfrac{9}{R}$ ④ $n=\infty$, $\lambda = \dfrac{1}{R}$

해설

파센 계열은 최외각 전자가 $n = 3$으로 전자가 전이하는 경우이다. $\dfrac{1}{\lambda} = R\left(\dfrac{1}{m^2} - \dfrac{1}{n^2}\right)$, 가장 짧은 파장이 나오려면 에너지 준위의 차이가 커야 하므로, $n = \infty \rightarrow m = 3$ 전이할 때이다. $\dfrac{1}{\lambda} = R\left(\dfrac{1}{3^2} - \dfrac{1}{\infty^2}\right)$

답 ③

(3) **수소** : 양성자 1개, 전자 1개로 구성된 입자

   ① 전기적 인력에 의한 퍼텐셜 에너지

$$V(r) = -\frac{e^2}{4\pi\varepsilon_0 r}$$

   ② 전자의 에너지 > 0이면, 전자는 원자핵으로부터 자유롭다.

   ③ 전자의 에너지 < 0이면, 전자는 원자핵에 구속되어 있다.

(4) **수소 원자에 대한 슈뢰딩거 방정식의 해**

   ① 원자핵에 구속된 전자의 불연속적인 에너지

$$E_n = -\frac{me^4}{8\varepsilon_0^2 h^2}\frac{1}{n^2} = -\frac{13.6\,\text{eV}}{n^2} \quad (n = 1, \ 2, \ 3, \ \cdots)$$

   n = 주양자수(Principal Quantum Number)라 한다.

   ② 에너지의 양자화 : 원자핵에 구속된 전자의 에너지는 주양자수 값에 따라 불연속적으로 존재한다.

4 양자수

(1) **슈뢰딩거 방정식의 해인 파동를 함수를 결정하기 위해 필요한 3개의 정수**

   ① 주양자수(Principal Quantum Number), n : 전자의 에너지 결정

   ② 궤도 양자수(Orbital Quantum Number), l : 전자의 각운동량 결정

   ③ 자기 양자수(Magnetic Quantum Number), m : 각운동량의 한 성분 결정

주양자수	$n = 1,2,3,...$	$n > 1$인 정수
궤도 양자수	$l = 0,1,2,...,n-1$	$l < n$인 정수
자기 양자수	$m = 0,\pm 1,\pm 2,...,\pm l$	$-l \leq m \leq l$인 정수

   예 주양자수가 2인 경우, 양자수 (n, l, m)

     $(4,2,-2), \ (4,2,-1), \ (4,2,0), \ (4,2,1), \ (4,2,2)$

5 파동 함수 ψ

(1) $|\psi|^2$: 입자가 발견될 확률 밀도 함수

(2) **수소 원자가 만족하는 확률 밀도 함수의 형태**

   ① $n = 1$인 경우 : 확률 밀도 함수는 구 대칭 형태

   ② $n = 2$인 경우 : s 껍질($l = 0$)인 경우, 확률 밀도 함수의 극댓값이 두 군데이므로 공 안에 공이 있는 형태

다음 중 전자의 양자 역학적 상태를 나타내는 양자수가 아닌 것은?

① 자기 양자수   ② 스핀 양자수

③ 궤도 양자수   ④ 중심 양자수

해설

전자의 양자 역학적 상태를 나타내는 양자수는 자기 양자수, 스핀 양자수, 궤도 양자수, 주양자수이다.

답 ④

다음 중 훈트의 규칙에 따라 질소($Z = 7$) 원자 내 최외각 전자의 배치로 옳은 것은?

① (↑↓) (↑) ( )   ② ( ) (↑) (↑↓)

③ (↑) (↑↓) ( )   ④ (↑) (↑) (↑)

해설

훈트의 규칙은 '바닥상태의 전자 배치를 하기 위하여 동일한 에너지를 갖는 여러 오비탈에 여러 개의 전자들이 들어갈 때 가능한 많은 오비탈을 차지하도록 전자가 채워진다.'이다.

답 ④

다음 중 다전자 원자의 에너지 준위 크기를 틀리게 나열한 것은?

① $1s < 2s < 3s$　　② $2s < 2p < 3s$
③ $4s < 3p < 4p$　　④ $3p < 4s < 5s$

해설
다전자 원자의 에너지 준위 순서는 $1s < 2s < 2p < 3s < 3p < 4s < 3d < 4p < 5s < 4d < 5p$ 이다.

답 ③

에너지 준위에 따른 황($Z=16$)의 전자 배치를 순서대로 옳게 나타낸 것은?

에너지 준위	E_1	E_2	E_3	E_4	E_5	E_6
황($Z=16$)						

① $2, 6, 2, 6$　　② $2, 2, 6, 2, 4$
③ $2, 6, 8$　　④ $2, 2, 6, 2, 2, 2$

해설
각 에너지 준위 단계별 최대 전자수는 $2, 2, 6, 2, 6$ 이다.

답 ②

파울리 배타의 원리에 의하면, 두 개의 전자는 어떤 동일한 상태를 동시에 가질 수 없다고 말하는가?

① 양 자　　② 에너지
③ 전 자　　④ 원 자

해설
파울리 배타의 원리는 모든 전자들은 모두 다른 양자수 조합을 가져야 한다고 말하면서, 모든 전자는 동일한 양자 상태를 가질 수 없다고 말하고 있다.

답 ①

(3) 다전자 원자

① 다전자 원자의 파동 함수는 수소 원자의 파동 함수로 근사한다.
② 궤도 함수(오비탈, Orbital) : 원자에서 전자가 만족하는 파동 함수
　㉠ 주양자수가 증가하면 원자핵으로부터 평균 거리도 증가한다.
　㉡ 버금 껍질(Sub Shell) : 궤도 양자수가 다른 것
③ 껍질을 나타내는 기호

주양자수	전자껍질 기호	궤도 양자수	버금 껍질 기호
1	K	0	s
2	L	1	p
3	M	2	d
4	N	3	f
5	O	4	g

④ 전자 껍질을 기호로 나타내는 방법 : 주양자수를 먼저 쓰고, 다음에 버금 껍질의 기호를 쓴다.
　예 $3s \rightarrow n=3,\ l=0$

6 파울리 배타 원리 2015

(1) 파울리 배타 원리 : 한 원자에서 두 개 이상의 전자가 동일한 양자 상태에 함께 존재할 수 없다. 모든 전자들은 모두 다른 양자수 조합을 가져야 한다.

(2) $2p$ 궤도에 들어갈 수 있는 전자의 수

① $2p$ 껍질 : $n=2,\ l=1$
② 자기 양자수 m : $-1,\ 0,\ 1$ 세 가지가 가능하다.
③ 세 가지 궤도 함수에 각각 2개의 전자가 들어갈 수 있어 총 6개의 전자가 가능하다.

7 고체의 에너지 띠 2015

(1) 띠구조

① 에너지 띠 : 에너지 준위가 겹쳐서 폭을 갖게 된 띠
② 띠 틈 : 전도띠와 원자가띠 사이의 에너지 간격
③ 원자가 띠 : 원자의 가장 바깥쪽에 해당하는 전자가 채워지는 에너지 띠
④ 전도 띠 : 원자가 띠보다 에너지 준위가 높은 에너지 범위로서, 전자들이 전기장에 의해 쉽게 가속될 수 있는 에너지 띠

(2) 도 체

① 도체 : 원자가 띠의 일부분만 전자가 채워져 있는 물질
② 자유 전자 : 원자가 띠에서 띠 틈보다 큰 에너지를 얻어 전도 띠로 이동하여 원자 사이를 이동해 다닐 수 있는 전자
③ 자유 전자의 이동 방향 : 외부 전기장의 반대 방향으로 움직인다.
④ 전기 전도도 : 외부 전기장이 주어졌을 때, 도체 내부에서 전자가 자유롭게 이동할 수 있는 정도

(3) 부도체

① 부도체 : 원자가 띠에 전자가 모두 채워져 있는 물질로, 전자가 원자가 띠를 움직일 수 없다.
② 부도체의 띠 틈은 매우 크다.

(4) 반도체

① 반도체 : 띠 틈 에너지가 $1eV$ 이하인 물질
② 반도체 물질 : 실리콘(Si), 게르마늄(Ge), 온도가 상승할수록 전기 전도도는 증가한다.
③ 전하 나르개의 수 : 전자를 운반할 수 있는 전자나 양공의 수로 도체에 비해 10^{-13} 배로 작다.

	도 체	절연체	반도체
에너지	전도띠 / 원자가띠	전도띠 / 띠 간격 / 원자가띠	전도띠 / 띠 간격 / 원자가띠

8 p-n 접합과 반도체 소자 2015

(1) p형 반도체와 n형 반도체

p형 반도체의 에너지띠	n형 반도체의 에너지띠
○양공 ●전자 / 에너지 / 전도띠 / 원자가띠	○양공 ●전자 / 에너지 / 전도띠 / 원자가띠

원자 단위에서 도체와 부도체, 반도체에 대한 정의이다. 이에 대한 설명으로 옳은 것은?

① 부도체는 원자가 띠와 전도 띠 사이의 띠 틈의 간격이 매우 좁다.
② 도체는 원자가 띠 안에 전자가 모두 채워져 있어서 전압을 가하게 되면 전자가 활발하게 이동하게 된다.
③ 부도체는 전기 절연체라 불리며, 전도 띠까지 전자가 모두 채워져 있는 물질이다.
④ 반도체는 원자가 띠와 전도 띠 사이의 띠 틈의 간격이 $1eV$ 내외의 값을 가지는 물질을 말한다.

해설
④ 반도체는 띠 틈의 간격이 $1eV$ 이하의 물질로 정의된다.
① 부도체의 띠 틈은 매우 크다.
② 도체는 원자가 띠의 일부분만 전자가 채워져 있는 물질이다.
③ 부도체는 원자가 띠에 전자가 모두 채워져 있는 물질이다.
답 ④

다음은 반도체에 대한 설명이다. 이에 대한 설명으로 틀린 것은?

① 반도체에 불순물을 첨가하는 과정을 도핑이라고 한다.
② 순수 반도체에 첨가되어 양공을 만들어내는 불순물을 '주개'라고 부른다.
③ P(인)이 실리콘에 첨가되면 만들어지는 반도체는 n형 반도체이다.
④ B(붕소)가 실리콘에 첨가되면 만들어지는 반도체는 p형 반도체이다.

해설
양공을 만들어 내는 불순물을 '받개'라고 부른다.
답 ②

p-n 접합 다이오드에 대한 설명으로 틀린 것은?

① n형 반도체에 (−)극을 연결하면, 전기적 척력이 작용하여 n형 반도체 내의 전자가 왼쪽으로 이동하게 된다.
② 발광다이오드는 p형과 n형 반도체의 가운데 접합 부분에서 전자와 양공이 만나서 빛을 내기도 한다.
③ 교류를 공급하게 되면 정류작용이 나타난다.
④ 위와 같은 연결을 역방향 전압 연결이라고 한다.

해설
그림과 같은 연결은 순방향 전압 연결이며, 회로 내 전류가 흐르게 된다.

답 ④

① p형 반도체 : 도핑을 통해 전자가 비어 있는 양공이 생긴 반도체
　㉠ 받개 : 도핑할 때 전하 나르개인 양공을 제공하는 물질
　　예 13족 원소인, 갈륨(Ga), 붕소(B), 알루미늄(Al), 인듐(In)
　㉡ 양공 : 순수 반도체와 받개가 공유 결합 과정에서 전자가 결합하지 못하고 남는 빈 공간
　㉢ p형 반도체에서는 공유 결합에 참여하지 못해 생성된 양공과 원자가띠에서 전도띠로 전이하여 생성된 양공이 존재하여 전도띠로 전이한 전자 수보다 많아 주로 양공에 의해 전류가 흐른다.
② n형 반도체 : 도핑을 통해 여분의 전도 전자가 생긴 반도체
　㉠ 도핑 : 순수한 반도체에 불순물을 섞는 것
　㉡ 주개 : 도핑할 때 전도전자(자유전자)를 제공하는 물질
　　예 15족 원소인 인(P), 비소(As), 안티몬(Sb)
　㉢ 전도 전자 : 순수 반도체와 주개가 공유 결합 과정에서 결합하지 못하고 남은 과잉 전자
　㉣ n형 반도체에서는 공유 결합에 참여하고 남는 전자와 원자가띠에서 전도띠로 전이한 전자들이 존재하여 원자가띠의 양공 수보다 많아 주로 전자에 의해 전류가 흐른다.

(2) p-n 접합 다이오드
① 기능 : 정류 작용(교류 → 직류)
② 다이오드의 연결

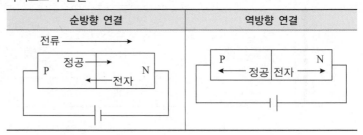

③ 다이오드를 이용한 정류회로

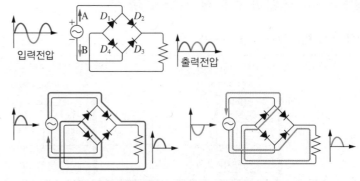

[교류를 직류로 변환하는 정류회로]

④ 발광다이오드

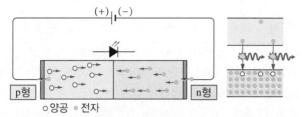

○ 양공 ● 전자

순방향 바이어스가 연결되면 전자들이 p형 반도체 쪽으로 이동하여 p-n
접합면에서 에너지를 잃고 양공과 결합한다. 어떤 화합물을 반도체 재료
로 사용하느냐에 따라 전자가 잃은 에너지가 달라지고, 이에 방출하는 빛
의 파장(색)이 달라진다.

(3) 트랜지스터

① 기능 : 스위치 작용과 증폭 작용

ㄱ 증폭 작용 : 이미터와 베이스 사이의 전압인 V_{be}의 미세한 변화가 컬
렉터 전류 I_c의 커다란 변화를 준다.

ㄴ 스위치 작용 : V_{be}가 정해진 값 이하일 때 $I_c = 0$이 되고, V_{be}가 정해진
값 이상이 되면 다량의 I_c가 흐르게 해 주는 작용이다.

② 종류 : p-n-p형과 n-p-n형

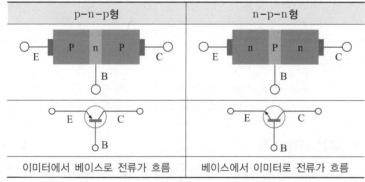

p-n-p형	n-p-n형
이미터에서 베이스로 전류가 흐름	베이스에서 이미터로 전류가 흐름

③ 트랜지스터의 연결 : 이미터와 베이스에는 순방향 연결, 베이스와 컬렉터
에는 역방향 연결

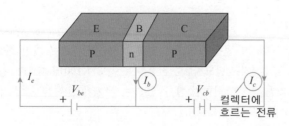

다음 그림을 보고 이에 대한 설명으로 옳은 것은?

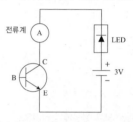

① 위에 연결된 트랜지스터는 n-p-n형이다.
② LED에 연결된 전압 연결은 역방향 전압 연결이다.
③ LED가 작동하기 충분한 전압이 연결되었기에 LED
   는 빛을 낼 수 있다.
④ 연결된 트랜지스터는 순방향 전압 연결이다.

해설
n-p-n형 트랜지스터로서, 역방향 전압 연결이 되어 있으며,
LED는 순방향 전압 연결이 되어 있다. 트랜지스터에 역방향
전압이 연결되어 있어 LED는 빛을 낼 수 없다.

답 ①

다음 중 신소재에 대한 설명으로 틀린 것은?

① 초전도체는 임계 온도 이하에서 마이스너 효과를 보여준다.
② 압전 소자는 압력을 가하면 전압이 생성되거나, 그 역기능이 되는 물질이다.
③ 액정은 방향성을 가진 결정성 물질로 액체의 성질과 고체의 성질을 모두 가진 신소재이다.
④ 배리스터는 물질의 온도에 따라 저항 값이 올라가거나, 내려가는 신소재이다.

해설
서미스터는 온도에 따라 물질의 저항이 변하는 성질을 이용한 전기적 장치이다.

답 ④

다음 두 그림을 보고 물음에 답하시오.

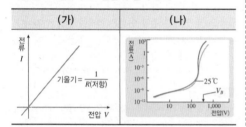

(가)	(나)

위 두 물질에 대한 설명으로 틀린 것은?

① (가) 그림은 일반적인 옴의 법칙을 따르는 저항체이다.
② (나) 그림은 전압이 올라가면 이에 따라 저항의 크기가 점점 증가하고 있다.
③ (나) 그림과 같은 물질의 이름을 산화물 배리스터라고 한다.
④ (나) 그림과 같은 신소재를 전자부품과 함께 같이 사용하면, 과도한 전압이 걸리게 될 때 전자 부품을 보호하는 역할을 해 준다.

해설
(가)는 옴의 법칙을 따르는 저항체이며, (나)는 금속 산화물 배리스터이다.

답 ②

---

9 신소재

(1) 초전도체 : 임계 온도 이하에서 전기 저항이 0이 되는 물질

① 초전도 전이 : 물체의 온도를 낮추다보면 초전도 물질이 되는 현상
② 임계 온도(전이 온도) : T_c로 나타내며, 초전도 현상이 일어나는 온도
③ 화합물 초전도체 : 화학결합을 통해 만들어낸 초전도체
④ 마이스너 효과 : 초전도 내부에서 자기장이 0이 되는 현상으로, 자석 위에서 초전도체가 공중에 뜨는 현상

(2) 유전체 : 절연체와 동등한 물질의 범주이며, 전기장 속에서 전류가 흐르지 않지만, 전하를 축적하는 기능을 가진 물질

① 강유전체 : 전기장을 걸어준 후 제거해도 (+)극과 (−)극으로 나누어져 전기장을 유지하는 물질
② 강유전체의 활용 : 전기적 신호를 저장할 수 있어서 플래시 메모리 제작에 활용

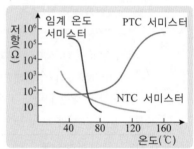

③ 서미스터 : 온도에 따라 저항이 변하는 물질, 디지털 온도계에 활용
④ 서미스터의 종류 : NTC와 PTC

(3) 금속 산화물 배리스터

① 전압에 따른 전류의 변화율이 다른 물질
② 금속 산화물 배리스터의 활용 : 전기 회로를 보호하는 데 활용

(4) 압전 변환 소자

① 압력을 가하면 전압이 형성되는 물질로, 반대로 전압을 걸어 주면 모양이 변형되는 물질
② 압전 변환 소자의 이용 : 마이크와 스피커 제작에 활용, 가스레인지 점화 장치

(5) 그래핀

① 탄소원자가 벌집 모양으로 연결된 평면적 구조를 가진 화학 결합체
② 특징 : 실리콘 반도체보다 전자 이동 속도가 100배 빠르다. 강도는 강철의 200배, 플라스틱처럼 휠 수 있으며, 두께가 원자 1개 수준이므로 투명하고 열전도율이 좋다.
③ 활용 : 곡면 영상 장치, 전자 종이, 고효율 태양전지, 의복형 컴퓨터

제**7**절   양자 터널 효과

1 양자 터널 효과

(1) 정의 : 미시 세계에서 자신이 가진 운동 에너지보다 더 높은 퍼텐셜 장벽을
뚫고 마치 터널을 지나듯이 입자가 이동하는 현상
→ 입자의 파동성으로 설명한다(입사파 = 반사파 + 투과파).

(2) α붕괴

① 우라늄 – 235원자는 α입자를 방출하면서 토륨 – 231원자로 변한다.

② 고전 역학적으로는 핵력에 의해 강하게 구속되어 있기에 낮은 운동에너지
를 가진 α입자는 원자핵을 벗어날 수 없다.

③ 양자 터널 효과로 인해 퍼텐셜 장벽을 넘어 바깥으로 나올 확률이 존재
한다.

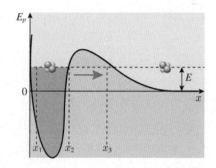

(3) 투과 계수(T)

① 입자가 퍼텐셜 장벽에 부딪혔을 때 입자가 장벽을 투과할 확률 → 슈뢰딩
거 방정식을 풀어 구한다.

$$T \approx e^{-2CL}, \quad C = \frac{\sqrt{2m(U-E)}}{\hbar}, \quad \text{반사계수 } R \text{은 } R+T=1$$

예 투과 계수 0.001 : 퍼텐셜 장벽에 1,000번 부딪힐 때 1개의 입자가
   퍼텐셜 장벽을 투과함을 의미

② 퍼텐셜 장벽이 얇고, 높이가 낮을수록 투과 계수가 증가한다.

③ 입자의 질량이 작을수록 투과 계수는 커진다.

(4) 불확정성 원리와 양자 터널 효과 : 입자가 에너지를 가질 수 있는 시간($\Delta t \to 0$)
이면, 입자의 에너지(ΔE)는 퍼텐셜 장벽을 넘을 만큼의 에너지를 가질 수
있기 때문에 입자가 장벽 너머에서 발견될 수 있다.

(5) 활용 : 주사 터널링 현미경(STM)

핵융합은 고전역학적으로 불가능한 현상으로 여겨졌다.
하지만, 현대물리학은 이것을 어떻게 설명하고 있는가?

① 물질의 이중성 현상
② 흑체 복사
③ 일반상대성 이론
④ 양자 터널 현상

해설
핵융합의 현상을 불확정성의 원리와 양자 터널 효과로 설명하
고 있다.

답 ④

마이컬슨–몰리는 빛의 속도를 측정하기 위해서 빛의 전달을 위해 특수한 매질을 고안하였는데, 그것은 무엇인가?

① 에테르
② 메탄올
③ 에탄올
④ 암흑 물질

해설

마이컬슨–몰리 실험을 통해 에테르는 존재하지 않는다고 증명되었다.

답 ①

0.8c의 속력으로 비행하는 우주선 안의 시계로 시간을 측정한 결과 5시간이 흘렀다. 지상에 정지한 시계는 몇 시간이 흘렀는가?

① 3시간
② 5시간
③ 8.3시간
④ 10시간

해설

지상에서 측정한 시간

$\Delta t = \dfrac{\Delta t_0}{\sqrt{1 - v^2/c^2}} = \dfrac{5}{\sqrt{1 - 0.64}}$

$= \dfrac{5}{\sqrt{0.36}} = \dfrac{5}{0.6} = 8.33$시간

답 ③

막대와 나란한 방향으로 광속의 80%로 달리는 관측자가 본 막대의 길이가 3m일 때, 정지한 관측자는 그 막대를 얼마의 길이로 측정하는가?

① 3m
② 5m
③ 6m
④ 2.4m

해설

움직이는 관측자가 측정하는 길이 $L = L_0\sqrt{1 - v^2/c^2}$ 이므로

$L_0 = \dfrac{L}{\sqrt{1 - v^2/c^2}} = \dfrac{3}{\sqrt{1 - 0.8^2}}$

$= \dfrac{3}{\sqrt{0.36}} = \dfrac{3}{0.6} = 5$m

답 ②

제8절 상대성 이론

1 특수상대성 이론 2015

(1) 마이컬슨–몰리 실험

① 1887년 마이컬슨과 몰리는 에테르(빛의 매질)의 존재를 증명하기 위한 광속 측정실험을 한다.
② 빛의 속도에 차이가 없는 것으로 측정되어 에테르의 존재는 존재하지 않으며, 광속은 일정하다는 것을 알게 된다.

(2) 특수 상대성 이론

[가설 1] 상대성의 원리 : 모든 관성 좌표계에서 물리 법칙은 동일하게 성립한다.

[가설 2] 광속 불변의 원리 : 모든 관성 좌표계에서, 진공에서 진행하는 빛의 속도는 관찰자나 광원의 속도에 관계없이 일정하다.

$c = 3 \times 10^8 \, \text{m/s}$

① 두 사건의 동시성 : 한 기준계에서 동시에 일어난 두 사건은 다른 기준계에서 볼 때 동시에 일어난 것이 아닐 수 있다. 동시성은 상대적인 개념이며, 관찰자의 운동 상태에 따라 달라진다.

② 시간 팽창 : 움직이는 관찰자가 측정하는 시간 간격($\Delta t_{운동} = \Delta t_0$(고유 시간))은 정지한 관찰자($\Delta t_{정지} = \Delta t$)가 측정하는 시간 간격보다 커진다. 즉, 움직이는 시계는 느리게 간다.

$\Delta t = \dfrac{\Delta t_0}{\sqrt{1 - v^2/c^2}}$

※ 고유 시간(Proper Time, Δt_0) : 특수상대성 이론에서 어떤 경로를 통해 움직이는 관찰자가 스스로 느끼는 시간

③ 길이 수축 : 움직이는 관찰자가 측정하는 두 물체 사이의 거리($L_{운동} = L$)는 정지한 관찰자가 측정하는 거리($L_{정지} = L_0$(고유 길이))보다 짧다. 즉, 정지한 관찰자에 대하여 움직이는 물체의 길이는 줄어든다(단, 길이 수축은 운동 방향으로만 수축되며, 운동 방향과 수직 방향의 길이는 수축되지 않는다).

$L = L_0\sqrt{1 - v^2/c^2}$

※ 고유 길이(Proper Length, ΔL_0) : 특수상대성 이론에서 어떤 물체에 대해 정지한 관찰자가 측정한 길이

④ 질량·에너지 동등성

    ㉠ 질량을 가진 물체가 광속에 가까운 속도로 이동하면, 질량은 증가한다.

    ㉡ 물체가 빛의 속도에 가까워질수록 질량은 무한대가 되므로, 질량을 가진 물체는 결코 광속을 넘어설 수 없다.

    ㉢ 질량과 에너지는 상호 전환 가능하다.

$$E = m c^2, \quad m = \frac{m_0}{\sqrt{1 - v^2/c^2}} \quad (m_0 : \text{정지 질량})$$

2 일반상대성 이론

(1) 일반상대성 이론

① 등가 원리 : 가속도 운동하는 관측자에게 나타나는 관성력은 중력과 구별되지 않는다.

    예 중력질량과 관성질량은 같다.

② 빛의 휘어짐 : 등가의 원리에 따라 중력이나 가속도 운동에 의해 빛의 진행 경로는 휘어진다.

    예 태양 근처에서는 중력에 의해 빛이 휘어진다는 것이 관측된다(중력렌즈 현상).

③ 공간의 휘어짐 : 중력에 의해 공간이 휘어진다.

    예 태양 주변에서 빛이 휘어지는 것은 공간이 휘어져 있기 때문이다.

(2) 중력에 의한 시간 지연

① 중력에 의해 시간 지연이 커져서 중력이 강한 곳일수록 시간의 흐름은 더뎌진다.

② 블랙홀 경계면으로 가면 시간이 정지한다.

(3) 일반상대성 이론의 적용

① 수성의 세차 운동 : 수성은 태양을 초점으로 하는 타원 운동을 하고, 근일점의 위치가 변한다.

② 중력파 : 매우 큰 질량을 가진 천체가 움직일 때 생기는 공간의 변형이 파동이 되어 주위로 퍼져 나갈 것이라 생각되었으나, 현재 관측된 바 없다.

③ 블랙홀 : 일반 상대성 이론에 의해 그 존재가 예언되었으며, 엄청난 질량이 작은 공간에 집중되어 공간을 극단적으로 휘게 함으로써, 빛조차도 빠져나오지 못한다.

일반상대성 이론의 증거에 해당하는 것이 아닌 것은?

① 수성의 근일점 변화 운동

② 중력 렌즈 현상

③ 태양 주위의 별의 시차 발생

④ 블랙홀 경계면으로 가면 시간이 빨라진다.

해설

중력에 의해 시간 지연이 커져서 중력이 강한 곳일수록 시간의 흐름은 더뎌진다.

답 ④

풍선 위의 세 점 A, B, C가 있다. $\overline{AB}$는 6cm이고, $\overline{AC}$는 10cm이다. 풍선에 바람을 넣어 더 팽창시켜서 A, B 사이의 거리를 증가시켜서 10cm가 되도록 한다. 허블의 법칙에 따라 세 점의 간격이 벌어진다고 할 때, $\overline{AC}$ 사이의 거리로 적절한 것은?

① 10cm   ② 14cm

③ 16cm   ④ 20cm

해설

허블의 법칙에 따라 은하의 후퇴 속도는 동일하므로, 동일한 시간에 $\overline{AB}$는 6cm에서 10cm로 1.6배 증가했으므로 $\overline{AC}$도 1.6배 증가해야 한다.

답 ③

다음 중 우주의 나이를 나타내는 식은?(단, H는 허블 상수, v는 후퇴 속도, r은 우리 은하에서 어떤 은하까지의 거리)

① $\dfrac{1}{H}$ ② H

③ vr ④ Hr

해설

허블의 법칙 $v = Hr$이므로, 우주의 나이는 $\dfrac{r}{v} = \dfrac{1}{H}$이다.

답 ①

제 **9** 절   **우주론**

1 팽창하는 우주

(1) 적색 편이 : 흡수 스펙트럼의 흡수선 위치가 원래 지점보다 전체적으로 빨간색 쪽으로 이동하는 현상(광원이 정지한 관측자로부터 멀어지고 있음을 알려준다)

(2) 허블 법칙

① 은하의 후퇴 속도(v), 우리 은하~어떤 은하까지의 거리(r) 사이의 관계식

$v = Hr(H : $ 허블 상수)

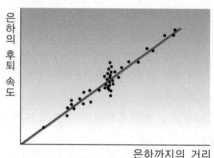

② 우주는 중심이 없어 은하끼리 서로 멀어지고 있다.

③ 멀어지는 속도는 멀리 있을수록 빠르다.

④ 우주의 나이

우주의 나이 $= \dfrac{r}{v} = \dfrac{1}{H}$

2 대폭발 우주론

(1) 프리드만의 우주

① 우주의 밀도에 따른 구분 : '닫힌 우주', '평탄한 우주', '열린 우주'

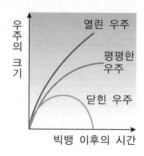

우주 구분	닫힌 우주	열린 우주	평탄한 우주
우주 모형			
우주 밀도	임계 밀도보다 높음	임계 밀도보다 낮음	임계 밀도
우주 상태	팽창 후 수축	팽창 지속	팽창 후 멈춤

(2) 대폭발 우주론(Big Bang) : 모든 질량과 에너지가 한 점에서 폭발했다는 우주론이다.

① 우주 배경 복사 : 2.7K에 해당하는 우주 배경 복사가 검출된다.

② 우주의 수소 원자핵과 헬륨 원자핵의 질량비 = 3 : 1, 우주 생성 초기 비율과 일치한다.

3 가속 팽창하는 우주

(1) 급팽창(Inflation) : 대폭발 이후 우주는 급속도로 팽창하였다.

(2) 급팽창을 설명하기 위해 암흑 에너지, 암흑 물질 개념이 도입되었다.

제10절 핵에너지

1 물질을 이루는 입자

(1) 원자의 구성 : 원자핵과 전자로 구성

(2) 원자핵의 구성 : 양성자와 중성자로 구성

(3) 양성자와 중성자의 구성 : 쿼크로 구성

자연계에 존재하는 기본적인 힘들 중에서 힘의 크기가 가장 작은 것은?

① 중 력
② 전자기력
③ 강한 상호작용
④ 약한 상호작용

해설

힘의 크기 순서 : 강력 > 전자기력 > 약력 > 중력

답 ①

자연계에 존재하는 4가지 힘 중에서 3가지 힘이 렙톤과 쿼크에 작용함을 나타내는 표준 모형이 만들어졌는데, 이에 해당하는 3가지 힘으로 옳게 짝지어진 것은?

① 중력, 강력, 약력
② 강력, 약력, 전자기력
③ 중력, 강력, 전자기력
④ 중력, 약력, 전자기력

해설

표준 모형에서는 약력, 강력, 전자기력을 통합한 이론이다.

답 ②

물질을 구성하는 기본입자로 옳게 짝지어진 것은?

① 양성자, 중성자
② 전자, 양성자
③ 쿼크, 원자핵
④ 렙톤, 쿼크

해설

물질을 구성하는 기본입자로 경입자인 렙톤과 쿼크로 이루어져 있다.

답 ④

다음 중 원자핵을 구성하는 쿼크로 바르게 짝지어진 것은?

① 위 쿼크(u), 아래 쿼크(d)
② 맵시 쿼크(c), 야릇한 쿼크(s)
③ 꼭대기 쿼크(t), 바닥 쿼크(b)
④ 위 쿼크(u), 바닥 쿼크(b)

해설

양성자 : 1개의 아래 쿼크 + 2개의 위 쿼크, 중성자 : 2개의 아래 쿼크 + 1개의 위 쿼크

답 ①

2 자연계의 기본적인 힘

(1) 중력 : 질량을 가진 물체 사이에 작용하는 힘

(2) 전자기력 : 전기력과 자기력을 통합하는 하나의 힘

(3) 강한 상호 작용 : 쿼크들 사이와 핵자(양성자, 중성자)들 사이에 작용하는 힘, 매우 짧은 거리에서 전자기력보다 크다.

(4) 약한 상호 작용 : 중성자가 전자와 중성미자를 방출하면서 양성자로 붕괴되는 과정에 관여하는 힘, 크기는 전자기력보다 작다.

3 표준 모형

(1) 표준 모형 : 렙톤(Lepton, 경입자)과 쿼크(Quark)에 작용하는 약력, 강력, 전자기력 이론을 설명하는 이론이다.

렙 톤			쿼 크		
입 자	기 호	전하량	입 자	기 호	전하량
전자 중성미자	ν_e	0	위 쿼크	u	2/3
전 자	e	-1	아래 쿼크	d	$-1/3$
뮤온 중성미자	ν_μ	0	맵시 쿼크	c	2/3
뮤 온	μ	-1	야릇한 쿼크	s	$-1/3$
타우 중성미자	ν_τ	0	꼭대기 쿼크	t	2/3
타 우	τ	-1	바닥 쿼크	b	$-1/3$

(2) 기본 입자 : 더 이상 쪼개지지 않는 입자로, 6종류의 쿼크, 6종류의 렙톤, 4종류의 매개 입자로 구성된다.

① 양성자는 $2u+d$의 쿼크로 구성되고, 중성자는 $u+2d$의 쿼크로 구성된다.

② 4종류의 매개 입자

중력의 매개 입자 중력자, 전자기력의 매개 입자 광자, 약력의 매개 입자 Z보손과 W보손, 강력의 매개 입자 글루온과 파이온

4 원자핵과 방사능

(1) 원자핵

① 원자핵의 표기

$$_Z^A X^{\pm a}$$

X : 원소 기호

A : 질량수(A) = 양성자 수(Z) + 중성자 수(N) = 핵자 수

Z : 원자 번호 = 양성자 수 = 원자핵의 전하량

$+a$ = 잃어버린 전자의 수

$-a$ = 얻은 전자의 수

② 동위 원소 : 원자 번호는 같으나 질량수가 다른 원소

예 $_1^1H$, $_1^2H$, $_1^3H$, 양성자 수는 동일하지만, 중성자 수가 $0, 1, 2$개 핵자를 구성하여 화학적 성질이 동일한 동위 원소가 존재한다.

③ 원자핵 반응식 : 하나 또는 그 이상의 원자핵이 핵반응을 통하여 새로운 원자핵으로 변환하는 반응식

$$_e^a X + _f^b Y \rightarrow _g^c Z + _h^d W$$

㉠ 핵자 수 보존 : 반응 전후 질량수의 합은 변하지 않는다.

$a + b = c + d$

㉡ 전하량 보존 : 반응 전후 원자 번호의 합은 변하지 않는다

$e + f = g + h$

㉢ 질량수는 보존되지만, 질량은 보존되지 않는다.

㉣ 원자핵의 충돌에서도 운동량 보존법칙은 성립한다.

④ 핵반응과 에너지

원자핵이 분열하거나 융합하는 과정에서 발생하는 에너지로 핵반응 전후 결손된 질량만큼이 에너지로 전환된다.

$$E = \Delta mc^2$$

(2) 핵반응의 종류

① 핵융합 반응

대체로 질량수 50 이하인 가벼운 원자핵은 융합 과정을 통해 무거운 원자핵으로 변하며, 그 과정에서 질량 결손이 발생하여 많은 에너지를 방출한다.

㉠ 수소 융합 : $_3^5Li + _1^1H \rightarrow _4^6Be$

㉡ 중성자 흡수 : $_{92}^{235}U + _0^1n \rightarrow _{92}^{236}U$

㉢ 헬륨 융합 : $_3^5Li + _2^4He \rightarrow _5^9B$

㉣ 핵융합의 예 : 태양 중심부에서의 핵융합, 토카막 내부에서의 핵융합

자발적 핵분열을 하지 않는 안정된 원자핵의 특징이 아닌 것은?

① 양성자 개수의 제한이 있다.

② 핵자 수가 증가할수록 중성자보다 양성자 개수가 많아진다.

③ 양성자 개수와 중성자 개수는 거의 비슷하다.

④ 핵자당 결합에너지가 커서 가장 안정된 상태로 있을 수 있는 원자는 핵자 수 50부근이다.

해설
일반적으로 핵자 수 증가할수록 중성자 수가 양성자 수보다 많아진다.

답 ②

핵물질이 분열하면서 $5g$이 줄어들면서 에너지를 발생시켰다면, 그 에너지의 양은?

① $4.5 \times 10^{14} J$ ② $4.5 \times 10^{13} J$

③ $2.25 \times 10^{14} J$ ④ $2.25 \times 10^{13} J$

해설
질량과 에너지와의 관계 $\Delta E = mc^2$이므로
$\Delta E = 0.005 \times (3 \times 10^8)^2 = 4.5 \times 10^{14} J$

답 ①

핵자 수가 209개 이상이 되면, 핵자는 스스로 붕괴하려고 한다. 이때, 양성자 2개와 중성자 2개를 내놓는 분열을 하게 되는데, 이러한 붕괴는 무엇인가?

① 베타 붕괴
② 핵자 붕괴
③ 델타 붕괴
④ 알파 붕괴

해설

알파 붕괴는 $_2^4$He 원자핵을 내놓은 붕괴 과정이다.

답 ④

다음 핵 반응식의 (   ) 안에 알맞은 것은?

$$_{92}^{238}U \rightarrow _{90}^{234}Th + (\quad)$$

① 양성자
② 중성자
③ 광자
④ α-입자

해설

질량수 4, 양성자 수 2가 감소하였으므로, 헬륨 원자핵이 우라늄에서 빠져 나왔다.

답 ④

핵자 수가 많아지면, 자연적으로 붕괴하려고 한다. 원자핵 붕괴의 종류에 해당하지 않는 것을 고르면?

① 알파 붕괴
② 베타 붕괴
③ 감마 붕괴
④ 델타 붕괴

해설

핵자 수를 줄여 가는 자연 붕괴 과정에는 α붕괴, β붕괴, γ붕괴가 있다.

답 ④

γ-붕괴에 대한 설명으로 옳은 것은?

① 방출되는 입자는 광자이다.
② 핵의 붕괴 과정이기에 핵의 질량수가 변한다.
③ 핵자 수가 변하는 붕괴 과정이다.
④ 원자의 종류가 변하는 붕괴 과정이다.

해설

핵붕괴 과정에서 불안정한 원자핵이 안정화 되어가는 과정에서 광자를 방출하면서 안정화 되기 때문에 핵자 수 및 질량수에 변화가 없는 붕괴 과정이다.

답 ①

② 핵붕괴 반응

원자핵이 안정되지 못한 상태에 있을 때 그 구성 성분의 일부를 방출하면서 다른 원자핵으로 변환된다.

㉠ 알파 붕괴 : α-입자인 $_2^4$He 원자핵을 방출하는 과정, 이때 방출되는 방사선을 α선이라고 한다.

$$_{92}^{238}U \rightarrow _{90}^{234}Th + _2^4He$$

㉡ 베타 붕괴 : 원자핵 내에서 중성자가 양성자 또는 양성자가 중성자로 바뀌는 과정에서 전자 또는 반전자가 방출되는 과정, 이때 방출되는 방사선을 β선이라고 한다.

• β^+ 붕괴 : $_6^{10}C \rightarrow _5^{10}B + \nu + e^+$, $p \rightarrow n + \nu + e^+$

• β^- 붕괴 : $_6^{14}C \rightarrow _7^{14}N + \bar{\nu} + e^-$, $n \rightarrow p + \bar{\nu} + e^-$

㉢ 감마 붕괴 : 원자핵이 알파 붕괴와 베타 붕괴 이후 핵이 안정화 되는 과정에서 남은 에너지를 내놓는 과정, 이때 방출되는 방사선을 γ선이라고 한다.

$$_{56}^{137}Ba \rightarrow _{56}^{137}Ba + \gamma$$

③ 핵분열 반응

질량수 200 이상인 원자핵은 둘 이상으로 분리되어 안정된 원자핵으로 변해 가는 과정에서 에너지를 방출한다.

㉠ 우라늄의 핵분열

$$_{92}^{235}U + _0^1n \rightarrow _0^{236}U \rightarrow _{56}^{141}Ba + _{36}^{92}Kr + 3_0^1n$$

㉡ 연쇄 반응 : $_{92}^{235}U$가 1개의 중성자를 흡수하여 핵분열 하는 과정에서 방출되는 고속의 2 ~ 3개의 중성자는 다른 우라늄 원자핵에 흡수되어 연쇄적인 핵분열 반응이 발생하며 이때 막대한 에너지가 방출된다.

④ 원자로

㉠ 원자로 : 핵분열 과정의 속도를 제어하여 에너지를 얻는 장치

㉡ 원자로의 구조

감속재	연쇄 반응 과정에서 방출되는 중성자의 속도를 늦추는 물질 예 물, 흑연 등
제어봉	연쇄 반응 속도를 조절하기 위해 중성자를 흡수시키는 물질 예 카드뮴, 붕소 등
냉각재	핵분열 시 발생하는 열을 식혀 주는 물질 예 물, 헬륨, 질소 등

⑤ 방사능량과 방사선량

구 분	단 위	정 의
방사능량	Bq(베크렐)	방사성 시료가 단위 시간 동안 붕괴를 일으키는 평균 횟수 $1Bq = \dfrac{1회 \ 붕괴}{1s}$
방사선량	Gy(그레이)	물질에 흡수된 방사선의 에너지로 물질 1kg당 1J의 에너지를 흡수하는 방사선 흡수량에 해당하는 단위 $1Gy = \dfrac{1J}{1kg}$
	Sv(시버트)	방사선이 인체에 미치는 영향을 나타내는 양으로 조사량에 해당하는 단위 $1Sv = \dfrac{1J}{1kg}$

(3) 반감기

원자핵이 방사선을 내놓으면서 붕괴 과정을 거쳐 원래의 원자수가 반으로 감소하기까지 걸리는 시간을 말한다.

$$N = N_0 \left(\dfrac{1}{2}\right)^{\frac{t}{T}}$$

(T : 반감기, t : 경과시간, N : 나중 원자수, N_0 : 처음 원자수)

다음 중 인체에 방사선이 미치는 영향을 나타내는 단위는?

① 베크렐 ② 라 드
③ 시버트 ④ 그레이

해설
그레이에 기관별로 작용하는 차이를 고려한 가중치를 곱한 값으로 신체 1kg에 방사선 에너지 1J이 흡수되는 양을 시버트라고 한다.

답 ③

반감기가 T인 방사성 원소의 시간이 $\dfrac{T}{4}$가 지난 후, 이 방사성 원소의 양은 처음의 몇 배가 되겠는가?

① 2배 ② $\dfrac{1}{2}$ 배
③ $\dfrac{1}{\sqrt{2}}$ 배 ④ $\dfrac{1}{\sqrt[4]{2}}$ 배

해설
$\dfrac{N}{N_0} = \left(\dfrac{1}{2}\right)^{\frac{t}{T}}$에서 $t = \dfrac{T}{4}$이므로 $\left(\dfrac{1}{2}\right)^{\frac{1}{4}} = \dfrac{1}{\sqrt[4]{2}}$ 배이다.

답 ④

01 다음 중 광전 효과로 설명할 수 없는 현상은?

[2015]

① 복사기의 원리
② 광합성
③ 눈에서의 색채 인식
④ 교통카드의 원리

해설
교통카드의 작동 원리는 전자기 유도 현상에 의한 것이다.

02 광전 효과를 설명하기 위한 학설은 무엇인가?

[2015]

① 빛의 이중성　　② 빛의 입자성
③ 빛의 파동성　　④ 물질의 파동성

해설
광전 효과와 콤프턴 효과는 빛의 입자성을 나타내는 물리 현상
이다.

03 미시 세계에서 나타나는 중요한 상수로 입자성과 파동성을 연결해 주는 중요한 상수는?

[2015]

① 플랑크 상수　　② 만유인력 상수
③ 보편 기체 상수　　④ 볼츠만 상수

해설
플랑크 상수 $h = 6.626 \times 10^{-34} \mathrm{J} \cdot \mathrm{s}$로 미시 세계의 입자성과
파동성을 연결해 주는 상수이다.

04 파장이 $6 \times 10^{-7} \mathrm{m}$인 빛의 광자가 갖는 운동량은?
(단, $h = 6.6 \times 10^{-34} \mathrm{J} \cdot \mathrm{s}$이다)

[2015]

① $2 \times 10^{-27} \mathrm{kg} \cdot \mathrm{m/s}$
② $1.1 \times 10^{-41} \mathrm{kg} \cdot \mathrm{m/s}$
③ $2 \times 10^{-7} \mathrm{kg} \cdot \mathrm{m/s}$
④ $1.1 \times 10^{-27} \mathrm{kg} \cdot \mathrm{m/s}$

해설
광자의 운동량

$$P = \frac{E}{c} = \frac{hf}{c} = \frac{h}{\lambda} = \frac{6.6 \times 10^{-34}}{6 \times 10^{-7}} = 1.1 \times 10^{-27} \mathrm{kg} \cdot \mathrm{m/s}$$

05 광전 효과 실험에서 한계 진동수 이상의 빛을 쪼여 줄 때, 빛의 밝기가 증가함에 따라 측정되는 결과로 옳은 것은?

[2015]

① 광전류량이 증가하는 결과로 측정된다.
② 전자의 운동에너지가 증가한다.
③ 정지 전압이 높게 측정된다.
④ 저항값이 증가한다.

해설
한계 진동수 이상의 빛에서 (빛의 밝기)∝(광전류)이다.

1 ④　2 ②　3 ①　4 ④　5 ① 　**정답**

06 보어 원자 모형에서는 수소 원자의 반지름 사이즈를 $R_n = 0.05 \cdot n^2 (\mathrm{nm})$로 정의하고 있다. 이에 대하여 수소 원자 내 전자가 바닥 상태일 때의 원자 반지름과 2번째 들뜬 상태에서의 원자 반지름 크기를 순서대로 옳게 나타낸 것은? [2015]

① $0\,\mathrm{nm}$, $2\,\mathrm{nm}$ ② $0\,\mathrm{nm}$, $0.45\,\mathrm{nm}$

③ $0.05\,\mathrm{nm}$, $0.1\,\mathrm{nm}$ ④ $0.05\,\mathrm{nm}$, $0.45\,\mathrm{nm}$

해설
바닥 상태는 $n=1$인 상태이며, 2번째 들뜬 상태는 $n=3$인 상태이다.

07 수소 원자의 에너지 준위는 $E_n = -13.6\left(\dfrac{1}{n^2}\right)\mathrm{eV}$로 표현된다. 전자가 $n=2 \rightarrow n=3$으로 전이 시, 필요한 에너지 양은? [2015]

① $4.9\,\mathrm{eV}$ ② $1.9\,\mathrm{eV}$

③ $13.6\,\mathrm{eV}$ ④ $3.4\,\mathrm{eV}$

해설
$$\Delta E = -13.6\left(\frac{1}{3^2} - \frac{1}{2^2}\right) = 1.9\,\mathrm{eV}$$

08 파란색 발광 다이오드에서 나오는 빛의 파장은 약 $440\mathrm{nm}$이다. 이 발광 다이오드의 띠 틈의 에너지는 얼마인가?(단, $h = 4.14 \times 10^{-15}\mathrm{eV} \cdot \mathrm{s}$이고, 빛의 속도는 $c = 3 \times 10^8 \mathrm{m/s}$이다) [2015]

① 약 $1\,\mathrm{eV}$ ② 약 $2.5\,\mathrm{eV}$

③ 약 $2.8\,\mathrm{eV}$ ④ 약 $3\,\mathrm{eV}$

해설
$$E = hf = \frac{hc}{\lambda} = \frac{4.14 \times 10^{-15} \times 3 \times 10^8}{440 \times 10^{-9}} = 2.82\,\mathrm{eV}$$

09 다음 원소 주기율표를 참고하여 물음에 답하시오.

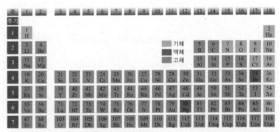

원소 (원자 번호)	붕소 B(5)	알루미늄 Al(13)	인 P(15)	갈륨 Ga (31)	게르마늄 (저마늄) Ge(32)
최외각 선사					

위 표에 제시된 각 원소의 최외각 전자의 숫자로 옳은 것은? [2015]

① 붕소 – 5개   ② 알루미늄 – 13개

③ 인 – 15개   ④ 갈륨 – 3개

해설
최외각 전자수 : 붕소-3, 알루미늄-3, 인-5

10 다음 그림은 발광다이오드의 발광 원리를 나타내고 있다. 이에 대한 설명으로 틀린 것은? [2015]

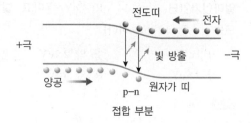

① 발광 다이오드는 p-n접합 다이오드로 제작된다.
② LED에 어떤 파장의 빛을 비추어도 전류는 발생하지 않는다.
③ 많은 수의 전자가 전도 띠에 있으며, 많은 수의 양공이 원자가 띠에 분포한다.
④ n형 반도체에 전지로부터 전자가 계속 공급되어 빛을 방출하게 된다.

해설
LED에 한계 진동수 이상의 빛이 쪼여지면, 광전 효과에 의해 전류가 흐르게 된다.

11 수소 원자의 에너지 준위와 스펙트럼 계열이 틀리게 짝지어진 것은? [2015]

① 푼트 계열, $n=1$
② 발머 계열, $n=2$
③ 파센 계열, $n=3$
④ 브래킷 계열, $n=4$

해설
$n=1$에 대한 수소 원자 선 스펙트럼 계열은 라이먼 계열이다.

12 다음은 무엇에 관한 설명인가? [2015]

> 원자 내 전자는 각 양자수와 관련된 특정 궤도만을 있을 수 있기 때문에 전자는 양자수와 관련된 특정한 에너지 값만을 가지게 된다.

① 에너지 규격화
② 에너지 양자화
③ 에너지 선택화
④ 에너지 준위

해설
에너지 양자화에 관한 설명으로 특정한 에너지값을 에너지 준위라고 한다.

13 다음 중 반도체에 대한 설명으로 틀린 것은? [2015]

① 전도 띠와 원자가 띠 사이의 에너지 차이가 1eV 이하인 물질이다.
② 반도체의 전기전도도는 도체보다 높다.
③ 반도체의 대표적 물질은 Si와 Ge이다.
④ p형 반도체에는 양공이 있다.

해설
반도체의 전기 전도도는 도체보다 낮다.

14 다음 중 전기 회로 내에서 정류 작용을 하는 전자 소자는 무엇인가? [2015]

① 다이오드
② 코 일
③ 콘덴서
④ 가변 저항

해설
정류 작용을 하는 전자 소자는 다이오드이다.

10 ② 11 ① 12 ② 13 ② 14 ① **정답**

15 다음 중 특수상대론에 대한 설명으로 틀린 것은?

[2015]

① 질량은 에너지의 한 형태이다.
② 빛의 속도는 항상 일정하다.
③ 관성계 내에서 모든 물리 법칙은 동일하다.
④ 빛의 속도를 알기 위한 절대 좌표계가 존재한다.

해설
특수상대론에서는 절대 좌표계가 존재하지 않는다고 말하고
있다.

[17~19] 다음은 탄소(C)의 붕괴 과정을 보여 주고 있다.

보기

(㉠)붕괴 $^{14}_{6}C \rightarrow {}^{14}_{7}N + $ (ⓐ) $ + $ (ⓑ)
(㉡)붕괴 $^{10}_{6}C \rightarrow {}^{10}_{5}B + $ (ⓒ) $ + $ (ⓓ)

17 보기의 ㉠ 붕괴는 어떤 종류의 붕괴에 해당하는가?

① β^+ 붕괴   ② β^- 붕괴
③ α 붕괴   ④ γ 붕괴

해설
$^{14}_{6}C \rightarrow {}^{14}_{7}N + (e^-) + (\bar{\nu})$

18 보기의 ㉡ 붕괴는 어떤 종류의 붕괴에 해당하는가?

① β^+ 붕괴   ② β^- 붕괴
③ α 붕괴   ④ γ 붕괴

해설
$^{10}_{6}C \rightarrow {}^{10}_{5}B + (e^+) + (\nu)$

16 $0.6c$로 비행하는 관측자가 자신과 같은 방향으로 진
행하는 빛(c)을 보았다고 한다. 비행사가 바라 본 빛의
속도는?

[2015]

① $1.6c$ ② c
③ $0.4c$ ④ $0.8c$

해설
광속은 광원이나 관측자의 운동에 관계없이 항상 같은 값으로 측정
된다.

19 ㉡ 붕괴 과정을 이용해서 생성되는 물질을 이용하여
우리 몸 내부를 진단하는 데 사용되는 장치는 무엇인
가?

① X-ray   ② M.R.I
③ P.E.T   ④ C.T

해설
양전자 방출 단층 촬영 장치는 β^+ 붕괴 과정에서 방출되는 양전
자를 이용한 것이다.

20 다음은 핵분열에 대한 설명이다. 이에 대한 설명으로 틀린 것은?

① 핵자 수 200 이상인 원자들에서 주로 나타난다.
② 핵분열 에너지는 핵융합 에너지보다 g당 에너지가 작다.
③ 핵분열 에너지는 핵분열 연쇄 반응 과정에서 방출되는 에너지를 이용하고 있다.
④ 핵분열에 사용되는 우라늄은 ^{238}U이다.

해설
핵분열에 사용되는 우라늄은 ^{235}U이다.

21 핵분열에서 일어나는 과정에 대한 정의로 틀린 것은?

① 우라늄에 중성자가 흡수되면, 분열 과정을 통해 여분의 중성자가 발생되고, 이것들이 다른 우라늄에 흡수되는 과정이 기하급수적으로 반복되는 현상을 '연쇄 반응'이라고 한다.
② 연쇄 반응 과정에서 방출되는 중성자의 속도를 늦추는 물질을 제어봉이라고 한다.
③ 원자로란, 중성자의 속도를 조절하거나, 중성자를 흡수시켜서 핵분열을 제어할 수 있도록 하여 에너지를 이용하게 하는 장치이다.
④ 임계 질량이란, 순도 높은 핵분열 물질이 일정 질량 모여 있을 때, 자발적으로 핵분열하게 되는 상태의 질량을 말한다.

해설
중성자의 속도를 늦추는 물질을 감속재라고 하며, 대표적으로 물과 흑연을 사용한다.

22 핵융합을 하기 위한 선결 과제로 연구 및 해결되어야 하는 분야에 해당하지 않는 것은?

① 핵융합 제어
② D-T 반응로
③ 고속 증식로
④ 새로운 감속제 개발

해설
핵융합을 성공하기 위해서는 핵융합 제어, D-T 반응로, 고속 증식로를 완성해야 한다.

23 방사성 동위 원소를 이용하면, 과거 유물에 대한 생성 연대를 추적할 수 있다. 어떤 방사성 동위 원소의 반감기가 1,000년이라고 한다. 이때, 고고학자가 발견한 미라의 붕대에서 모원소 : 자원소의 비율 =25% : 75%로 나타났다면, 이 미라의 연대는 몇 년 전 것으로 추정되는가?

① 500년 전
② 1,000년 전
③ 1,500년 전
④ 2,000년 전

해설
모원소 : 자원소의 비율 = 25% : 75%이므로

$$N= N_0\left(\frac{1}{2}\right)^{\frac{t}{T}} = \frac{1}{4}N_0 \text{이다.}$$

따라서 $\frac{t}{T}=2$, 즉 반감기가 2회 지나갔다.

20 ④ 21 ② 22 ④ 23 ④ **정답**

24 다음 글로부터 추론할 수 있는 화석의 나이는?(단, 세슘-137의 반감기는 30년이라고 한다)

어떤 사람이 등산을 하던 중 오래된 조개화석을 하나 발견하였다. 조개화석의 나이를 알고자 실험실에 가져와서 조개화석에 남아 있는 방사성 원소인 세슘-137의 양을 측정하였더니, 처음의 $\frac{1}{16}$이 남아 있음을 알았다.

① 30년   ② 60년
③ 90년   ④ 120년

해설
$N = N_0 \left(\frac{1}{2}\right)^{\frac{t}{T}} = \frac{1}{16} N_0$ 이므로 $\frac{t}{T} = 4$

즉, 반감기가 4회 지나갔다.

25 다음 핵 반응식의 ( ) 안에 알맞은 것은?

$$^{137}_{56}\text{Ba} \rightarrow {}^{137}_{56}\text{Ba} + (\quad)$$

① 양성자   ② 중성자
③ 광 자   ④ α-입자

해설
핵자 수의 변화가 없으므로 γ-붕괴에 해당한다.

26 다음 핵 분열과정에서 중성자는 몇 개가 방출되는가?

$$^{235}_{92}\text{U} + {}^{1}_{0}\text{n} \rightarrow {}^{236}_{92}\text{U} \rightarrow {}^{141}_{56}\text{Ba} + {}^{92}_{36}\text{Kr} + (\quad)\text{n}$$

① 1개   ② 2개
③ 3개   ④ 4개

해설
양성자 수는 변함없고, 질량수가 3 부족하므로 중성자 3개가 방출된다.

27 토륨 $^{232}_{90}\text{Th}$은 핵붕괴를 통하여 $^{224}_{88}\text{Ra}$로 변환한다고 한다. α붕괴와 β^-붕괴의 과정을 몇 번 반복해야 하는가?

① α붕괴-1회, β^-붕괴 1회
② α붕괴-2회, β^-붕괴-1회
③ α붕괴-1회, β^-붕괴-2회
④ α붕괴-2회, β^-붕괴-2회

해설
α붕괴 : $N-4$, $p-2$, β붕괴 : $p+1$

$\Delta N : 232 - 224 = 8$, $\Delta p : 90 - 88 = 2$이므로 α붕괴 2회, β^-붕괴 2회 일어났다.

28 다음은 우리나라 수력 발전에 대하여 설명한 것이다. 이에 대한 설명으로 옳지 않은 것은?

① 유지비가 적다.
② 건설 장소를 선택하기가 어렵다.
③ 환경을 파괴할 수 있다.
④ 수요지에서 가까워 전력 손실이 적다.

해설
우리나라의 수력 발전은 수요지와 멀리 떨어져 있다.

29 다음은 우리나라 화력 발전에 대하여 설명한 것이다. 이에 대한 설명으로 옳지 않은 것은?

① 수요자 가까운 곳에 발전소를 건설할 수 있다.
② 연료비가 적게 든다.
③ 환경 공해를 많이 발생한다.
④ 수요지에서 가까워 전력 손실이 적다.

해설
화력 발전은 발전 방식 중 가장 연료비가 많이 든다.

30 다음은 원자력 발전에 대하여 설명한 것이다. 이에 대한 설명으로 틀린 것은?

① 핵연료는 경수로에서 농축 우라늄을 사용한다.
② 감속재는 핵분열 때 나오는 중성자의 속도를 줄인다.
③ 제어봉은 중성자 수를 조절하여 발전량을 조정한다.
④ 방사성 폐기물 처리가 용이하여, 환경 공해가 적다.

해설
환경 공해는 적지만, 방사성 폐기물은 처리가 어렵다.

31 특수상대성 이론과 증거에 대한 설명으로 옳은 것을 고르면?   [2015]

① 물체가 움직일 때는 운동방향으로 길이수축이 나타난다.
② 물체가 움직일 때는 운동방향과 관계없이 길이수축이 나타난다.
③ 빠르게 움직이는 물체에서 나온 빛은 정지한 상태에서 나온 빛보다 더 빠르게 측정된다.
④ 어떤 관측자에게 동일한 시간에 발생한 두 사건은 다른 관측자가 관측하더라도 항상 동시에 발생한 것으로 관측된다.

해설
특수상대성 이론의 길이수축은 운동방향과 나란히 나타난다.

[32~35] 다음은 수소 원자 내 전자의 전이에 관한 설명이다. 이를 읽고 물음에 답하시오(단, $h = 4.14 \times 10^{-15}$eV·s, $c = 3.0 \times 10^{8}$m/s).

> 수소 원자 내 전자를 $E_2 \rightarrow E_3$로 전이시키기 위해 빛을 쪼여주고자 한다. 수소 원자 내 전자의 에너지는 다음 식을 만족한다고 한다.
>
> $E = \dfrac{-13.6\text{eV}}{n^2}$, $(n = 1, 2, 3, \cdots)$

32 수소 원자에 가해주어야 하는 빛 에너지의 크기는?

[2015]

① 13.6eV　　　② 6.8eV

③ 3.4eV　　　④ 1.9eV

해설

$$E_{3 \rightarrow 2} = |E_2 - E_3|$$
$$= \left| \left(\frac{-13.6\text{eV}}{2^2} \right) - \left(\frac{-13.6\text{eV}}{3^2} \right) \right|$$
$$\fallingdotseq |-3.4\text{eV} + 1.5\text{eV}| = 1.9\text{eV}$$

33 이때 사용한 빛의 진동수는?

[2015]

① 4.58×10^{14}Hz

② 4.58×10^{15}Hz

③ 2.86×10^{14}Hz

④ 2.86×10^{13}Hz

해설

$E = hf$이고, h는 4.14×10^{-15}eV·s이므로,

$1.9 = 4.14 \times 10^{-15} \times f$

$\therefore f = \dfrac{1.9}{4.14 \times 10^{-15}} \fallingdotseq 4.59 \times 10^{14}$Hz

34 이때 사용한 빛의 파장은?

[2015]

① 655nm　　　② 800nm

③ 550nm　　　④ 450nm

해설

$\lambda = \dfrac{c}{f}$이고, $c = 3.0 \times 10^{8}$m/s이므로,

$\lambda = \dfrac{3.0 \times 10^{8}}{4.59 \times 10^{14}} \fallingdotseq 6.54 \times 10^{-7}$m $= 654$nm

35 이때 사용한 빛은 어느 영역의 빛에 해당하는가?

[2015]

① 방사선

② 적외선

③ 가시광선

④ 자외선

해설

380~750nm는 가시광선 영역에 해당한다.

36 그림은 어떤 원자의 에너지 준위와 전자의 전이과정을 나타내고 있다. [2015]

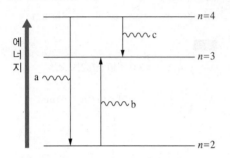

이에 대한 설명 중 (ㄱ), (ㄴ)에 들어갈 말을 바르게 짝지은 것은?

> a, b, c 중 원자에 흡수되는 빛은 (ㄱ)이고, 가장 파장이 짧은 빛은 (ㄴ)이다.

	(ㄱ)	(ㄴ)
①	c	a
②	b	a
③	b	c
④	c	b

해설
에너지 준위가 높아지면 외부로부터 에너지를 얻은 경우이며, 방출하거나 흡수할 때 에너지가 클수록 빛의 파장은 짧아진다.

37 그림은 순수반도체에 갈륨(Ga)을 첨가하여 만든 불순물 반도체이다. 이에 대한 설명으로 옳은 것은? [2015]

① n형 반도체이다.
② 양공이 많아지도록 도핑된 반도체이다.
③ 순수반도체에 비해 전기 전도도가 낮다.
④ 과잉 전자에 의해 전하가 운반되는 반도체이다.

해설
갈륨(Ga)을 도핑하여 양공이 생긴 p형 반도체이다.

38 광전효과에 대한 설명으로 옳은 것은? [2015]

① 한계 진동수 이상의 빛에 대해 진동수와 전압은 비례관계이다.
② 파랑색 빛을 쪼였을 때 전자가 튀어나오는 금속 표면에 노랑색 빛을 쪼여도 전자는 튀어나온다.
③ 한계 진동수 이상의 빛이 쪼여지면, 금속 표면에서 나오는 전자의 개수는 증가한다.
④ 한계 진동수 이상의 빛의 밝기를 증가시키면, 금속 표면에서 나오는 전자의 운동에너지는 증가한다.

해설
빛의 진동수는 전압값에 비례하고, 빛의 세기는 전류값에 비례한다.

PART 02

기출문제

기술직 물리

TECH BIBLE

01 다음 그림은 지레의 받침대로부터 각각 2m, 1m, 3m 떨어져 있는 점 P, Q, R에 질량이 각각 5kg, x, 2kg인 물체가 놓여 평형을 이루고 있는 모습을 나타낸 것이다. x의 값(kg)은?(단, 물체의 크기와 지레의 질량은 무시한다)

[2013 국가직 9급]

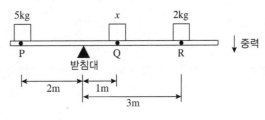

① 1   ② 2   ③ 3   ④ 4

해설
$F_1 x_1 = F_2 x_2 + F_3 x_3$에서 $10 = x + 6$이므로 $x = 4$kg이다.

02 다음은 동일 직선상에서 운동하는 물체 A, B의 충돌 전후의 위치를 시간에 따라 나타낸 것이다. 이에 대한 설명으로 보기에서 옳은 것만을 모두 고른 것은?(단, A와 B에 외부의 힘은 작용하지 않는다)   [2013 국가직 9급]

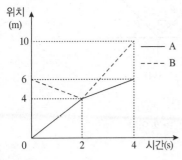

┤보기├
㉠ 충돌 시 A가 받은 충격량의 크기와 B가 받은 충격량의 크기는 같다.
㉡ A의 질량은 B의 질량의 4배이다.
㉢ A와 B의 운동 에너지의 총합은 충돌 전과 후가 동일하다.

① ㉠, ㉡   ② ㉠, ㉢   ③ ㉡, ㉢   ④ ㉠, ㉡, ㉢

해설
㉠ 두 물체의 충돌 과정에서 운동량은 보존된다.
㉡ $2m_A + (-1)m_B = m_A + 3m_B$, $m_A = 4m_B$
㉢ $\frac{1}{2}(4)(2)^2 + \frac{1}{2}(1)(1)^2 \neq \frac{1}{2}(4)(1)^2 + \frac{1}{2}(1)(3)^2$

정답 1 ④ 2 ①

03 그림 (가)와 같이 일정한 전류 I가 흐르는 무한히 긴 직선 도선으로부터 거리가 r인 점 P에서 자기장의 세기가 B_0으로 측정되었다. 일정한 전류 I가 같은 방향으로 흐르는 무한히 긴 두 직선 도선이 그림 (나)와 같이 $2r$만큼 떨어져 있다. 점 Q에서 자기장의 세기는?

[2013 국가직 9급]

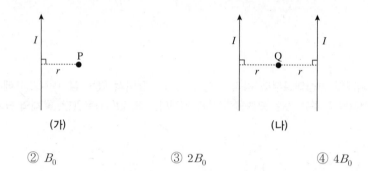

① 0   ② B_0 ③ $2B_0$ ④ $4B_0$

해설

동일한 전류의 세기에 의한 자기장이 Q지점에 작용하고 있지만, 왼쪽의 전선이 만드는 자기장의 방향과 오른쪽 전선이 만드는 자기장의 방향이 반대이다.

04 그림 (가)는 단색광이 입사각 θ_0으로 매질 1에서 매질 2로 입사하여 반사와 굴절이 일어난 것을 나타낸 것이고, 그림 (나)는 동일한 단색광이 입사각 θ_0으로 매질 1에서 매질 3으로 입사하여 전반사가 일어난 것을 나타낸 것이다. 이 단색광이 매직 1에서 매질 3으로 진행할 때의 임계각을 θ_1, 매질 2에서 매질 3으로 진행할 때 임계각을 θ_2라고 할 때, 다음 중 옳은 것은?

[2013 국가직 9급]

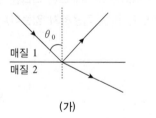   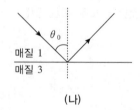

            (가)   (나)

① $\theta_0 > \theta_1 > \theta_2$이다.   ② $\theta_2 > \theta_1 > \theta_0$이다.

③ $\theta_0 > \theta_1$이고, $\theta_2 > \theta_1$이다.   ④ $\theta_1 > \theta_0$이고, $\theta_1 > \theta_2$이다.

해설

(가) 그림에서 입사각이 굴절각보다 작으므로 굴절률은 $n_1 > n_2$이고, (나) 그림에서 전반사가 일어난 경우이므로 굴절률은 $n_1 > n_3$이다. 문제에서 매질 2에서 매질 3으로 진행할 때 임계각을 언급하였으므로 $n_2 > n_3$이다. 매질 1, 2, 3의 굴절률은 $n_1 > n_2 > n_3$임을 알 수 있다.

$1 \rightarrow 3$: θ_0는 전반사를 일으키는 각, θ_1는 임계각이므로 전반사 각이 임계각보다 크다($\theta_0 > \theta_1$).

$2 \rightarrow 3$: θ_2는 전반사를 일으키는 각이므로 $n_{23} = \dfrac{n_3}{n_2} > n_{13} = \dfrac{n_3}{n_1}$

따라서, $\theta_2 > \theta_1$이다.

05 그림 (가)와 (나)는 각각 고체의 에너지 띠 구조를 나타낸 것으로, 음영 부분은 전자가 채워진 부분을, 흰색 부분은 전자가 채워져 있지 않은 부분을 나타낸 것이다. 이에 대한 설명으로 보기에서 옳은 것만을 모두 고른 것은?

[2013 국가직 9급]

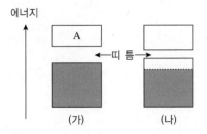

보기
㉠ A는 전도 띠이다.
㉡ 반도체는 (나)에 속한다.
㉢ (가)보다 (나)의 전기 전도도가 더 높다.

① ㉠

② ㉠, ㉢

③ ㉡, ㉢

④ ㉠, ㉡, ㉢

해설

㉠ 전도 띠는 원자 내 전자가 차지하는 에너지 띠 중에서 가장 바깥쪽의 원자가 띠 중에서 전자가 채워지지 않은 영역을 말한다.

㉡ 도체는 원자가 띠와 전도 띠가 겹쳐진 영역을 갖는다.

㉢ (나)-도체는 (가)-부도체보다 전기 전도도가 높다.

06 다음 그림과 같이 수평면으로부터 높이 h인 지점에 정지해 있던 물체 A가 곡면을 미끄러져 내려와 수평면 위에 정지해 있던 물체 B와 충돌한다. 충돌 후 두 물체가 한 덩어리로 움직일 때 속력 v는?(단, A와 B의 질량은 같고, 모든 마찰과 공기 저항은 무시하며 중력가속도는 g이다)

[2013 지방직 9급]

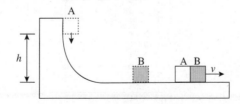

① $\sqrt{\dfrac{gh}{2}}$

② $\sqrt{gh}$

③ $\sqrt{2gh}$

④ $\sqrt{4gh}$

해설

물체 A가 높이 h만큼 내려왔을 때 속력 $= \sqrt{2gh}$

운동량 보존법칙에 따라 $m\sqrt{2gh} = 2mV$, $\therefore V = \sqrt{\dfrac{gh}{2}}$

07 다음 그림과 같이 수평면 위의 수레가 도르래를 통하여 추와 실로 연결되어 운동한다. 추의 질량이 수레 질량의 두 배라면 수레의 가속도는?(단, 실과 도르래의 질량, 공기 저항 및 모든 마찰은 무시하며 중력가속도는 g이다)

[2013 지방직 9급]

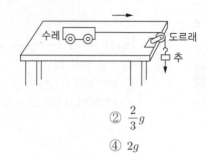

① $\dfrac{1}{3}g$ ② $\dfrac{2}{3}g$

③ g ④ $2g$

해설

수레와 추는 하나로 묶여 있는 물체계이고, 이 물체계에 작용하는 알짜힘은 $2mg$이다. 따라서, 운동의 방정식 $3ma = 2mg$, $a = \dfrac{2}{3}g$이다.

08 다음 그림은 단원자 분자로 이루어진 이상 기체가 A→B→C→D→A로 순환하는 과정을 나타낸 것이다. 이 이상 기체의 순환 과정에 대한 설명으로 옳지 않은 것은?

[2013 지방직 9급]

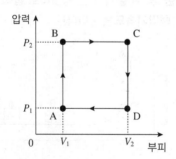

① A→B과정에서 기체의 내부 에너지는 증가한다.
② B→C과정에서 기체가 흡수한 열량은 기체가 외부에 한 일과 기체의 내부 에너지 증가량의 합과 같다.
③ C→D과정에서 기체는 열을 흡수한다.
④ C에서 기체의 온도는 A에서보다 더 높다.

해설

C→D는 압력이 낮아지는 과정이므로 온도가 감소하는 과정으로 열을 방출하는 과정이다.

09 다음 그림은 자석 또는 코일이 속력 v로 운동하는 경우를 나타낸다. 이때 코일에 흐르는 전류의 방향이 나머지 세 경우와 반대인 것은?

[2013 지방직 9급]

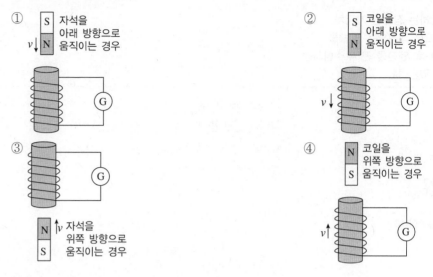

① 자석을 아래 방향으로 움직이는 경우

② 코일을 아래 방향으로 움직이는 경우

③ 자석을 위쪽 방향으로 움직이는 경우

④ 코일을 위쪽 방향으로 움직이는 경우

해설
① 유도 전류에 의한 자기장이 위쪽 방향
②, ③, ④ 유도 전류에 의한 자기장이 아래 방향

10 그림 (가)와 (나)는 각각 길이가 L_1, L_2인 관악기를 나타낸 것이다. (가)는 한쪽 끝이 막힌 관악기이고 (나)는 양쪽 끝이 뚫린 관악기이다. (가)와 (나)에서 공명으로 발생하는 소리의 가장 낮은 진동수가 서로 같을 때 $L_1 : L_2$는?

[2013 지방직 9급]

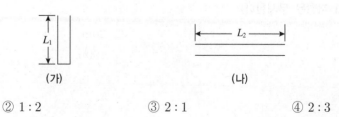

(가)   (나)

① 1 : 1   ② 1 : 2   ③ 2 : 1   ④ 2 : 3

해설
(가) 기본 배음 $\frac{1}{4}\lambda = L$, $\lambda = 4L$, (나) 기본 배음 $\frac{1}{2}\lambda = L$, $\lambda = 2L$이므로 진동수는 파장에 반비례 관계이다. 따라서 $L_1 : L_2 = 1 : 2$이다.

11 다음 중 물체에 작용하는 합력(알짜힘)이 0인 것을 보기에서 모두 고르면?

[2013 서울시 9급]

┌─ 보기 ┐
ㄱ 일정한 속력으로 원운동하는 장난감 자동차
ㄴ 공기 저항에 의해 등속도로 내려오는 빗방울
ㄷ 지구의 중력권을 벗어난 후 엔진을 끈 우주탐사선
ㄹ 책상 위에 가만히 놓여 있는 책

① ㄱ, ㄴ   ② ㄴ, ㄷ
③ ㄴ, ㄹ   ④ ㄴ, ㄷ, ㄹ
⑤ ㄱ, ㄴ, ㄷ, ㄹ

해설
ㄱ 원운동하는 물체는 구심력이 있다.
ㄴ 중력 = 공기저항력
ㄷ 중력 = 0, 엔진이 꺼졌으므로 알짜힘 = 0
ㄹ 중력 = 수직항력

12 빌딩의 옥상에서 작은 돌을 가만히 놓아 떨어뜨렸더니 돌이 5초만에 지면에 도달하였고, 2층으로 내려와서 같은 실험을 하였더니 지면에 도달하는 데 1초가 걸렸다. 2층으로부터 옥상까지의 높이(m)는?(단, 중력 가속도는 $10\text{m}/\text{s}^2$ 으로 하고 공기 저항은 무시한다)

[2013 서울시 9급]

① 5m   ② 30m
③ 50m   ④ 100m
⑤ 120m

해설
옥상의 높이 $h = \dfrac{1}{2}(10)(5)^2 = 125\text{m}$

2층의 높이 $h = \dfrac{1}{2}(10)(1)^2 = 5\text{m}$

13 그림은 고열원에서 Q_h의 열에너지가 공급되이 W의 일을 하고 저열원으로 Q_c의 열에너지가 방출되는 열기관을 나타낸 것이다. 이 열기관에 대한 설명으로 옳은 것을 보기에서 모두 고르면? [2013 서울시 9급]

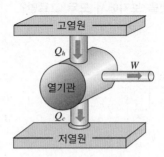

┌ 보기 ├───
 ㉠ 열기관이 한 일 $W = Q_h - Q_c$이다.

 ㉡ 이 열기관의 열효율은 $\dfrac{Q_c}{Q_h}$ 이다.

 ㉢ 열효율이 1이 되는 열기관은 열역학 제1법칙에 위배된다.
──

① ㉠   ② ㉠, ㉡

③ ㉠, ㉢   ④ ㉡, ㉢

⑤ ㉠, ㉡, ㉢

해설

 ㉠ 열기관이 한 일 W = 고열원 – 저열원

 ㉡ 열효율 $e = \dfrac{W}{Q_h}$

 ㉢ 열효율 1이 되는 기관은 없다는 표현은 열은 고온에서 저온으로 흐른다는 열역학 제2법칙에 관한 다른 표현이다.

14 다음 (가)는 저항 R이 연결된 직사각형 도선의 일부가 균일한 자기장 영역에 놓여 있는 것을 나타낸 것이다. 자기장의 방향은 도선이 이루는 면에 수직으로 들어가는 방향이다. 그림 (나)는 (가)의 자기장 세기를 시간에 따라 나타낸 것이다. 이에 대한 설명으로 옳은 것을 보기에서 모두 고르면? [2013 서울시 9급]

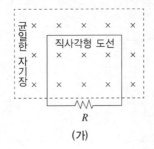

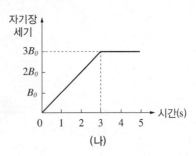

(가)   (나)

┤ 보기 ├
ㄱ. 0초부터 3초까지 직사각형 도선에 흐르는 전류는 일정하게 증가한다.
ㄴ. 4초일 때 전류의 세기는 1.5초일 때 전류의 세기의 2배이다.
ㄷ. 4초일 때 직사각형 도선에는 전류가 흐르지 않는다.

① ㄱ   ② ㄴ
③ ㄷ   ④ ㄴ, ㄷ
⑤ ㄱ, ㄴ, ㄷ

해설
ㄱ. 0~3초 사이 기울기가 일정하므로, 유도 전류는 일정하게 생성된다.
ㄴ, ㄷ. 4초일 때 기울기가 0이므로 유도 전류는 없다.

15 다음 중 전자기파에 대한 설명으로 옳은 것을 보기에서 모두 고르면? [2013 서울시 9급]

┤ 보기 ├
ㄱ. 감마선의 진동수가 가장 크다.
ㄴ. 빛은 전자기파이다.
ㄷ. 가시광선의 파장이 가장 길다.
ㄹ. 적외선의 진동수가 자외선의 진동수보다 크다.

① ㄱ, ㄷ   ② ㄴ, ㄹ
③ ㄱ, ㄴ   ④ ㄱ, ㄷ, ㄹ
⑤ ㄴ, ㄷ, ㄹ

해설
ㄱ. 감마선은 진동수가 큰 빛이다.   ㄴ. 빛은 전자기파이다.
ㄷ. 가시광선보다 적외선의 파장이 더 길다.   ㄹ. 자외선의 진동수가 적외선보다 크다.

2014년 기출문제

01 해수면으로부터 500m 높이에서 어떤 물체가 공기 저항을 받으며 낙하한다. 해수면에 도달하는 순간 이 물체의 속력이 20m/s였다. 이 물체의 초기 총 역학적 에너지에 대한 공기 저항에 의해 손실된 역학적 에너지의 비율은?(단, 위치 에너지의 기준점은 해수면으로 하며 중력 가속도는 10m/s^2이다)　　　　　　[2014 국가직 9급]

① 60%　　　　　　　　　　　　　　② 64%

③ 80%　　　　　　　　　　　　　　④ 96%

해설

$mgh = \dfrac{1}{2}mv^2 + Q$이다. m을 지우고 계산하면 $5,000 = 200 + Q$에서 $Q = 4,800$이므로 공기 저항에 의해 손실된 에너지의 비율은 $\dfrac{4,800}{5,000} = 96\%$이다.

02 부피 V인 용기에 담겨 있는 N개의 단원자 분자로 이루어진 이상 기체가 온도 T일 때 압력이 P였다. 같은 온도에서 $2N$개의 동일한 이상 기체가 부피 $\dfrac{V}{2}$인 용기에 담겨 있을 때 압력은?　　　　　　[2014 국가직 9급]

① $\dfrac{P}{2}$　　　　　　　　　　　　　② P

③ $2P$　　　　　　　　　　　　　　④ $4P$

해설

이상 기체에서 P와 V의 곱은 n과 T의 곱과 같은 비를 가진다.

구 분	처음 조건	나중 조건
P	1	x
V	1	1/2
n	1	2
T	1	1

따라서, 나중 부피의 압력은 $4P$임을 알 수 있다.

03 서로 다른 저항 R_1과 R_2에 대해 각각 전류-전압 특성을 측정하였을 때 다음과 같은 결과를 얻었다. 동일한 전압일 때 각 저항에서 소모되는 전력의 비 $P_1 : P_2$는?

[2014 국가직 9급]

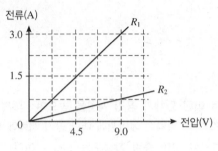

① 2 : 1
② 3 : 1
③ 4 : 1
④ 9 : 1

해설

R_1은 9V의 전압에 3A의 전류가 흐르고, R_2는 9V의 전압에 0.75A의 전류이므로 $R_1 = 3\,\Omega$, $R_2 = 12\,\Omega$이다. 전력의 비는 $P_1 : P_2 = VI_1 : VI_2 = \dfrac{V^2}{R_1} : \dfrac{V^2}{R_2}$로 구할 수 있다. 같은 전압이므로 V는 생략하고 전류의 비나 저항의 역수의 비로 계산하면 4 : 1이 된다.

04 다음 그림은 빛이 공기 중에서 물로 진행하는 모습을 나타낸 것이다. 이에 대한 설명으로 옳은 것은?(단, i와 r은 각각 입사각과 굴절각을 나타내며 $i < r$이다)

[2014 국가직 9급]

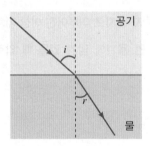

① 굴절된 후 빛의 파장은 더 짧아진다.
② 입사각이 커지면 굴절각은 작아진다.
③ 굴절된 후에도 빛의 속력은 일정하다.
④ 물의 굴절률이 공기의 굴절률보다 작다.

해설

공기는 빠른 매질, 물은 느린 매질이다. $v = f\lambda$이므로 진동수가 일정하여 파장에 따라 속력이 달라진다. 굴절된 후 물로 진행하는 빛의 파장은 짧아져 속력이 느려진다.

05 우주비행사가 $0.8c$의 일정한 속력으로 지구로부터 12광년 떨어져 있는 어떤 별까지 여행을 떠났다. 지구를 출발하여 이 별에 도착할 때까지 우주비행사가 측정한 여행 시간은?(단, c는 진공 중에서 빛의 속력이다)[2014 국가직 9급]

① 6년

② 9년

③ 12년

④ 15년

해설
우주선 안에서는 시간 팽창이 일어나고 있다. 원래 지구에서 본 시간은 $x = c \cdot 12 = 0.8c \times t$, $t = 15$년이다. 이제 로렌츠 인자를 구하면,

$\Gamma = \dfrac{1}{\sqrt{1 - \dfrac{v^2}{c^2}}} = \dfrac{1}{\sqrt{1 - \dfrac{(0.8c)^2}{c^2}}} = \dfrac{1}{\sqrt{1 - 0.64}} = \dfrac{1}{\sqrt{0.36}} = \dfrac{1}{0.6} = \dfrac{5}{3}$이므로, 따라서 15년$\times \dfrac{3}{5} = 9$년이다.

06 에너지는 과학의 여러 분야에서 사용되는 중요한 개념 중의 하나이다. 에너지의 단위로 옳지 않은 것은?

[2014 지방직 9급]

① W (와트)

② J (줄)

③ cal (칼로리)

④ eV (전자볼트)

해설
① W $=$ J/s : 일률의 단위로 단위 시간당 에너지를 나타낸다.
② J (줄) : 1N의 힘으로 물체를 1m만큼 움직이는 데 필요한 에너지를 나타낸다.
③ cal (칼로리) : 물 1g을 1atm에서 1℃ 올리는 데 필요한 열량을 나타낸다.
④ eV (전자볼트) : 단위전하를 가진 임의의 하전 입자가 1V의 전위차가 있는 장소를 저항 없이 통과하였을 때 얻는 에너지를 나타낸다.

07 그림과 같이 단열된 실린더 내에 이상 기체가 들어 있다. 이 기체가 단열 팽창할 때 이에 대한 설명으로 옳은 것은?

[2014 지방직 9급]

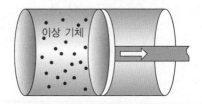

① 이상 기체의 온도는 감소한다.

② 이상 기체의 압력은 증가한다.

③ 이상 기체가 외부에 한 일은 0이다.

④ 이상 기체의 내부 에너지 변화는 없다.

해설
① 주어진 열은 부피 증가와 온도 증가로 사용되지만 단열 팽창이므로 주어진 열이 없다. 따라서 부피를 증가하기 위해서는 온도가 낮아져야만 한다.
② 이상 기체의 압력은 감소한다.
③ 이상 기체 부피가 증가하므로 한 일은 0이 아니다.
④ 온도가 감소하므로 내부 에너지는 감소한다.

08 그림은 검류계가 연결된 코일 근처에서 막대자석이 화살표 방향으로 움직이는 것을 나타낸 것이다. 이에 대한 설명으로 옳지 않은 것은? [2014 지방직 9급]

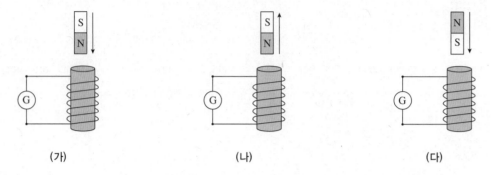

(가)   (나)   (다)

① (가)에서 자석과 코일 사이에는 척력이 작용한다.
② (나)에서 자석과 코일 사이에는 인력이 작용한다.
③ (다)에서 자석과 코일 사이에는 인력이 작용한다.
④ 자석이 빠르게 움직일수록 검류계에 흐르는 전류의 세기가 증가한다.

해설
③ (다)는 자석이 접근하므로 척력이 작용한다.
① (가)는 자석이 접근하므로 척력이 작용한다.
② (나)는 자석이 멀어지므로 인력이 작용한다.
④ 시간당 변화량이 클수록(자석이 빠르게 움직일수록) 전류의 세기가 증가한다.

09 다음 그림은 주기가 1초인 파동의 한순간 모습을 나타낸 것이다. 이 파동에 대한 설명으로 옳지 않은 것은?(단, 파동은 화살표 방향으로 진행한다) [2014 지방직 9급]

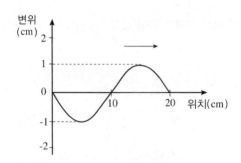

① 파장은 20cm 이다.
② 진동수는 1Hz 이다.
③ 전파 속력은 20cm/s 이다.
④ 진폭은 2cm 이다.

해설
④ 진동의 중심점으로부터 마루까지의 높이가 1cm이므로 진폭은 1cm이다.
① 파장은 20cm이다.
② 진동수는 1초 동안에 매질의 한 점이 지나가는 골 또는 마루의 수를 나타내므로 1Hz(주기가 1초이므로)이다.
③ 전파 속력은 $\dfrac{파장}{주기}$＝파장×진동수이므로 20cm/s이다.

10 보어가 제안한 수소의 원자 모형에 대한 설명으로 옳은 것은?(단, n은 양자수이다) [2014 지방직 9급]

① 전자가 원운동하는 궤도의 반지름은 연속적인 값을 가진다.

② 전자의 에너지 준위는 연속적이다.

③ $n=1$인 궤도에 있는 전자가 $n=2$인 궤도로 전이할 때 전자기파를 방출한다.

④ $n=3$인 궤도의 에너지 준위는 $n=1$인 궤도의 에너지 준위보다 높다.

해설
④ 주양자수가 증가할수록 에너지 준위는 높아진다.
① 전자가 도는 궤도는 불연속적인 값을 가진다.
② 전자의 에너지 준위 역시 불연속적이다.
③ $n=1$인 궤도보다 $n=2$인 궤도가 더 에너지 준위가 높기 때문에 전이할 때 전자기파(자외선)를 흡수한다.

11 그림 (가)는 마찰이 있는 수평면에 정지해 있던 물체에 힘 F를 수평 방향으로 작용하여 이동시키는 모습이고, 그림 (나)는 힘 F의 크기를 물체의 이동 거리 s에 따라 나타낸 것이다. 물체는 직선 운동을 하다가 이동 거리 s가 4m일 때 정지하였다. 이동 거리 s가 2m일 때, 물체의 운동 에너지는?(단, 물체와 수평면 사이의 운동 마찰 계수는 일정하고, 공기 저항은 무시한다) [2014 서울시 9급]

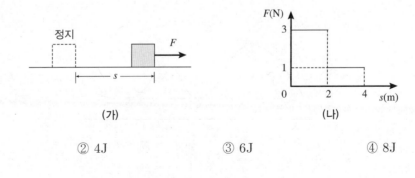

(가)   (나)

① 2J   ② 4J   ③ 6J   ④ 8J
⑤ 10J

해설
물체에 외부에서 작용한 일 = 8J(그래프의 아래 면적), 마찰에 의한 일 = 8J(단, 반대 방향으로 작용함)이다. 마찰에 의한 일 = 마찰력×이동 거리이므로 8J = 마찰력×4m이고 마찰력 = 2N이다. 그렇다면 이동 거리가 2m일 때 현재 외부에서 작용한 힘에 의한 일은 6J이고, 마찰력에 의한 일은 4J이므로 그 합은 2J이다. 일이 모두 운동 에너지로 전환되었으므로 정답은 2J이다.

12 지레의 왼쪽 끝에 무게가 300N인 물체 F_1을 올려 놓고, 오른쪽 끝에 힘 F_2를 가하자 지레가 수평을 이루었다. 지레의 받침점으로부터 물체 F_1의 무게 중심, 힘 F_2의 작용점 사이의 거리는 각각 40cm, 80cm 이다. 힘 F_2의 크기는 얼마인가?(단, 물체의 크기와 지레의 무게는 무시한다)

[2014 서울시 9급]

① 50N   ② 100N   ③ 150N   ④ 300N

⑤ 600N

해설

받침점으로부터 F_1 까지 거리 : 받침점으로부터 F_2 까지의 거리 = 40cm : 80cm = 1 : 2이므로 힘 F_1 : F_2의 비는 2 : 1이다. 현재 F_1이 300N이므로 F_2는 150N이다.

13 그림은 무동력차가 궤도를 따라 운동하고 있는 것을 도식적으로 나타낸 것으로 궤도 위의 무동력차는 A, B, C를 차례로 통과한다. 점선은 지면으로부터 같은 높이의 위치를 나타낸 것이다. A, B, C에서 무동력차의 역학적 에너지를 E_A, E_B, E_C라고 할 때 E_A, E_B, E_C 크기를 비교한 것으로 옳은 것은?(단, 모든 마찰과 공기 저항은 무시한다)

[2014 서울시 9급]

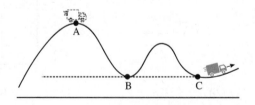

① $E_A < E_B < E_C$ ② $E_A > E_B > E_C$

③ $E_A > E_B = E_C$ ④ $E_A = E_B = E_C$

⑤ $E_A < E_B = E_C$

해설

모든 마찰을 무시하므로 역학적 에너지는 모두 같다.

역학적 에너지 = 위치 에너지 + 운동 에너지

14 그림 (가)는 코일에 막대자석의 N극이 가까워지는 모습을, 그림 (나)는 코일로부터 막대자석의 S극이 멀어지는 모습을 나타낸 것이다. 이에 대한 설명으로 옳은 것은?(단, G는 검류계이다) [2014 서울시 9급]

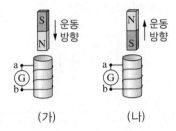

(가)   (나)

① (나)에서 유도 전류의 방향은 $b \to G \to a$이다.
② (가)에서 코일에 흐르는 유도 전류에 의해 코일 내부에 형성되는 자기장의 방향은 아래 방향이다.
③ (가)에서 유도 전류의 방향은 $a \to G \to b$이다.
④ (가)와 (나)의 코일에 형성되는 자기장의 방향은 서로 반대이다.
⑤ (나)에서 막대자석에 의해 코일을 통과하는 자속(자기력선속)은 증가한다.

> **해설**
> ③ (가)에서 유도 전류의 방향은 $a \to G \to b$이다.
> ① (나)에서 유도 전류의 방향은 $a \to G \to b$이다.
> ② (가)에서 코일에 흐르는 유도 전류에 의해 코일 내부에 형성되는 자기장의 방향은 위쪽이다.
> ④ (가)와 (나)의 코일에서 형성되는 자기장의 방향은 서로 같다.
> ⑤ (나)에서 막대자석에 의해 코일을 통과하는 자속은 감소한다(자석이 멀어지기 때문에).

15 다음 그림은 광섬유의 코어와 클래딩의 경계면에 레이저 빛을 입사각 θ로 입사시켰을 때 빛이 전반사하여 진행하는 모습을 나타낸 것이다. 이에 대한 설명으로 옳은 것을 보기에서 모두 고른 것은? [2014 서울시 9급]

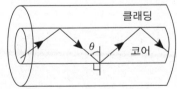

┤보기├
㉠ 굴절률은 코어가 클래딩보다 크다.
㉡ 입사각을 θ보다 크게 하면 전반사 현상이 일어난다.
㉢ 클래딩에서 코어로 빛을 입사각 θ로 입사시켜도 전반사는 일어난다.

① ㉡   ② ㉠, ㉡   ③ ㉠, ㉢   ④ ㉡, ㉢
⑤ ㉠, ㉡, ㉢

> **해설**
> ㉠ 클래딩은 소한 매질이고 코어는 밀한 매질이므로 굴절률은 코어가 클래딩보다 크다.
> ㉡ 현재 입사각은 임계각보다 큰 경우이므로 현재의 입사각 θ보다 더 크게 하면 당연히 전반사할 것이다.
> ㉢ 전반사는 밀한 매질에서 소한 매질로 입사시킬 때 나타나는 현상이므로 코어에서 클래딩을 입사할 때만 전반사가 일어난다.

16 그림은 비행기가 활주로에 착륙한 후부터 정지할 때까지의 속도-시간 그래프를 나타낸 것이다. 이 그래프에 대한 설명으로 옳은 것은?

[2014 사회복지직 9급]

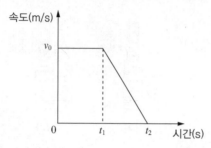

① 시간 $0 \sim t_1$ 동안 비행기에 알짜힘이 작용한다.

② 속도 v_0가 2배가 되면 $0 \sim t_1$ 동안 이동한 거리는 4배가 된다.

③ 시간 $0 \sim t_2$ 동안 이동한 총 거리는 $\frac{1}{2}v_0(t_1 + t_2)$이다.

④ 시간 $t_1 \sim t_2$ 동안 가속도의 방향은 운동 방향과 같다.

해설

③ 시간-속도 그래프에서 이동한 거리는 그래프의 아래 부분의 면적이므로 시간 $0 \sim t_2$ 동안 이동한 총 거리는 $\frac{1}{2}v_0(t_1 + t_2)$이다.

① $0 \sim t_1$ 동안 속도의 변화가 없으므로 알짜힘은 0이다.

② v_0가 2배가 되면 $0 \sim t_1$ 동안 이동한 거리는 2배가 된다.

④ 시간 $t_1 \sim t_2$ 동안 속도가 감소하고 있으므로 가속도의 방향은 운동 방향과 반대이다.

17 그림과 같이 수평면에 정지해 있던 질량이 2kg인 물체 A에 일정한 크기의 힘 4N을 작용시켜 A를 1m 이동시켰다. 이후 A는 일정한 속도로 운동하다가 정지해 있던 질량이 2kg인 물체 B와 충돌한 후 정지하였다. 이 충돌과정에서 운동량과 역학적 에너지가 보존된다. 물체 B는 A와 충돌 후 일정한 속도로 이동하다가 빗면을 따라 수평면에서 높이 h인 점 P까지 올라갔다 내려온다. 물체 A와 B의 운동에 대한 설명으로 옳은 것은?(단, 중력 가속도는 10m/s^2 이며, A와 B의 크기, 모든 마찰과 공기 저항은 무시한다) [2014 사회복지직 9급]

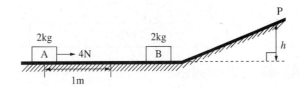

① A에 4N의 힘이 작용할 때 A의 가속도는 8m/s^2 이다.

② A와 B가 충돌하기 직전 A의 속도는 4m/s 이다.

③ A와 B가 충돌할 때 B에 작용한 충격량의 크기는 $4\text{N}\cdot\text{s}$ 이다.

④ 점 P의 높이 h는 50cm 이다.

해설

③ A와 B가 충돌할 때 충격량은 운동량의 변화량으로 계산된다. 나중 운동량 − 처음 운동량 = 4 − 0 = $4\text{N}\cdot\text{s}$ 이다.

① 2kg의 물체에 4N의 힘이 작용하면 가속도는 2m/s^2 이다($F = ma$).

② A가 받은 일은 4J이므로 이 일이 모두 운동 에너지로 전환되었다고 하였을 때 속력은 2m/s 가 된다.

④ 충돌 시 운동 에너지가 P점의 위치 에너지로 모두 전환되므로 $4\text{J} = 2\text{kg}\cdot10\text{m/s}^2\cdot h$ 에서 $h = 0.2\text{m}$ 이다.

---

18 그림과 같이 전하량이 각각 $+Q$, $-Q$, $+Q$인 A, B, C 세 점전하가 직선상에서 같은 거리 r만큼 떨어져 놓여있다. 점전하 C에는 A에 의한 전기력과 B에 의한 전기력의 합력이 작용한다. A와 B 사이에 작용하는 전기력의 크기를 F라고 할 때, 점전하 C에 작용하는 전기력의 크기와 방향은? [2014 사회복지직 9급]

$$\underset{A}{+Q} \xleftarrow{\quad r \quad} \underset{B}{-Q} \xrightarrow{\quad r \quad} \underset{C}{+Q}$$

① $\dfrac{F}{2}$, 오른쪽 ($\rightarrow$)

② $\dfrac{F}{2}$, 왼쪽 ($\leftarrow$)

③ $\dfrac{3F}{4}$, 오른쪽 ($\rightarrow$)

④ $\dfrac{3F}{4}$, 왼쪽 ($\leftarrow$)

해설

A와 B 사이의 전기력 $F = k\dfrac{Q\times Q}{r^2}$ (인력)이다. C에 작용하는 전기력은 A와의 전기력 $F = k\dfrac{Q\times Q}{(2r)^2}$ (척력)과 B와의 전기력 $F = k\dfrac{Q\times Q}{r^2}$ (인력)

이다. 따라서 C에 작용하는 A에 대한 전기력 $\dfrac{F}{4}$ (척력), C에 작용하는 B의 전기력 F(인력)이므로 그 합은 $\dfrac{3F}{4}$ 로 인력으로 작용하므로 왼쪽 방향이다.

19 그림은 금속판에 빛을 비추었을 때 광전자가 방출되는 광전 효과의 모식도이다. 이에 대한 설명으로 옳은 것은?

[2014 사회복지직 9급]

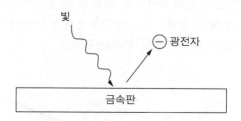

① 방출되는 광전자의 수는 빛의 파장에 비례한다.
② 광전자의 운동 에너지는 빛의 세기(밝기)와 관계가 없다.
③ 빛의 파동성을 설명하는 현상이다.
④ 입사하는 빛의 진동수는 문턱(한계) 진동수보다 작다.

해설
①, ② 빛의 세기를 증가시키면 광전자의 개수가 증가한다.
③ 빛의 입자성을 설명한다.
④ 한계 진동수는 주어진 금속에 대해 빛이 전자를 방출시킬 수 있는 최소 진동수로 그 이상의 진동수로 빛이 입사해야 한다.
광전자와 광전 효과
광전자는 광전 효과로 인해 튀어 나온 전자이다. 광전 효과란 금속판에 빛을 쪼이면 금속 표면에서 전자(광전자)가 방출되는 현상을 말한다.
• 금속에 빛을 비추면 금속에서 전자가 곧바로 튀어 나올 수 있다.
• 일정한 진동수 이상의 빛을 비추어야 전자가 튀어 나올 수 있다.
• 진동수가 큰 빛을 비출수록 튀어 나온 전자의 운동 에너지가 크다.
• 빛을 비추어 전자가 튀어 나올 때 진동수는 일정하게 하고, 빛의 세기를 증가시키면 광전자의 개수가 증가한다.

20 다음 반응식에 대한 설명으로 옳지 않은 것은?

[2014 사회복지직 9급]

$$^{235}_{92}U + ^{1}_{0}n \rightarrow ^{141}_{56}Ba + ^{92}_{36}Kr + 3 \boxed{(가)} + 에너지$$

① (가)는 중성자이다.
② 반응 전과 반응 후의 질량수의 합과 전하량의 합은 보존된다.
③ 원자력 발전에 이용되는 핵분열 반응식이다.
④ 반응 후 질량의 합이 반응 전보다 증가한다.

해설
반응 전과 반응 후의 질량수의 합과 원자 번호의 합, 전하량의 합은 보존된다. 따라서 (가)는 중성자이다.

01 다음 그림과 같이 마찰이 없는 수평면에 질량이 각각 m, $2m$, m인 세 물체 A, B, C가 놓여 있다. 수평 방향으로 크기가 F인 힘이 A에 작용할 때, 세 물체가 동일한 가속도로 함께 운동한다면 A와 B 사이의 마찰력은 F의 몇 배인가?

[2015 국가직 9급]

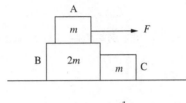

① $\dfrac{1}{4}$

② $\dfrac{1}{3}$

③ $\dfrac{1}{2}$

④ $\dfrac{3}{4}$

해설

가속도가 모두 같으므로 가속도의 크기는 $a = \dfrac{F}{4m}$ 이다. 그러므로 A가 받은 알짜힘은 $\dfrac{F}{4}$ 이다. 따라서 A는 반대방향으로 $\dfrac{3}{4}F$의 마찰력을 받아야 한다.

02 어떤 열기관이 시간당 150kJ의 일을 하면서 낮은 온도의 열원으로 시간당 350kJ의 열을 방출한다. 이 열기관의 열효율(%)은?

[2015 국가직 9급]

① 20
② 30
③ 40
④ 50

해설

열효율 $e = \dfrac{\text{공급한 열} - \text{방출된 열}}{\text{공급한 열}}$

따라서, $e = \dfrac{150}{500} \times 100 = 30\%$이다.

정답 1 ④ 2 ②

03 동일한 두 도체구 A와 B가 각각 전하량 $+3Q$와 $-Q$로 대전되어 그림과 같이 r만큼 떨어져 있을 때, A와 B 사이에 작용하는 전기력의 크기는 F이다. A와 B를 접촉시켰다가 다시 r만큼 분리했을 때, A와 B 사이에 작용하는 전기력의 크기는 F의 몇 배인가?

[2015 국가직 9급]

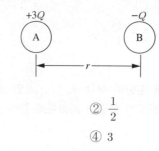

① $\dfrac{1}{3}$ ② $\dfrac{1}{2}$

③ 2   ④ 3

해설

전기력 $F = k\dfrac{Q_1 Q_2}{r^2}$ 에서 접촉 전 전기력 $F = k\dfrac{3 \times 1}{r^2}$ 이다. 접촉 후에는 두 도체구의 전하량이 같아지므로 전기력 $F = k\dfrac{1 \times 1}{r^2}$ 이다.

따라서, 접촉 후 $\dfrac{1}{3}$ 배가 된다.

04 다음 그림과 같은 교류 발전기에서 코일이 일정한 속력으로 회전하고 있다. 이에 대한 설명으로 옳지 않은 것은?(단, ㉠과 ㉡은 유도 전류의 방향을 나타낸다)

[2015 국가직 9급]

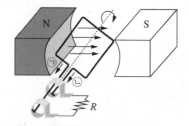

① 코일의 감은 수가 두 배가 되면 유도 전류의 세기는 네 배가 된다.
② 영구자석의 세기가 두 배가 되면 저항 R에서 소모되는 전력은 네 배가 된다.
③ 코일이 더 빠르게 회전할수록 더 센 유도 전류가 흐른다.
④ 그림과 같은 순간에 코일에 흐르는 유도 전류의 방향은 ㉡이다.

해설

유도 전류의 세기를 크게 하려면 빨리 회전시키거나, 센 자석을 쓰거나, 코일의 감은 수를 증가시키면 된다. 감은 수가 두 배가 되면 유도 전압은 2배, 유도 전류는 2배가 된다.

05 다음 그림은 빛의 삼원색 A, B, C의 일부가 서로 겹치노록 비추었을 때, 겹쳐진 영역의 색을 니타낸 것이다. 이에 대한 설명으로 옳지 않은 것은?(단, 빛 A, B, C의 세기는 모두 같다) [2015 국가직 9급]

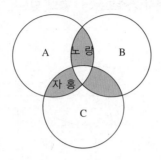

① A는 빨강이다.
② B의 세기만을 반으로 줄이면 노랑이 주황으로 바뀐다.
③ A, B, C 중에서 빛의 파장은 C가 가장 길다.
④ A, B, C 중에서 빛의 진동수는 A가 가장 작다.

해설
A＝빨강, B＝초록, C＝파랑
빨간색에서 파란색으로 갈수록 빛의 에너지는 증가하고 진동수는 커지며 파장은 짧아진다.

06 천장에 매달린 고정 도르래에 질량이 각각 m_1, m_2인 두 개의 벽돌 A, B가 그림과 같이 늘어나지 않는 줄에 매달려 있다. 정지해 있던 벽돌들을 가만히 놓았을 때, 벽돌 B가 아래 방향으로 가속도 a로 내려가게 되었다. 벽돌 A의 질량 m_1은?(단, 줄과 도르래의 질량, 모든 마찰은 무시하며, 중력 가속도는 g이다) [2015 지방직 9급]

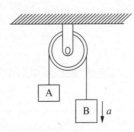

① $\dfrac{g+a}{g-a}m_2$　　② $\dfrac{g-a}{g+a}m_2$　　③ $\dfrac{g+2a}{g-2a}m_2$　　④ $\dfrac{g-2a}{g+2a}m_2$

해설
도르래를 움직이는 힘 ＝ B의 중력 － A의 중력이며, 줄로 연결된 가속도는 같다.
전체 $F=m\times a=(m_1+m_2)a$는 도르래에 작용하는 힘 m_2g-m_1g와 같으므로
$m_2g-m_1g=(m_1+m_2)a$
$m_2g-m_2a=m_1a+m_1g$
$\therefore m_1=\dfrac{g-a}{g+a}m_2$

07 그림과 같이 단면적이 변하는 관을 통하여 기체가 지나가고 있다. 굵은 관의 단면적은 $2S$, 가는 관의 단면적은 S이며, 두 관 아래에는 물이 채워진 가느다란 유리관이 연결되어 있고, 물의 높이 차이는 h이다. 이에 대한 설명으로 옳은 것만을 모두 고른 것은?(단, 중력 가속도는 g, 물의 밀도는 ρ이며, 기체는 압축되지 않는다고 가정한다)

[2015 지방직 9급]

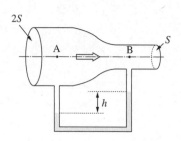

> ㉠ 기체의 속도는 A지점이 B지점보다 빠르다.
> ㉡ 기체의 압력은 B지점이 A지점보다 크다.
> ㉢ A지점과 B지점의 압력 차는 ρgh이다.

① ㉠　　　　　　② ㉡　　　　　　③ ㉢　　　　　　④ ㉠, ㉡

해설

㉠ 각 지점의 단면을 같은 시간 동안 통과한 유체의 부피는 같다.
　 $A_1 v_1 = A_2 v_2$ 즉, 단면의 넓이와 속력은 반비례한다.

㉡ 서로 다른 두 위치에서 유체의 압력과 속력, 높이 사이에는 $P_1 + \rho gh_1 + \dfrac{1}{2}\rho v_1^2 = P_2 + \rho gh_2 + \dfrac{1}{2}\rho v_2^2 = $ 일정 관계가 성립한다. 유체가 같은 높이에 흐르게 되면 $V_1 > V_2$, $P_1 < P_2$가 된다. 즉, 유체의 속력이 증가하면 유체 내부의 압력이 작아지고 반대로 속력이 감소하면 유체 내부의 압력이 커진다.

---

08 교류 전원의 진동수(주파수)가 증가할 때, 회로에 흐르는 실효 전류가 감소하게 되는 것만을 모두 고른 것은?(단, 교류 전원의 실효 전압은 일정하다)

[2015 지방직 9급]

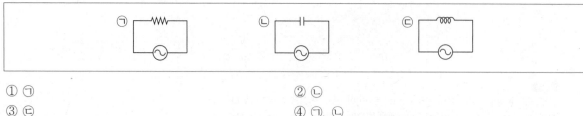

① ㉠　　　　　　　　　　　　　　　② ㉡

③ ㉢　　　　　　　　　　　　　　　④ ㉠, ㉡

해설

㉠ 저항은 진동수와 관계없으므로 회로의 전류 세기는 일정하다.
㉡ 진동수를 높이면 축전기의 저항이 감소하므로 전원의 세기가 일정하다면 회로의 전류 세기는 증가하게 된다.
㉢ 진동수를 높이면 코일의 저항이 증가하므로 전원의 세기가 일정하다면 회로의 전류 세기는 감소하게 된다.

09 다음은 태양의 빛 에너지를 전기 에너지로 전환하는 장치의 모식도이다. 이에 대한 설명으로 옳지 않은 것은?

[2015 지방직 9급]

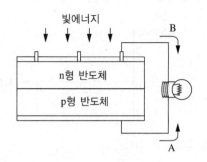

① 전류가 흐르는 방향은 A이다.
② 위의 장치는 인공위성의 에너지원으로 널리 쓰인다.
③ 광다이오드는 위의 장치와 마찬가지로 광신호를 전기신호로 바꾸어 준다.
④ 위 그림의 경우, p−n 접합에서 만들어진 전기장에 의해 전자는 접합면에서 p형 반도체 쪽으로 이동한다.

해설
p−n 접합에서 만들어진 전기장에 의해 전자는 접합면에서 n형 반도체 쪽으로 이동한다.

10 그림 (가), (나)는 길이가 각각 L, $2L$이고, 한쪽 끝이 닫힌 관에서 음파의 공명이 일어날 때, 최소 진동수를 갖고 있는 정상파의 모습을 나타낸 것이다. 이에 대한 설명으로 옳은 것만을 모두 고른 것은?(단, 공기의 온도는 일정하다)

[2015 지방직 9급]

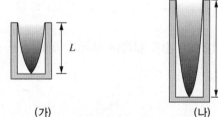

(가)   (나)

> ㉠ (가)에서 정상파를 이루고 있는 음파의 파장은 $2L$이다.
> ㉡ (가)의 정상파 진동수는 (나)의 정상파 진동수의 2배이다.
> ㉢ (가)의 관을 이용하여 (나)에서 나는 공명 진동수의 소리를 만들 수 있다.

① ㉡   ② ㉠, ㉡   ③ ㉠, ㉢   ④ ㉡, ㉢

해설
㉠ 기본 진동 $l = \dfrac{\lambda}{4} = L$이므로 $\lambda = 4L$이다.

㉡ (가)의 진동수 $f = \dfrac{V}{4L}$, (나)의 진동수 $f = \dfrac{V}{8L}$ 이므로 (가)가 (나)의 2배이다.

㉢ 공명이 일어나려면 진동수가 같아야 하는데 (가)는 $\dfrac{V}{4L}$ 이고 (나)는 $\dfrac{V}{8L}$ 이므로 같지 않다.

11 그래프는 어떤 물체의 직선상에서의 운동 상태를 속도-시간 그래프로 나타낸 것이다. 이에 대한 해석으로 옳은 것은? [2015 서울시 9급]

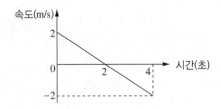

① 시간이 흐를수록 속력이 계속 감소하고 있다.
② 운동 방향이 두 번 바뀌었다.
③ 0초 때의 물체의 위치와 4초 때의 물체의 위치가 같다.
④ 2초 때의 가속도의 크기는 0m/s^2이다.

[해설]
③ 0~2초까지는 양의 방향으로 2m, 2~4초까지는 음의 방향으로 2m를 가니 4초일 때 다시 제자리로 돌아온다.
① 속력 = 속도의 크기인데 0~2초까지는 크기가 감소하고 있지만, 2~4초까지는 크기가 증가하고 있다.
② 운동 방향은 2초일 때 1번 변한다.
④ 가속도 = 기울기는 상수 함수이므로 어느 점이든 -1m/s^2이다.

12 그림은 경사면에 놓인 암석에 작용하는 힘을 나타낸 것이다. 이에 대한 설명으로 옳은 것은? [2015 서울시 9급]

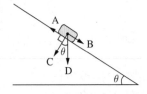

① 암석이 미끄러지는 경우 경사면과 암석 사이의 마찰력은 B보다 크다.
② θ가 안식각보다 크면 암석이 미끄러져 내린다.
③ 물을 충분히 포함하면 A가 증가한다.
④ θ가 증가하면 C값은 증가한다.

[해설]
② 안식각은 미끄러지기 직전인 각(미끄러지지 않는 최대각)이므로 θ가 안식각보다 크면 미끄러져 내린다.
① 미끄러지는 경우에는 B가 A보다 크다.
③ 토양이 물을 충분히 포함하면 안식각이 달라지며, A는 감소하고 B는 증가한다.
④ θ가 증가하면 $\cos\theta$는 감소한다. mg는 변하지 않으므로 C는 작아진다.

13 그림은 어떤 망원경의 빛의 경로를 나타낸 것이다. 이에 대한 설명으로 옳은 것은? [2015 서울시 9급]

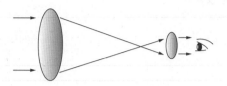

① 대형 망원경의 제작이 어렵고 제작비가 많이 든다.
② 반사 망원경의 원리이다.
③ 오목 거울을 사용하여 빛을 모은다.
④ 상이 흔들리는 단점이 있다.

해설
① 색수차에 의한 한계로 대형 망원경의 제작이 어렵고 렌즈 가공의 어려움으로 인해 제작비가 많이 든다.
② 굴절 망원경의 원리이다.
③ 오목 거울을 집광 장치로 사용하는 것은 반사 망원경이다.
④ 굴절 망원경은 경통이 밀폐되어 있으므로 공기 대류에 의한 상의 흔들림이 없다. 반사 망원경의 경우에는 경통이 개방되어 있으므로 공기 대류에 의한 상의 흔들림이 있다.

14 그림은 수소 원자의 전자 전이를 나타낸 것이다. 전자 전이 a ~ e에 대한 설명으로 옳은 것을 보기에서 모두 고른 것은?(단, 수소 원자의 에너지 준위는 $E_n = -\dfrac{1,312}{n^2}$ kJ/몰이다) [2015 서울시 9급]

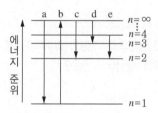

┌ 보기 ┐
㉠ 파장이 가장 짧은 빛을 방출하는 것은 a이다.
㉡ d에 의해 방출되는 빛은 적외선 영역에 해당한다.
㉢ b에 해당하는 에너지는 수소 원자의 이온화 에너지와 같다.

① ㉠, ㉡   ② ㉠, ㉡, ㉢
③ ㉠, ㉢   ④ ㉡, ㉢

해설
a, b=자외선 영역, c=자외선 영역, d=적외선 영역, e=가시광선 영역
㉠ 파장이 가장 짧은 빛의 영역에는 a, b가 해당되는데 a는 방출, b는 흡수된다.
㉡ 어느 높은 궤도에서 시작하든 $n = 3$ 궤도로 전이하면 적외선 영역의 빛이 방출된다.
㉢ 이온화 에너지 전자를 떼어낼 때 필요한 에너지이므로 바닥 상태에서 ∞ 로 갈 때 필요한 에너지이다.

15 다음 식은 원자력 발전소의 원자로에서 우라늄 원자핵이 핵분열하는 핵반응식을 나타낸 것이다. 이에 대한 설명으로 옳은 것을 보기에서 모두 고른 것은? [2015 서울시 9급]

$$^{235}_{92}\text{U} + (ⓐ) \rightarrow {}^{141}_{56}\text{Ba} + {}^{ⓑ}_{36}\text{Kr} + 3(ⓐ) + \text{에너지}$$

┤보기├
ㄱ ⓐ는 전자이다.
ㄴ ⓑ는 94이다.
ㄷ 에너지의 발생은 질량 결손에 의한 것이다.

① ㄱ, ㄴ
② ㄱ, ㄴ, ㄷ
③ ㄴ
④ ㄷ

해설
ㄱ ⓐ는 중성자이다.
ㄴ 질량수는 보존되므로 235 + 1 = 141 + ⓑ + 3에서 ⓑ는 92이다.

16 정지해 있던 질량 4kg인 물체에 일정한 방향으로 그림과 같이 시간에 따라 크기가 변하는 합력(알짜힘)이 작용하였다. 2초 동안 이 합력이 작용한 후, 물체의 속력(m/s)은? [2015 사회복지직 9급]

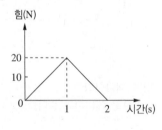

① 5
② 10
③ 15
④ 20

해설

속력 변화 $\propto \dfrac{\text{힘}}{\text{질량}}$이므로 평균 힘 10N으로 2초간 민 것과 같은 속력이다.

∴ 가속도 $a = \dfrac{F}{m} = 2.5\text{m/s}^2$이고 2초이므로 5m/s

17 그림 (가)는 수평면 위에서 직선으로 움직이는 질량 m인 물체 A와 연직 하방으로 움직이는 질량 $2m$인 물체 B가 늘어나지 않는 팽팽한 실로 도르래를 통하여 연결되어 운동하는 모습을 나타낸 것이고, 그림 (나)는 그림 (가)에서 A와 B의 위치만을 바꾸어 연결한 것이다. 이에 대한 설명으로 옳지 않은 것은?(단, 도르래와 실의 질량, 공기 저항 및 모든 마찰은 무시한다)　　　　　　　　　　　　[2015 사회복지직 9급]

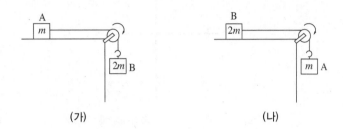

(가)　　　　　　　　　　(나)

① A의 가속도의 크기는 (가)보다 (나)에서 작다.
② B에 작용하는 합력의 크기는 (가)와 (나)에서 같다.
③ 실이 A를 당기는 힘의 크기는 (가)와 (나)에서 같다.
④ (가)에서 B에 작용하는 합력의 크기는 A에 작용하는 합력의 크기의 2배이다.

해설
(가)의 B질량이 (나)의 A질량보다 크기 때문에 (가)의 B가 (나)의 B보다 합력이 더 크다.

(B에 작용하는 합력의 크기 : (가) $\dfrac{4}{3}$, (나) $\dfrac{2}{3}$)

18 그림 (가), (나)는 물과 식용유가 담긴 용기 속에 동일한 금속 덩어리가 바닥에 가라앉아 정지해 있는 모습을 나타낸 것이다. 이에 대한 설명으로 옳은 것은?(단, 비중은 물이 식용유보다 크다)　　　　[2015 사회복지직 9급]

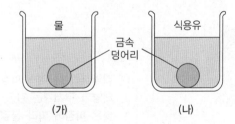

(가)　　　　　　　(나)

① 금속 덩어리에 작용하는 부력은 (가)와 (나)에서 같다.
② 금속 덩어리에 작용하는 중력은 (나)보다 (가)에서 크다.
③ 금속 덩어리에 작용하는 합력은 (나)보다 (가)에서 작다.
④ 금속 덩어리가 바닥을 누르는 힘은 (나)보다 (가)에서 작다.

해설
①, ④ 물과 식용유의 밀도차 = 부력차(물의 밀도 > 식용유의 밀도)
② 동일한 금속 덩어리이므로 중력은 같다.
③ 정지 상태이므로 합력은 같다.

19 세 개의 양(+)전하와 하나의 음(−)전하가 그림과 같이 정사각형의 꼭짓점 A, B, C, D에 놓여 있다. 정사각형의 중심 O에서 전기장의 방향은?

[2015 사회복지직 9급]

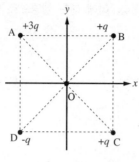

① +x방향   ② −x방향   ③ +y방향   ④ −y방향

해설

중심 O지점에 +1C를 놓고 +1C이 받는 쿨롱의 힘을 표시하고 그 힘들의 합력이 전기장의 방향과 크기가 된다. 중앙에서 이동하는 방법으로 A, B, C, D에 나와 있는 순서대로 움직이면 된다(+면 반대쪽으로 −면 정방향으로 이동). A가 +3q이니 오른쪽과 아래쪽으로 3칸, B는 +q이므로 왼쪽과 아래쪽으로 1칸, C도 +q이므로 왼쪽과 위쪽으로 1칸, D는 −q이니 왼쪽과 아래쪽으로 1칸으로 연속적으로 움직임을 계속 표시해 주면 결국 −y방향(그림의 반쪽 아래 부분)에 해당하고 그 부분이 전기장의 방향이 된다.

20 다음은 공기 중에 물방울이 많이 있을 때 무지개가 생기는 원리를 설명하기 위한 그림이다. 이 그림으로부터 알 수 있는 것만을 보기에서 모두 고른 것은?

[2015 사회복지직 9급]

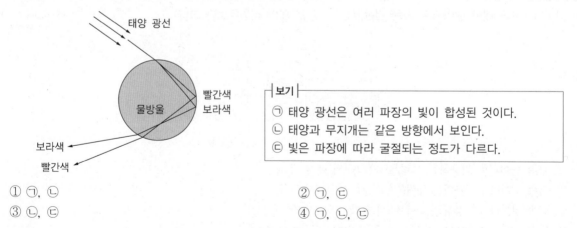

보기

㉠ 태양 광선은 여러 파장의 빛이 합성된 것이다.
㉡ 태양과 무지개는 같은 방향에서 보인다.
㉢ 빛은 파장에 따라 굴절되는 정도가 다르다.

① ㉠, ㉡   ② ㉠, ㉢

③ ㉡, ㉢   ④ ㉠, ㉡, ㉢

해설

㉠ 진동수에 따라 굴절률이 다르기 때문에 통과한 태양 광선이 여러 색의 빛으로 갈라지는 것을 확인할 수 있다.
㉡ 무지개는 태양을 등지는 방향에서 보인다.
㉢ 굴절률이 클수록 속도가 감소를 하며 매질이 변화할 때, 속도의 차이가 클수록 굴절되는 정도가 증가하므로 굴절률의 변화가 큰 파장이 짧은 파동(보라색 > 빨간색)일수록 굴절되는 정도가 커진다.

21 그림은 직선 도로를 운동하는 자동차의 속력을 시간에 대해 나타낸 것이다. 이에 대한 설명으로 옳은 것은?

[2015 고졸 지방직 9급]

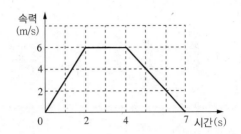

① 0초에서 2초까지 자동차는 등속 운동한다.

② 0초에서 2초 구간의 운동 방향은 4초에서 7초 구간의 운동 방향과 반대이다.

③ 2초에서 4초 사이 자동차에 작용하는 알짜힘(합력)은 0이다.

④ 0초에서 4초까지 자동차가 움직인 거리는 24m 이다.

해설

③ 2~4초 구간은 등속도 운동 구간으로 알짜힘이 0이다.

① $v-t$ 그래프의 기울기는 가속도이므로, 0~2초 사이는 $a=3\text{m/s}^2$인 등가속도 운동이다.

② 0~2초 사이와 4~7초 사이는 서로 가속도가 반대 방향일 뿐 운동 방향이 바뀌지 않았다.

④ 0~4초까지 이동한 거리는 $v-t$ 그래프의 아래 면적 $=\dfrac{1}{2}(2)(6)+(2)(6)=18\text{m}$

22 직선 도로에서 자동차 A는 동쪽으로 80km/h의 속력으로 달리고 자동차 B는 서쪽으로 100km/h의 속력으로 달리고 있다. A에 대한 B의 속도는?

[2015 고졸 지방직 9급]

① 동쪽으로 20km/h

② 서쪽으로 20km/h

③ 동쪽으로 180km/h

④ 서쪽으로 180km/h

해설

A에 대한 B의 상대 속도

$v_{AB}=v_B-v_A=-100-(80)=-180\text{km/h}$

A의 운동 방향을 기준으로 하므로, (−)는 서쪽

23 그림은 영희가 멀리뛰기하는 모습을 순서대로 나타낸 것이다. B는 영희의 질량 중심이 가장 높이 올라간 순간이다. 이에 대한 설명으로 옳은 것은?(단, 공기에 의한 저항은 무시한다)

[2015 고졸 지방직 9급]

① B에서 영희에게 작용하는 중력은 0이다.
② A에서의 운동 에너지는 B에서의 운동 에너지보다 크다.
③ B에서의 중력 퍼텐셜 에너지는 C에서의 역학적 에너지보다 크다.
④ B에서 C까지 이동하는 동안 중력이 영희에게 한 일은 0이다.

해설
② A 지점의 역학적 에너지 = 운동 에너지 + 위치 에너지
　 B 지점의 역학적 에너지 = 위치 에너지
　 따라서 B 지점의 운동 에너지보다 A 지점의 운동 에너지가 더 크다.
① 중력장 내에서 물체의 운동은 모든 지점에서 중력이 작용한다.
③ 물체의 운동의 전체 과정에서 역학적 에너지는 보존된다. 따라서 B 지점의 중력 퍼텐셜 에너지는 C 지점의 역학적 에너지와 동일하다.
④ B 지점에서 C 지점으로 가는 동안 중력이 한 일의 양은 최대이다.

24 용수철 상수가 $400N/m$인 용수철을 수평으로 놓고 $0.2m$ 늘렸다. 이 용수철에 저장된 퍼텐셜 에너지는?

[2015 고졸 지방직 9급]

① 80J
② 16J
③ 8J
④ 40J

해설
용수철의 탄성 에너지 $E_p = \dfrac{1}{2}kx^2 = \dfrac{1}{2}(400)(0.2)^2 = 8J$

25 그림은 수평면 위에서 질량이 m인 물체가 반지름이 R인 실에 매달려 v의 속력으로 등속 원운동 하는 것을 나타낸 것이다. 이때 실에 걸리는 장력의 크기가 T라면 반지름이 $2R$, 질량이 $2m$, 속력이 $2v$인 경우 실에 걸리는 장력의 크기는?(단, 물체에 작용하는 힘은 실에 의한 장력뿐이다)

[2015 고졸 지방직 9급]

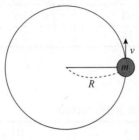

① T ② $2T$ ③ $4T$ ④ $8T$

> **해설**
> 줄에 매달린 등속 원운동하는 물체의 장력은 구심력과 크기가 같다.
>
> $$F = \frac{mv^2}{R}$$
>
> 반지름이 $2R$, 질량이 $2m$, 속력이 $2v$인 물체의 구심력 $F' = \frac{(2m)(2v)^2}{2R} = \frac{4mv^2}{R} = 4F$

26 그림 (가)는 밀도가 ρ인 액체에 질량 1kg이고 부피가 V인 물체 A가 절반만 잠겨 정지해 있는 것을, 그림 (나)는 밀도가 2ρ인 액체에 부피가 V인 물체 B가 $\frac{3}{4}V$만큼 잠겨 정지해 있는 것을 나타낸 것이다. 물체 B의 질량은?

[2015 고졸 지방직 9급]

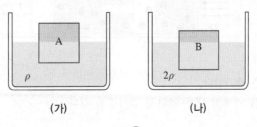

(가)   (나)

① 1.5kg ② 3kg ③ 4.5kg ④ 6kg

> **해설**
> 중력 mg는 액체의 부력 $F_b = \rho_s V_s g$와 균형을 이룬다. 즉, $mg = \rho_s V_s g$ 이때 ρ_s는 액체의 밀도, V_s는 액체에 잠긴 부분의 부피이다.
>
> (가)의 경우 $m_A g = \frac{1}{2} V \rho g$, $\rho V = 2\text{kg}$임을 알 수 있고,
>
> (나)의 경우 $m_B g = \frac{3}{4}(2\rho)(V)g$, $m_B = \frac{3}{4}(2)(2) = 3\text{kg}$

27 표는 여러 가지 물질의 비열과 질량을 나타낸 것이다. 같은 열량을 가했을 때 온도 변화가 가장 적은 것은?

[2015 고졸 지방직 9급]

물 질	A	B	C	D
비열(kcal/(kg · ℃))	0.2	1.0	0.3	0.25
질량(kg)	15	2.5	5	8

① A   ② B   ③ C   ④ D

해설

온도 변화가 작다는 것은 물질의 열용량 $C=mc$이 크다는 의미이다.

물 질	A	B	C	D
비열(kcal/(kg · ℃))	0.2	1.0	0.3	0.25
질량(kg)	15	2.5	5	8
열용량(kcal/℃)	3	2.5	1.5	2

28 그림은 실린더 내부의 이상 기체에 열을 계속 가하여 기체의 압력이 일정한 외부 압력 P와 평형을 이루면서 기체가 팽창하는 모습을 나타낸 것이다. 이에 대한 설명으로 옳지 않은 것은?

[2015 고졸 지방직 9급]

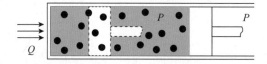

① 기체는 외부에 일을 한다.
② 기체 분자의 평균 속력은 증가한다.
③ 기체가 흡수한 열량(Q)은 기체의 내부 에너지 증가량과 같다.
④ 기체의 온도는 상승한다.

해설

③ 기체가 흡수한 열량은 내부 에너지 증가량과 기체가 외부에 한 일의 양의 합과 같다.

    $Q=U+P\Delta V$

① 부피가 팽창하고 있으므로 외부에 일을 하고 있다.
② 열이 계속 가해지고 있으므로 내부 에너지가 증가하여 기체 분자의 평균 운동 에너지는 증가한다.
④ 외부에서 열이 가해지고 있으므로 기체의 온도는 상승한다.

29 그림과 같이 10V의 전원에 스위치 S와 5Ω의 저항 두 개를 연결하였다. 이에 대한 설명으로 옳은 것만을 모두 고른 것은?

[2015 고졸 지방직 9급]

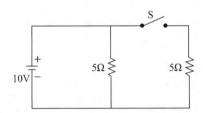

> ㉠ 스위치 S를 열었을 때 소비되는 전력은 20W이다.
> ㉡ 스위치 S를 닫으면 전체 저항의 크기가 감소한다.
> ㉢ 스위치 S를 닫으면 소비되는 전력은 2배가 된다.

① ㉠, ㉡   ② ㉠, ㉢   ③ ㉡, ㉢   ④ ㉠, ㉡, ㉢

해설

㉠ 소비 전력 $P = \dfrac{V^2}{R} = \dfrac{10^2}{5} = 20W$

㉡ 저항의 병렬 연결에 따른 합성저항 값 $\dfrac{1}{R_t} = \dfrac{1}{5} + \dfrac{1}{5} = \dfrac{2}{5}$, $R_t = 2.5Ω$

㉢ 소비 전력 $P = \dfrac{10^2}{2.5} = 40W$

30 변전소 A에서 변전소 B로 P_0의 전력을 전압 V_0으로 송전할 때 송전선에서 소모되는 전력은 P였다. 같은 양의 전력을 $3V_0$의 전압으로 송전할 때 송전선에서 소모되는 전력은?

[2015 고졸 지방직 9급]

① P ② $3P$ ③ $\dfrac{1}{3}P$ ④ $\dfrac{1}{9}P$

해설

송전 전력 $P = V_0 I_0$에서 전압을 $3V_0$로 올리면, 전류는 $\dfrac{1}{3}I_0$가 된다. 전압이 V_0일 때, 송전선에서 소모되는 소비 전력 $P = I_0^2 R$이므로, 전압을 $3V_0$로 올렸을 때, $P' = \left(\dfrac{1}{3}I_0\right)^2 R = \dfrac{1}{9}I_0^2 R = \dfrac{1}{9}P$

31 그림과 같이 x축상에 고정된 양(+)의 점전하 A와 전하량을 모르는 점전하 B가 있다. p지점에서 전기장의 세기가 0일 때, 이에 대한 설명으로 옳은 것은?(단, $\overline{pA}$, $\overline{Aq}$, $\overline{qB}$, $\overline{Br}$의 길이는 모두 같다) [2015 고졸 지방직 9급]

① B는 음(−)전하이다.
② A와 B의 전하량의 크기는 같다.
③ 전기장의 세기는 q지점이 r지점보다 작다.
④ q지점과 r지점에서 전기장의 방향은 같다.

해설
① B는 p지점의 전기장 세기가 0이므로 A와 반대되는 음전하이다.
② p지점에서 A의 전하량을 $+Q$라고 할 때, 전기장의 세기 $E_A = k\dfrac{Q}{r^2}$

p지점에서 B의 전하량을 $-x$라고 할 때, 전기장의 세기 $E_B = k\dfrac{-x}{(3r)^2} = k\dfrac{-x}{9r^2}$

p지점에서의 전기장이 0이 되려면, $E_A = E_B$, $Q = \dfrac{-x}{9}$, $x = -9Q$

③ q지점에 +1C의 전하를 놓았을 때, A에 의해 오른쪽 방향의 전기장의 힘을 받고, B에 의해 오른쪽 방향의 전기장의 힘을 받는다. 반면, r 지점에 +1C의 전하를 놓았을 때, A에 의해 오른쪽 방향의 전기장의 힘을 받고, B에 의해 왼쪽 방향의 전기장의 힘을 받는다. 따라서 q지점이 r 지점보다 전기장의 세기가 더 크다.
④ q지점의 전기장 방향(오른쪽)과 r 지점의 전기장 방향(왼쪽)은 서로 반대 방향이다.

32 직류 전류가 흐르는 도선이 만드는 자기장에 대한 설명으로 옳지 않은 것은? [2015 고졸 지방직 9급]

① 자기장의 세기는 전류의 세기에 비례한다.
② 직선 도선 주위에는 도선을 중심으로 한 동심원 모양의 자기장이 생긴다.
③ 원형 전류 중심에서의 자기장의 세기는 도선이 만드는 원의 반지름에 비례한다.
④ 솔레노이드 내부의 자기장의 세기는 단위 길이당 도선의 감은 수에 비례한다.

해설
③ 원형 도선에 의한 자기장의 세기 $B \propto \dfrac{1}{r}$ (r은 원의 반지름)

① 전류에 의한 자기장 $B \propto I$
② 전류가 흐르는 직선 도선 주위에는 동심원의 자기장이 생성된다.
④ 솔레노이드 내부의 자기장 세기 $B \propto nI$ (n은 단위 길이당 감은 수)

33 그림은 고체 물질 A와 B의 에너지 띠 구조를 나타낸 것이다. 이에 대한 설명으로 옳은 것은?

[2015 고졸 지방직 9급]

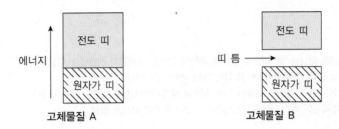

① 고체 물질 A가 B보다 더 좋은 전기 전도도를 가진다.
② 온도가 내려가면 고체 물질 B의 전기 전도도가 좋아진다.
③ 고체 물질 B에서 띠 틈이 커지면 전기 전도도가 좋아진다.
④ 띠 틈보다 큰 에너지를 가진 빛이 고체 물질 B에 입사하면 빛은 모두 투과한다.

해설
① 물질 A는 원자가 띠와 전도 띠가 붙어 있으므로 전기 전도도가 물질 B보다 좋다.
② 물질 B는 온도가 상승해야 전기 전도도가 좋아진다(부도체, 반도체).
③ 띠 틈의 간격이 커지면 전도 띠로 이동할 수 있는 전자의 수가 줄어들기 때문에 전기 전도도가 나빠진다.
④ 띠 틈보다 큰 빛 에너지를 물질 B에 입사시키면, 원자가 띠의 전자가 특정 진동수의 에너지를 흡수한다.

34 그림은 점선으로 표시된 직사각형 영역의 지면에 수직으로 들어가는 균일한 세기의 자기장이 걸려 있고, 정사각형 모양의 도선 abcd가 일정한 속도로 자기장 영역으로 들어가는 모습을 나타낸 것이다. 도선 abcd에 유도되는 전류에 대한 설명으로 옳은 것만을 모두 고른 것은?(단, 도선 abcd의 저항은 일정하다)

[2015 고졸 지방직 9급]

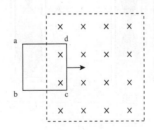

⑴ 도선 abcd가 자기장 영역에 완전히 들어가기 전까지 도선에 유도되는 전류의 방향은 시계 방향이다.
⑴ 자기장 영역으로 들어가는 속도기 빠를수록 유도 전류의 세기는 강해진다.
⑴ 도선 abcd가 자기장 영역으로 완전히 들어가면 유도 전류는 증가한다.

① ㉠   ② ㉡   ③ ㉠, ㉡   ④ ㉡, ㉢

해설
㉠ 렌츠의 법칙에 따라 반시계 방향으로 유도 전류가 생성된다.
㉡ $\varepsilon = -N\dfrac{\Delta\phi}{\Delta t}$ 이므로, 빠르게 들어갈수록 유도 전류는 증가한다.
㉢ 도선이 완전히 들어가면 유도 전류는 자기장의 변화가 작아지므로 유도 전류는 감소한다.

35 파동이 전파될 때 좁은 틈이나 모서리를 지나면서 더 넓은 각도로 퍼지는 현상은?

[2015 고졸 지방직 9급]

① 반 사   ② 회 절

③ 굴 절   ④ 간 섭

> **해설**
>
> ② 회절 : 파동이 장애물을 만났을 때, 파면이 휘어져 파동이 장애물 뒤편까지 전달되는 현상
>
> ① 반사 : 파동이 매질이 다른 경계에서 동일한 입사각으로 반사되는 현상
>
> ③ 굴절 : 파동이 매질이 다른 경계에서 파동의 진행 속력이 달라지면서 진행 방향이 바뀌는 현상
>
> ④ 간섭 : 두 개 이상의 파동이 매질 내의 같은 지점에서 만나 진폭이 변하는 현상

36 그림 (가)는 파이프로 만든 악기에서 만들어지는 정상파를, 그림 (나)는 빈 병에서 만들어지는 정상파를 단순화하여 그린 것이다. 이에 대한 설명으로 옳지 않은 것은?(단, (가), (나) 관의 길이는 L로 같으며, 관 내 공기의 온도는 동일하다)

[2015 고졸 지방직 9급]

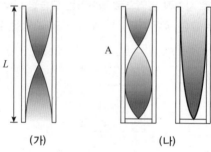

(가)   (나)

① (가)의 파장은 $2L$이다.

② (가)에서 L을 더 짧게 하면 소리의 높이가 낮아진다.

③ (가)는 (나)의 B보다 한 옥타브 높은 소리이다.

④ (나)에서 A는 B보다 높은 소리이다.

> **해설**
>
> ② 파장이 짧아지면, 진동수는 커지고, 음은 고음이 된다.
>
> ① $\frac{\lambda}{2} = L$, $\lambda = 2L$
>
> ③ (나)의 B의 파장 $\frac{\lambda}{4} = L$, $\lambda = 4L$이므로, (가)는 (나)의 B보다 진동수가 2배가 되어 한 옥타브 높은 음이 된다.
>
> ④ (나)의 A의 파장 $\frac{3\lambda}{4} = L$, $\lambda = \frac{4}{3}L$이므로, A의 진동수가 B보다 크므로 고음이 된다.

37 그림은 전구에서 나오는 빛을 두 개의 편광판을 통해 보는 모습을 나타낸 것이다. 편광판 B는 편광판 A를 90° 회전시킨 것이고 편광판 C는 편광판 A를 45° 회전시킨 것이다. 이에 대한 설명으로 옳은 것만을 모두 고른 것은?

[2015 고졸 지방직 9급]

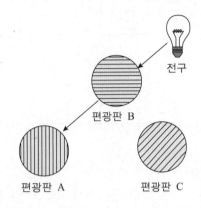

전구

편광판 B

편광판 A   편광판 C

㉠ 편광판 A와 B를 겹쳐서 보면 전구가 보이지 않는다.
㉡ 편광판 C로만 전구를 보면 전구가 실제보다 어두워 보인다.
㉢ 편광판 A와 B 사이에 편광판 C를 넣으면 전구를 볼 수 있다.

① ㉠, ㉡   ② ㉠, ㉢   ③ ㉡, ㉢   ④ ㉠, ㉡, ㉢

해설

편광판 1개를 통과한 빛의 밝기 $I_1 = \dfrac{1}{2} I_0$

편광판 2개를 통과한 빛의 밝기 $I_2 = I_1 \cos^2\theta = \dfrac{1}{2} I_0 \cos^2\theta$ (θ는 두 편광판 사이각)

㉠ 빛은 횡파이므로 편광판 2개가 90°의 각을 이루어 교차된 곳에서 빛은 통과하지 못하게 된다($\cos 90° = 0$).

㉡ $I_1 = \dfrac{1}{2} I_0$

㉢ 편광판 B를 통과했을 때 밝기 $I_1 = \dfrac{1}{2} I_0$

편광판 C를 통과했을 때 밝기 $I_2 = I_1 \cos^2\theta = \dfrac{1}{2} I_0 \cos^2 45° = \dfrac{1}{4} I_0$

편광판 A를 통과했을 때 밝기 $I_3 = I_2 \cos^2\theta = \dfrac{1}{4} I_0 \cos^2 45° = \dfrac{1}{8} I_0$

38 아인슈타인의 특수상대성 이론으로 설명할 수 있는 현상이 아닌 것은?

[2015 고졸 지방직 9급]

① 시간 팽창   ② 길이 수축
③ 중력 렌즈 현상   ④ 질량·에너지 동등성

해설

특수상대론으로 설명 가능한 현상 : 시간 팽창, 길이 수축, 질량·에너지 동등성
일반상대론으로 설명 가능한 현상 : 중력 렌즈 현상, 중력에 의한 시간 지연, 별빛의 휨, 수성의 세차 운동

39 그림은 양자수 n에 따른 수소 원자의 에너지 준위의 일부와 전자의 전이 과정을 나타낸 것이고, A, B, C는 전이 과정에서 방출하는 빛이다. 이에 대한 설명으로 옳은 것은? [2015 고졸 지방직 9급]

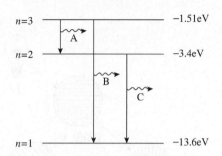

① A의 진동수는 B의 진동수보다 크다.
② -3.4eV와 -13.6eV 사이에 에너지 준위가 존재한다.
③ 금속판에 C를 비출 때 광전 효과가 발생하지 않았다면 같은 금속판에 A를 비추면 광전 효과가 발생한다.
④ 문턱 진동수가 f_0인 금속판에 B를 비출 때 광전 효과가 발생한다면 B의 진동수는 f_0보다 크다.

해설
④ 문턱 진동수가 f_0이고, 금속판에 B를 비출 때 광전 효과가 발생했다면, B의 진동수는 문턱 진동수 f_0보다 크다.
① 에너지 준위 차가 클수록 진동수가 큰 빛이 방출된다. 따라서 B의 진동수가 더 크다.
② 원자 내 전의 에너지는 불연속적이므로 -3.4eV와 -13.6eV 사이의 에너지 준위는 존재하지 않는다.
③ 금속판에 C를 비추어도 광전 효과가 발생하지 않았다면, 동일한 금속판에 A를 비추어도 광전 효과는 발생하지 않는다.

40 원자핵을 구성하는 입자들로만 묶인 것은? [2015 고졸 지방직 9급]

① 양성자, 중성자
② 양성자, 전자
③ 중성자, 전자
④ 양성자, 중성자, 전자

해설
원자핵을 구성하는 입자는 양성자와 중성자이다.

01 표는 투명한 임의의 물질 A, B, C의 굴절률을 나타낸 것이다. 이 물질을 이용하여 빛이 전반사하여 진행하는 광섬유를 만들려고 한다. 이때 코어와 클래딩 물질로 옳게 짝지은 것은?　　　　　　　　　　　　　　　　[2016 국가직 9급]

물 질	A	B	C
굴절률	1.45	1.50	2.40

　코어　클래딩　　　　　　　　　　　　　코어　클래딩
① 　A　　　B　　　　　　　　　　② 　A　　　C
③ 　B　　　A　　　　　　　　　　④ 　B　　　C

해설
광섬유는 코어의 굴절률이 클래딩의 굴절률보다 커야 한다.

02 그림과 같이 전류 I가 $+y$방향으로 흐르는 무한히 긴 직선도선과 두 고리도선 A, B가 xy평면에 놓여 있다. 이에 대한 설명으로 옳은 것은?　　　　　　　　　　　　　　　　[2016 국가직 9급]

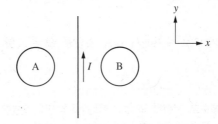

① 도선 A를 $-x$방향으로 일정한 속도로 움직이면 도선 A에 시계방향으로 유도전류가 흐른다.
② 도선 B를 $+x$방향으로 일정한 속도로 움직이면 도선 B에 시계방향으로 유도전류가 흐른다.
③ 도선 A를 $+y$방향으로 일정한 속도로 움직이면 도선 A에 시계방향으로 유도전류가 흐른다.
④ 직선도선에 흐르는 전류가 증가하면 도선 A와 B 모두 시계방향으로 유도전류가 흐른다.

해설
$+y$방향으로 직선전류가 흐를 때 직선도선 좌측은 지면으로부터 자기력선이 나오는 방향이고, 우측은 지면으로부터 자기력선이 들어가는 방향이다.
① 렌츠의 법칙에 따라 도선 A를 $-x$방향으로 움직이면 도선 A에는 반시계방향으로 유도전류가 생성된다.
② 도선 B를 $+x$방향으로 움직이면 도선 B에 시계방향으로 유도전류가 흐른다.
③ 도선 A 또는 B를 $+y$방향으로 움직이면 자기장의 세기가 변화하지 않으므로 유도전류가 생성되지 않는다.
④ 직선도선에 전류의 세기가 증가하면 도선 A에는 시계방향, 도선 B에는 반시계방향으로 유도전류가 생성된다.

03 그림 (가)와 같이 수평면에서 물체 A가 정지해 있던 물체 B를 향해 2m/s의 속력으로 등속도 운동을 하였다. A가 B에 정면충돌한 후 그림 (나)와 같이 A는 왼쪽으로 0.5m/s의 속력으로, B는 오른쪽으로 각각 등속도 운동을 하였다. A, B의 질량은 각각 2kg, 5kg이다. 이에 대한 설명으로 보기에서 옳은 것만을 모두 고른 것은?(단, 공기저항과 모든 마찰은 무시한다)

[2016 국가직 9급]

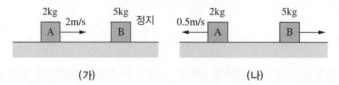

| (가) | (나) |

┌ 보기 ├───
ㄱ 충돌 전 A의 운동량의 크기는 4kg·m/s이다.
ㄴ 충돌하는 동안 B가 A에 가한 충격량의 크기는 5N·s이다.
ㄷ 충돌하는 동안 A가 B에 작용한 힘과 B가 A에 작용한 힘은 크기가 같고 방향이 반대이다.
└──

① ㄱ, ㄴ   ② ㄱ, ㄷ   ③ ㄴ, ㄷ   ④ ㄱ, ㄴ, ㄷ

해설
ㄱ 충돌 전 A의 운동량 $p = mv = 2\text{kg} \times 2\text{m/s} = 4\text{kg·m/s}$
ㄴ 충돌하는 동안 물체 B가 물체 A에게 가한 충격량은 A의 운동량의 변화량과 동일하므로
　$\Delta p = 2\text{kg} \cdot (0.5 - (-2))\text{m/s} = 5\text{kg·m/s} = 5\text{N·s}$
ㄷ 두 물체의 충돌현상에는 작용·반작용의 힘이 나타난다.

---

04 보어의 수소원자모형에 대한 설명으로 보기에서 옳은 것만을 모두 고른 것은?(단, n은 양자수이다)

[2016 국가직 9급]

┌ 보기 ├───
ㄱ 전자가 $n=3$에서 $n=2$인 궤도로 전이할 때 방출되는 빛은 발머계열에 속한다.
ㄴ 전자가 $n=1$인 궤도에 있는 경우를 들뜬상태라고 한다.
ㄷ 전자가 $n=3$에서 $n=2$인 궤도로 전이할 때 방출되는 빛의 파장은 $n=3$에서 $n=1$인 궤도로 전이할 때 방출되는 빛의 파장보다 길다.
└──

① ㄱ   ② ㄴ
③ ㄱ, ㄷ   ④ ㄴ, ㄷ

해설
ㄱ 보어의 수소원자모형에서 $n=3$에서 $n=2$로 전이 시 발머계열의 가시광선이 방출된다.
ㄴ $n=1$인 상태를 바닥상태라고 한다.
ㄷ $n=3$에서 $n=2$로 전이할 때 방출되는 빛보다 $n=3$에서 $n=1$로 전이할 때 방출되는 빛에너지가 진동수가 더 크다.
　따라서 파장은 $n=3$에서 $n=2$로 전이할 때 더 길다.

05 단열된 실린디에 일정량의 이상기체가 들어있고, 실린디 내부의 열 공급 장치를 이용하여 기체에 열을 가하였더니 기체의 압력이 일정하게 유지되면서 부피가 팽창하였다. 이에 대한 설명으로 보기에서 옳은 것만을 모두 고른 것은? (단, 실린더 내의 기체의 분자수는 일정하다)

[2016 국가직 9급]

┤보기├
- ㉠ 기체는 외부에 일을 하였다.
- ㉡ 기체 분자의 평균속력은 증가하였다.
- ㉢ 기체가 흡수한 열량은 기체의 내부에너지 증가량과 같다.

① ㉠, ㉡   ② ㉠, ㉢   ③ ㉡, ㉢   ④ ㉠, ㉡, ㉢

해설

㉠ $Q = U + W = U + P\Delta V$ 이므로, 기체에 의해 부피팽창이 일어난 실린더는 외부에 일을 하였다($W > 0$).

㉡ 내부에너지 $U \propto T \propto E_k$ 이므로 기체 분자의 평균속력은 증가하였다.

㉢ 기체가 흡수한 열량(Q)는 기체의 내부에너지 증가량(U)와 기관에 한 일(W)의 합과 같다.

06 그림은 전하 Q_A와 Q_B 주위의 전기력선을 나타낸 것이다. 이에 대한 설명으로 옳은 것은?

[2016 지방직 9급]

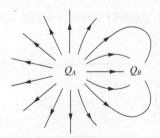

① 양전하 Q_A의 전하량은 Q_B보다 2배 크다.

② 양전하 Q_A의 전하량은 Q_B보다 3배 크다.

③ 음전하 Q_A의 전하량은 Q_B보다 2배 크다.

④ 음전하 Q_A의 전하량은 Q_B보다 3배 크다.

해설

전기력선은 전하량의 크기에 비례한다. Q_A, Q_B 주변의 전기력선의 수를 세면 15 : 5, 즉 3 : 1의 비율로 전하량을 가진다는 걸 알 수 있다. 또한 전기력선의 방향으로부터 Q_A는 양전하, Q_B는 음전하임을 알 수 있다.

07 그림은 어떤 이상기체의 상태가 A → B → C → A로 변화하는 과정에서 부피 V와 절대온도 T의 값을 나타낸 것이다. 이에 대한 설명으로 옳은 것은?(단, 변하는 과정 중에 이 기체의 입자수는 일정하다) [2016 지방직 9급]

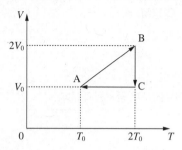

① A → B 과정에서 기체의 압력은 일정하다.

② B → C 과정에서 기체의 압력은 감소한다.

③ C → A 과정에서 기체는 외부에 일을 한다.

④ 기체 분자의 평균운동에너지는 B상태가 C상태보다 크다.

해설

이상기체가 그래프와 같이 변화하는 동안 입자수가 일정하게 유지되었으므로 $PV = nRT$, $\dfrac{PV}{T} = $일정함을 알 수 있다.

① A → B로 변화하는 동안 온도와 부피가 2배씩 증가하였으므로 압력은 일정하게 유지됨을 알 수 있다.

② B → C로 변화하는 동안 부피는 $\dfrac{1}{2}$로 줄어들고, 온도가 일정하게 유지되었으므로, 압력이 2배 증가해야 함을 알 수 있다.

③ C → A로 변화하는 동안 부피는 일정하므로 기체는 외부에 한 일이 없다.

④ B와 C의 온도가 동일하므로 평균운동에너지는 동일하다($E_k \propto T$).

08 그림의 (가), (나)는 각각 세 개의 쿼크가 결합되어 이루어진 핵자를 나타낸 것이다. 이에 대한 설명으로 옳지 않은 것은? [2016 지방직 9급]

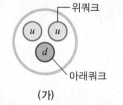

(가)　　　　(나)

종 류	기 호	상대 전하량
위쿼크	u	$+\dfrac{2}{3}$
아래쿼크	d	$-\dfrac{1}{3}$

① (가)는 양성자이다.

② (나)의 상대 전하량은 0이다.

③ (나)는 우라늄의 핵분열 시 방출되는 물질이다.

④ 원자핵에서 (가)와 (나)를 결합시키는 힘은 전자기력이다.

해설

(가)는 양성자이고, (나)는 중성자이다. 원자핵에서 (가)와 (나)를 결합시키는 힘은 강한 핵력에 해당한다.

09 반지름이 각각 r, $2r$, $3r$인 바퀴로 만든 축바퀴를 연직으로 매달았다. 그림과 같이 줄을 이용하여 반지름이 $2r$, $3r$인 바퀴에 질량이 각각 $2m$, m인 물체를 매달고, 반지름이 r인 바퀴에는 연직 아래 방향으로 힘 F를 가했다. 두 물체가 정지 상태를 유지하는 힘 F의 크기는?(단, 축바퀴의 질량, 줄의 질량, 모든 마찰은 무시하며 줄은 늘어나지 않고 g는 중력 가속도이다)

[2016 지방직 9급]

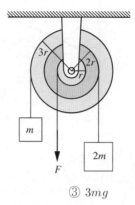

① mg ② $2mg$ ③ $3mg$ ④ $4mg$

해설

$Fr = 2mg(2r) - mg(3r)$이므로 $F = mg$이다.

10 그림은 밀도가 ρ인 물체가 밀도가 5ρ인 정지 액체에 부피의 $\dfrac{2}{3}$가 잠겨 정지상태를 유지하고 있는 모습이다. 물체에 매여진 줄은 용기 바닥에 고정되어 있다. 물체에 작용하는 중력의 크기를 F라고 할 때, 줄이 물체를 당기는 힘의 크기는?(단, 줄의 질량과 부피, 물체와 액체 사이의 전기적인 상호작용은 무시한다)

[2016 지방직 9급]

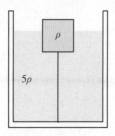

① $\dfrac{5}{3}F$ ② $2F$ ③ $\dfrac{7}{3}F$ ④ $\dfrac{10}{3}F$

해설

부력 $F_{부력} = \rho_{액체} V_{잠긴부피} g$이므로 줄에 작용하는 장력 $T = F_{부력} - F = 5\rho \dfrac{2}{3} Vg - \rho Vg = \dfrac{7}{3} \rho Vg = \dfrac{7}{3} F$

11 그림은 같은 직선 위에서 운동하는 물체 A, B의 속도를 시간에 따라 나타낸 것이다. 이에 대한 설명으로 옳은 것을 보기에서 모두 고르면?

[2016 서울시 9급]

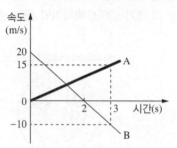

┤ 보기 ├

ㄱ 가속도의 크기는 B가 A의 2배이다.

ㄴ 0초부터 3초까지 변위의 크기는 A가 B보다 크다.

ㄷ 3초일 때 A에 대한 B의 속도의 크기는 5m/s이다.

① ㄱ 　　　　　② ㄷ 　　　　　③ ㄱ, ㄴ 　　　　　④ ㄴ, ㄷ

해설

ㄱ $a_A = \dfrac{15}{3} = 5\text{m/s}^2$, $a_B = \dfrac{-10-20}{3} = -10\text{m/s}^2$ 이므로 B의 가속도가 A보다 2배 크다.

ㄴ $v-t$ 그래프의 아래면적이 변위에 해당한다.

$S_A = \dfrac{1}{2}(3)(15) = \dfrac{45}{2}\text{m}$, $S_B = \dfrac{1}{2}(2 \times 20 - 1 \times 10) = \dfrac{30}{2}\text{m}$, 따라서 S_A가 S_B보다 크다.

ㄷ 3초일 때 A에 대한 B의 속도 $v_{AB} = v_B - v_A = -10-15 = -25\text{m/s}$

12 그림은 어떤 행성이 태양을 한 초점으로 하는 타원궤도를 따라 운동하는 것을 나타낸 것이다. 이에 대한 설명으로 옳은 것은? [2016 서울시 9급]

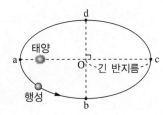

① a점에서 b점까지 운동하는 데 걸린 시간이 c점에서 d점까지 운동하는 데 걸린 시간보다 짧다.
② a점에서 b점까지 운동하는 동안 가속도의 크기는 증가한다.
③ c점에서 d점까지 운동하는 동안 운동에너지는 감소한다.
④ d점에서 a점까지 운동하는 동안 속력은 일정하다.

해설
① 케플러의 면적-속도 일정의 법칙에 따라 $rv=$일정이므로, 태양으로부터 a점까지의 거리와 태양으로부터 b점까지의 거리가 태양으로부터 c, d점까지의 거리보다 짧다. 따라서 a에서 b까지의 행성의 속도가 더 빠르므로 걸린 시간이 더 짧아지게 된다.
② 가속도는 $\dfrac{mv^2}{r}$ 이므로, a점에서 b점으로 이동함에 따라 더 작아지게 된다.
③ d점에서의 속도가 c점보다 크기 때문에 운동에너지는 증가하게 된다.
④ d점에서 a점으로 이동하는 동안 태양에 가까워지므로 속도는 증가하게 된다.

13 그림은 일정한 세기의 전류가 xy평면에 수직 아래로 흐를 때, 전류가 만드는 자기장에 의해 도선 주변의 철가루들이 동심원을 그리며 배열된 모습을 나타낸 것이다. 이에 대한 설명으로 옳은 것은?(단, 점 p와 q는 x축상에 있으며, 지구 자기장은 고려하지 않는다) [2016 서울시 9급]

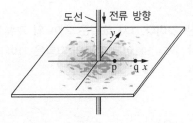

① 같은 세기의 전류가 처음과 반대방향으로 흐를 때, 점 p에서 자기장의 세기는 더 커진다.
② 자기장의 세기는 점 p에서가 점 q에서보다 작다.
③ 점 p에서 자기장의 방향은 $+y$방향이다.
④ 도선 주변의 철가루는 자화되었다.

해설
① 같은 세기의 전류가 반대방향으로 흐르면 생성되는 자기장의 방향만 달라질 뿐 세기는 변하지 않는다.
② 직선전류에 의한 자기장은 전류로부터 멀어짐에 따라 감소한다.
③ 앙페르의 오른손 법칙에 따라 p점에서의 자기장 방향은 $-y$방향이다.
④ 도선 주변의 철가루는 자화되어 동심원으로 정렬된다.

14 그림은 빛이 매질 A, B의 경계면에 입사각 i로 입사하여 전반사하는 모습을 나타낸 것이다. 이에 대한 설명으로 옳은 것은?

[2016 서울시 9급]

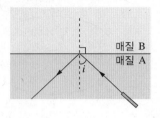

① 굴절률은 B가 A보다 크다.
② 입사각 i는 임계각보다 크다.
③ 빛의 속력은 A에서가 B에서보다 빠르다.
④ 동일한 빛이 B에서 A로 입사각 i로 입사하면 경계면에서 전반사한다.

> **해설**
> ① 전반사가 일어나는 현상이므로 $n_A > n_B$이다.
> ② 전반사 현상은 입사각이 임계각보다 큰 상태에서 나타나는 현상이다.
> ③ $v = \dfrac{c}{n}$이므로 $v_A < v_B$이다.
> ④ 소한 매질(B)에서 밀한 매질(A)로 빛이 입사하게 되면 빛은 반사 및 굴절을 하게 된다.

15 그림은 이상적인 변압기를 나타낸 것이다. 1차 코일은 220V의 교류전원에 연결되어 있고, 1차 코일의 감은 수 $N_1 = 200$이다. 2차 코일의 감은 수 $N_2 = 100$이고 전구의 저항은 110Ω일 때, 1차 코일에 흐르는 전류의 세기 I_1은 얼마인가?

[2016 서울시 9급]

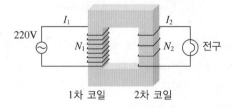

① 0.5A   ② 1A
③ 1.5A   ④ 2A

> **해설**
> $N_1 : N_2 = V_1 : V_2$이므로 $V_2 = 110$V이다. $I_2 = \dfrac{V_2}{R} = 1$A이다. $P_1 = P_2$, $V_1 I_1 = V_2 I_2$이므로 $220 \times I_1 = 110 \times 1$에서 $I_1 = 0.5$A이다.

16 어떤 전구를 220V 전원에 연결할 때 소비전력이 110W이다. 이 전구에 대한 설명으로 옳지 않은 것은?

[2016 사회복지직 9급]

① 220V 전원에 연결하여 사용할 때 전구에 흐르는 전류는 2A이다.

② 전구의 저항은 440Ω이다.

③ 220V 전원에 연결하여 1시간동안 사용하면 소비하는 전기에너지는 110Wh이다.

④ 전구를 110V 전원에 연결하면 소비전력은 $\dfrac{110}{4}$W가 된다.

해설

① $P=VI$이므로 전구에 흐르는 전류는 $I=\dfrac{P}{V}=\dfrac{110}{220}=0.5A$이다.

② 전구의 저항은 $P=\dfrac{V^2}{R}$이므로, $R=\dfrac{V^2}{P}=\dfrac{220^2}{110}=440Ω$이다.

③ 소비전력량은 $W=Ph$이므로 $110\times1=110Wh$이다.

④ 110V 전원에 전구를 연결하면 소비전력은 $\dfrac{110^2}{440}=\dfrac{110}{4}$W이다.

17 그림은 전자기파를 파장에 따라 분류한 것이다. 이에 대한 설명으로 옳은 것은?

[2016 사회복지직 9급]

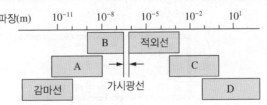

① 투과력이 강해 인체 내부의 골격을 살펴보는 데 이용되는 전자기파는 A영역에 속한다.

② 기상관측에 필요한 레이더나 위성통신에 이용되는 전자기파는 B영역에 속한다.

③ 형광물질에 흡수되면 가시광선을 방출하게 하거나 살균작용에 이용되는 전자기파는 C영역에 속한다.

④ 야간투시경이나 리모컨에 이용되는 전자기파는 D영역에 속한다.

해설

A영역은 X선, B영역은 자외선, C영역은 마이크로파, D영역은 라디오파이다.

① X선(A영역)은 투과력이 강해 인체골격을 살펴보는데 사용한다.

② 마이크로파(C영역)는 기상관측에 필요한 레이더나 위성통신에 사용한다.

③ 자외선(B영역)은 형광물질을 흡수하여 가시광선을 방출하게 하거나 살균작용을 한다.

④ 적외선은 야간투시경이나 리모컨에 이용된다.

18 그림과 같이 수평면으로부터 높이가 2m인 P점을 10m/s의 속력으로 통과한 질량 2kg인 물체가 곡면을 따라 운동하여 R점까지 올라가 순간적으로 멈춘다. 이때 수평면으로부터 R점까지의 높이 H(m)는?(단, 중력 가속도는 10m/s²이고, 물체의 크기와 공기 저항 및 모든 마찰은 무시한다)

[2016 사회복지직 9급]

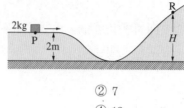

① 5   ② 7

③ 10   ④ 12

해설

$mgh + \dfrac{1}{2}mv^2 = mgH$이므로

$2 \times 10 \times 2 + \dfrac{1}{2} \times 2 \times 10^2 = 2 \times 10 \times H$

따라서 $H = 7\text{m}$이다.

---

19 그림과 같이 밀폐된 실린더에 들어 있는 이상기체에 열 Q를 가했더니 기체의 압력이 P로 일정하게 유지되면서 부피가 증가하였다. 부피가 증가하는 동안 이상기체에 일어나는 현상에 대한 설명으로 옳은 것은?

[2016 사회복지직 9급]

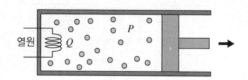

① 기체의 온도는 감소한다.

② 기체의 내부에너지 증가량은 Q이다.

③ 기체분자의 평균속력은 증가한다.

④ 기체가 흡수한 열량은 기체가 외부에 한 일과 같다.

해설

① $\dfrac{PV}{T} =$ 일정이므로 밀폐된 실린더 내에 열량 Q가 주어졌을 때 압력이 일정하게 유지되면서 부피가 팽창하면 실린더 내부의 기체온도는 증가하게 된다.

②, ④ $Q = U + W$이므로, 기체의 내부에너지 증가량은 $Q - \Delta W = \Delta U$이다.

③ 기체온도가 증가하므로 기체분자의 평균속력은 증가한다.

20 그림은 비행기 날개 위와 아래에 흐르는 공기의 흐름을 나타낸 것이다. 이에 대한 설명으로 옳은 것만을 보기에서 모두 고른 것은? [2016 사회복지직 9급]

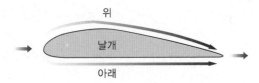

┌─ 보기 ┐
   ㉠ 날개 위쪽 공기의 속력이 아래쪽 공기의 속력보다 크다.
   ㉡ 날개 위쪽 공기의 압력이 아래쪽 공기의 압력보다 높다.
   ㉢ 날개에 작용하는 양력을 설명하는 데 베르누이 법칙이 적용된다.

① ㉠, ㉡   ② ㉠, ㉢
③ ㉡, ㉢   ④ ㉠, ㉡, ㉢

해설
㉠, ㉡ $v_{위} > v_{아래}$ 이고, $P_{위} < P_{아래}$ 이다.
㉢ 베르누이 법칙에 따라 날개 위아래의 압력의 불균형차가 양력을 발생시킨다.

21 다음 표는 구 모양을 띤 행성 A, B, C, D의 질량과 반지름을 상대적으로 나타낸 것이다. 밀도가 균일하다고 할 때 행성 표면에서 질량이 m인 물체에 작용하는 무게가 가장 큰 행성은? [2016 고졸 지방직 9급]

행 성	A	B	C	D
질 량	M	$2M$	$6M$	$12M$
반지름	R	R	$2R$	$3R$

① A   ② B   ③ C   ④ D

해설
각 행성에서 작용할 중력가속도의 크기 $\left(g = G\dfrac{M}{R^2}\right)$를 계산한다. 4개의 행성의 중력가속도 크기의 비는 $1 : 2 : \dfrac{3}{2} : \dfrac{4}{3}$ 이므로 행성 B에서 질량 m인 물체의 무게가 가장 크다.

22 그림은 마찰이 없는 수평면 A지점에서 B지점으로 움직이는 물체의 위치를 1초 간격으로 나타낸 것이다. 시간에 따른 물체의 위치간격은 모두 동일하며 이런 형태가 지속된다. 이 물체의 운동을 그래프로 바르게 나타낸 것은?

[2016 고졸 지방직 9급]

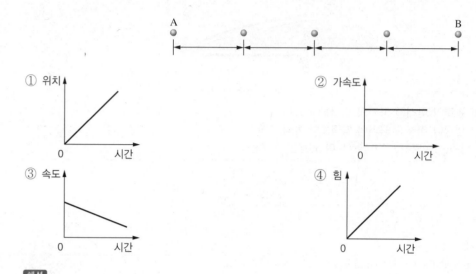

해설

주어진 물체의 운동은 등속직선운동이다. 따라서 위치-시간 그래프의 기울기가 일정한 그래프가 이에 해당한다.

23 파동 실험용 줄을 2초에 1회씩 상하로 흔들어 주었다. 그 때 줄에서 발생한 파동이 일정한 속력으로 오른쪽으로 진행할 때, 다음 그림은 어느 순간의 변위를 위치에 따라 나타낸 것이다. 이 파동의 전파속도(m/s)는?

[2016 고졸 지방직 9급]

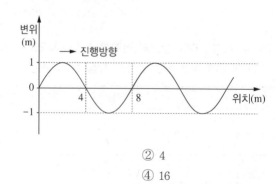

① 2
② 4
③ 8
④ 16

해설

줄을 2초에 1회씩 상하로 흔들었으므로 줄의 진동수 $f = \dfrac{1}{2}$ Hz이다. 줄의 변위-위치 그래프에서 파장의 크기가 8m이므로, 전파속도는 $v = f \cdot \lambda = 4$m/s이다.

24 그림은 원자핵을 구성하는 핵자를 나타낸 것이다. 이에 대한 설명으로 옳지 않은 것은?(단, u는 위쿼크, d는 아래쿼크
이다)

[2016 고졸 지방직 9급]

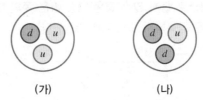

(가)   (나)

① (가)는 양성자이다.
② (나)는 중성자이다.
③ 쿼크들 사이에 강력이 작용한다.
④ u쿼크의 전하량은 d쿼크의 전하량과 크기가 같다.

해설

위쿼크는 $+\dfrac{2}{3}$의 전하량, 아래쿼크는 $-\dfrac{1}{3}$의 전하량을 갖는다. 따라서 (가)는 양성자이고, (나)는 중성자이다. 쿼크들 사이에는 강한 핵력이 작용하고
있다.

25 그림 (가)는 마찰이 없는 수평면 위에 정지상태로 놓여있는 질량 4kg인 물체에 힘을 작용하여 6m를 이동시키는 것을 나타낸
것이고, 그림 (나)는 이 물체에 작용하는 힘의 크기를 이동거리에 따라 나타낸 것이다. 물체가 6m를 지나는 순간에서의
속력(m/s)은?

[2016 고졸 지방직 9급]

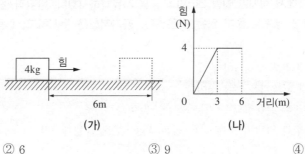

(가)   (나)

① 3   ② 6   ③ 9   ④ 18

해설

힘-거리 그래프에서 면적은 일의 양을 의미하고, 그 크기는 18J이다. 일-에너지 정리에 따라 $\dfrac{1}{2}mv^2 - \dfrac{1}{2}mv_0^2 = F \cdot s$이므로 $\dfrac{1}{2} \times 4 \times v^2 = 18$

따라서 6m 지점에서의 물체의 속력은 3m/s이다.

26 그림은 벤투리관이다. 넓은 관에서 좁은 관으로 기체가 통과하고, 양쪽은 물로 채워진 단면적이 같은 가는 유리관으로 연결되어 있다. 기체가 지상으로부터 높이가 같은 지점인 (나)에서 (가)로 흐를 때 밀도가 ρ인 물은 높이차 h로 평형을 유지한다. 이에 대한 설명으로 옳지 않은 것은?(단, 좁은 쪽의 단면적은 A, 넓은 쪽의 단면적은 $4A$이고, 중력가속도는 g이고, 기체와 물은 압축되지 않는다고 가정한다)

[2016 고졸 지방직 9급]

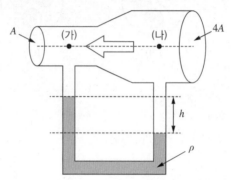

① (가)지점과 (나)지점의 압력 차이는 $\rho g h$이다.
② (가)에서 기체의 속력은 (나)에서보다 4배 빠르다.
③ (가)에서 기체의 압력은 (나)에서 기체의 압력보다 크다.
④ 기체가 흐르지 않으면 양쪽 관에 미치는 압력이 같으므로 양쪽 관의 물의 높이는 같아진다.

해설

연속방정식과 베르누이 정리에 따라 면적이 큰 (나)지점의 기체의 속도가 (가)보다 느리지만, 압력은 더 크게 작용한다. 이에 따라 (가)지점 쪽에 물이 상승하게 된 것이다. 만약 기체의 흐름이 벤투리관 내에 없다면, (가), (나) 지점의 압력이 동일하여 물의 높이차는 없어지게 된다.

27 지상에서 5m 떨어진 곳에서 정지한 질량 2kg짜리 공을 자유낙하시켰다. 바닥과 충돌 직후 공의 속도는 위 방향으로 4m/s였다. 이에 대한 설명으로 옳지 않은 것은?(단, 공기저항은 무시하고, 중력가속도는 10m/s²으로 한다)

[2016 고졸 지방직 9급]

① 바닥에 닿기 직전 속력은 10m/s이다.
② 바닥이 받은 충격량의 크기는 12N·s이다.
③ 공이 바닥과 충돌 직후 운동량의 크기는 8kg·m/s이다.
④ 공이 바닥에 가한 힘과 바닥이 공에 가한 힘은 작용·반작용 관계이다.

해설

① 지상 5m 높이에서 자유낙하한 물체가 바닥에 닿기 직전의 속도는 $v = \sqrt{2gh} = 10$m/s 이다.
② 바닥과 충돌 후 튀어오른 공의 속도가 4m/s이므로, 바닥이 받은 충격량의 크기는 $|2(4-(-10))| = 28$N·s 이다.
③ 공이 바닥과 충돌 직후 운동량 크기는 $p = 2 \times 4 = 8$kg·m/s 이다.
④ 공과 바닥의 충돌현상은 작용·반작용 현상이다.

28 그림 (가)는 내부에 열원이 장치된 단열 실린더에 이상기체를 넣고 P외 위치에 정지되어 있던 피스톤에 힘을 가하여 Q의 위치까지 이동시키는 모습을 나타내고, 그림 (나)는 (가)에서 Q의 위치에 피스톤을 고정시킨 상태로 기체에 열을 가하는 모습을 나타내며, 그림 (다)는 (나)에서 피스톤을 가만히 놓았더니 피스톤이 오른쪽으로 움직이고 있는 모습을 나타낸 것이다. 이에 대한 설명으로 옳은 것은?(단, 피스톤과 실린더 사이의 마찰은 무시한다)

[2016 고졸 지방직 9급]

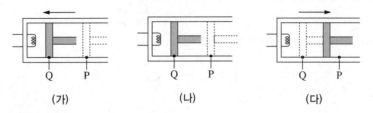

| (가) | (나) | (다) |

① (가)에서 기체의 온도는 감소한다.
② (나)에서 기체가 흡수한 열량은 기체의 내부에너지 증가량과 같다.
③ (나)에서 기체분자가 피스톤 벽에 작용하는 압력은 변하지 않는다.
④ (다)에서 기체는 외부로부터 일을 받는다.

해설

① 그림 (가)는 단열압축 과정이므로 기체의 온도는 상승한다.
②, ③ (나)에서 기관이 팽창하지 않았으므로($W=0$), $Q=\Delta U+W$에서 기체가 흡수한 열량은 기체의 내부에너지 증가량과 같다. 또한 기관이 팽창하지 않았기에 내부압력은 상승한다.
④ (다)에서 기체는 외부에 일을 하고 있다.

29 그림은 온도 T_1인 고열원에서 Q_1의 열을 흡수하여 W의 일을 하고 온도 T_2인 저열원으로 Q_2의 열을 방출하는 열기관을 나타낸 것이다. 이에 대한 설명으로 옳은 것은?

[2016 고졸 지방직 9급]

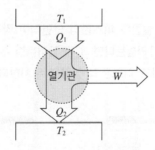

① $Q_1 < Q_2$이다.
② $Q_2 = 0$인 열기관을 만들 수 있다.
③ $\dfrac{Q_1 - Q_2}{Q_1}$가 작을수록 열효율이 좋다.
④ $W = Q_1 - Q_2$이다.

해설

열기관은 고열원에서 일을 한 후 저열원으로 열을 배출하는 기관이다. 따라서 $Q_1 > Q_2$, $W = Q_1 - Q_2$이고 $e = \dfrac{W}{Q_1} < 1$이므로 $Q_2 > 0$이다.

30 도체와 반도체의 에너지띠 구조에서 일어나는 것으로 옳지 않은 것은? [2016 고졸 지방직 9급]

① 도체는 반도체에 비해 전류가 흐르기 쉽다.
② 반도체에서 원자가띠에 있는 전자가 전도띠로 전이하면 양공이 생긴다.
③ 반도체에서는 전자의 에너지값이 띠틈 영역에 존재할 수 있다.
④ 원자가띠의 전자가 전도띠로 이동하면 고체 내를 자유롭게 움직이게 된다.

해설
띠틈은 에너지띠 중에서 전자가 존재할 수 없는 영역을 말한다.

31 질량 m인 행성이 타원궤도의 긴반지름이 R일 때 공전주기가 T이다. 이 행성과 같은 태양을 초점으로 하는 질량 $2m$인 또 다른 행성의 타원궤도의 긴반지름이 $4R$일 때, 이 행성의 공전주기는?(단, 행성들 사이에 작용하는 중력은 무시한다) [2016 고졸 지방직 9급]

① T　　　　　② $2T$　　　　　③ $4T$　　　　　④ $8T$

해설
$T^2 \propto R^3$이므로, 긴반지름이 $4R$인 행성의 공전주기는 $8T$가 된다.

32 그림은 지표면에서 같은 높이에 있는 실린더 피스톤의 단면적이 각각 $A_1 = 1\text{m}^2$, $A_2 = 4\text{m}^2$인 유압장치를 나타낸 것이다. 이때 질량 10kg의 추를 A_1에 올려놓는다면 A_2가 들어올릴 수 있는 최대질량(kg)은?(단, 실린더 내의 유체는 압축되지 않으며, 마찰은 모두 무시하고 피스톤의 질량은 무시한다) [2016 고졸 지방직 9급]

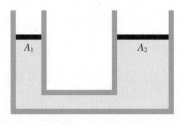

① 2.5　　　　　② 5　　　　　③ 10　　　　　④ 40

해설
파스칼의 법칙에 따라 $A_1 : A_2 = F_1 : F_2$이므로 A_2가 들어올릴 수 있는 최대질량은 40kg이다.

33 그림은 질량 60kg인 스카이다이비기 공기 중에서 낙하할 때 시간에 따른 속도의 변화를 나타낸 것이다. 10초에서 15초 사이에는 일정한 속도로 낙하한다고 할 때, 그 구간에서 감소한 역학적 에너지(kJ)는?(단, 중력가속도는 10m/s² 이다)

[2016 고졸 지방직 9급]

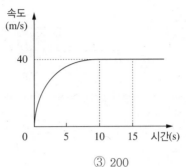

① 120   ② 160   ③ 200   ④ 240

해설
10초에서 15초 사이에 낙하한 거리는 $40 \times 5 = 200$m이다.
따라서 감소한 역학적 에너지 $\Delta E = \Delta E_k + \Delta E_p = 0 + mgh = 60 \times 10 \times 200 = 120$kJ이다.

34 그림은 레이저가 광섬유를 통해 진행하는 모습을 나타낸 것이다. 이에 대한 설명으로 옳지 않은 것은?

[2016 고졸 지방직 9급]

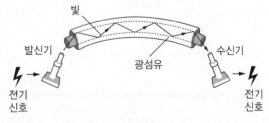

① 광통신은 전기통신보다 많은 양의 정보를 동시에 전달할 수 있다.
② 광통신은 도선을 이용한 유선통신에 비해 전송거리가 매우 짧다.
③ 광통신은 빛신호로 정보를 전달하기 때문에 외부전파에 의한 간섭이나 혼선이 도선을 이용한 유선통신에 비해 적다.
④ 발신기에서는 전기신호가 빛신호로 변환되고, 수신기에서는 빛신호가 전기신호로 변환된다.

해설
동축케이블을 이용한 전기통신의 경우 전송거리가 1.5km이지만, 광통신은 80km의 전송거리를 가지고 있다.

35 그림과 같이 일정한 크기의 전기장 E인 공간에 질량이 m, 전하량이 e인 전하를 정지상태에서 가만히 놓았더니 오른쪽으로 운동하기 시작하였다. 이 물체가 t초 동안 이동한 거리는?(단, 전기력을 제외한 모든 힘은 무시한다)

[2016 고졸 지방직 9급]

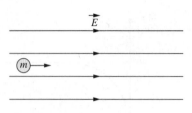

① $\dfrac{eE}{m}t$ ② $\dfrac{eE}{2m}t$ ③ $\dfrac{eE}{2m}t^2$ ④ $\dfrac{1}{2}\sqrt{\dfrac{eE}{m}}t^2$

> **해설**
>
> 전기장 내에서 전하가 받는 힘의 크기 $F = eE = ma$, $a = \dfrac{eE}{m}$에서
>
> 정지상태로부터 가속운동을 했기 때문에 등가속도운동에 따른 t초 후의 거리를 계산하면
>
> $s = v_0 t + \dfrac{1}{2}at^2 = 0 + \dfrac{1}{2}\left(\dfrac{eE}{m}\right)t^2 = \dfrac{1}{2}\dfrac{eE}{m}t^2$이다.

36 그림은 저항값이 각각 1Ω, 3Ω, 6Ω인 3개의 저항이 연결된 회로에 전류계(Ⓐ)와 전지, 스위치(S)를 연결한 회로이다. 스위치를 닫은 후 전류계의 눈금(Ampere)은?

[2016 고졸 지방직 9급]

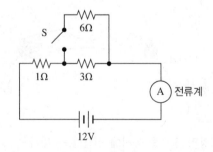

① 1   ② 2   ③ 3   ④ 4

> **해설**
>
> 스위치를 닫을 경우 병렬연결된 저항의 합성저항값은 $\dfrac{1}{R} = \dfrac{1}{2}$, $R = 2\Omega$인데 이것이 1Ω과 직렬연결되어 있으므로 전체저항값은 3Ω이 된다.
>
> 따라서 회로에 흐르는 전류의 세기는 $I = \dfrac{12V}{3\Omega} = 4A$이다.

         35 ③   36 ④   **정답**

37 그림과 같이 종이면에 수직으로 들어가고 세기가 4T인 균일한 자기장에 놓인 ㄴ자형 도선 위에 금속막대가 있다. 이 막대가 1m/s의 일정한 속도로 ㄷ자형 도선에 수직하게 오른쪽으로 계속해서 움직인다. 이때 금속막대에 유도되는 기전력의 크기(V)는?(단, ㄷ자형 도선 사이의 거리는 20cm이다) [2016 고졸 지방직 9급]

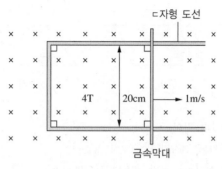

① 0.4   ② 0.8   ③ 1   ④ 1.6

해설

사각도선에서 발생할 유도기전력의 크기는 $\varepsilon = BLv = 4(0.2)1 = 0.8V$ 이다.

38 그림 (가)는 전류 I_0가 반시계방향으로 흐르는 원형도선을 나타낸 것이다. 이때 자기장은 중심에서의 세기가 B_0, 방향은 종이면에 수직으로 나온다. 그리고 한 평면상에서 (가)의 원형도선의 중심 P로부터 그림 (나)와 같이 떨어진 곳에 전류 I가 흐르는 직선도선이 놓여 있다. 이때 P에서 자기장의 세기는 B_0이고, 자기장의 방향은 (가)와 반대이다. 이 경우 전류의 세기가 I인 직선도선에 의한 P에서 자기장의 세기는? [2016 고졸 지방직 9급]

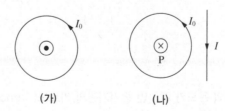

① $\dfrac{B_0}{3}$ ② $\dfrac{B_0}{2}$ ③ B_0 ④ $2B_0$

해설

(가)에서 원형도선에 의해 발생한 자기장은 $+B_0$이고, (나)에서 직선전류가 영향을 미쳐서 동일한 지점 P에서 측정된 자기장은 $-B_0$이다. 그런데 자기장의 방향이 반대로 되었으므로 직선전류에 의한 자기장은 $-2B_0$가 된다.

39 그림 (가)는 금속판에 단색광 A를 비추었을 때 금속판에서 전자가 방출되지 않는 것을 나타내고, 그림 (나)는 그림 (가)의 금속판에 단색광 B를 비추었을 때 전자가 방출되는 모습을 나타낸 것이다. 이에 대한 설명으로 옳지 않은 것은? [2016 고졸 지방직 9급]

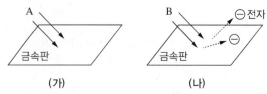

(가)   (나)

① 빛의 파장은 A가 B보다 길다.
② 광자 1개의 에너지는 A가 B보다 작다.
③ (가)에서 A의 세기를 증가시켜도 전자가 방출되지 않는다.
④ (나)에서 방출된 전자 1개의 에너지는 B의 광자 1개의 에너지와 같다.

> **해설**
> 광전자의 에너지(hf) = 금속판의 일함수(W) + 전자의 운동에너지(E_k)이므로 전자의 운동에너지가 광전자의 에너지보다 작다.

40 관찰자 A 기준으로 광속의 0.8배로 등속직선운동하는 우주선이 있다. 우주선 안의 시계로 60초가 지났다면, 관찰자 A의 시간은 몇 초가 지난 것으로 관측되겠는가? [2016 고졸 지방직 9급]

① 36   ② 72   ③ 100   ④ 200

> **해설**
> 특수상대성 이론에 따라 $t_{정지} = \dfrac{t_{운동}}{\sqrt{1-\left(\dfrac{v}{c}\right)^2}}$ 이므로 정지관찰자 A의 시간 $t = \dfrac{60}{\sqrt{1-(0.8)^2}} = 100\text{s}$가 된다.

41 고열원의 온도가 327℃, 저열원의 온도가 27℃인 증기기관의 카르노(Carnot)효율(이상적인 열효율)은?(단, 소수점 둘째자리에서 반올림한다) [2016 고졸 서울시 9급]

① 0.1   ② 0.5   ③ 0.9   ④ 1.1

> **해설**
> 열효율 $e = 1 - \dfrac{T_2}{T_1} = 1 - \dfrac{(27+273)\text{K}}{(327+273)\text{K}} = 1 - \dfrac{300\text{K}}{600\text{K}} = 0.5$

42 스프레이 캔에 이상기체가 들어 있다. 캔 내부의 압력은 대기압의 2배(202kPa)이고, 부피는 125cm³이며 온도는 22.0℃이다. 이 캔을 매우 뜨거운 액체 속에 담근 후 캔 내부기체의 온도가 195℃에 도달할 때, 캔 내부의 압력은?(단, 부피의 변화는 무시한다)

[2016 고졸 서울시 9급]

① 180kPa　　　　　　② 260kPa　　　　　　③ 320kPa　　　　　　④ 480kPa

해설

$\frac{P_1}{T_1} = \frac{P_2}{T_2}$ 이므로 $\frac{202\text{kPa}}{295\text{K}} = \frac{P_2}{468\text{K}}$, 따라서 $P_2 = 320\text{kPa}$

43 빛의 입자성을 보여주는 현상을 보기에서 모두 고르면?

[2016 고졸 서울시 9급]

┌ 보기 ┐
ㄱ 광전효과(Photoelectric Effect)
ㄴ 이중슬릿실험(Double Slit Experiment)
ㄷ 콤프턴효과(Compton Effect)

① ㄱ　　　　　　② ㄷ　　　　　　③ ㄱ, ㄷ　　　　　　④ ㄱ, ㄴ, ㄷ

해설

광전효과와 콤프턴효과는 빛의 입자성을 보여주는 실험이었으며, 이중슬릿실험은 빛의 회절과 관련되는 빛의 파동성을 보여주는 실험이다.

44 지구보다 질량이 16배 크고, 반지름이 4배 큰 행성에서의 탈출속력은 지구에서의 탈출속력의 몇 배인가?

[2016 고졸 서울시 9급]

① $\frac{1}{2}$ 배　　　　　　② 2배　　　　　　③ 4배　　　　　　④ 8배

해설

$\frac{1}{2}mv^2 = G\frac{Mm}{r}$, $v = \sqrt{\frac{2GM}{r}}$ 이므로, 지구보다 2배 큰 탈출속력을 가져야 한다.

45 도플러효과를 고려할 때, 다음 중 가장 높은 주파수로 들리는 소리는?(단, 음원의 주파수는 동일하다)

[2016 고졸 서울시 9급]

① 음원이 속력 v로 관측자에 접근, 관측자도 속력 u로 음원에 접근
② 음원이 속력 v로 관측자에 접근, 관측자는 정지
③ 음원은 정지, 관측자가 속력 u로 음원에 접근
④ 음원과 관측자가 서로 멀어짐

해설

도플러효과는 음원과 관측자의 상대적인 운동에 의해 진동수가 변화하는 물리현상이다. 음원($-v_s$)과 관측자($+v_0$)가 서로 가까워지는 경우에 진동수가 가장 많이 증가하여 고음으로 들리게 된다.

$$f' = \left(\frac{v \pm v_0}{v \mp v_s} \right) f \quad (v_0 : 관찰자속도, \ v_s : 음원속도, \ v : 음속)$$

46 그림과 같이 한쪽 끝을 벽에 고정시킨 줄을 진동체로 진동시켜 2Hz의 정상파를 만들었다. 줄을 따라 진행하는 파동의 속력은?

[2016 고졸 서울시 9급]

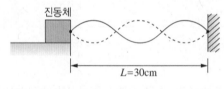

① 0.6m/s   ② 0.4m/s   ③ 0.2m/s   ④ 0.1m/s

해설

$f = 2\text{Hz}$, $\lambda = 0.2\text{m}$ 이므로 $v = f\lambda = 0.4\text{m/s}$ 이다.

47 몸 속에서 진동수가 2×10^6Hz인 초음파의 파장이 0.5mm이었다. 몸 속에서 이 초음파의 속력은?

[2016 고졸 서울시 9급]

① 100m/s   ② 1,000m/s
③ 400m/s   ④ 4,000m/s

해설

$v = f\lambda = 2 \times 10^6 \times 0.5 \times 10^{-3} = 1,000\text{m/s}$

48 지구의 공전주기는 약 365일이다. 만약 만유인력상수가 3배, 태양의 질량이 3배가 된다면 지구의 공전주기는 몇 배인가?(단, 공전궤도의 반지름은 변하지 않는다) [2016 고졸 서울시 9급]

① $\frac{1}{3}$ 배   ② $\frac{1}{6}$ 배   ③ $\frac{1}{9}$ 배   ④ $\frac{1}{12}$ 배

해설

공전현상은 $\frac{mv^2}{r} = G\frac{Mm}{r^2}$ 에 의해 나타난다. 따라서 $v = \sqrt{\frac{GM}{r}}$ 이므로 공전속력이 3배 빨라지므로 공전주기(T)는 $\frac{1}{3}$ 배가 된다.

49 그림과 같이 공을 수평면과 30°를 이루는 방향으로 초기속도 $2v_0$로 던졌다. 중력가속도를 g라 할 때 이 공의 운동에 대한 설명으로 옳은 것을 보기에서 모두 고르면?(단, 공기저항은 무시한다) [2016 고졸 서울시 9급]

┌─ 보기 ┐

㉠ 지면에 도달할 때까지 걸린 시간은 $\frac{2v_0}{g}$ 이다.

㉡ 최고점까지의 높이는 $\frac{v_0^2}{g}$ 이다.

㉢ 수평방향의 도달거리는 $2\sqrt{3}\,\frac{v_0^2}{g}$ 이다.

① ㉠   ② ㉡
③ ㉠, ㉢   ④ ㉡, ㉢

해설

㉠ 수평속도 $v_h = 2v_0\cos30° = \sqrt{3}\,v_0$, 수직속도 $v_V = 2v_0\sin30° = v_0$ 이다. 최고점에 도달할 때까지 걸린 시간은 $0 = v_V - gt_1$, $t_1 = \frac{v_0}{g}$ 이므로

바닥에 도착할 때까지 걸린 시간은 $2t_1 = \frac{2v_0}{g}$ 이다.

㉡ 최고점의 높이는 $-2gH = 0^2 - v_V^2$, $H = \frac{v_0^2}{2g}$ 이다.

㉢ 수평도달거리 $s = v_h \times 2t_1 = \sqrt{3}\,v_0 \times \frac{2v_0}{g} = 2\sqrt{3}\,\frac{v_0^2}{g}$ 이다.

50 다음 현상 중 열역학 제2법칙과 밀접한 관련이 있는 현상은?

[2016 고졸 서울시 9급]

① 잉크 방울을 물에 떨어뜨리면 결국 고르게 퍼지게 되지만, 고르게 퍼져있던 잉크분자들이 모여서 잉크방울로 뭉치지는 않는다.

② 자전거 바퀴에 공기를 팽팽하게 주입하고 나면 바퀴가 따뜻해진다.

③ 주전자 속의 물을 가열하면 물의 온도가 올라간다.

④ 압축공기가 들어 있는 스프레이를 사용하고 나면 스프레이통이 차가워진다.

해설

열역학 제2법칙은 비가역현상을 나타내는 법칙으로 비가역현상에서도 에너지 보존법칙이 항상 성립하며 계가 평형상태에 도달할 때까지 비가역현상은 진행된다. 비가역현상의 예로는 기체의 자유팽창, 고온에서 저온으로의 열의 이동, 마찰에 의한 열의 발생, 잉크 방울의 확산, 바위의 풍화작용 등이 있다.

51 추의 진자운동으로 빠르기를 조절하는 추시계가 매일 조금씩 늦게 간다고 한다. 시간을 정확하게 맞추려면 어떻게 해야 하는가?

[2016 고졸 서울시 9급]

① 추까지의 길이를 길게 한다.

② 추까지의 길이를 짧게 한다.

③ 추의 질량을 무겁게 한다.

④ 추의 질량을 가볍게 한다.

해설

단진자의 주기 $T = 2\pi\sqrt{\dfrac{l}{g}}$ 이다. 시계가 조금씩 느리게 간다면 줄의 길이를 줄여서 시간을 보정해야 한다.

52 무거운 돌과 가벼운 돌을 지상 높은 곳에서 떨어뜨릴 때, 두 물체의 가속도는 같다. 그 이유로 가장 적절한 것은?(단, 공기저항은 무시한다)

[2016 고졸 서울시 9급]

① 두 물체에 작용하는 힘의 크기가 같기 때문이다.

② 두 물체에 작용하는 힘의 방향이 같기 때문이다.

③ 두 물체가 같은 재질로 이루어졌기 때문이다.

④ 무거운 돌에 작용하는 중력이 큰 만큼 그 질량도 크기 때문이다.

해설

질량이 큰 물체의 가속도 $Mg = Ma$, $a = g$이고, 질량이 작은 물체의 가속도 $mg = ma$, $a = g$이므로 무거운 돌에 작용하는 중력이 큰 만큼 그 질량도 크기 때문인 것이다.

53 두 개의 평행한 금속판이 거리 d만큼 떨어져 있고, 기전력이 ε인 건전지가 연결되어 있다. 금속판 사이의 거리를 $2d$로 증가시킬 때 다음 중 옳은 것은?

[2016 고졸 서울시 9급]

① 금속판에 대전된 전하량이 반으로 준다.
② 전기용량은 변화없다.
③ 두 금속판 사이의 전위차가 반으로 준다.
④ 금속판 사이의 전기장의 세기는 변화없다.

해설

전지에 의해 두 금속판의 사이의 전위차는 ε으로 유지된 상태에서 간격이 2배로 증가하면, $C = \varepsilon \dfrac{S}{d}$에 따라 전기용량이 $\dfrac{1}{2}$배 줄어들게 된다. 따라서 $Q = CV$에서 전위차 V는 ε이므로 전하량이 $\dfrac{1}{2}$배로 줄어들게 된다. 금속판 사이의 전기장 세기 $E = \dfrac{V}{d}$이므로 $\dfrac{1}{2}$배 줄어들게 된다.

54 마찰을 무시할 수 있는 수평한 얼음판 위에 질량이 M인 썰매가 정지해 있다. 질량이 m인 사람이 속력 v로 뛰어가다가 썰매 위에 올라타서 썰매와 하나가 되어 움직인다고 하자. 사람이 올라탄 후 썰매의 속력은?

[2016 고졸 서울시 9급]

① $\sqrt{\dfrac{m}{2(m+M)}}\, v$　　　　　　② $\sqrt{\dfrac{m}{m+M}}\, v$

③ $\dfrac{m}{2(m+M)}\, v$　　　　　　　④ $\dfrac{m}{m+M}\, v$

해설

$0 + mv = (M+m)V$에서 $V = \dfrac{m}{M+m}v$

55 그림과 같이 큰 수조와 작은 수조 사이에 물을 채웠다. 이때 작은 수조의 바닥에 작은 구멍이 생겼다면 구멍을 통해 들어오는 물줄기의 속력은?(단, 중력가속도 $g = 10\text{m/s}^2$이다) [2016 고졸 서울시 9급]

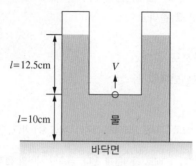

① $10\sqrt{5}\,\text{m/s}$

② $5\sqrt{10}\,\text{m/s}$

③ $\dfrac{\sqrt{10}}{2}\,\text{m/s}$

④ $\dfrac{\sqrt{10}}{4}\,\text{m/s}$

> **해설**
>
> $\rho g h = \dfrac{1}{2}\rho v^2$에서 $v = \sqrt{2gh} = \sqrt{2(10)\left(\dfrac{12.5}{100}\right)} = \dfrac{\sqrt{10}}{2}\text{m/s}$

56 어떤 물체가 일정한 속력으로 운동하고 있을 때, 다음 중에서 옳은 것은? [2016 고졸 서울시 9급]

① 평균속력과 순간속력이 항상 같다.

② 순간속력은 항상 0이다.

③ 평균속력은 항상 0이다.

④ 순간속력이 평균속력보다 크다.

> **해설**
>
> 등속운동하는 물체는 평균속력과 순간속력이 항상 같다.

57 등속 원운동하는 물체의 속력을 2배로 증가시키면 구심력의 크기는? [2016 고졸 서울시 9급]

① 2배로 증가한다.

② 4배로 증가한다.

③ 8배로 증가한다.

④ 16배로 증가한다.

> **해설**
>
> 구심력 $= \dfrac{mv^2}{r}$ 이므로 속력을 2배 증가시키면 구심력은 4배 증가된다.

58 질량이 일정한 어떤 물체의 속력이 $\frac{1}{2}$배로 감소했을 때 운동량은?

[2016 고졸 서울시 9급]

① $\frac{1}{8}$배로 감소한다.

② $\frac{1}{4}$배로 감소한다.

③ $\frac{1}{2}$배로 감소한다.

④ 변함이 없다.

해설

운동량 $p = mv$이므로 속력이 $\frac{1}{2}$배 감소하면 운동량도 $\frac{1}{2}$배 감소한다.

59 무게 30kN의 승강기가 올라가고 있다. 승강기가 일정한 가속도 2.0m/s²으로 올라갈 때 승강기 줄의 장력은?(단, 중력가속도 g = 10m/s²이다)

[2016 고졸 서울시 9급]

① 24kN

② 28kN

③ 32kN

④ 36kN

해설

승강기가 $2m/s^2$으로 가속되는 운동하고 있으므로 이에 대한 운동의 방정식을 세우면 $ma = T - W$이다. 무게가 30kN인 물체의 질량은 3,000kg이다. 따라서 $(3,000)(2) = T - 30,000$이므로 $T = 36$kN

60 저항 6.0Ω의 도선을 잡아당겨서 길이를 4배로 늘였다. 도선 물질의 비저항이나 밀도가 변하지 않는다고 가정할 때 늘어난 도선의 저항은?

[2016 고졸 서울시 9급]

① 24Ω

② 4.0Ω

③ 54Ω

④ 96Ω

해설

도선을 잡아당겼을 때 비저항이나 밀도가 변하지 않는다고 하였으므로 길이가 4배 증가하면 단면적이 4배 감소한다. 저항 $R = \rho\frac{l}{S}$이므로 저항은 처음보다 16배 증가하게 된다. 따라서 $16 \times 6 = 96\Omega$이 된다.

정답 58 ③ 59 ④ 60 ④

01 금속 표면에 적색 빛을 비출 때 표면에서 전자가 튀어나오는 현상과 관련된 설명으로 보기에서 옳은 것만을 고른 것은? [2017 국가직 9급]

┤보기├

㉠ 주어진 금속에 특정값보다 작은 파장의 빛을 비추어야만 전자가 튀어나올 수 있다.
㉡ 적색 빛의 세기가 2배가 되면 튀어나오는 전자의 최대 운동에너지도 2배가 된다.
㉢ 청색 빛을 비출 때 튀어나오는 전자의 최대 운동에너지는 적색 빛의 경우보다 더 크다.
㉣ 빛이 파동임을 입증하는 현상이다.

① ㉠, ㉡   ② ㉠, ㉢   ③ ㉡, ㉢   ④ ㉡, ㉣

해설

광전효과

㉠ 특정값보다 짧은 파장의 빛이 주어져야 광전효과가 나타날 수 있다.
㉡ 적색 빛의 밝기가 2배가 되면 튀어나오는 광전자의 수가 증가하여 전류량이 증가한다.
㉢ 적색 빛의 파장보다 짧은 파장의 빛이 주어지면 튀어나오는 전자의 최대 운동에너지는 증가하게 된다.
㉣ 광전효과는 빛의 입자성을 입증하는 현상이다.

02 그림과 같이 수평면에 정지해 있던 질량이 2kg인 물체에 수평방향으로 4N의 힘을 2초동안 작용하였다. 물체가 수평면을 지나서 경사면을 따라 도달할 수 있는 수평면으로부터의 최대높이 h(m)는?(단, 수평력이 작용되는 동안 물체는 수평면에 있고, 물체의 크기 및 모든 마찰과 공기 저항은 무시하며, 중력 가속도는 10m/s^{2}이다) [2017 국가직 9급]

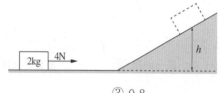

① 1.6   ② 1.2   ③ 0.8   ④ 0.4

해설

$4N = 2kg \times a$, $a = 2m/s^2$

$S = 0 + \dfrac{1}{2}(2)(2)^2 = 4m$

$W = 4N \times 4m = 16J$

$E_p = mgh = 2gh = 16J$, $\therefore h = 0.8m$

03 그림 (가)는 동일한 도체구 A와 B를 나타낸 것이다. A는 $+Q$의 전하로 대전되어 있고 B는 대전되어 있지 않다. 그림 (나)는 (가)의 두 도체구를 접촉시켰다가 다시 처음 위치로 떼어 놓은 것을 나타낸 것이다. 이에 대한 설명으로 보기에서 옳은 것만을 모두 고른 것은?

[2017 국가직 9급]

(가)　　　　　(나)

┌─ 보기 ┐
ⓐ (가)에서 A와 B 사이에는 전기력이 작용하지 않는다.
ⓑ (나)에서 A와 B의 전하량은 같다.
ⓒ (나)에서 A와 B 사이에는 서로 당기는 전기력이 작용한다.
└───┘

① ⓑ　　　　　　　　　　　　　　② ⓒ
③ ⓐ, ⓑ　　　　　　　　　　　　④ ⓐ, ⓒ

해설

ⓐ (가)에서 A가 $+Q$로 대전되어 있고, B가 대전되어 있지 않다고 하여 B가 전하를 갖고 있지 않다는 뜻은 아니다. A가 없을 때는 B는 전기적으로 중성이지만, A가 근처에 있으므로 B는 정전기적 분극을 일으키게 된다. 그래서 A와 가까운 쪽에는 (−)전기를, 먼 쪽에는 (+)전기를 띠게 된다. 따라서, A와 B 사이에는 전기력이 작용한다.

ⓑ, ⓒ (나)에서 붙였다가 떼어놓았으므로, 둘을 각각 $+\frac{1}{2}Q$씩 나누어 갖게 된다. 따라서 서로 밀어내는 전기력이 작용한다.

04 그림은 세기가 각각 B와 $2B$인 균일한 자기장이 형성된 평면상의 영역 Ⅰ과 영역 Ⅱ를 나타내며, 영역 Ⅰ의 자기장은 지면으로 들어가는 방향이고, 영역 Ⅱ의 자기장은 지면으로부터 나오는 방향이다. 그림과 같이 동일한 두 고리 도선 a와 b가 속력은 같고 서로 반대 방향으로 영역의 경계를 지나고 있다. 이에 대한 설명으로 옳은 것은?

[2017 국가직 9급]

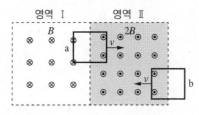

① a에 유도된 전류의 방향은 시계방향이다.
② b에 유도된 전류의 방향은 반시계방향이다.
③ a에 유도된 전류와 b에 유도된 전류의 세기는 같다.
④ a에 유도된 기전력은 b에 유도된 기전력보다 크기가 작다.

해설

① 렌츠의 법칙에 따라 a에 유도된 전류의 방향은 시계방향이다.
② 렌츠의 법칙에 따라 b에 유도된 전류의 방향은 시계방향이다.
③, ④ 패러데이 법칙에 따라 a에서 나타나는 $\Delta B = 3B$이고, b에서 나타나는 $\Delta B = 2B$이므로 유도기전력의 세기는 $\varepsilon_a = \frac{3}{2}\varepsilon_b$이다.

05 그림 (가)는 단열된 실린더에 들어있는 이상기체를 나타낸 것이다. 그림 (나)는 상태 (가)에서 피스톤을 고정하고 열량 Q를 유입시켜 평형상태에 도달한 기체를, 그림 (다)는 상태 (가)에서 피스톤을 고정하지 않고 열량 Q를 서서히 유입시켜 평형상태에 도달한 기체를 나타낸 것이다. 이에 대한 설명으로 옳지 않은 것은?(단, 모든 과정에서 대기압은 일정하며, 피스톤의 무게와 벽면과의 마찰은 무시한다) [2017 국가직 9급]

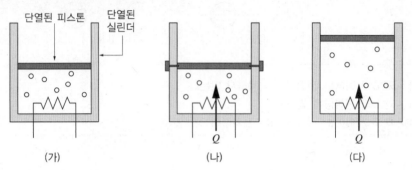

① (가)~(다) 중 (가)에서 기체의 온도가 가장 낮다.
② (다)보다 (나)에서 기체의 온도가 높다.
③ (다)보다 (나)에서 기체의 압력이 크다.
④ (다)에서 기체의 내부에너지는 (가)보다 Q만큼 크다.

해설
①, ② 열량 Q의 공급에 따라 세 피스톤 기체의 온도는 (나)>(다)>(가)이다.
③ 열량 Q의 공급에 따라 세 피스톤 기체의 압력은 (나)>(다)=(가)이다.
④ 열량 Q의 공급에 의해 (다)에서는 $Q = W + \Delta U$이므로, 기체가 일한 만큼을 뺀(W) 만큼이 내부에너지 증가로 사용되었다. 따라서 (다)에서 기체의 내부에너지는 (가)보다 $Q - W$만큼 크다.

06 밤에는 지표면 가까이의 온도가 상대적으로 낮아 소리가 지표면 근처로 잘 전달되고, 반대로 낮에는 지표면 가까이의 온도가 더 높아 위쪽으로 잘 전달된다. 이러한 현상과 가장 연관성이 높은 음파의 성질은? [2017 국가직 9급]

① 굴 절   ② 반 사
③ 회 절   ④ 간 섭

해설
파동의 굴절현상을 설명한 것이다.

07 그림은 질량이 5kg인 물체를 용수철 저울에 매달아 수조에 넣었을 때, 물체가 정지한 모습을 나타낸 것이다. 물체는 일부만 물에 잠긴 상태이며 저울의 눈금은 40N이다. 이에 대한 설명으로 옳지 않은 것은?(단, 중력가속도는 10m/s² 이고 용수철 저울의 무게는 무시한다)

[2017 국가직 9급]

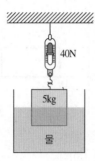

① 물체에 작용하는 중력의 크기는 50N이다.
② 물체에 작용하는 부력의 크기는 10N이다.
③ 물체에 작용하는 알짜힘의 크기는 40N이다.
④ 용수철 저울이 물체를 당기는 힘의 크기는 40N이다.

해설
① 물체에 작용한 중력 $w = mg = 50N$
② 물체에 작용한 부력 $F_b = w - 40N = 10N$
③ 물체에 작용한 알짜힘 $F = w - F_b - F_k = 0N$(정지상태)
④ 용수철 저울이 물체를 당기는 힘 $F_k = 40N$

08 그림은 점전하 Q_1, Q_2가 x축상의 $x = 0$, $x = 3$ 위치에 각각 고정된 것을 나타낸 것이다. $x = 1$에서 두 점전하에 의한 전기장의 세기는 0이고, $x = 2$에서 두 점전하에 의한 전기장의 방향은 $+x$방향이다. 이에 대한 설명으로 옳지 않은 것은?

[2017 국가직 9급]

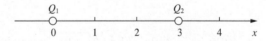

① Q_1, Q_2는 모두 (−)전하이다.
② Q_1의 전하량은 Q_2의 4배이다.
③ $x = 4$에서 Q_1, Q_2에 의한 전기장의 방향은 $-x$방향이다.
④ Q_1의 전하량이 2배가 되면 전기장의 세기가 0인 위치는 $x = 1$과 $x = 2$의 사이에 있다.

해설
• Q_1, Q_2가 서로 다른 전하라면, $x = 1$지점에서 전기장의 세기는 0이 되지 않는다.
• Q_1, Q_2가 $x = 1$지점에서 전기장의 세기를 0으로 만들고 있으므로 $4Q_1 = Q_2$이고, 두 점전하는 (−)전하이다.
• Q_1, Q_2가 (+)전하라면, $x = 2$지점에서 전기장의 방향이 $-x$방향이 된다.
• 만약 Q_1의 전하량이 2배가 되면, 전기장의 세기가 0이 되는 지점은 $x = 1 \sim x = 2$ 사이가 된다.

$$\frac{2}{x^2} = \frac{4}{(3-x)^2}, \quad \therefore \ x = -3 + 3\sqrt{2} = 1.242$$

09 그림은 상태 A인 이상기체가 상태 B, C, D를 거쳐 상태 A로 되돌아오는 순환과정을 나타낸 것이다. 이때 A → B 및 C → D 과정은 압력이 일정한 과정이고, B → C 및 D → A 과정은 부피가 일정한 과정이다. 이에 대한 설명으로 옳지 않은 것은? [2017 국가직 9급]

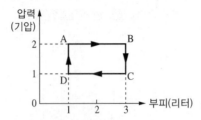

① A → B 과정에서 기체의 내부에너지는 증가한다.
② B → C 과정에서 기체가 외부에 한 일은 0이다.
③ C → D 과정에서 기체의 온도는 내려간다.
④ 한 번의 순환과정 동안 기체가 받은 열량은 0이다.

해설

① 보일–샤를의 법칙에 따라 $\dfrac{P_A V_A}{T_A} = \dfrac{P_B V_B}{T_B}$ 이므로, B 지점의 온도가 높다. 기체의 내부에너지는 온도에 비례하므로, 내부에너지는 증가하게 된다.

② 부피팽창이 없는 D → A, B → C 과정은 기체가 외부에 한 일이 없다($W = P\Delta V$).

③ 보일–샤를의 법칙에 따라 기체의 온도는 내려간다.

④ 순환과정을 마치게 되면 온도 변화가 없게 되므로 내부에너지 변화는 0이 된다($\Delta U = \dfrac{3}{2} nR\Delta T = 0$). 따라서, 기체가 받은 열량은 기체가 한 일과 같으므로($Q = W + 0$), 주어진 그래프의 사각형의 면적이 된다($Q = 2 \times 1 = 2$).

10 다음은 원자력 발전에 이용되는 핵분열 반응식을 나타낸 것이다. 이에 대한 설명으로 보기에서 옳은 것만을 모두 고른 것은? [2017 국가직 9급]

$$^{235}_{92}U + {}^{1}_{0}n \rightarrow {}^{141}_{56}Ba + {}^{92}_{36}Kr + 3 \boxed{\text{(가)}} + 200\text{MeV}$$

보기

㉠ (가)는 중성자이다.
㉡ 반응 전과 반응 후에 질량은 보존되지 않는다.
㉢ (가)의 속력을 느리게 하는 데 물을 이용할 수 있다.

① ㉠
② ㉠, ㉢
③ ㉡, ㉢
④ ㉠, ㉡, ㉢

해설

(가)는 중성자이며, 핵반응 전후 질량수에는 변함이 없지만 질량에는 변화가 생기며 그 차이만큼이 에너지로 나오게 된다($\Delta E = \Delta mc^2 = 200\text{MeV}$). 핵반응 시 발생되는 고속의 중성자의 속력을 느리게 하기 위해 물(경수 : H_2O, 중수 : D_2O), 흑연이 사용된다.

11 그림은 등가속도 직선 운동하는 물체의 속도를 시간에 따라 나타낸 것이다. 0초부터 10초까지 물체의 운동에 대한 설명으로 옳은 것은?

[2017 지방직 9급]

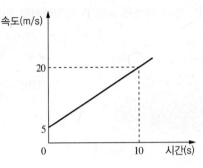

① 물체의 이동거리는 125m이다.
② 물체의 가속도의 크기는 2m/s²이다.
③ 물체에 작용하는 알짜힘의 크기는 증가한다.
④ 물체에 작용하는 알짜힘의 방향과 물체의 운동방향은 반대이다.

해설
① 물체의 이동거리는 $v-t$ 그래프의 아래면적으로 $s=125$m이다.
② 물체의 가속도 크기는 1.5m/s²이다.
③, ④ 등가속도 운동이므로 알짜힘은 일정하며, 물체의 속도가 증가하고 있으므로 힘의 방향과 운동방향은 동일하다.

12 그림과 같이 빛이 굴절률 n_1인 매질에서 n_2인 매질로 입사할 때 입사각은 30°, 굴절각은 45°이었다. 이에 대한 설명으로 옳은 것은?

[2017 지방직 9급]

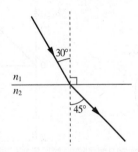

① 굴절률은 n_1이 n_2보다 작다.
② 입사각을 30°보다 크게 하면 굴절각은 45°보다 작아진다.
③ 굴절률이 n_1인 매질에서보다 n_2인 매질에서 빛의 속력이 느리다.
④ 빛이 굴절률 n_1인 매질에서 n_2인 매질로 진행할 때 전반사가 일어날 수 있다.

해설
입사각보다 굴절각이 더 큰 예에 해당한다. 따라서 굴절률은 n_2가 n_1보다 작으므로, n_2에서 빛의 속력이 더 빠르다. 굴절률이 큰 매질에서 작은 매질로 빛이 진행할 때 전반사가 일어날 조건이 된다. 입사각을 크게 하면, 굴절각도 커진다.

13 그림 (가)는 고온의 액체 A가 든 비커를 저온의 액체 B에 담근 모습이고, (나)는 A와 B의 온도를 시간에 따라 나타낸 것이다. t초 후 A와 B의 온도가 같아졌고, A의 온도 변화가 B의 온도 변화보다 크다. 이에 대한 설명으로 옳은 것은?(단, A와 B의 질량은 같고, 열의 이동은 A와 B 사이에서만 일어난다고 가정한다) [2017 지방직 9급]

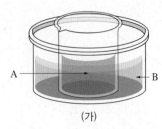

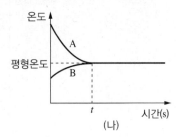

(가) (나)

① 비열은 A가 B보다 크다.
② 이 현상과 관련된 법칙은 온도 측정의 이론적 기반이 된다.
③ A가 잃은 열량이 B가 얻은 열량보다 크다.
④ 열용량은 A와 B가 같다.

해설

비열이 클수록 온도변화가 작게 나타난다. 따라서 B가 A보다 비열이 더 크다. 열평형 상태에서 온도를 측정할 수 있다. 열평형 상태가 되었을 때 A가 잃은 열량은 B가 얻은 열량과 같다. B의 비열이 더 크므로, 질량이 동일할 경우 열용량은 B가 더 크다.

14 그림 (가)는 지면에 수직으로 들어가는 방향으로 균일하게 형성된 자기장 영역에 원형고리도선이 고정된 것을 나타낸 것이고, (나)는 (가)에서 주어진 자기장의 세기(B)를 시간에 따라 나타낸 것이다. 각 구간 a, b, c, d에서 원형고리도 선에 유도되는 전류의 세기를 각각 I_a, I_b, I_c, I_d라고 할 때, 그들의 크기 순서를 옳게 나타낸 것은?

[2017 지방직 9급]

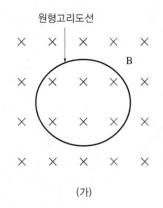

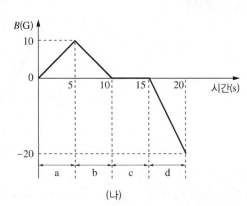

(가) (나)

① $I_c < I_a = I_b < I_d$
② $I_d < I_c < I_b < I_a$
③ $I_c < I_d < I_b < I_a$
④ $I_d < I_c < I_a = I_b$

해설

유도기전력의 크기는 $E = -n\dfrac{\Delta\phi}{\Delta t}$ 이므로, $\dfrac{\Delta B}{\Delta t}$ 가 클수록 유도전류도 크게 발생한다. 따라서 $I_c < I_a = I_b < I_d$이다.

15 그림 (가)는 수소 원자의 선스펙트럼을, (나)는 (가)의 A, B, C에 해당하는 빛을 금속판에 동시에 비추었을 때 광전자가 방출되는 것을 나타낸 것이다. A, B, C는 각각 양자수가 $n=3$, $n=4$, $n=5$인 궤도에서 $n=2$인 궤도로 전자가 전이할 때의 방출선이고, f_A, f_B, f_C는 각각 A, B, C에 해당하는 빛의 진동수들이다. 어떤 금속판의 문턱진동수가 f_B보다 크다고 할 때, 이 현상에 대한 설명으로 옳은 것은? [2017 지방직 9급]

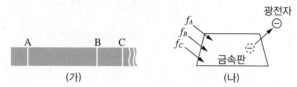

(가)   (나)

① 진동수는 f_A가 f_B보다 크다.

② A에 해당하는 빛의 파장이 C에 해당하는 빛의 파장보다 길다.

③ 진동수가 f_C인 빛만 금속판에 비추면 광전자가 방출되지 않는다.

④ 진동수가 f_A인 빛의 세기를 더 강하게 하여 금속판에 비추면 더 많은 광전자가 방출된다.

해설

① f_A는 $n=3 \rightarrow n=2$이므로 $f_B(n=4 \rightarrow n=2)$보다 진동수가 더 작다.

② A에 해당하는 빛의 파장이 C에 해당하는 빛의 파장보다 길다.

③, ④ 한계진동수보다 큰 빛인 f_C를 비추면 광전자는 즉시 방출되며, 한계진동수보다 작은 빛인 f_A의 빛을 강하게 비추더라도 광전자는 방출되지 않는다.

---

16 그림은 직선상에서 운동하는 물체 A, B의 위치를 시간에 따라 나타낸 것이다. A, B의 운동에 대한 설명으로 옳은 것은?(단, 가는 실선과 굵은 실선은 각각 A와 B의 위치를 시간에 따라 나타낸 것이다) [2017 서울시 9급]

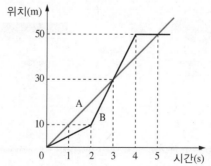

① 0~3초까지 이동한 거리는 A가 B보다 크다.   ② 0~5초까지 평균속력은 A와 B가 같다.

③ 3초일 때 순간속력은 A가 B보다 크다.   ④ 0~5초 동안 B는 등속도 운동한다.

해설

① 0~3초까지 이동한 거리는 A, B 모두 30m이다.

② 0~5초까지 평균속력은 A, B 모두 10m/s로 동일하다.

③ 3초일 때 순간속력은 A는 10m/s이고 B는 20m/s이다.

④ 0~5초 동안 B는 가속도 운동을 하였다.

17 그림과 같이 지면으로부터 높이가 h인 곳에서 질량이 같은 공 A, B, C를 서로 다른 방향으로 같은 속력 v_0로 던졌다. 이 공이 지면에 도달할 때의 속력의 크기(v_A, v_B, v_C)를 옳게 나타낸 것은?(단, 공기저항은 무시한다)

[2017 서울시 9급]

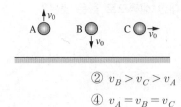

① $v_A > v_B > v_C$

② $v_B > v_C > v_A$

③ $v_C > v_B > v_A$

④ $v_A = v_B = v_C$

해설

A가 연직 상방 운동을 하여 올라갔다가 다시 처음 높이로 되돌아오게 되었을 때 속도는 v_0가 된다. 그러므로 B와 동일하게 연직하방으로 v_0의 속력으로 던져진 운동이 된다.

따라서 A, B는 $v^2 - v_0^2 = 2gs$에서 $s = h$이므로 대입하면, $v = \sqrt{v_0^2 + 2gh}$ 이다.

수평속도 v_0로 던져진 C의 경우 자유낙하 속도 성분이 더해지게 되므로, $v = \sqrt{v_0^2 + (gt)^2}$ 이 된다. 자유 낙하하는데 걸리는 시간 $t = \sqrt{\dfrac{2h}{g}}$ 을 대입하면, $v = \sqrt{v_0^2 + 2gh}$ 가 된다.

따라서 A = B = C이다.

18 그림 (가)는 대전되지 않은 검전기의 금속판에 백열등 빛을 비추었더니 금속박에 아무 변화가 없는 모습을, (나)는 백열등을 자외선등으로 바꾸어 금속판에 빛을 비추었더니 금속박이 벌어진 모습을 나타낸 것이다. 이에 대한 설명으로 옳은 것은?

[2017 서울시 9급]

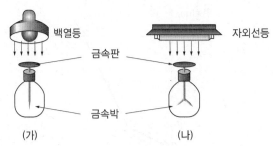

① (가)에서 백열등 빛의 세기를 증가시키면 금속박이 벌어진다.

② 자외선등 빛의 진동수는 금속판의 문턱진동수보다 작다.

③ (나)에서 금속박은 양(+)전하로 대전된다.

④ 이 현상은 빛의 파동성의 증거이다.

해설

금속판의 한계진동수 이상에 해당하는 빛(자외선)을 비출 때 광전자는 방출된다. 따라서 (가)에 백열등의 세기를 증가시켜도 광전자는 방출되지 않는다. 자외선은 금속판의 문턱진동수보다 크기 때문에 광전자가 방출되어 금속박이 벌어진 것이다. 따라서 광전자가 방출된 검전기는 금속박이 (+)전하를 띠게 된다. 이 현상은 빛의 입자성을 입증하는 실험이다.

19 다음 (가), (나), (다)는 각각 방사선 A, B, C를 방출하는 핵반응식을 나타낸 것이다. 이에 대한 설명으로 옳은 것은?

[2017 서울시 9급]

> (가) $^{226}_{88}Ra \rightarrow {}^{222}_{86}Rn + [A]$
>
> (나) $^{137}_{55}Cs \rightarrow {}^{137}_{56}Ba + [B] + \overline{\nu}_e$
>
> (다) $^{20}_{10}Ne \rightarrow {}^{20}_{10}Ne + [C]$

① A는 렙톤의 한 종류이다.

② A, B, C 중 B가 투과력이 가장 강하다.

③ C는 암치료에 이용할 수 있다.

④ (나)의 $^{137}_{55}Cs$와 $^{137}_{56}Ba$는 동위원소이다.

해설

A는 $^{4}_{2}He$, B는 전자, C는 γ선이다. 따라서 투과력은 C가 가장 강하며, 암치료에 이용되고 있다. 동위원소는 원자번호는 동일하고 질량수가 다를 때 동위원소라 칭한다.

20 그림은 x축에 고정되어 있는 점전하 A, B가 만드는 전기장의 전기력선을 방향 표시 없이 나타낸 것이다. 점 b에서 전기장은 0이고, 점 c에서 전기장의 방향은 $-x$방향이다. 두 점전하 A, B와 점 a, b, c는 각각 같은 거리만큼 떨어져 있다. 이에 대한 설명으로 옳은 것은?

[2017 서울시 9급]

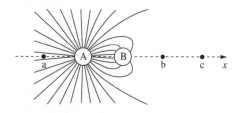

① 전하량의 크기는 A가 B의 2배이다.

② 전하량의 크기는 A가 B의 3배이다.

③ A는 양(+)전하, B는 음(−)전하이다.

④ a에서 전기장의 방향은 $+x$방향이다.

해설

두 점전하 내부에 전기장이 0인 지점이 있을 때는 두 전하가 서로 같은 종류 전하이다. 그러나 전기장이 0인 지점이 두 점전하 밖(b지점)에 있을 경우 두 전하는 서로 다른 종류 전하이다. b지점에서 전기장이 0이므로, b지점에 임의의 (+)단위전하를 놓고 A, B 전하의 전하량을 고려하면, A는 $4Q$, B는 Q이다. c지점에서 전기장의 방향이 $-x$방향이므로, A는 (−)전하, B는 (+)전하임을 알 수 있다. 따라서 a에서 전기장의 방향은 $+x$방향이다.

21 그림은 수평면에 놓인 물체 B 위에 물체 A를 올려놓은 것을 나타낸 것이다. A, B의 질량은 각각 m, $2m$이고, A와 B는 정지한 상태이다. 이에 대한 설명으로 옳은 것을 보기에서 모두 고른 것은?(단, 중력 가속도는 g이다)

[2017 서울시 9급]

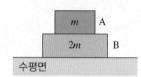

┌─ 보기 ├─
ㄱ. A에 작용하는 알짜힘(합력)은 0이다.
ㄴ. A가 B를 누르는 힘과 B가 A를 떠받치는 힘은 작용과 반작용의 관계이다.
ㄷ. 수평면이 B를 떠받치는 힘의 크기는 $2mg$이다.

① ㄱ   ② ㄷ   ③ ㄱ, ㄴ   ④ ㄴ, ㄷ

해설
ㄱ. 물체 A는 정지상태이므로 알짜힘은 0이다.
ㄴ. A가 B를 누르는 힘(중력)과 B가 A를 떠받치는 힘(수직항력)은 작용 반작용 관계이다.
ㄷ. 수평면이 B를 떠받치는 힘은 $3mg$이다.

22 파동에 대한 설명으로 옳지 않은 것은?

[2017 서울시 9급]

① 파동이 퍼져 나갈 때 전달되는 것은 에너지이다.
② 공기 중에서 소리의 속력은 온도가 낮을수록 빠르다.
③ 전자기파는 매질이 없어도 전파되는 파동이다.
④ 소리는 매질의 진동방향과 파동의 진행방향이 나란한 종파이다.

해설
파동은 매질을 통해서 에너지가 전달되는 현상이다. 공기 중에서 소리의 속력은 온도가 높을수록 빠르다.

23 그림과 같이 p-n 접합 다이오드 A와 B, 전구 A와 B를 이용하여 회로를 구성하였다. 이에 대한 설명으로 옳은 것은?

[2017 서울시 9급]

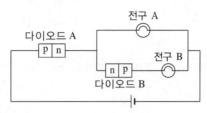

① 다이오드 B에는 순방향 전압이 걸린다.
② 전구 B는 불이 들어오고 전구 A에는 불이 들어오지 않는다.
③ 다이오드 A에는 양공이 왼쪽으로 전기력을 받아 p-n 접합면에서 멀어진다.
④ 전원의 극을 바꾸면 전구 A, B 모두 불이 들어오지 않는다.

해설

다이오드 B에는 역방향 전압이 걸려서 전구 B에 불이 켜지지 않는다. 순방향 전압연결이 이루어진 다이오드 A에 의해 전구 A는 불이 켜진다. 그러나 전원의 극을 바꾸면 다이오드 A에 역방향 전압연결이 되어 전구 A, B에 불이 들어오지 않는다.

24 그림은 실린더 속에 들어있는 이상기체의 상태를 A에서 B로 변화시켰을 때 A와 B에서의 압력과 부피를 나타낸 것이다. 이 과정에 대한 설명으로 옳은 것은?

[2017 서울시 9급]

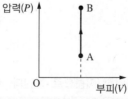

① 기체의 온도는 일정하다.
② 내부에너지가 증가한다.
③ 기체가 외부에 일을 한다.
④ 기체가 외부로 열에너지를 방출한다.

해설

① 보일-샤를의 법칙 $\dfrac{P_A V_A}{T_A} = \dfrac{P_B V_B}{T_B}$ 에 따라 기체의 온도는 증가한다.

② 기체의 내부에너지는 온도가 증가하므로 증가한다.

③ 부피 팽창이 나타나지 않았으므로 외부에 일을 하지 않았다.

④ 기체는 외부로부터 열에너지를 흡수한 것이다.

25 우라늄 $^{235}_{92}U$의 양성자 수와 중성자 수를 순서대로 옳게 나열한 것은?

[2017 서울시 9급]

① 92, 143

② 92, 235

③ 143, 235

④ 143, 327

> **해설**
> 질량수 = 양성자 수 + 중성자 수이므로 양성자 수 92, 중성자 수 143이다.

26 무게가 550N인 두 개의 동일한 물체가 그림과 같이 도르래를 통해 용수철 저울에 줄로 연결되어 평형을 이루고 있다. 용수철 저울의 눈금(N)은?

[2017 고졸 지방직 9급]

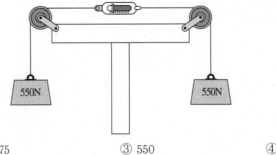

① 0

② 275

③ 550

④ 1,100

> **해설**
> 왼쪽 추와 오른쪽 추는 작용-반작용 관계로 볼 수 있다. 따라서 550N이다.

27 전자기파는 진공에서의 파장에 따라 다양한 이름으로 불린다. 다음 중 전자기파가 아닌 것은?

[2017 고졸 지방직 9급]

① 알파선

② 형광등 불빛

③ 병원에서 엑스레이 사진을 찍을 때 사용하는 X-선

④ 자외선

> **해설**
> 알파선은 ^4_2He의 입자선이다.

28 다음 그림은 똑같은 두 파동이 속력이 같고 서로 반대 방향으로 진행하다가 중첩되기 시작한 것을 나타낸다. 이때부터 파동의 $\frac{1}{4}$ 주기가 지났을 때 중첩된 파동의 모양으로 옳은 것은? [2017 고졸 지방직 9급]

해설
위상이 같은 지점이 서로 만나기 때문에 보강간섭이 나타난다.

29 다음 글에서 설명하는 기본입자는? [2017 고졸 지방직 9급]

- 렙톤에 속한다.
- 중성자의 베타(β) 붕괴과정에서 발견된다.
- 전하량은 $-e$이다.

① 중성자   ② 전 자
③ 양성자   ④ 뮤 온

해설
$\beta^- : n \rightarrow p + e^- + \overline{\nu}_e$

30 그림과 같이 x축상에 거리가 d, $2d$, $4d$인 곳에 전하량이 각각 −1C, +2C, q인 전하가 고정되어 있다. 전하 q의 크기(C)는?(단, $x=0$에서 세 전하에 의한 전기장은 0이다) [2017 고졸 지방직 9급]

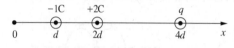

① −4   ② +1   ③ +2   ④ +8

> **해설**
> $x=0$ 지점에 단위전하를 놓고 각각의 전하에 의한 전기장의 세기를 구하여 더한 값이 0이 됨을 통해 $4d$ 지점의 전하의 크기를 구한다.
> $$\frac{-16\text{C}}{16d^2}+\frac{8\text{C}}{16d^2}+\frac{q}{16d^2}=0, \quad q=8\text{C}$$

31 두 인공위성 A와 B가 궤도반경이 각각 r_A, r_B인 다른 원궤도를 등속 원운동하고 있다. A와 B의 공전속력이 각각 v, $2v$라고 할 때 궤도반경의 비 $r_A : r_B$는? [2017 고졸 지방직 9급]

① 1 : 2   ② 2 : 1   ③ 1 : 4   ④ 4 : 1

> **해설**
> 궤도운동하는 인공위성은 $GM\dfrac{m}{r^2}=\dfrac{mv^2}{r}$ 이므로, $\dfrac{1}{r_A}:\dfrac{1}{r_B}=v_A^2:v_B^2$
> 따라서 $r_A : r_B = 4 : 1$

32 그림과 같이 일정한 전류 I가 흐르는 직선 도선이 있고, 같은 평면에 놓인 원형 도선을 일정한 속도 v로 오른쪽으로 당길 때 일어나는 현상으로 옳지 않은 것은? [2017 고졸 지방직 9급]

① 원형 도선에 전자기 유도 현상이 발생한다.
② 원형 도선 내부를 통과하는 자기력선속은 감소한다.
③ 원형 도선에 흐르는 유도전류의 방향은 반시계방향이다.
④ 원형 도선 내부를 통과하는 직선 도선에 의한 자기장의 방향은 종이면으로 들어가는 방향이다.

> **해설**
> 원형 도선 내부를 통과하는 직선 도선에 의한 자기력선의 감소에 의해 전자기 유도 현상이 발생한다. 렌츠의 법칙에 따라 원형 도선에는 시계방향의 유도전류가 발생한다.

33 그림은 한쪽 끝이 열린 관에 물을 담고 소리굽쇠에서 나는 음파의 공명위치를 찾는 실험을 나타낸 것이다. 물의 높이를 낮추어 갈 때, n번째 공명이 일어난 위치를 x_n이라고 하자. $x_1 = L$일 때 x_2와 x_3의 값은?

[2017 고졸 지방직 9급]

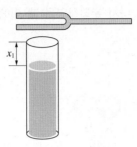

	x_2	x_3			x_2	x_3
①	$1.5L$	$2L$		②	$2L$	$3L$
③	$2L$	$4L$		④	$3L$	$5L$

해설

$x_1 = \dfrac{1}{4}\lambda = L$, $\lambda = 4L$이므로 $x_2 = L + 2L = 3L$, $x_3 = L + 2L + 2L = 5L$

34 그림과 같이 받침대 A, B에 질량이 5kg, 길이가 4m인 막대를 수평면과 나란하게 올려놓고, O점으로부터 3m인 지점에 질량이 2kg인 물체를 올려놓았을 때 힘의 평형상태가 유지된다. 이때 받침대 A가 막대에 작용하는 힘의 크기(N)는?(단, 중력가속도는 10m/s^{2}이고, 막대의 밀도는 균일하며 두께와 폭은 무시한다) [2017 고졸 지방직 9급]

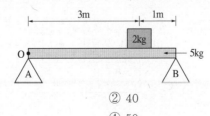

① 30   ② 40

③ 45   ④ 50

해설

힘의 평형 $F_A - 20\text{N} - 50\text{N} + F_B = 0$, $F_A + F_B = 70\text{N}$

돌림힘의 평형 $F_A \cdot (0\text{m}) - 20\text{N} \cdot (3\text{m}) - 50\text{N} \cdot (2\text{m}) + F_B \cdot (4\text{m}) = 0$

$4F_B = 160\text{N}$, $F_B = 40\text{N}$

따라서 받침점 A에 작용하는 힘 $F_A = 30\text{N}$

35 그림 (가)는 동일한 두 금속구 A, B를 절연된 실에 연결하여 서로 접촉을 시켜 놓고 (+)대전체를 A에 가까이 가져간 것이고, 그림 (나)는 대전체를 가까이 한 상태에서 두 금속구를 분리시킨 후 대전체를 치운 상태이다. 이때 금속구 A, B에 대전된 전하량은 각각 $-Q$, $+Q$이다. 두 금속구와 동일한 대전되지 않은 금속구 C를 (나)의 A에 접촉시키고 나서 분리한 후, 다시 B에 접촉시키고 나서 분리하였을 때 이에 대한 설명으로 옳지 않은 것은?

[2017 고졸 지방직 9급]

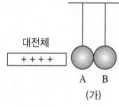 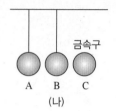

① 금속구 B의 최종 전하량은 $+\dfrac{Q}{2}$이다.

② 금속구 A의 최종 전하량은 $-\dfrac{Q}{2}$이다.

③ (가)에서 전자는 금속구 B에서 A로 이동하였다.

④ 금속구 C는 마지막에 (+)전하로 대전된다.

> **해설**
>
> 대전된 금속구 A, B의 전하량이 $-Q$, $+Q$이었다. 이때 대전되지 않은 C를 금속구 A에 접촉시킴으로써, A와 C는 $-\dfrac{1}{2}Q$로 대전된다. 그리고 $-\dfrac{1}{2}Q$로 대전된 C를 $+Q$로 대전된 B와 접촉시키면, $+\dfrac{1}{2}Q$의 전하량을 서로 나누어 가지게 된다. 따라서 B와 C는 $+\dfrac{1}{4}Q$의 전하량을 갖는다.

36 그림은 p형 반도체에 (+)극을 연결하고, n형 반도체에 (−)극을 연결한 모습이다. 이에 대한 설명으로 옳지 않은 것은?

[2017 고졸 지방직 9급]

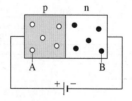

① A는 양공이다.
② 순방향 연결이다.
③ 이 회로에는 전류가 잘 흐른다.
④ B는 전자로 (−)극 쪽으로 이동한다.

> **해설**
>
> 순방향 전압 연결이므로 n형 반도체의 전자는 p−n 접합부로 이동한다.

37 다음은 핵융합 과정의 일부를 나타낸 반응식이다. 이에 대한 설명으로 옳지 않은 것은? [2017 고졸 지방지 9급]

$$_1^2H + _1^3H \rightarrow _2^4He + (\ ㉠\ ) + 17.6MeV$$

① ㉠은 중성자이다.
② 에너지를 흡수하는 반응이다.
③ 반응 전과 후에 질량수가 변하지 않는다.
④ 반응 과정에서 질량결손이 일어난다.

해설
주어진 예시는 핵융합반응으로 반응 전후 질량수는 변함없지만, 질량이 감소한다. 감소한 질량만큼은 에너지로 전환되어 방출된다.

38 그림은 빛이 A매질에서 B매질로 비스듬히 입사할 때 경계면에서의 반사와 굴절 현상을 나타낸 것이다. 이에 대한 설명으로 옳은 것만을 모두 고른 것은? [2017 고졸 지방직 9급]

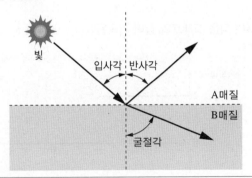

㉠ 입사각을 점점 증가시키면 특정각 이상부터 전반사가 일어난다.
㉡ 매질의 굴절률은 A가 B보다 크다.
㉢ 입사광의 속력은 굴절광의 속력보다 크다.
㉣ 입사광과 굴절광의 진동수는 같다.

① ㉠, ㉢
② ㉡, ㉣
③ ㉠, ㉡, ㉣
④ ㉡, ㉢, ㉣

해설
주어진 조건에서는 빛의 굴절각이 입사각보다 커지므로, 밀한 매질에서 소한 매질로의 이동을 보여주고 있다. 따라서 굴절률은 매질 A가 크므로 빛의 속력은 굴절광보다 느리지만, 빛의 진동수에는 변화가 없다.

39 그림은 일정량의 이상기체 상태를 A → B → C로 변화시키는 동안, 이상기체의 압력과 부피를 나타낸 것이다. 이에 대한 설명으로 옳은 것은?

[2017 고졸 지방직 9급]

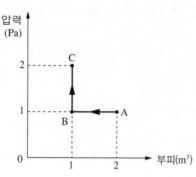

① A → B 과정에서 기체가 외부에 일을 한다.
② 기체의 내부에너지는 A보다 B에서 더 크다.
③ B → C 과정에서 기체가 외부에 열을 방출한다.
④ 기체의 온도는 B보다 A에서 더 높다.

해설

A → B의 과정동안 기체는 외부로부터 일을 받았다. 기체의 내부에너지는 온도에 비례하므로 A가 온도가 높은 지점이므로 내부에너지도 더 크다.
B → C 과정은 압력이 증가하므로 기체가 외부로부터 열을 공급받음을 의미한다.

40 물체가 정지 상태에서 출발하여 다음 그래프와 같이 가속된다. $t = 0\text{s}$ 에서 $t = 20\text{s}$ 까지 물체가 이동한 거리(m)는?(단, 물체는 직선상에서 운동한다)

[2017 고졸 지방직 9급]

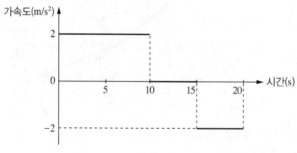

① 225
② 250
③ 275
④ 300

해설

• 처음 10초간 등가속도 운동으로 이동한 거리 $s_{t=10} = \frac{1}{2}(2)(10)^2 = 100\text{m}$

• 다음 5초간 등속도 운동으로 이동한 거리 $s_{t=5} = 20 \times 5 = 100\text{m}$

• 다음 5초간 등가속도 운동으로 이동한 거리 $s_{t=5} = 20 \times 5 + \frac{1}{2}(-2)(5)^2 = 75\text{m}$

∴ $100 + 100 + 75 = 275\text{m}$

41 부피가 1,000cm³이고 질량이 0.1kg인 물체가 있다. 이 물체를 물속에 완전히 잠기게 했을 때 받게 되는 부력의 크기(N)는?(단, 물의 밀도는 1g/cm³, 중력가속도는 10m/s²이다) [2017 고졸 지방직 9급]

① 1
② 10
③ 100
④ 1,000

해설

부력 $F_\rho = \rho V g = 1\text{g/cm}^3 \times 1,000\text{cm}^3 \times 10\text{m/s}^2 = 10\text{kg} \cdot \text{m/s}^2 = 10\text{N}$

42 그림과 같이 두 점전하 A, B가 원점 O에서 동일한 거리만큼 떨어진 x축상에 놓여 있다. y축상의 한 점 P에서 A, B에 의해 $-y$방향의 전기장이 형성되어 있다고 할 때, 이에 대한 설명으로 옳은 것은? [2017 고졸 지방직 9급]

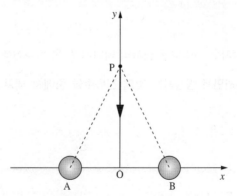

① A의 전하와 B의 전하는 서로 다른 종류이다.
② A의 전하량의 크기와 B의 전하량의 크기는 다르다.
③ P점에 (−)전하를 놓는다면, (−)전하는 $+y$축 방향으로 힘을 받는다.
④ 전기장의 세기는 O에서보다 P에서 더 작다.

해설

A, B 전하는 동일하게 (−) 전하이며, 전하량도 동일하다. 따라서 O점에서 형성될 전기장의 세기는 0이 되어 P점보다 전기장의 세기가 더 약하다.

43 그림과 같이 질량 3kg인 물체를 천장에 실로 매달고 수평방향으로 힘 F를 가해, 실이 연직방향과 30°의 각이 유지되도록 하였다. 이때 줄에 걸리는 장력의 크기(N)는?(단, 중력가속도는 10m/s²이다) [2017 고졸 지방직 9급]

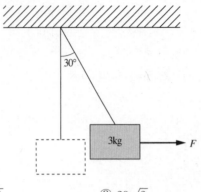

① $15\sqrt{2}$　　　　② $15\sqrt{3}$　　　　③ $20\sqrt{2}$　　　　④ $20\sqrt{3}$

해설

세 힘의 평형 상태이므로, 라미의 정리를 적용하여 구한다.

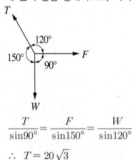

$$\frac{T}{\sin 90°} = \frac{F}{\sin 150°} = \frac{W}{\sin 120°}$$

$$\therefore T = 20\sqrt{3}$$

44 보어의 수소원자 모형에서 양자수 n에 따른 전자의 에너지 E_n은 바닥상태의 에너지가 $-E_0$일 때 $E_n = -\dfrac{E_0}{n^2}$이다.

전자가 $n=2$인 상태로 전이하면서 방출하는 빛의 진동수들 중에서 제일 큰 것을 제일 작은 것으로 나눈 값은?

[2017 고졸 지방직 9급]

① $\dfrac{3}{2}$　　　　② $\dfrac{9}{5}$　　　　③ 2　　　　④ $\dfrac{11}{4}$

해설

전자가 $n_2 \rightarrow n_1$로 전이하는 경우, $E = hf = E_0 \left(\dfrac{1}{n_1^2} - \dfrac{1}{n_2^2} \right)$, $(n_1 < n_2)$이므로

가장 큰 빛의 진동수를 가지려면 $n_2 = \infty$: $E = E_0 \left(\dfrac{1}{2^2} - \dfrac{1}{\infty^2} \right) = \dfrac{E_0}{4}$, $f_{max} = \dfrac{E_0}{4h}$

가장 작은 빛의 진동수를 가지려면 $n_2 = 3$: $E = E_0 \left(\dfrac{1}{2^2} - \dfrac{1}{3^2} \right) = \dfrac{5E_0}{36}$, $f_{min} = \dfrac{5E_0}{36h}$

따라서 가장 큰 빛의 진동수를 가장 작은 진동수 값으로 나누면 $\dfrac{f_{max}}{f_{min}} = \dfrac{9}{5}$

45 그림은 감은 수 N_1인 1차 코일에 전압 V_1인 교류전원장치를 연결한 이상적인 변압기의 구조를 나타낸 것이다. 2차 코일에는 전압과 감은 수가 각각 V_2, $3N_1$일 때, 이에 대한 설명으로 옳지 않은 것은? [2017 고졸 지방직 9급]

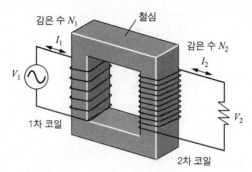

① 패러데이의 전자기 유도 현상을 이용한 것이다.
② 2차 코일에 걸리는 전압 V_2는 V_1의 3배이다.
③ 코일에 흐르는 교류전류의 세기는 I_2가 I_1의 3배이다.
④ 1차 코일과 2차 코일에 흐르는 교류전류의 진동수는 같다.

해설
변압기는 패러데이 전자기 유도 현상을 이용한 예로써 $N_1 : N_2 = V_1 : V_2 = I_2 : I_1$이 성립하며, 교류의 진동수는 1, 2차가 동일하다.

01 표준 모형을 구성하는 입자에 대한 설명으로 옳은 것은?

[2018 국가직 9급]

① 전자는 렙톤에 속한다.

② 중성미자는 음(−)전하를 띤다.

③ 뮤온은 약한 상호작용을 매개하는 입자이다.

④ 위 쿼크와 아래 쿼크의 전하량은 크기가 같고 부호는 반대이다.

해설

① 전자는 렙톤에 속한다.

② 중성미자는 전하량이 없다.

③ 약한 상호작용의 매개입자는 Z보손과 W보손이다.

④ 위 쿼크의 전하량은 $+\dfrac{2}{3}$ 이고, 아래 쿼크의 전하량은 $-\dfrac{1}{3}$ 이다.

02 다음 그림과 같이 서로 다른 물질 A와 B의 경계면을 향해 빛이 입사각 θ로 입사하여 일부는 반사되고 일부는 굴절되었다. 이에 대한 설명으로 보기에서 옳은 것만을 모두 고른 것은?

[2018 국가직 9급]

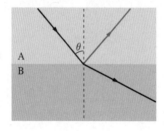

보기

㉠ θ가 임계각보다 커지면 굴절되는 빛이 사라진다.

㉡ 빛의 속도는 A에서가 B에서보다 더 크다.

㉢ A, B를 이용하여 광섬유를 제작한다면 A를 코어로, B를 클래딩으로 사용해야 한다.

① ㉠   ② ㉡   ③ ㉠, ㉢   ④ ㉡, ㉢

해설

제시된 문항의 그림에서 살펴볼 때 매질 B에서 굴절각이 크므로, A는 밀한 매질, B는 소한 매질임을 알 수 있다.

㉠ θ가 임계각보다 커지면 굴절되는 빛이 사라지게 된다.

㉢ 광섬유는 전반사 조건을 만족시키는 구조로 제작되기에 A가 밀한 매질인 코어가 되고, B는 소한 매질인 클래딩이 된다.

㉡ 빛의 속도는 매질 B에서 더 빠르다.

03 고열원에서 열을 흡수하여 외부에 일을 하고 저열원으로 열을 방출하는 열기관이 있다. 이 열기관의 열효율이 40%이고 저열원으로 방출한 열이 600J일 때 열기관이 외부에 한 일(J)은?

[2018 국가직 9급]

① 200 ② 240 ③ 360 ④ 400

해설

열효율 $e = \dfrac{H_H - H_L}{H_H}$

열기관이 외부에 한 일 $W = H_H - H_L$

문제에서 H_L은 600J이고, 열효율은 40%이므로,

$0.4 = \dfrac{H_H - 600}{H_H}$, $H_H = 1{,}000$J

$\therefore W = 1{,}000 - 600 = 400$J

04 다음 그림과 같이 직선상에 일정한 간격 d로 점전하 Q_1, Q_2와 두 지점 A, B가 있다. A에서 Q_1에 의한 전기장의 세기는 1N/C이고, Q_1과 Q_2에 의한 전기장의 합은 0이다. B에서 Q_1과 Q_2에 의한 전기장의 합의 세기(N/C)는?

[2018 국가직 9급]

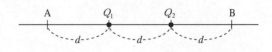

① $\dfrac{17}{4}$ ② $\dfrac{15}{4}$ ③ $\dfrac{5}{2}$ ④ $\dfrac{3}{2}$

해설

Q_1에 의한 전기장 세기 $E_{Q_1} = k\dfrac{Q_1}{d^2} = 1$N/C

Q_1, Q_2에 의한 A지점의 전기장의 세기 $E_A = E_{Q_1} + E_{Q_2} = k\dfrac{Q_1}{d^2} + k\dfrac{Q_2}{4d^2} = 0$, $k\dfrac{Q_1}{d^2} = \dfrac{\text{N}}{\text{C}}$ 이므로 $k\dfrac{Q_2}{4d^2} = -\dfrac{\text{N}}{\text{C}}$

Q_1, Q_2에 의한 B지점의 전기장의 세기 $E_B = E_{Q_1} + E_{Q_2} = k\dfrac{Q_1}{4d^2} + k\dfrac{Q_2}{d^2} = \dfrac{1}{4} \times \dfrac{\text{N}}{\text{C}} + 4 \times \left(-\dfrac{\text{N}}{\text{C}}\right) = -\dfrac{15}{4}\dfrac{\text{N}}{\text{C}}$

크기를 묻는 문제이므로, 답은 $\dfrac{15}{4}$

05 x축상에서 움직이는 물체가 $+x$방향으로 20m/s의 속도로 등속도 운동하여 일정한 거리를 진행한 후, 곧이어 등가속도 운동하여 물체의 최종 속도가 $+x$방향으로 4m/s가 되었다. 등속도 운동으로 진행한 거리와 등가속도 운동으로 진행한 거리가 같다면, 전체 운동 시간 동안 이 물체의 평균 속력(m/s)은? [2018 국가직 9급]

① $8\sqrt{2}$　　　　　　　　　　　　　② 12
③ $10\sqrt{2}$　　　　　　　　　　　　④ 15

해설

등속도 운동 진행거리 = 등가속도 운동 진행거리

$20t_1 = 20t_2 - \dfrac{(20-4)}{2}t_2$ 이므로 $t_2 = \dfrac{5}{3}t_1$

∴ 물체의 평균 속력 $= \dfrac{20t_1 + 20t_2 - 8t_2}{t_1 + t_2} = 15$

06 아인슈타인의 특수상대성 이론으로 설명할 수 없는 현상만 나열한 것은? [2018 지방직 9급]

① 중력파, 질량·에너지 동등성
② 길이 수축, 중력에 의한 시간 팽창
③ 중력 렌즈, 블랙홀
④ 수성의 세차 운동, 질량·에너지 동등성

해설

• 아인슈타인 특수상대성 이론에 해당하는 현상 : 질량·에너지 동등성, 길이 수축, 시간 팽창
• 아인슈타인 일반상대성 이론에 해당하는 현상 : 중력파, 중력 렌즈, 블랙홀, 수성의 세차 운동

07 다음 그림의 (가), (나)는 길이와 굵기가 같은 두 종류의 관을 나타낸 것으로 (가)는 한쪽 끝만 열려 있고 (나)는 양쪽 끝이 열려 있다. (가), (나)의 관 내부의 공기를 진동시키고 공명 현상을 이용하여 일정한 진동수의 음을 발생시킨다. (가)에서 발생하는 음의 최소 진동수가 f일 때, (나)에서 발생하는 음의 최소 진동수는?(단, 공기의 온도는 일정하다)

[2018 지방직 9급]

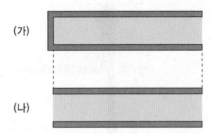

① $\dfrac{f}{4}$　　　　② $\dfrac{f}{2}$　　　　③ $2f$　　　　④ $4f$

해설

- (가)의 기본진동 : $\lambda = 4l$, $f_1 = \dfrac{v}{4l}$

- (나)의 기본진동 : $\lambda = 2l$, $f_2 = \dfrac{v}{2l}$

∴ $f_2 = 2f_1$

08 다음 그림과 같이 $+y$방향으로 세기가 일정한 전류 I가 흐르는 직선 도선 P가 y축에 고정되어 있고, $x = 3d$에 직선 도선 Q가 P와 나란히 고정되어 있다. x축상의 점 $x = 2d$에서 자기장의 세기가 0이 되기 위하여 Q에 흐르는 전류의 세기와 방향은?(단, 두 도선은 가늘고 무한히 길다)

[2018 지방직 9급]

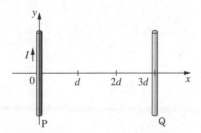

① $\dfrac{1}{4}I$, $+y$　　② $\dfrac{1}{2}I$, $+y$　　③ $\dfrac{1}{4}I$, $-y$　　④ $\dfrac{1}{2}I$, $-y$

해설

$B = k\dfrac{I}{r}$ 이므로, $2d$지점에서 자기장이 0되려면 $B_{2d} = B_P + B_Q = k\dfrac{I}{2d} - k\dfrac{x}{d} = 0$

∴ $x = \dfrac{I}{2}$, $+y$방향

09 다음 그림은 열효율이 0.25인 카르노 열기관이 절대온도 T_1의 고열원에서 Q_1의 열을 흡수하여 W의 일을 하고 절대온도 T_2의 저열원으로 Q_2의 열을 방출하는 것을 나타낸 것이다. $Q_2 = 6Q$, $T_1 = 8T$일 때, Q_1과 T_2의 값은?

[2018 지방직 9급]

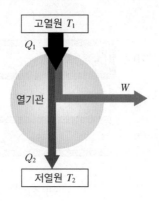

	Q_1	T_2
①	$8Q$	$6T$
②	$10Q$	$6T$
③	$8Q$	$4T$
④	$10Q$	$4T$

해설

$e = \dfrac{H_H - H_L}{H_H}$, $W = H_H - H_L$

$x = Q_1$ 이라고 하면

$0.25 = \dfrac{x - 6Q}{x}$ 이므로, $\therefore$ $Q_1 = x = 8Q$

$y = T_2$ 라고 하면

$0.25 = \dfrac{8T - y}{8T}$ 이므로, $\therefore$ $T_2 = y = 6T$

10 다음 그림 (가)는 마찰이 없는 수평면에서 운동 중인 질량이 4kg인 물체에 일정한 크기의 힘 F가 운동 방향으로 작용하여 물체가 10m를 이동한 것을 나타낸 것이다. 그림 (나)는 (가)의 물체에 F가 작용한 순간부터 물체의 운동에너지를 이동 거리에 따라 나타낸 것이다. 이에 대한 설명으로 옳지 않은 것은? [2018 지방직 9급]

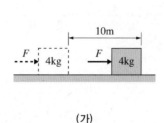

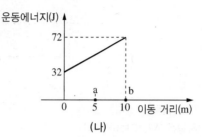

(가) (나)

① F가 작용하기 직전 물체의 속력은 4m/s이다.
② a에서 물체의 가속도 크기는 1m/s²이다.
③ F의 크기는 4N이다.
④ a에서 b까지 물체의 이동 시간은 2초이다.

해설

① F가 작용하기 직전의 물체의 속력은
$\frac{1}{2}mv^2 = 32$이므로 $v = 4\text{m/s}$

② a지점에서의 가속도 크기는
$F \cdot s = \Delta E_k$, $ma \cdot s = \Delta \frac{1}{2}mv^2$, $40a = (72 - 32)$이므로 $a = 1\text{m/s}^2$

③ 힘 F의 크기, $F = ma = 4\text{N}$

④ b지점에서의 속력을 구하면, $40 = \frac{1}{2}m(v_b^2 - v_a^2)$, $40 = 2(v_b^2 - 16)$, $v_b = 6\text{m/s}$
$v_b = v_a + at$, $t = 2\text{s}$이므로 0에서 b까지의 이동 시간이 2초이다.

11 다음 그림은 고정되어 있는 두 점전하 A, B 주위의 전기력선을 나타낸 것이다. 이에 대한 설명으로 옳은 것을 보기에서 모두 고른 것은? [2018 서울시 9급]

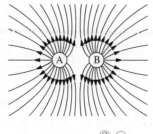

보기

ㄱ A는 양(+)전하이다.
ㄴ A와 B의 전하량은 같다.
ㄷ A와 B 사이에 전기적 인력이 작용한다.

① ㄱ   ② ㄷ   ③ ㄱ, ㄴ   ④ ㄴ, ㄷ

해설

A, B는 모두 양전하이고, 전하량이 같으며, 전기적 척력이 작용하고 있다.

12 다음 그림과 같이 점전하 B를 x축 위에 고정된 점전하 A, C로부터 거리가 각각 r, $2r$인 지점에 놓았더니 B가 정지해 있었다. 이에 대한 설명으로 옳은 것을 보기에서 모두 고른 것은?   [2018 서울시 9급]

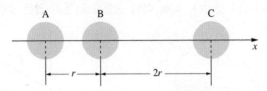

┌─ 보기 ──┐
ㄱ A와 C의 전하 종류는 같다.
ㄴ 대전된 전하량은 A가 C보다 크다.
ㄷ A와 B 사이에 서로 당기는 힘이 작용하면 B와 C 사이에도 서로 당기는 힘이 작용한다.
└──┘

① ㄱ, ㄴ   ② ㄱ, ㄷ
③ ㄴ, ㄷ   ④ ㄱ, ㄴ, ㄷ

해설

점전하 B를 A와 C 사이에 놓았을 때 점전하 B가 정지해 있으려면, A와 C는 동일한 종류의 전하이고, 전기장의 세기는 거리의 제곱에 반비례해야 하므로, A의 전하량은 C의 전하량의 1/4배가 된다.

13 다음 그림과 같이 기울기가 일정하고 마찰이 없는 경사면에서 시간 $t=0$일 때 점 p에 물체 A를 가만히 놓는 순간, 물체 B가 v의 속력으로 경사면의 점 q를 통과하였다. 동일한 직선 경로를 따라 운동하는 A, B는 각각 L_A, L_B만큼 이동하여 t_0초 후 같은 속력으로 충돌하였다. 이때 $L_A : L_B$는?   [2018 서울시 9급]

① 1 : 1   ② 1 : 2
③ 1 : 3   ④ 2 : 3

해설

$L_A = 0 + \frac{1}{2}at_0^2$, $v_A = 0 + at_0 = at_0$

$L_B = v_{B_i}t_0 - \frac{1}{2}at_0^2$, $v_{B_f} = v_{B_i} - at_0$

A의 나중 속력과 B의 나중 속력은 같으므로, $v_A = v_{B_f} = at_0$, $v_{B_i} = 2at_0$

따라서, $L_A : L_B = \frac{1}{2}at_0^2 : 2at_0^2 - \frac{1}{2}at_0^2 = \frac{1}{2}at_0^2 : \frac{3}{2}at_0^2 = 1 : 3$

14 다음 그림은 오른쪽으로 진행하는 파징이 4cm인 파동의 한 점의 변위를 시간에 따라 나타낸 것이다. 이 파동에 대한 설명으로 가장 옳은 것은? [2018 서울시 9급]

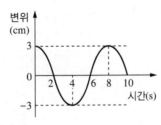

① 진행 속력은 0.5cm/s이다.
③ 진폭은 6cm이다.
② 진동수는 1Hz이다.
④ 주기는 4초이다.

해설

파동의 속력 $v = f\lambda = \dfrac{\lambda}{T}$

① $v = 4\text{cm}/8\text{s} = 0.5\text{cm/s}$
③ 진폭은 3cm

② 진동수는 $\dfrac{1}{8}$ Hz
④ 주기는 8초

15 다음 그림은 물체 A와 물체 B가 실로 연결된 채 정지한 상태에서 운동을 시작하여 경사면을 따라 등가속도 운동을 하는 모습을 나타낸 것이다. A, B의 질량은 각각 3m, 2m이다. A가 P에서 Q까지 이동하는 동안, 나타나는 현상에 대한 설명으로 옳은 것을 보기에서 모두 고른 것은?(단, 실의 질량과 모든 마찰은 무시한다) [2018 서울시 9급]

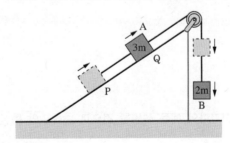

┌ 보기 ├
㉠ A의 운동에너지는 증가한다.
㉡ B의 역학적 에너지는 일정하다.
㉢ B에 작용하는 중력이 한 일은 B의 운동에너지 증가량과 같다.

① ㉠
③ ㉠, ㉡
② ㉢
④ ㉡, ㉢

해설

본 문항은 A-B가 서로 엮인 물체계이다. 따라서 A의 운동에너지는 증가하지만, B의 위치에너지는 감소하여 계의 전체 역학적 에너지는 일정하게 보존된다. B에 작용하는 중력이 한 일은 A의 운동에너지 증가량과 같다.

16 다음 그림은 물속에 완전히 잠긴 채 정지해 있는 직육면체 모양의 물체를 나타낸 것이다. 이 물체에 가해지는 압력의 방향 및 크기를 화살표로 가장 옳게 나타낸 것은? [2018 서울시 9급]

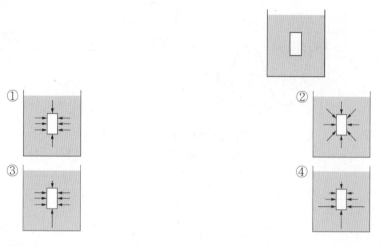

해설

수압은 깊어질수록 세진다. 물체가 물에 잠긴 채 정지해 있으므로, ④번 그림과 같이 4개의 면에 힘이 작용하고 있다.

17 다음은 일상에서 사용되는 전자기파의 예를 설명한 것으로 ㉠~㉢의 특성을 옳게 짝지은 것은? [2018 고졸 지방직 9급]

㉠ 휴대전화와 같은 통신기기나 전자레인지에 사용된다.
㉡ 물질에 쉽게 흡수되므로 물질을 가열하며, 비접촉 온도계에 사용된다.
㉢ 에너지가 높아 생체조직과 유기체를 쉽게 투과하며, 공항에서 가방 속 물건을 검사하는 데 사용된다.

	㉠	㉡	㉢
①	마이크로파	적외선	X선
②	마이크로파	자외선	X선
③	자외선	적외선	γ선
④	적외선	자외선	X선

18 다음 그림은 직선 운동하는 물체의 속도를 시간에 따라 나타낸 것이다. 이 물체의 운동에 대한 설명으로 옳지 않은 것은?

[2018 고졸 지방직 9급]

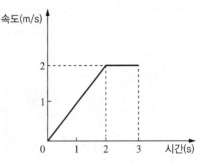

① 0초에서 2초까지 등가속도 운동을 한다.
② 0초에서 2초까지 이동한 거리가 2초에서 3초까지 이동한 거리보다 크다.
③ 0초부터 2초까지 평균 속력은 1m/s이다.
④ 1초일 때 가속도의 크기는 1m/s^{2}이다.

해설
0~2초까지 이동한 거리와 2~3초까지 이동한 거리는 2m로 동일하다.

19 다음 그림은 고열원에서 500kJ의 열을 흡수하여 W의 일을 하고 저열원으로 300kJ의 열을 방출하는 열기관을 모식적으로 나타낸 것이다. 이 열기관의 열효율(%)은?

[2018 고졸 지방직 9급]

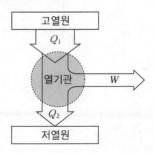

① 20   ② 30
③ 40   ④ 50

해설
$$e = \frac{H_H - H_L}{H_H} = \frac{500 - 300}{500} = 0.4$$

20 다음 그림처럼 솔레노이드 근처에서 막대자석을 움직였을 때, 솔레노이드에 유도되어 저항 R에 흐르는 전류의 방향이 A → R → B가 아닌 것은?

[2018 고졸 지방직 9급]

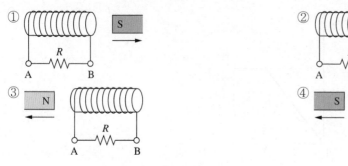

해설

렌츠의 법칙을 적용하면, ④의 경우 A부분은 유도전류에 의하여 N극이 형성되고, B부분에는 S극이 형성됨을 알 수 있다.

21 다음 그림은 일정량의 이상기체 상태가 A → B → C를 따라 변화할 때 부피와 온도의 관계를 나타낸 것이다. 이에 대한 설명으로 옳은 것은?

[2018 고졸 지방직 9급]

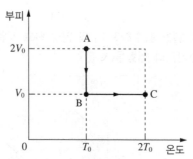

① A → B 과정에서 기체가 한 일은 0이다.

② A → B 과정에서 기체의 압력은 2배가 된다.

③ B → C 과정에서 내부에너지는 일정하다.

④ A → B 과정에서는 열을 흡수하고 B → C 과정에서는 열을 방출한다.

해설

A → B 과정에서 기체가 한 일은 $W = P(2V_0 - V_0)$

B → C 과정에서 내부에너지는 증가한다. 내부에너지는 $U \propto T$이다.

A → B 과정에서 열을 방출하고, B → C 과정에서는 열을 흡수한다.

22 다음 그림의 (가)는 단색광이 매질 A에서 매질 B로 입사각 θ로 입사할 때 반사하는 일부이 빛과 굴절하는 일부이 빛의 진행 경로를 나타낸 것이다. 그림 (나)는 같은 단색광이 매질 C에서 매질 B로 입사각 θ로 입사할 때 매질의 경계면에서 모두 반사되는 빛의 진행 경로를 나타낸 것이다. 이에 대한 설명으로 옳은 것은?[2018 고졸 지방직 9급]

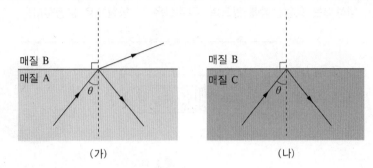

(가)   (나)

① 단색광의 속력은 A에서보다 C에서 더 크다.
② 매질 A의 굴절률이 가장 크다.
③ (나)에서 임계각은 θ보다 작다.
④ 매질 A에서 매질 C로 같은 단색광을 입사각 θ로 입사하면 전반사가 일어난다.

해설
문제의 그림에서 매질의 굴절률은 $n_C > n_A > n_B$이다. 따라서 단색광의 속력은 C보다 A에서 더 크다. 전반사는 밀한 매질에서 소한 매질로 빛이 진행할 때 발생한다.

23 다음 그림은 질량이 5kg인 정지한 물체에 작용하는 알짜힘을 시간에 대해 나타낸 것이다. 알짜힘이 작용하는 동안 물체의 운동 방향은 변하지 않는다. 물체의 운동에 대한 설명으로 옳은 것만을 모두 고르면?[2018 고졸 지방직 9급]

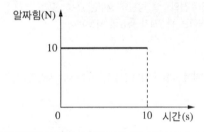

ⓐ 0에서 10초까지 물체가 받은 충격량의 크기는 100N·s이다.
ⓑ 0에서 10초까지 물체 운동량의 크기는 일정하다.
ⓒ 10초에서 물체의 속력은 20m/s이다.

① ⓑ   ② ⓒ   ③ ⓐ, ⓑ   ④ ⓐ, ⓒ

해설
충격량은 운동량의 변화량과 같다. 문제의 그래프에서는 운동량의 크기가 일정함을 알 수 없다.
ⓐ 충격량 $= F \times t = 10 \times 10 = 100$N·s
ⓒ $F = m \times a$, $10 = 5 \times a$이므로 $a = 2$
∴ $V = V_0 + at = 0 + 2 \times 10 = 20$m/s

24 다음 그림은 행성 A에서 행성 B를 향해 일정한 속도로 움직이는 우주선을 나타낸 것이다. 우주선은 광속에 가까운 속도로 운동하고 있으며, 철수는 우주선 내에 있고, 영희와 행성 A, B는 우주선 밖에 정지해 있다. 영희가 측정한 A와 B 사이의 거리와 우주선의 x방향의 길이는 각각 L과 l이다. 이에 대한 설명으로 옳은 것만을 모두 고르면?(단, 행성 A와 우주선, 행성 B는 동일선상에 있으며, 우주선은 $+x$방향으로 운동한다)

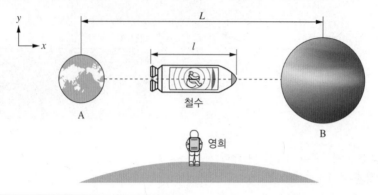

[2018 고졸 지방직 9급]

ㄱ 철수가 측정한 A와 B 사이의 거리는 L보다 짧다.
ㄴ 철수가 측정한 우주선의 x축 방향의 길이는 l보다 짧다.
ㄷ 영희가 관찰한 철수의 시간은 영희 자신의 시간보다 느리게 간다.

① ㄱ, ㄴ   ② ㄱ, ㄷ   ③ ㄴ, ㄷ   ④ ㄱ, ㄴ, ㄷ

해설

고유 길이(ΔL_0)는 어떤 물체에 대해 정지한 관찰자가 측정한 길이이다.

$$\Delta L = \Delta L_0 \sqrt{1-(v/c)^2}$$

영희가 측정한 정지한 두 행성 간의 거리가 고유 길이이며, 이에 대해 움직이는 관찰자 철수가 측정한 거리는 영희가 측정한 거리보다 짧게 측정된다. 반면, 움직이는 비행체를 측정한 경우는 움직이는 철수가 측정한 우주선의 길이가 고유 길이에 해당한다. 따라서, 영희가 우주선을 측정할 경우 더 짧게 측정된다. 결국 철수가 측정한 우주선의 x축 방향의 길이는 l보다 길다.

고유 시간(Δt_0)은 어떤 경로를 통해 움직이는 관찰자가 측정한 시간이다.

$$\Delta t = \frac{\Delta t_0}{\sqrt{1-(v/c)^2}}$$

즉, 철수가 측정한 시간이 고유 시간에 해당하며, 이를 관찰한 영희의 입장에서는 자신의 시간보다 철수의 시간이 더 느리게 진행하는 것으로 나타난다.

25 다음 그림은 전압이 일정한 전원장치에 연결되어 녹색 단색광을 방출하는 p-n 발광다이오드(LED)를 나타낸 것이다. 이에 대한 설명으로 옳지 않은 것은? [2018 고졸 지방직 9급]

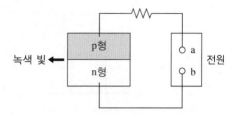

① a단자는 (+)극이다.
② LED 내부에서 전자와 양공이 결합한다.
③ 전원장치를 반대로 연결하면 불이 들어오지 않는다.
④ 파란 빛이 방출되는 다이오드는 그림의 다이오드보다 에너지띠 간격(띠틈)이 더 작다.

해설
$E = hf$이므로, 녹색 빛보다 파란 빛의 진동수가 더 크기 때문에 에너지띠 틈의 간격이 녹색 LED보다 파란 LED가 더 크다.

26 다음 그림은 등속 직선 운동하는 자동차 A, B, C를 나타낸 것이다. A는 지면에 대하여 서쪽으로 20m/s, B는 A에 대하여 동쪽으로 30m/s, C는 B에 대하여 동쪽으로 20m/s의 속력으로 운동한다. 지면에 대한 A, B, C의 속력을 각각 v_A, v_B, v_C라고 할 때, 옳지 않은 것은?(단, 처음에 A는 B의 서쪽에, C는 B의 동쪽에 있다) [2018 고졸 지방직 9급]

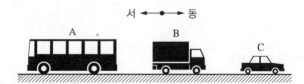

① $v_A > v_B > v_C$이다.
② v_B는 10m/s이다.
③ v_C는 30m/s이다.
④ B와 C 사이의 거리는 점점 멀어진다.

해설
$|v_A| = 20\text{m/s}$, $|v_B| = 10\text{m/s}$, $|v_C| = 30\text{m/s}$

27 다음 그림은 보어의 원자모형에서 에너지 준위 E_1, E_2, E_3와 전자가 전이하는 과정 a, b를 나타낸 것이다. 이에 대한 설명으로 옳은 것만을 모두 고르면?

[2018 고졸 지방직 9급]

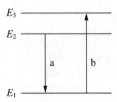

┌───┐
│ ㉠ 에너지 준위는 불연속적이다.   │
│ ㉡ 과정 a에서 빛이 방출된다.   │
│ ㉢ 출입하는 빛에너지는 과정 a에서가 과정 b에서보다 크다.   │
└───┘

① ㉠   ② ㉡

③ ㉠, ㉡   ④ ㉡, ㉢

해설

$|E_3 - E_1| > |E_2 - E_1|$

---

28 핵반응에 대한 설명으로 옳은 것은?

[2018 고졸 지방직 9급]

① 우라늄 235($^{235}_{92}U$)가 중성자를 흡수한 후 가벼운 원자핵으로 분열한다.

② 수소 핵융합이 일어나면 질량이 증가한다.

③ 핵반응 전후에 질량이 보존된다.

④ 제어봉으로 연쇄반응이 빠르게 일어나도록 조절한다.

해설

② 수소 핵융합이 일어나면 질량결손이 발생하고 이로 인해 에너지가 방출된다.

③ 핵반응 전후 질량수는 보존되지만, 질량은 보존되지 않는다.

④ 제어봉은 핵분열과정에서의 중성자를 제거함으로써 연쇄반응이 느리게 일어나도록 제어한다.

29 다음 그림은 균일한 외부 자기장 B영역에 물체를 넣었을 때, 물체 내부의 원자자석의 배열을 나타낸 것이다. 원자자석은 B와 반대 방향으로 정렬한다. 이에 대한 설명으로 옳은 것은?　　　[2018 고졸 지방직 9급]

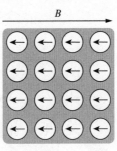

① B를 제거해도 원자자석은 오랫동안 정렬을 유지한다.
② 그림과 같은 성질을 갖는 물질로는 철, 니켈, 코발트가 있다.
③ 원자 자석이 존재하는 이유는 원자 내 전자의 운동 때문이다.
④ B가 0일 때, 물체에 자석을 가까이 하면 물체와 자석 사이에는 인력이 작용한다.

해설
문제의 그림은 반자성체를 나타내고 있다.
① 반자성체는 외부 자기장을 제거하면 자성의 효과가 사라진다.
② 철, 니켈, 코발트는 대표적인 강자성체이다.
④ 외부 자기장이 0일 때, 자석을 물체에 가져다 대면 자석과 물체 사이에는 척력이 작용한다.

30 다음 그림과 같이 점전하 $+Q$를 고정하고 거리 r인 점에 점전하 A를 두었다. $-9Q$인 점전하를 그림에 표시된 위치에 놓았을 때, 점전하 A가 받는 전기력이 0이 되었다. 거리 x는?(단, 전기력 외의 다른 힘은 모두 무시한다)　　　[2018 고졸 지방직 9급]

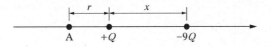

① $\dfrac{1}{2}r$

② r

③ $\dfrac{3}{2}r$

④ $2r$

해설
$\dfrac{1}{r^2} + \dfrac{-9}{(r+x)^2} = 0$, $\dfrac{1}{r^2} = \dfrac{9}{(r+x)^2}$ 이므로
$9r^2 = (r+x)^2$, $(3r)^2 = (r+x)^2$
$\therefore x = 2r$

31 다음 그림은 발전기의 원리를 도식으로 나타낸 것이다. 사각형 고리는 자석 사이에 있으며 고리와 연결된 회전축이 회전함에 따라 고리가 회전한다. 이에 대한 설명으로 옳은 것만을 모두 고르면? [2018 고졸 지방직 9급]

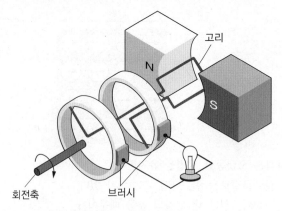

⊙ 발전기는 역학적 에너지를 전기에너지로 전환시키는 장치이다.
ⓒ 고리를 통과하는 자기력선속의 변화가 클수록 흐르는 전류의 양이 증가한다.
ⓒ 이 발전기에서 발생하는 전류의 방향은 일정하게 유지된다.

① ㄱ, ㄴ
② ㄱ, ㄷ
③ ㄴ, ㄷ
④ ㄱ, ㄴ, ㄷ

해설
문제의 그림에 제시된 발전기는 교류발전기이다. 따라서, 발전기에서 발생하는 전류의 방향은 주기적으로 변한다.

32 다음 그림에서 실선은 어느 파동의 한 순간의 모습을 나타낸 것이다. 0.1초 후에 점선과 같이 이동했다고 할 때, 이 파동의 속력(m/s)은? [2018 고졸 지방직 9급]

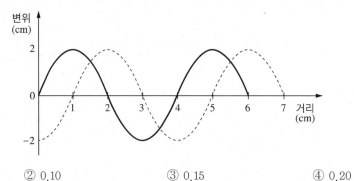

① 0.05
② 0.10
③ 0.15
④ 0.20

해설
$$v = \frac{\lambda}{T} = \frac{4\text{cm}}{0.4\text{s}} = 0.1\text{m/s}$$

33 다음 그림은 스마트 카드 내부의 모습을 도식으로 나타낸 것이다. 이에 대한 설명으로 옳은 것만을 모두 고르면?

[2018 고졸 지방직 9급]

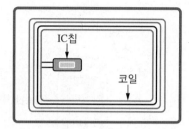

> ㉠ 코일은 안테나의 역할을 한다.
> ㉡ 전자기 유도현상에 의해서 코일에 전류가 흐른다.
> ㉢ 교통카드나 하이패스 카드도 이 원리를 이용한 것이다.

① ㉠, ㉡

② ㉠, ㉢

③ ㉡, ㉢

④ ㉠, ㉡, ㉢

해설
스마트 카드 내의 코일이 안테나 역할을 하여 전자기 유도현상을 일으킨다.

34 다음 그림은 평행하게 놓인 직선 도선 P에 전류 I_0가 흐르고, P로부터 $2r$만큼 떨어진 지점에 도선 Q가 P에 나란하게 놓인 것을 나타낸 것이고, 표는 Q에 흐르는 전류의 크기와 방향, P와 Q 사이의 중심점 0에 형성되는 자기장의 세기를 나타낸 것이다. B_1, B_2, B_3 대소관계로 옳은 것은?(단, P에 흐르는 전류의 방향을 (+)로 하며, 지구자기장은 무시한다)

[2018 고졸 지방직 9급]

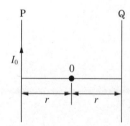

도선 Q에 흐르는 전류의 크기	도선 Q에 흐르는 전류의 방향	도선 0점에서 자기장의 세기
0		B_1
$2I_0$	+	B_2
I_0	−	B_3

① $B_1 = B_2 > B_3$

② $B_2 > B_1 = B_3$

③ $B_3 > B_1 = B_2$

④ $B_3 > B_2 > B_1$

해설
$$B_1 = k\frac{I_0}{r}, \ B_2 = k\left(\frac{I_0}{r} - \frac{2I_0}{r}\right), \ B_1 = k\left(\frac{I_0}{r} + \frac{I_0}{r}\right)$$

35 다음 그림은 광전관의 금속판에 단색광 A 또는 B를 비추는 모습을 나타낸 것이다. A를 비추었을 때 금속판에서는 광전자가 방출되었고, B를 비추었을 때는 광전자가 방출되지 않았다. 이에 대한 설명으로 옳은 것은?

[2018 고졸 지방직 9급]

① A의 진동수는 금속판의 문턱 진동수보다 적다.
② 파장은 A가 B보다 짧다.
③ 금속판에 A, B를 동시에 비추면 광전자가 방출되지 않는다.
④ 금속판을 비추는 B의 세기를 증가시키면 광전자가 방출될 수 있다.

해설

$f_A > f_B$, $\lambda_A < \lambda_B$이다.
빛 A가 주어졌을 때 광전효과가 나타났으므로, A의 진동수는 금속판의 문턱 진동수보다 많다.
금속판 A, B를 동시에 비추면 광전자는 빛 A에 의해 방출된다.
광전효과는 문턱 진동수보다 높은 진동수의 빛이 주어질 때 즉시 나타나는 현상이다.

36 다음 그림은 질량이 M인 물체 A와 질량이 m인 물체 B를 도르래와 실을 사용하여 연결하고, A를 가만히 놓았을 때 A가 연직 아래 방향으로 등가속도 운동하는 것을 나타낸 것이다. A의 가속도의 크기는 $\frac{1}{2}g$이다. A, B에 작용하는 알짜힘을 각각 F_A, F_B라 할 때, $F_A : F_B$는?(단, g는 중력 가속도이고, 모든 마찰과 공기 저항, 실의 질량은 무시한다)

[2018 고졸 지방직 9급]

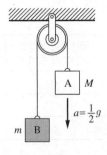

① 1 : 2
② 1 : 3
③ 2 : 1
④ 3 : 1

해설

$-T + mg = -ma$, $-T + Mg = Ma$, $a = \frac{1}{2}g$ 이를 연립하여 풀면 $3m = M$이므로, $F_A : F_B = 3:1$이다.

37 다음 그림과 같이 평평한 바닥에서 두 개의 공 A, B를 동시에 같은 속력으로, 공중에 발사한다. A는 바닥면과 30° 방향으로, B는 바닥면과 60° 방향으로 발사한다. 두 공의 운동에 대한 설명으로 가장 옳은 것은?(단, 공기저항은 무시한다) [2018 고졸 서울시 9급]

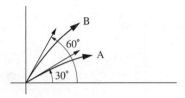

① A가 더 높이 올라간다.
② B가 먼저 바닥에 떨어진다.
③ 바닥에 떨어지는 순간의 속력은 B가 더 크다.
④ 바닥에 떨어질 때까지 두 공의 수평 이동 거리는 같다.

해설
바닥에 떨어질 때까지 두 공이 이동한 수평 이동 거리

$$R_x = \frac{v_0^2 \sin 2\theta}{g}$$

$\sin 60° = \sin 120°$이므로 두 공의 수평 이동 거리는 같다.

38 무선통신에 사용하는 두 전자기파의 주파수가 각각 800MHz와 1.8GHz이고, 공기 중에서 빛의 속도를 3.0×10^8m/s 라고 할 때, 보기의 설명 중 옳은 것을 모두 고른 것은? [2018 고졸 서울시 9급]

┌ 보기 ┐
ㄱ 800MHz 전자기파의 파장이 1.8GHz 전자기파의 파장보다 더 길다.
ㄴ 800MHz 전자기파가 1.8GHz 전자기파보다 빨리 전달되어 통신 속도가 빠르다.
ㄷ 1.8GHz 전자기파의 파장은 1.67m로, 대략 성인의 신장과 비슷하다.

① ㄱ
② ㄱ, ㄴ
③ ㄴ, ㄷ
④ ㄱ, ㄴ, ㄷ

해설
ㄱ 800MHz 전자기파의 파장이 1.8GHz 전자기파의 파장보다 길다.
ㄴ 전자기파의 속력은 동일 매질 내에서 동일한 속력을 갖는다.
ㄷ 1.8GHz 전자기파의 파장은 0.167m이다.

39 다음 그림과 같이 곡선과 원 형태로 되어 있는 장치에서, 질량 m의 구슬이 수직 방향 아래로 작용하는 중력에 의해 마찰 없이 미끄러진다. 정지 상태의 구슬을 높이 $h = 4R$에서 가만히 놓는다면, 점 A에서 구슬에 작용하는 수직항력은?

[2018 고졸 서울시 9급]

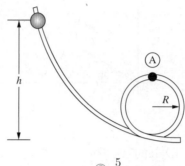

① mg

② $\dfrac{5}{3}mg$

③ $\dfrac{5}{2}mg$

④ $3mg$

> **해설**
>
> A점에서 작용하는 '수직항력 = 원심력 − 중력'으로, 식으로 나타내면 다음과 같다.
>
> $$N = m\frac{v^2}{R} - mg$$
>
> A점에서 공이 갖게 되는 운동에너지는 $2R$만큼 낙하하는 동안 얻은 위치에너지 양과 동일하다.
>
> $$mg(2R) = \frac{1}{2}mv^2, \ 4g = \frac{v^2}{R}$$
>
> 따라서, $N = m\dfrac{v^2}{R} - mg = 4mg - mg = 3mg$

40 이상기체 n몰의 열역학적 성질에 대한 설명으로 가장 옳지 않은 것은?(단, R은 기체상수이고 T는 절대온도이다)

[2018 고졸 서울시 9급]

① 단원자 분자 이상기체는 병진 운동에 대한 3개의 자유도를 가지므로 내부에너지는 $U = \dfrac{3}{2}nRT$로 표현된다.

② 이상기체의 평균 속력은 온도에 정비례하여 증가한다.

③ 이상기체의 내부에너지는 압력과 부피의 곱에 정비례하여 증가한다.

④ 이상기체는 기체분자 사이에 힘이 작용하지 않는 것을 가정한다.

> **해설**
>
> 이상기체의 평균속력은 $v \propto \sqrt{T}$이다.

41 다음 그림과 같이 자동차가 반지름이 100m인 원형 궤적을 달린다. 자동차 타이어와 도로면 사이의 마찰력이 구심력으로 작용한다. 도로면은 경사가 없이 수평이고, 도로와 바퀴의 정지마찰계수가 0.9일 때, 미끄러지지 않고 달릴수 있는 최대 속력의 값(m/s)은?(단, 중력 가속도는 10m/s²이다) [2018 고졸 서울시 9급]

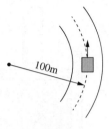

100m

① 15
③ 25

② 20
④ 30

$\mu N = m\dfrac{v^2}{r}$, $\mu mg = m\dfrac{v^2}{r}$ 이므로, $v = 30\text{m/s}$

42 길이가 1m이고 질량분포가 균일한 막대자의 한쪽 끝에 질량 1kg의 돌멩이가 그림과 같이 매달려 있다. 지렛대의 지점이 막대자의 1/8m 표기 위치일 때 돌멩이와 막대자가 평형을 이루었다고 한다. 막대자 질량의 값(kg)은? [2018 고졸 서울시 9급]

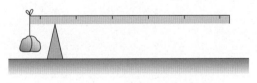

① $\dfrac{1}{4}$

② $\dfrac{1}{3}$

③ $\dfrac{1}{2}$

④ $\dfrac{2}{3}$

$\Sigma\tau = 0$, $\Sigma F \times r = 0$이므로, 받침대를 중심으로 양쪽 거리상에 있는 물체에 의한 돌림힘의 합은 동일해야 평형이 된다. 즉, 받침대 좌측은 1kg의 물체에 의한 돌림힘과 막대자의 질량 중심에 의한 돌림힘이 있고, 우측은 막대자의 질량 중심에 의한 돌림힘이 있다.

$1g \times \dfrac{1}{8} + \left(\dfrac{1}{8} \times \dfrac{1}{2}\right) \times xg = \left(\dfrac{7}{8} \times \dfrac{1}{2}\right) \times xg$

$\dfrac{1}{8} + \dfrac{x}{16} = \dfrac{7x}{16}$ 이므로

$\therefore x = \dfrac{1}{3}\text{kg}$

43 다음 그림과 같이 실린더 안에 이상기체가 들어 있다. 피스톤을 사용하여 기체의 부피를 처음의 3배가 되도록 하였고, 기체의 절대온도가 처음의 2배가 되게 하였다. 이때 이상기체 압력의 변화는?(단, 실린더와 피스톤을 통하여 열이 빠져나가지 않는다)

[2018 고졸 서울시 9급]

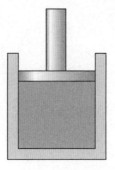

① 처음의 2/3배

② 처음의 3/2배

③ 처음의 4/9배

④ 처음의 1/3배

해설

보일-샤를 법칙 : $\dfrac{P_0 V_0}{T_0} = \dfrac{PV}{T}$ =일정이므로, 이상기체의 압력 변화는 처음의 $\dfrac{2}{3}$ 배가 된다.

44 카르노 기관이 온도 500K의 고열원에서 열을 흡수하고 300K의 저열원으로 열을 방출한다. 한 번의 순환 과정에서 이 기관이 200J의 일을 한다면 고열원에서 흡수하는 열의 값(J)은?

[2018 고졸 서울시 9급]

① 300

② 400

③ 500

④ 600

해설

$e = \dfrac{H_H - H_L}{H_H}$, $H_H - H_L = W$

45 반지름 $R = 2.0\,\text{m}$, 관성 모멘트 $I = 300\,\text{kg} \cdot \text{m}^2$인 원판형 회전목마가 $10\,\text{rev/min}$의 각속력으로 연직 방향의 회전축을 중심으로 마찰 없이 회전하고 있다. 회전축을 향하여 25kg의 어린이가 회전목마 위로 살짝 뛰어올라 가장자리에 앉는다. 이때 회전목마의 각속력의 값(rad/s)은?

[2018 고졸 서울시 9급]

① $\dfrac{1}{8}$ ② $\dfrac{1}{4}$

③ $\dfrac{\pi}{4}$ ④ $\dfrac{\pi}{2}$

해설
각운동량 보존의 법칙에 따라 $I_i w_i = I_f w_f$이다.

$$10\,\text{rev/min} = \frac{10}{60} 2\pi = \frac{1}{3}\pi\,\text{rad/s}$$

$$300 \cdot \frac{1}{3}\pi = (300 + 25 \cdot 2^2)w_f$$

$$\therefore\ w_f = \frac{1}{4}\pi\,\text{rad/s}$$

46 변압기의 1차 코일과 2차 코일의 감은 수가 각각 100번과 400번이다. 1차 코일에 전압 3V인 교류 전원을 연결할 때 2차 코일에 발생하는 전압의 값(V)은?

[2018 고졸 서울시 9급]

① 3/4   ② 3

③ 12   ④ 16

해설
$N_1 : N_2 = V_1 : V_2$

47 금속판에 자외선을 쬐었을 때 전자가 튀어나오는 광전효과의 실험적 사실에 대한 설명으로 가장 옳은 것은?

[2018 고졸 서울시 9급]

① 튀어나오는 전자의 수는 자외선의 진동수에 의해 결정된다.
② 자외선을 쬐어 준 후 전자가 튀어나올 때까지 걸리는 시간은 자외선의 세기에 따라 달라진다.
③ 튀어나오는 전자의 최대 운동에너지는 자외선의 진동수에 따라 달라진다.
④ 금속의 종류와 상관없이 자외선의 진동수가 같으면, 튀어나오는 전자의 최대 운동에너지는 같다.

해설
광전효과는 금속에 따라 주어지는 한계 진동수 이상의 빛이 주어졌을 때, 지체 없이 광전자가 발생하며, 빛의 밝기에 따라 전자의 수는 증가하며, 한계 진동수 이상의 빛에 대하여 전자의 최대 운동에너지는 진동수에 비례하여 주어진다.

48 일정한 속도 v로 움직이는 질량 m인 전하 q가 균일한 자기장 B와 수직한 방향으로 입사하는 경우, 원 운동을 하게 된다. 이 원 운동의 반지름과 각속도에 대한 설명으로 가장 옳지 않은 것은? [2018 고졸 서울시 9급]

① 각속도는 자기장에 비례한다.
② 각속도는 질량에 반비례한다.
③ 원 운동의 반지름은 자기장에 반비례한다.
④ 원 운동의 반지름은 전하량의 크기와 무관하다.

해설

$\dfrac{mv^2}{r} = qvB$, $v = rw$이므로 원 운동의 반지름은 전하량의 크기에 반비례한다.

49 운전자가 고속도로에서 동쪽을 향해 20m/s의 속력으로 이동한다. 운전자 앞쪽에서 경찰차가 500Hz의 진동수로 사이렌을 울리면서 서쪽을 향해 40m/s의 속력으로 접근하고 있다. 경찰차가 접근하는 동안 운전자가 듣는 사이렌 소리의 진동수의 값(Hz)은?(단, 정지된 공기 중에서 소리의 속력은 340m/s라 한다) [2018 고졸 서울시 9급]

① 440   ② 480
③ 520   ④ 600

해설

관찰자와 음원이 함께 움직이는 도플러 효과

$f_{관} = \dfrac{v+20}{v-40} f_{음원} = \dfrac{360}{300} \times 500 = 600\text{Hz}$

50 항구에서 배에 물건을 실을 때, 빗면을 이용하는 경우가 있다. 그림과 같이 경사각이 θ인 빗면을 따라 일정한 힘을 가해 물건을 배로 올리는 경우에 대한 보기의 설명에서 옳은 것을 모두 고른 것은?(단, 마찰 저항은 무시한다)

[2018 고졸 서울시 9급]

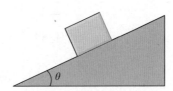

┌ 보기 ├
㉠ 물체가 움직이기 시작한 후, 물체를 일정한 속도로 올리기 위해 경사면과 평행하게 작용해야 하는 힘은 $mg\sin\theta$이다.
㉡ 경사면이 물체에 경사면의 수직 위 방향으로 작용하는 힘의 크기는 $mg\cos\theta$이다.
㉢ 적절한 마찰력이 존재하면 물건이 경사면에 정지해 있을 수 있다. 그 경우 마찰계수는 $\mu = \tan\theta$이다.

① ㉠   ② ㉡

③ ㉡, ㉢   ④ ㉠, ㉡, ㉢

해설
경사로를 따라 밀어올리는 힘 $= mg\sin\theta$
경사면에 작용하는 수직항력 $= mg\cos\theta$
경사면의 마찰력에 의해 정지해 있으려면, $mg\sin\theta = \mu mg\cos\theta$, $\mu = \tan\theta$

51 밀도가 물의 2.5배인 유리로 만든 공의 질량이 M이다. 이 유리공이 물속에 완전히 잠겼을 때 작용하는 부력은?(단, 중력 가속도는 g이다)

[2018 고졸 서울시 9급]

① $0.20Mg$ ② $0.25Mg$

③ $0.40Mg$ ④ $0.50Mg$

해설
공의 부피 $V_{ball} = \dfrac{M}{\rho_{ball}} = \dfrac{M}{2.5\rho_{water}}$
공이 완전히 잠겼을 때의 부력 $F_b = \rho_{water} V_{ball} g = 0.4Mg$

52 두 대의 선박이 서로 반대편으로 등속 이동하고 있다. 선박 A는 속력 18km/h로 남쪽에서 북쪽으로 이동하고 선박 B는 속력 24km/h로 북쪽에서 남쪽으로 이동하고 있을 때, 교차한 후 상대속도의 크기(km/h)는?

[2018 고졸 서울시 9급]

① 18 ② 24
③ 42 ④ 84

해설

상대속도 $v = v_B - v_A = 42 \text{km/h}$

53 반지름이 0.2m인 두 개의 동일한 부도체 구가 무중력 상태에서 0.6m 길이의 부도체 끈에 의해 직선 형태로 연결되어 있다. 두 구에 각각 10μC의 양전하가 균일하게 분포되어 있다고 가정할 때, 두 구를 연결하는 끈에 작용하는 장력의 값(N)은?(단, 쿨롱상수는 $k_e = 9.0 \times 10^9 \text{Nm}^2\text{C}^{-2}$이다)

[2018 고졸 서울시 9급]

① 0.9 ② 1.5
③ 1.8 ④ 3.6

해설

$$F = k_e \frac{Q_1 Q_2}{r^2} = 9 \times 10^9 \times \frac{10 \times 10^{-6} \times 10 \times 10^{-6}}{(0.2 + 0.6 + 0.2)^2} = 0.9\text{N}$$

54 1몰의 이상기체 계가 다음 그림과 같이 열역학적 평형 상태 A에서 출발하여 열역학적 평형 상태 B, C, D를 거쳐 다시 처음 상태 A로 돌아오는 열역학적 순환과정을 반복한다고 한다. 열역학 제1법칙을 적용하여 매순환 과정으로 계에서 빠져나간 열이 $Q_{out} = 1.0 \times 10^3$J일 때, 매순환 과정으로 계에 들어온 열 Q_{in}의 값(J)은?(단, $P_i = 1.0 \times 10^5$Pa, $V_i = 1.6 \times 10^{-2}$m^{3}이고 기체상수는 $R = 8.0$Jmol^{-1}K^{-1}이라 가정한다)

[2018 고졸 서울시 9급]

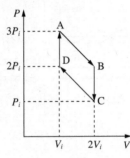

① 1.2×10^3

② 2.6×10^3

③ 3.2×10^3

④ 4.8×10^3

해설

평형사변형의 넓이 $W = \dfrac{(3P_i - 2P_i) + (2P_i - P_i)}{2}(2V_i - V_i) = P_i V_i = 1.6 \times 10^3$

$W = Q_{in} - Q_{out} = 1.6 \times 10^3$, $Q_{out} = 1.0 \times 10^3$이므로

$Q_{in} - 1.0 \times 10^3 = 1.6 \times 10^3$

∴ $Q_{in} = 2.6 \times 10^3$

55 간격이 L인 두 벽 사이에서 1차원 운동하는 전자의 물질파는 정상파를 이루게 된다. 보기 1은 가능한 정상파를 보여 주고 있다. 이에 대한 설명으로 옳은 것을 보기 2에서 모두 고른 것은?(단, h는 플랑크 상수이다)

[2018 고졸 서울시 9급]

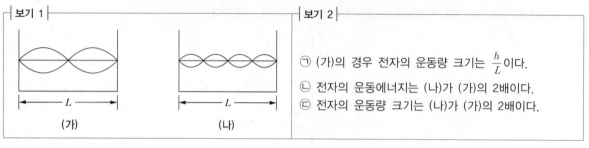

보기 1 | 보기 2

⊙ (가)의 경우 전자의 운동량 크기는 $\frac{h}{L}$이다.

ⓒ 전자의 운동에너지는 (나)가 (가)의 2배이다.

ⓒ 전자의 운동량 크기는 (나)가 (가)의 2배이다.

① ⊙

② ⓒ

③ ⊙, ⓒ

④ ⓒ, ⓒ

해설

물질파 $p = \frac{h}{\lambda}$ 이므로,

(가)의 전자의 운동량 $p_{(가)} = \frac{h}{L}$, (나)의 전자의 운동량 $p_{(나)} = \frac{h}{\frac{L}{2}}$ 이므로, (나)의 운동량이 (가)의 운동량의 2배이다.

전자의 운동에너지 $E_k = \frac{p^2}{2m}$ 이므로, (가)의 운동에너지 $\frac{\left(\frac{h}{L}\right)^2}{2m}$, (나)의 운동에너지 $\frac{\left(\frac{h}{\frac{L}{2}}\right)^2}{2m}$ 이므로,

(나)의 운동에너지는 (가)의 4배이다.

56 물이 1.8m 높이에서 0.2L/s의 비율로 튀지 않게 저울 위에 있는 용기에 떨어진다. 처음 빈 용기의 질량이 1.2kg일 때, 물이 3초 동안 떨어진 직후 저울 눈금의 값(N)은?(단, 중력 가속도 $g = 10\text{m/s}^2$이고, 물 1L의 질량은 1kg이며, 물의 낙하 거리는 일정하다)

[2018 고졸 서울시 9급]

① 3

② 6

③ 15.6

④ 19.2

해설

물방울 1개가 낙하하는 데 걸리는 시간을 계산하면 $1.8 = 0 + \frac{1}{2}10t^2$, $t = 0.6\text{s}$ 이다.

처음 1개가 떨어진 이후 3초간 5개가 더 낙하하는 것이므로, 총 6개의 물방울이 그릇에 도착하게 된다. 따라서, 전체 질량은 그릇의 질량은 $1.2 + 0.2 \times 3.6 = 1.92\text{kg}$이다.

01 다음 그림은 p-n-p형 반도체를 접합하여 만든 소자를 나타낸 것이다. 이에 대한 설명으로 옳은 것은?

[2019 국가직 9급]

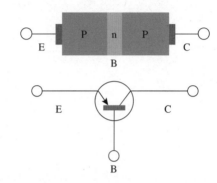

① 이 소자는 0과 1의 신호를 만드는 디지털 소자로 응용할 수 없다.
② 베이스 B와 컬렉터 C 사이에 순방향 전압을 걸어 줄 때 작동하는 소자이다.
③ 베이스 B의 미세한 신호를 컬렉터 C의 강한 신호로 바꾸는 증폭 작용을 할 수 있다.
④ p형 반도체에서는 주로 전자가 전류를 흐르게 한다.

해설
① 트랜지스터는 0과 1의 신호를 만드는 디지털 소자이다.
② B와 C 사이에 역방향 전압을 연결할 때 작동한다.
④ p형 반도체에서는 주로 양공이 전류를 흐르게 한다.

02 관성력은 물체 사이의 상호작용에 의한 힘이 아니고 관측자가 가속운동을 하기 때문에 느껴지는 겉보기 힘이다. 이에 대한 현상으로 옳은 것만을 모두 고르면?

[2019 국가직 9급]

> ㄱ. 차가 급정거 또는 급출발할 때 사람이 앞 또는 뒤로 쏠리는 힘
> ㄴ. 엘리베이터에서 무게를 잴 때, 엘리베이터가 정지해 있다가 움직이기 시작하면 무게가 변화하는 현상
> ㄷ. 평평한 책상 위에 놓인 벽돌에 작용하는 수직항력은 중력에 대한 책상의 반작용에 따른 겉보기 힘이다.

① ㄱ, ㄴ
② ㄱ, ㄷ
③ ㄴ, ㄷ
④ ㄱ, ㄴ, ㄷ

해설
수직항력과 중력은 힘의 평형 관계이다.

03 다음은 소리와 전자기파의 특성을 나열한 것이다. ㉠~㉣에 들어갈 말을 옳게 짝지은 것은? [2019 국가직 9급]

- 소리와 전자기파 중 매질이 없는 진공 중에서도 전달되는 것은 ㉠ 이다.
- 소리의 전달 속도는 액체보다 ㉡ 에서 더 빠르다.
- 소리의 크기가 클수록 음파의 ㉢ 이(가) 크다.
- 전자기파 중 자외선은 가시광선보다 ㉣ 이(가) 크며, 살균 기능이 있어 식기 소독기 등에 사용된다.

① ㉠-소리
② ㉡-고체
③ ㉢-진동수
④ ㉣-파장

해설
㉠ 전자기파
㉡ 소리의 전달 속도는 고체 > 액체 > 기체
㉢ 소리의 크기는 진폭에 비례한다.
㉣ 자외선은 가시광선보다 진동수가 크다.

04 다음 그래프는 수평면에 정지해 있는 1kg의 물체에 작용한 힘을 시간에 따라 나타낸 것이다. 0~2초 동안 물체가 마찰이 없는 바닥에서 직선운동을 할 때, 이에 대한 설명으로 옳은 것은? [2019 국가직 9급]

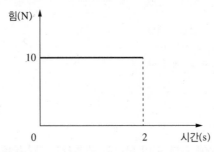

① 물체의 가속도의 크기는 5m/s²이다.
② 물체에 작용한 힘이 물체에 한 일은 200J이다.
③ 1초에서 물체의 속력은 5m/s이다.
④ 일정한 힘이 작용하였으므로 물체의 운동량의 크기는 일정하다.

해설
② $s = \frac{1}{2}at^2 = 20\text{m}$, $W = F \cdot s = 10 \cdot 20 = 200\text{J}$

① $a = \frac{F}{m} = 10\text{m/s}^2$

③ $V = at = 10 \cdot 1 = 10\text{m/s}$

④ 일정한 힘이 계속 작용하였으므로 운동량의 크기는 증가한다.

3 ② 4 ② 정답

05 다음은 중성자(n)가 전자(e⁻)를 방출하는 베타 붕괴과정을 나타낸 것이다. 이 붕괴과정과 입자 A에 대한 설명으로 옳은 것만을 모두 고르면?

[2019 국가직 9급]

$$n \rightarrow \boxed{A} + e^- + \overline{\nu}_e \text{(중성미자)}$$

ㄱ. 입자 A는 전자(e⁻)와 강한(강력) 상호작용을 한다.
ㄴ. 입자 A는 쿼크로 이루어져 있다.
ㄷ. 입자 A는 중성미자와 같은 전하를 띠고 있다.
ㄹ. 베타 붕괴과정에는 약한(약력) 상호작용이 관여한다.

① ㄱ   ② ㄴ   ③ ㄱ, ㄷ   ④ ㄴ, ㄹ

해설

$n \rightarrow p^+ + e^- + \overline{\nu}_e$

ㄱ. 양성자와 전자는 전자기 상호작용을 한다.
ㄷ. 중성미자는 전하량이 없다.

06 다음 그림은 직선 경로를 따라 한쪽 방향으로 운동하는 질량 m인 물체의 운동량을 시간에 따라 나타낸 것이다. 이에 대한 설명으로 옳은 것은?

[2019 지방직 9급]

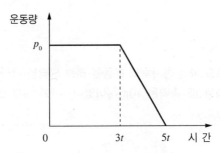

① $2t$일 때 물체의 속력은 $\dfrac{2p_0}{m}$이다.

② $0 \sim 2t$까지 물체에 작용하는 알짜힘은 일정하게 증가한다.

③ $3t$부터 $5t$까지 물체가 받은 충격량의 방향은 운동 방향과 같다.

④ $4t$일 때 물체의 가속도의 크기는 $\dfrac{p_0}{2mt}$이다.

해설

④ $a = \dfrac{\Delta V}{\Delta t} = \dfrac{0 - \dfrac{p_0}{m}}{5t - 3t} = \dfrac{-p_0}{2mt}$, ∴ 가속도의 크기는 $\dfrac{p_0}{2mt}$

① $3t$까지 운동량은 p_0으로 일정, ∴ $v = \dfrac{p_0}{m}$이다.

② $0 \sim 2t$ 동안 p_0로 일정하므로 알짜힘은 '0'이다.

③ $3 \sim 5t$에서 운동량이 감소하므로 충격량과 운동량의 방향은 서로 반대이다.

07 다음 그림의 A~C는 도체, 반도체, 절연체의 에너지띠 구조를 순서 없이 나타낸 것이다. 색칠한 부분은 에너지띠에 전자가 차 있는 것을 나타낸다. 이에 대한 설명으로 옳은 것은? [2019 지방직 9급]

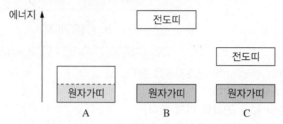

① A는 반도체이다.
② 상온에서 전기 전도도는 일반적으로 A가 B보다 높다.
③ B의 띠틈의 크기는 C의 띠틈의 크기보다 작다.
④ C는 도핑에 의해 전기 전도도가 낮아진다.

해설
• A – 도체, B – 부도체, C – 반도체
• 반도체는 도핑에 의해 전기 전도도가 높아진다.

08 다음 그림은 자동차가 직선도로를 따라 등가속도 운동을 하는 모습을 나타낸 것이다. P점에서 정지해 있다가 출발한 자동차가 10초 후 Q점을 통과할 때 속력은 10m/s이었다. 이에 대한 설명으로 옳은 것은? [2019 지방직 9급]

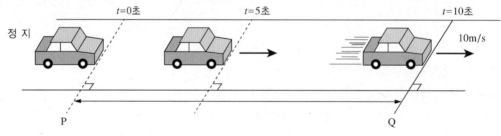

① 자동차의 가속도의 크기는 2m/s²이다.
② P와 Q 사이의 거리는 100m이다.
③ 자동차가 출발하고 5초가 지날 때 속력은 5m/s이다.
④ 자동차가 출발해서 5초 동안 이동한 거리는 50m이다.

해설

③ $v = 1 \cdot 5 = 5\text{m/s}$　　　　　① $a = \dfrac{10}{10} = 1\text{m/s}^2$

② $s = \dfrac{1}{2} \cdot 1 \cdot 10^2 = 50\text{m}$　　④ $s = \dfrac{1}{2} \cdot 1 \cdot 5^2 = 12.5\text{m}$

09 다음 그림과 같이 질량이 m으로 동일한 두 물체 A, B를 실과 도르래로 연결한 후 가만히 놓았더니 두 물체가 화살표 방향으로 움직이기 시작하였다. 물체 A의 연직 높이가 h만큼 내려왔을 때 물체 B의 연직 높이는 h'만큼 올라갔다. A의 감소한 중력 퍼텐셜 에너지가 A의 증가한 운동 에너지의 3배일 때 h'은?(단, 실은 길이가 변하지 않고 질량이 없으며 도르래는 마찰이 없고 질량이 없으며, 빗면은 바닥에 고정되어 있고 표면의 마찰이 없으며, 공기 저항은 무시한다)

[2019 지방직 9급]

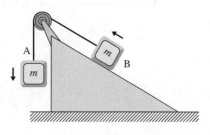

① $\dfrac{1}{3}h$ 　　　② $\dfrac{2}{3}h$ 　　　③ h 　　　④ $\dfrac{4}{3}h$

해설

E_{A_0} = A의 감소한 위치에너지 = mgh

E_A = A의 증가한 운동에너지 = $\dfrac{1}{3}mgh$(A의 감소한 위치에너지가 A의 증가한 운동에너지의 3배이므로 $E_A = \dfrac{1}{3}E_{A_0}$)

E_{B_0} = B의 증가한 위치에너지 = mgh'

E_B = B의 증가한 운동에너지 = $\dfrac{1}{3}mgh$(A의 속력과 B의 속력은 같으므로 $E_A = E_B$)

$mgh = \dfrac{1}{3}mgh + mgh' + \dfrac{1}{3}mgh$ 이므로

$\therefore\ h' = \dfrac{1}{3}h$

10 다음 그림 (가)~(다)는 정보 저장 매체인 하드디스크, CD와 DVD, 플래시 메모리를 각각 나타낸 것이다. 이에 대한 설명으로 옳지 않은 것은?

[2019 지방직 9급]

　　　(가)　　　　　　(나)　　　　(다)

① (가)는 전자기 유도 현상을 이용하여 정보를 읽는다.
② (나)는 빛을 이용하여 정보를 읽는다.
③ (나)에서 DVD는 CD보다 같은 면적에 더 많은 정보를 저장할 수 있다.
④ (다)는 강자성체를 이용하여 정보를 저장한다.

해설

④ USB는 강유전체를 이용하여 정보를 저장한다.

11 보기 1은 질량과 크기가 같은 금속구 A와 B를 대전시켜 실로 연결하여 스탠드에 매달아 놓은 것을 나타낸 것이다. θ_A와 θ_B는 각각 A에 연결된 실과 B에 연결된 실이 기울어진 각이다. 이에 대한 설명으로 옳은 것을 보기 2에서 모두 고른 것은?

[2019 서울시 9급 1회]

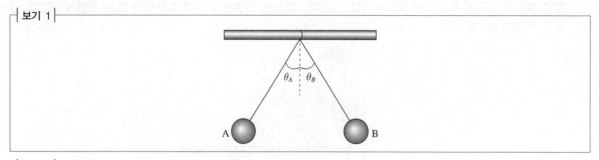

┤ 보기 1 ├

┤ 보기 2 ├

ㄱ. A와 B에 대전된 전하의 종류는 같다.

ㄴ. 대전된 전하량의 크기가 A가 B의 2배이면 대전체에 작용하는 전기력의 크기는 A가 B의 2배이다.

ㄷ. 대전된 전하량의 크기가 A가 B의 2배이면 θ_A가 θ_B보다 크다.

① ㄱ   ② ㄱ, ㄴ   ③ ㄴ, ㄷ   ④ ㄱ, ㄴ, ㄷ

해설

ㄱ. A와 B의 전하의 종류는 같다.

ㄴ, ㄷ. 작용 반작용 법칙에 따라 A, B가 서로에게 가하는 전기력의 크기는 같으며, 이에 따라 $\angle\theta_A = \angle\theta_B$이다.

12 중력장이 일정한 공간에서 수평 방향으로 던져진 물체의 운동에 대한 설명으로 가장 옳지 않은 것은?(단, 던져진 물체에는 중력만 작용한다)

[2019 서울시 9급 1회]

① 속도의 수평 방향 성분은 일정하다.

② 속도의 연직 방향 성분의 크기는 시간의 제곱에 비례한다.

③ 등가속도 운동을 한다.

④ 운동 경로는 포물선이다.

해설

② $v_y = gt$이므로 $v_y \propto t$

13 보기는 이온 $^{34}_{16}X^{2-}$을 구성하는 입자 ㉠~㉢에 대한 자료이다. ㉠~㉢은 각각 양성자, 중성자, 전자 중 하나이다. 이에 대한 설명으로 가장 옳은 것은?(단, X는 임의의 원소 기호이다) [2019 서울시 9급 1회]

┤보기├
• ㉠ 수와 ㉡ 수는 같다.　　　　　　　　　• ㉠과 ㉢은 전하를 띤다.

① ㉠ 수는 X에서가 $^{34}_{16}X^{2-}$보다 크다.　　② ㉡은 전자이다.

③ $^{34}_{16}X^{2-}$에서 ㉡ 수는 16이다.　　　　④ ㉢ 수는 $^{34}_{16}X^{2-}$에서와 $^{34}_{16}X$에서 같다.

해설
$^{34}_{16}X^{2-}$: 양성자 16, 중성자 18, 전자 18
㉠ : 전자, ㉡ : 중성자, ㉢ : 양성자
④ 양성자 수는 $^{34}_{16}X^{2-}$와 $^{34}_{16}X$에서 같다.
① 전자 수는 X에서 16개, X^{2-}에서 18개
② ㉡은 중성자이다.
③ $^{34}_{16}X^{2-}$에서 ㉡ 수는 18개이다.

14 보기는 질량이 5kg인 물체가 받은 알짜힘의 크기를 나타낸 것이다. 알짜힘의 방향은 물체의 운동 방향과 같고, 0초일 때 물체의 속력은 4m/s이다. 2초일 때 물체의 속력(m/s)은? [2019 서울시 9급 1회]

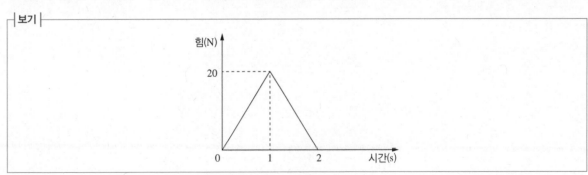

① 8　　　　　　　　　　　　　　　　② 10
③ 12　　　　　　　　　　　　　　　④ 20

해설
$\Delta P = F \cdot t = 20 = mv - 5 \cdot 4$
$40 = 5v$
$\therefore v = 8m/s$

15 보기 1은 $x-y$평면에 나란한 전기력선을 나타낸 것이다. 이에 대한 설명으로 옳은 것을 보기 2에서 모두 고른 것은?

[2019 서울시 9급 1회]

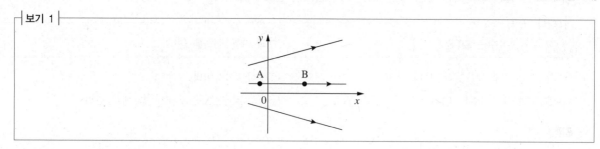

보기 1

보기 2

ㄱ. A에서 전기장의 세기는 B에서 전기장의 세기보다 작다.

ㄴ. B에서 전기장의 방향은 $+x$방향이다.

ㄷ. B에 음(−)전하를 놓았을 때 음전하가 받는 전기력의 방향은 $+x$방향이다.

① ㄴ

② ㄷ

③ ㄱ, ㄴ

④ ㄴ, ㄷ

해설

ㄱ. A에서 전기장 세기는 B에서 전기장 세기보다 크다(전기력선의 간격이 좁을수록 전기장의 세기는 크다).

ㄴ. B지점에 $+Q$를 놓을 때 $+Q$가 받는 힘의 방향이 전기장의 방향이다. 따라서 $+x$방향이다.

ㄷ. B지점에 $-Q$를 놓으면, $-x$방향으로 전기력을 받는다.

16 보기 1은 각각 우주선과 지면에 대하여 정지 상태에 있는 사람을 A, B로 니디낸 것이다. 우주선은 지면에 대해 화살표 방향으로 운동하고 있다. B는 B로부터 같은 거리에 있는 전등 P와 Q가 동시에 불이 들어오는 것을 관찰하였 다. 이에 대한 설명으로 옳은 것을 보기 2에서 모두 고른 것은? [2019 서울시 9급 1회]

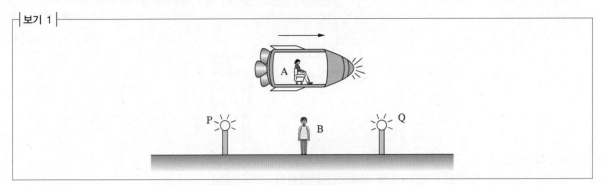

┌ 보기 1 ┐

┌ 보기 2 ┐
ㄱ. 우주선에서 비춘 빛의 속도는 A보다 B가 측정한 값이 더 크다.
ㄴ. A는 P와 Q의 불빛이 B에 동시에 도달한 것으로 관측한다.
ㄷ. A는 P가 Q보다 먼저 켜진 것으로 관측한다.

① ㄱ   ② ㄴ   ③ ㄱ, ㄴ   ④ ㄴ, ㄷ

해설
ㄱ. 빛의 속도는 관측자의 운동 상태와 관계없이 동일하다(광속도 불변의 법칙).
ㄷ. A는 Q가 P보다 먼저 켜진 것으로 관측한다(동시성의 상대성).

17 다음 그림은 물체 A, B, C에 줄 1, 2를 연결하고 C를 잡고 있다가 가만히 놓았을 때 세 물체가 등가속도 직선 운동하는 것을 나타낸 것이다. A, B, C의 질량은 각각 m, $2m$, $3m$이고, A와 B는 수평한 책상면 위에서 운동한다. 이에 대한 설명으로 가장 옳은 것은?(단, 중력 가속도는 g이고, 줄의 질량 및 모든 마찰과 공기 저항은 무시한다)

[2019 서울시 9급 2회]

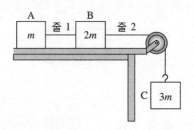

① C의 가속도의 크기는 g이다.
② A에 작용하는 알짜힘의 크기는 B에 작용하는 알짜힘의 크기와 같다.
③ 줄 1이 B에 작용하는 힘의 크기는 줄 1이 A에 작용하는 힘의 크기와 같다.
④ 줄 2가 B에 작용하는 힘의 크기는 줄 1이 B에 작용하는 힘의 크기의 2배이다.

해설

① $-T+3mg=3ma$, $T=3ma$이므로, $\therefore a=\dfrac{1}{2}g$

② $F_A=ma=\dfrac{1}{2}mg$, $F_B=(2m)a=\dfrac{1}{2}g(2m)=mg$

③ $\dfrac{1}{2}mg$로 통일

④ 줄 1이 B에 작용하는 힘$=\dfrac{1}{2}mg$, 줄 2가 B에 작용하는 힘$=\dfrac{3}{2}mg$ $\therefore$ 3배 차이가 난다.

18 다음 그림은 양 끝이 고정된 동일한 재질인 두 개의 줄 A와 B가 진동하는 모습을 나타낸 것이다. A, B의 길이는 각각 $2L$, L이고 A와 B에서 파동의 전파 속력이 서로 같을 때, 파동의 진동수를 f_A, f_B라 하면, $f_A : f_B$는?

[2019 서울시 9급 2회]

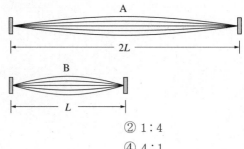

① 1 : 2
② 1 : 4
③ 2 : 1
④ 4 : 1

해설

$v=f\cdot\lambda$, $v_A=v_B$
$v_A=f_A\cdot 4L$, $v_B=f_B\cdot 2L$, $4f_A\cdot L=2f_B\cdot L$이므로
$\therefore f_A : f_B=1 : 2$

19 다음 그림은 직선 운동하는 어떤 물체의 속도를 시간에 따라 나타낸 것이다. 이 물체의 운동에 대한 설명으로 가장 옳은 것은? [2019 서울시 9급 2회]

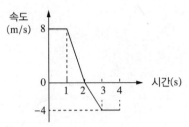

① 1~2초 동안 등속도 운동을 한다.
② 0~2초 동안 이동한 거리는 12m이다.
③ 2.5초일 때 가속도의 크기는 8m/s²이다.
④ 2~4초 동안 평균 속도의 크기는 4m/s이다.

해설

② $s = 8 \times 1 + \frac{1}{2} \times 8 \times 1 = 12\text{m}$

① 1~2초 동안 등가속도 운동을 하였다. $a = \frac{8-0}{1} = 8\text{m/s}^2$

③ $a = \frac{4-0}{1} = 4\text{m/s}^2$

④ $s = \frac{1}{2} \times 4 \times 1 + 4 \times 1 = 6\text{m}$, $v_{평균} = \frac{6}{2} = 3\text{m/s}$

20 다음 그림과 같이 막대 자석이 금속 고리의 중심축을 따라 고리를 통과하여 낙하한다. 점 p, q는 중심축상의 지점이다. 막대 자석이 p를 지나는 순간 고리에 유도되는 전류의 방향은 ⓐ이다. 이에 대한 설명으로 가장 옳은 것은?(단, 막대 자석의 크기는 무시한다) [2019 서울시 9급 2회]

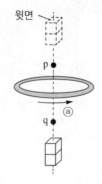

① 막대 자석의 윗면은 S극이다.
② 막대 자석이 q를 지나는 순간, 금속 고리에 유도되는 전류의 방향은 ⓐ와 같다.
③ 막대 자석이 q를 지나는 순간, 막대 자석과 금속 고리 사이에 서로 미는 힘이 작용한다.
④ 막대 자석이 p를 지나는 순간, 막대 자석과 금속 고리 사이에 서로 당기는 힘이 작용한다.

> **해설**
> ① 유도전류의 방향으로 보아 막대 자석의 윗면은 S극, 아랫면은 N극이다.
> ② q점을 지나는 순간 유도전류의 방향은 ⓐ의 반대방향이다.
> ③ q점을 지나는 순간 막대 자석과 금속 고리는 잡아당기는 힘이 작용한다.
> ④ p점을 지나는 순간 막대 자석과 금속 고리는 밀어내는 힘이 작용한다.

21 다음 그림과 같이 실린더에 들어 있는 이상 기체에 열 Q를 가했더니 기체의 압력이 P로 일정하게 유지되면서 부피가 증가하였다. 부피가 증가하는 동안, 이상 기체에 일어나는 현상에 대한 설명으로 가장 옳은 것은? [2019 서울시 9급 2회]

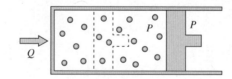

① 기체의 온도는 감소한다.
② 기체는 외부로부터 일을 받는다.
③ 기체 분자의 평균 속력은 일정하다.
④ 기체가 흡수한 열량은 기체가 외부에 한 일보다 크다.

> **해설**
> 등압 팽창과정이다. $Q = U + W$, 기체가 일을 하고 있다.
> ④ $Q > W$, 기체의 내부에너지 증가에 열의 일부가 사용되었기 때문이다.
> ① 기체의 온도는 증가한다.
> ② 기체는 외부에 일을 한다.
> ③ 기체의 평균 속력은 증가한다.

22 다음 그림과 같이 단면적이 변하는 관을 따라 이상 유체가 흐르고 있다. 관 내부 두 지점 A, B의 압력은 같고, 높이 차는 3m이며, A에서 유체의 속력은 8m/s이다. A와 B의 단면적이 각각 1cm², S일 때, S의 값은?(단, 중력 가속도 $g = 10$m/s²로 한다)

[2019 서울시 9급 2회]

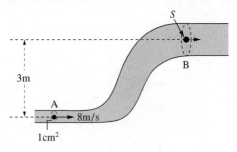

① 4cm²

② 6cm²

③ 8cm²

④ 10cm²

해설

$\frac{1}{2}\rho \cdot v_1^2 + \rho g h_1 = \frac{1}{2}\rho v_2^2 + \rho g h_2$

$v_1 = 8$m/s, $h_1 = 0$, $h_2 = 3$m

$32\rho = \frac{1}{2}\rho v_2^2 + 30\rho$

$2\rho = \frac{1}{2}\rho v_2^2$, $v_2 = 2$m/s

$S \times v_2 = 1$cm $\times 8$m/s 이므로

$\therefore S = 4$cm²

23 두 개의 물체 A, B가 수평면에서 줄에 매달려 각각 등속원운동을 하고 있다. 물체 A에 의한 원 궤적 반지름은 물체 B에 의한 원 궤적 반지름의 절반이고, 물체 A가 원을 한 바퀴 도는 데 걸리는 시간은 물체 B가 원을 한 바퀴 도는 데 걸리는 시간의 2배이다. 물체 A의 속력을 v_A, 물체 B의 속력을 v_B라 할 때, $\dfrac{v_B}{v_A}$의 값은?

[2019 서울시 9급 2회]

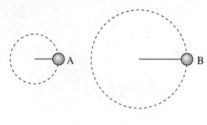

① $\dfrac{1}{2}$ ② 2 ③ 4 ④ 8

해설

$2r_A = r_B$, $T_A = 2T_B$, $T = \dfrac{2\pi r}{v}$ 이므로

$\dfrac{2\pi r_A}{v_A} = 2 \cdot \dfrac{2\pi r_B}{v_B}$, $\dfrac{r_A}{v_A} = 2 \cdot \dfrac{2r_A}{v_B}$

$\therefore \dfrac{v_B}{v_A} = 2 \times 2 = 4$

24 다음 그림처럼 용수철 상수가 $k_1 = 1{,}000\text{N/m}$, $k_2 = 500\text{N/m}$인 두 개의 용수철이 수직으로 연결되어 있다. 여기에 질량 1kg인 물체를 매달았을 때 두 용수철이 늘어난 총길이는?(단, 중력 가속도 $g = 10\text{m/s}^2$로 한다)

[2019 서울시 9급 2회]

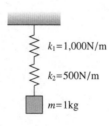

$k_1 = 1{,}000\text{N/m}$

$k_2 = 500\text{N/m}$

$m = 1\text{kg}$

① $\dfrac{1}{1.5}\,\text{cm}$ ② 1.5cm ③ $\dfrac{1}{3}\,\text{cm}$ ④ 3cm

해설

$\dfrac{1}{k_1} + \dfrac{1}{k_2} = \dfrac{1}{k}$ 이므로 $k = \dfrac{1{,}000}{3}$

$F = kx = mg$ 이므로 $x = \dfrac{mg}{k} = \dfrac{3 \times 1 \times 10}{1{,}000}$

$\therefore x = \dfrac{3}{100}\,\text{m} = 3\text{cm}$

25 지구 주위를 도는 위성의 궤도 운동에 대한 다음 설명 중 가장 옳은 것은?(단, 위성의 궤도 운동은 지구 중심을 중심으로 하는 등속 원운동이라 가정한다) [2019 서울시 9급 2회]

① 궤도 운동 주기는 궤도 반지름에 반비례한다.

② 궤도 운동 주기는 위성 질량과 무관하다.

③ 같은 주기로 도는 위성의 각운동량은 위성 질량에 무관하다.

④ 궤도 운동하는 위성의 총역학적 에너지 값은 양수이다.

해설

$T = \dfrac{2\pi r}{v}$, $T \propto r$, T는 질량에 무관

$L = r \times P = r \times mv$, $L \propto m$

$E = E_p + E_k = -\dfrac{GMm}{r} + \dfrac{1}{2}GMm/r = -\dfrac{1}{2}GMm/r$

26 다음 그림은 매질 A에서 같은 경로로 입사하여 매질 B를 지나 거울에서 반사한 빨간색 빛과 파란색 빛의 경로를 나타낸 것이다. B에서 두 빛에 대한 매질의 굴절률은 n으로 같다. A와 B의 경계면은 거울면과 나란하다. 보기에서 이에 대한 설명으로 옳은 것을 모두 고른 것은? [2019 서울시 9급 2회]

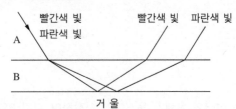

보기

ㄱ. 반사하고 B를 지나 A로 굴절하여 나온 빨간색과 파란색 빛의 경로는 서로 나란하다.

ㄴ. 빨간색 빛에 대한 A의 굴절률은 n보다 작다.

ㄷ. 파란색 빛에 대한 A의 굴절률이 빨간색 빛에 대한 A의 굴절률보다 크다.

① ㄱ   ② ㄴ   ③ ㄱ, ㄷ   ④ ㄱ, ㄴ, ㄷ

해설

스넬의 법칙

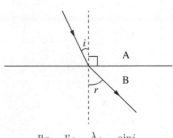

$n_{AB} = \dfrac{n_B}{n_A} = \dfrac{v_A}{v_B} = \dfrac{\lambda_A}{\lambda_B} = \dfrac{\sin i}{\sin r}$

ㄱ. 동일 매질에서 나오는 빛의 경로는 서로 나란하다.

ㄴ. $\dfrac{n_B}{n_A} = \dfrac{\sin i}{\sin r}$, $n_A \sin i = n_B \sin r$, 굴절각(r)이 입사각(i)보다 크므로, $n_A > n_B$

ㄷ. 빨간색 : $\dfrac{n_B}{n_A} = \dfrac{\sin i}{\sin r_{red}}$, $n_A \sin i = n_B \sin r_{red}$

파란색 : $\dfrac{n_B}{n_A} = \dfrac{\sin i}{\sin r_{blue}}$, $n_A \sin i = n_B \sin r_{blue}$

$r_{blue} > r_{red}$이므로 파란색 빛에 대한 A의 굴절률이 빨간색 빛에 대한 A의 굴절률보다 크다.

27 다음 그림과 같은 U모양의 관에 밀도가 ρ인 액체 a를 채우고 관의 한 쪽에 액체 b를 높이 10cm만큼 채웠더니 액체 윗면의 높이차가 3cm가 되었다. b의 밀도는?

[2019 서울시 9급 2회]

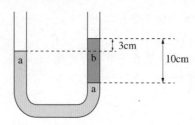

① $\dfrac{3}{10}\rho$ ② $\dfrac{3}{7}\rho$ ③ $\dfrac{3}{5}\rho$ ④ $\dfrac{7}{10}\rho$

해설

액체 a를 채울 때 평형이 되기 위해서 채워질 수압은 $P_a = \rho_a gh\,(h = 7\text{cm})$

액체 b를 채울 때 평형이 되기 위해서 채워질 수압은 $P_b = \rho_b gh'\,(h' = 10\text{cm})$

$P_a = P_b$

$\rho_a \cdot 7 = \rho_b \cdot 10$

$\therefore \rho_b = \dfrac{7}{10}\rho_a$

28 위치 A에서 초기 속력이 0인 상태의 물체가 움직이기 시작하여 위치 B와 C를 지날 때 물체의 속력이 각각 v_B, v_C라고 한다. 이때 $\dfrac{v_B^2}{v_C^2}$의 값은?(단, 마찰은 무시한다)

[2019 서울시 9급 2회]

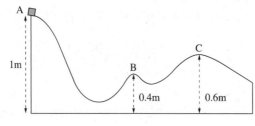

① $\dfrac{3}{2}$ ② $\dfrac{9}{4}$ ③ $\dfrac{2}{3}$ ④ $\dfrac{4}{9}$

해설

$mg\Delta h = \dfrac{1}{2}mv^2$이므로 $v^2 = 2g\Delta h$

$v_B^2 = 2 \cdot g(0.6)$, $v_C^2 = 2 \cdot g(0.4)$

$\therefore \dfrac{v_B^2}{v_C^2} = \dfrac{6}{4} = \dfrac{3}{2}$

29 다음 그림과 같이 마찰이 없는 평면상에서 질량이 같은 두 물체가 각각 수평방향으로 $2v$, 수직방향으로 v의 초기 속도로 진행하다가 충돌하여 하나로 뭉쳐져 계속 진행한다. 충돌 후 두 물체의 총역학적 에너지는 충돌 전 총역학적 에너지의 몇 배인가?

[2019 서울시 9급 2회]

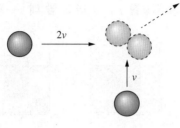

① 0.1배   ② 0.5배   ③ 1배   ④ 2배

해설

x축 방향 : $m(2v) + 0 = (m+m)v_x$, $\therefore v_x = v$

y축 방향 : $0 + mv = (m+m)v_y$, $\therefore v_y = \dfrac{1}{2}v$

$v = \sqrt{v_x^2 + v_y^2} = \dfrac{\sqrt{5}}{2}v$

$E_{충돌\,후} = \dfrac{1}{2} \cdot 2m \cdot \left(\dfrac{\sqrt{5}}{2}v\right)^2 = \dfrac{5}{4}mv^2$

$E_{충돌\,전} = \dfrac{1}{2}mv^2 + \dfrac{1}{2}m(2v)^2 = \dfrac{5}{2}mv^2$

$\therefore \dfrac{E_{충돌\,후}}{E_{충돌\,전}} = \dfrac{1}{2}$

30 다음 그림처럼 지름이 10cm에서 5cm로 줄어드는 관이 있다. 지름이 큰 부분인 단면적 A에서 유입되는 유체의 속력이 20cm/s였다면, 줄어든 단면적 B에서 유체의 속력은?(단, 유체는 정상흐름을 하고 있다)

[2019 서울시 9급 2회]

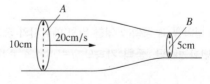

① 80cm/s   ② 40cm/s

③ 10cm/s   ④ 5cm/s

해설

$AV_1 = BV_2$

$\pi \cdot (5)^2 \cdot 20 = \pi \cdot (2.5)^2 \cdot V_2$

$\therefore V_2 = 80\text{cm/s}$

31 두 개의 컵에 서로 다른 유체 A, B가 담겨 있다. 각각의 컵에 동일한 재질로 만든 같은 크기의 균일한 물체를 넣었을 때 유체 A, B에 잠긴 정도가 달랐다. 유체 A에는 물체의 절반이 잠겼고, 유체 B에는 물체의 $\frac{3}{4}$이 잠긴 상태에서 평형을 유지하고 있다. 유체 A, B의 밀도를 ρ_A, ρ_B라고 할 때 $\frac{\rho_A}{\rho_B}$의 값은? [2019 서울시 9급 2회]

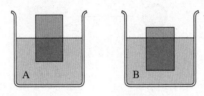

① $\frac{3}{2}$　　　　② $\frac{4}{3}$　　　　③ $\frac{5}{4}$　　　　④ $\frac{6}{5}$

해설

서로 다른 유체에 동일 물체가 잠겨서 가하는 압력은 같다.

$P_A = P_B$

$\rho_A \cdot g \cdot h_A = \rho_B \cdot g \cdot h_B$

$\rho_A \cdot g \cdot \frac{1}{2}h = \rho_B \cdot g \cdot \frac{3}{4}h$

$\therefore \ \frac{\rho_A}{\rho_B} = \frac{3}{2}$

32 높이가 80m 되는 폭포에서 물이 떨어질 때 중력에 의한 위치 에너지의 감소가 모두 물의 내부 에너지로 변화하였다면 폭포 바닥에 떨어진 물의 온도변화는?(단, 중력 가속도 $g = 10\text{m/s}^2 = 10\text{N/kg}$, 물의 비열 $c = 4\text{kJ/kg} \cdot \text{K}$로 한다) [2019 서울시 9급 2회]

① 20K　　　　　　　　　② 5K

③ 0.5K　　　　　　　　　④ 0.2K

해설

$mgh = mc \cdot \Delta t$

$10 \cdot 80 = 4,000 \cdot \Delta t$

$\therefore \ \Delta t = 0.2\text{K}$

33 1몰의 이상기체기 열역학적 평형 상태 A_1에서 열역학적 평형 상태 A_2로 변하였다. 각 상태 A_i에서외 온도, 압력, 부피는 T_i, P_i, V_i로 표시되며, $T_1 = T_2$, $P_1 > P_2$, $V_1 < V_2$였다. 열역학적 평형 상태 A_1에서 A_2로의 변화과정에 대한 설명 중 가장 옳은 것은?

[2019 서울시 9급 2회]

① 기체가 외부로 열을 방출한다.
② 기체가 외부에서 열을 흡수한다.
③ 기체의 내부 에너지는 증가한다.
④ 기체의 내부 에너지는 감소한다.

해설

$A_1 \to A_2$의 변화는 등온팽창 과정이다. 따라서, 기체는 외부에서 열을 흡수하였다.

계의 온도변화가 없으면 계의 내부 에너지도 일정하다.

$\Delta U = Q - W$, $\Delta U = 0$이므로 $Q = W$가 된다.

따라서, $W > 0$, $Q > 0$이다. 온도변화 없이 기체의 압력이 줄어들고 부피는 늘어나는데, 이는 계가 외부에서 흡수한 열에너지를 이용하여 외부에 일을 하는 것이다.

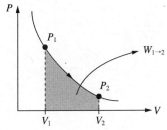

34 그림 (가)와 같이 q, $3q$의 전하가 거리 d만큼 떨어져 정지해 있을 때 두 전하 사이의 힘의 크기는 F이다. 그림 (나)와 같이 $2q$, Q의 전하가 거리 $2d$만큼 떨어져 있을 때 두 전하 사이의 힘의 크기는 $2F$이다. Q의 크기는?

[2019 서울시 9급 2회]

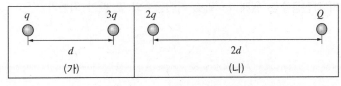

① $4q$

② $6q$

③ $8q$

④ $12q$

해설

$$F_{(가)} = K\frac{q \cdot 3q}{d^2}, \quad F_{(나)} = K\frac{2q \cdot Q}{4d^2}$$

$2F_{(가)} = F_{(나)}$이므로

$\therefore Q = 12q$

35 극판의 면적이 A이고 간격이 d인 평행판 축전기에 전하 q가 대전되어 있을 때, 축전기에 에너지가 저장되며 단위 부피당 에너지 밀도는 u_1이다. 극판의 간격을 $2d$로 늘리고 대전된 전하를 $2q$로 만들었을 때의 에너지 밀도를 u_2라고 하면, $\dfrac{u_2}{u_1}$의 값은?

[2019 서울시 9급 2회]

① 1 ② 2

③ 4 ④ 8

해설

축전기 내부에 저장되는 전기에너지 $U_E = u_E V = \dfrac{1}{2}\dfrac{Q^2}{C}$

u_E : 전기장 E인 곳의 에너지 밀도 $= \dfrac{1}{2\varepsilon_0}\cdot\dfrac{Q^2}{A^2}$

V : 평행판 내부의 부피 $= A\cdot d$

① $U_{E_1} = u_{E_1}\cdot V_1,\ u_{E_1} = U_{E_1}/V_1 = \dfrac{1}{2\varepsilon_0}\cdot\dfrac{q^2}{A^2}$

② $U_{E_2} = u_{E_2}\cdot V_2,\ u_{E_2} = U_{E_2}/V_2 = \dfrac{1}{2\varepsilon_0}\cdot\dfrac{(2q)^2}{A^2}$

$\therefore\ \dfrac{u_{E_2}}{u_{E_1}} = \dfrac{u_2}{u_1} = \dfrac{\dfrac{1}{2\varepsilon_0}\dfrac{(2q)^2}{A^2}}{\dfrac{1}{2\varepsilon_0}\dfrac{q^2}{A^2}} = 4$

36 축전기와 유도기가 직렬로 연결된 LC회로가 있다. 이 회로에 동일한 축전기와 유도기를 각각 추가로 직렬 연결하여 얻어지는 LC회로의 각진동수는 원래 LC회로 각진동수의 몇 배가 되는가?

[2019 서울시 9급 2회]

① 1배 ② $\dfrac{1}{\sqrt{2}}$ 배

③ $\dfrac{1}{2}$ 배 ④ $\dfrac{1}{4}$ 배

해설

유도기(인덕터) 직렬연결 $L_t = L_1 + L_2 + \cdots,\ L_t = 2L$

축전기(인덕터) 직렬연결 $\dfrac{1}{C_t} = \dfrac{1}{C_1} + \dfrac{1}{C_2} + \cdots,\ C_t = \dfrac{C}{2}$

LC회로의 고유진동수 $f = \dfrac{1}{2\pi\sqrt{LC}},\ f_t = \dfrac{1}{2\pi\sqrt{(2L)\left(\dfrac{C}{2}\right)}} = \dfrac{1}{2\pi\sqrt{LC}}$

37 가정용 스피커의 최대 일률은 스피커 1m 앞에서 1kHz의 신동수를 가지는 음파로 측성한다. 어떤 스피커의 최대 일률이 60W였다면 음파의 세기는?(단, 스피커는 점원에서 전면으로만 균일하게 반구 형태로 소리를 방출하며, 편의를 위해 $\pi = 3$으로 계산한다) [2019 서울시 9급 2회]

① 60W/m^2

② 30W/m^2

③ 10W/m^2

④ 5W/m^2

해설

음의 세기 $I = \dfrac{W}{A}$, $W = 60W$, $A = 4\pi r^2/2$(반구의 표면적)

$\therefore I = \dfrac{60}{2 \cdot 3 \cdot 1^2} = 10W/m^2$

38 다음 그림과 같이 평평한 바닥에서 초기 속력이 2m/s인 물체가 용수철 판에 부딪친다. 용수철은 10cm만큼 압축되었다가 제자리로 돌아오고 이 순간 물체는 용수철 판에서 튕겨 나온다. 용수철이 압축되는 구간의 바닥면은 운동마찰계수가 $\mu_k = 0.5$이고 다른 바닥면은 마찰이 없다. 물체가 용수철 판에서 튕겨 나오는 순간의 속력은?(단, 중력 가속도 $g = 10m/s^2$로 한다) [2019 서울시 9급 2회]

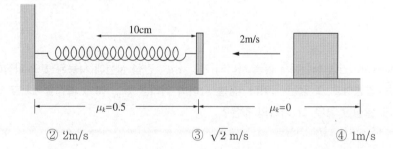

① 4m/s

② 2m/s

③ $\sqrt{2}$ m/s

④ 1m/s

해설

처음 $E_t = \dfrac{1}{2}m \cdot 2^2 = 2m$

튕겨내기 직전 마찰에 의해 왕복으로 소모된 에너지의 크기

$2 \times \mu_k \times N \times s = 2 \times 0.5 \times m \times 10 \times 0.1 = m$

$2m - m = \dfrac{1}{2} \cdot m \cdot v^2$이므로

$\therefore v = \sqrt{2}$ m/s

정답 37 ③ 38 ③

39 유도기, 저항, 기전력원, 스위치를 그림과 같이 연결하여 회로를 구성한 후 스위치를 닫아 회로에 전류가 흐르기 시작했다. 스위치를 닫은 후 충분히 오랜 시간이 지나 일정한 크기의 전류가 회로에 흐르게 되었을 때, 유도기에 저장된 에너지는?(단, 인덕턴스(Inductance), 저항, 기전력의 크기는 L, R, V_0이다) [2019 서울시 9급 2회]

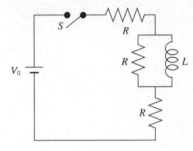

① $\dfrac{LV_0^2}{8R^2}$ ② $\dfrac{LV_0^2}{6R^2}$ ③ $\dfrac{LV_0^2}{4R^2}$ ④ $\dfrac{LV_0^2}{2R^2}$

> **해설**
>
> 충분한 시간이 흐른 후 병렬로 연결된 $R-L$ 부분에서는 전류가 L에만 흘러간다.
>
> $V_0 = I \cdot (2R)$, $U = \dfrac{1}{2}LI^2$ 이므로
>
> $\therefore U = \dfrac{1}{2} \cdot L \cdot \left(\dfrac{V_0}{2R}\right)^2 = \dfrac{LV_0^2}{8R^2}$

40 겹실틈(Double-Slit) 간섭 실험에서 실틈 사이의 거리가 d_0, 간섭 실험에 사용된 빛의 파장이 λ_0일 때 밝은 간섭무늬 사이의 거리는 일정하고 그 값은 y_0이다. 실틈 사이의 거리를 $2d_0$, 빛의 파장을 $2\lambda_0$로 바꿨을 때 밝은 간섭무늬 사이의 거리가 일정한 경우 그 거리의 값은? [2019 서울시 9급 2회]

① $\dfrac{y_0}{2}$ ② y_0

③ $2y_0$ ④ $3y_0$

> **해설**
>
> $y_0 = \dfrac{L\lambda_0}{d_0}$ (이중슬릿 간섭무늬 간격)
>
> $d_0 \to 2d_0$, $\lambda_0 \to 2\lambda_0$
>
> $\therefore y_0$로 동일

41 다음 표는 여러 반도체와 절연체의 띠틈을 나타낸 것이다. ⓐ와 ⓑ는 각각 반도체와 절연체 중 하나이고, ⓒ와 ⓓ는 각각 다이아몬드와 실리콘 중 하나이다. 다음 보기에서 옳은 설명을 모두 고른 것은?

[2019 서울시 9급 2회]

〈표〉

ⓐ		ⓑ	
물 질	띠틈(eV)	물 질	띠틈(eV)
저마늄	0.67	이산화규소	9
ⓒ	1.14	ⓓ	5.33

┤보기├
ㄱ. ⓐ는 반도체이다.
ㄴ. ⓒ는 실리콘이다.
ㄷ. 저마늄의 비저항이 다이아몬드의 비저항보다 크다.

① ㄱ ② ㄱ, ㄴ ③ ㄷ ④ ㄴ, ㄷ

해설
ⓐ 반도체, ⓑ 절연체, ⓒ 실리콘, ⓓ 다이아몬드
반도체의 비저항은 절연체보다 작다.

42 전자의 운동 에너지가 100eV일 때, 물질파 파장이 λ_0이다. 전자의 운동 에너지가 400eV일 때 물질파 파장은?

[2019 서울시 9급 2회]

① $\dfrac{\lambda_0}{8}$ ② $\dfrac{\lambda_0}{4}$ ③ $\dfrac{\lambda_0}{2}$ ④ λ_0

해설
물질파의 파장 $\lambda = \dfrac{h}{p}$, 전자의 운동 에너지 $E = \dfrac{p^2}{2m}$

$E = \dfrac{p^2}{2m} = \dfrac{h^2}{2m\lambda^2}$ 이므로, $\lambda = \dfrac{h}{\sqrt{2mE}}$ 이다.

$\therefore E \to 4E$가 되면 $\lambda_0 \to \dfrac{1}{2}\lambda_0$가 된다.

43 다음 그림은 전자기파를 파장에 따라 분류한 것이다. A에 대한 설명으로 옳은 것만을 모두 고르면?

[2019 고졸 지방직 9급]

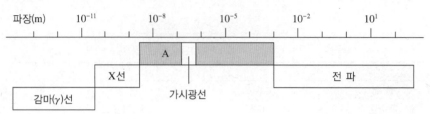

ㄱ. 살균이나 소독에 사용한다.
ㄴ. 가시광선의 빨강 빛보다 진동수가 작다.
ㄷ. 열을 내는 물체에서 주로 발생한다.

① ㄱ
② ㄴ
③ ㄱ, ㄴ
④ ㄴ, ㄷ

해설
A - 자외선
ㄴ. 자외선은 가시광선보다 진동수가 크다.
ㄷ. 열을 내는 물체에서 방사하는 전자기파는 적외선이다.

44 다음 그림은 원점에 놓인 대전된 도체구 A에 의해 형성된 전기력선의 일부와 전기장 내에서 대전된 점전하를 P점에 가만히 놓았더니 Q점을 향하여 이동하는 것을 나타낸 것이다. 이에 대한 설명으로 옳은 것은?

[2019 고졸 지방직 9급]

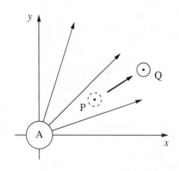

① A는 음(−)전하를 띤다.
② 점전하는 음(−)전하로 대전되어 있다.
③ 전기장의 세기는 P에서가 Q에서보다 작다.
④ P에서 Q로 이동하는 동안 점전하의 속력은 증가한다.

해설
① A는 양(+)전하이다.
② 점전하는 양(+)전하로 대전되어 있다.
③ 전기장의 세기는 P에서가 Q에서보다 크다.

45 저항이 4Ω인 송전선에 20A의 전류가 흐를 때, 송전선에서 열로 손실된 전력(W)은? [2019 고졸 지방직 9급]

① 800 ② 1,000
③ 1,600 ④ 3,200

해설

$P = I^2 R = 1,600\text{W}$

46 다음 그림은 빛이 광섬유의 코어를 통해서만 진행하는 모습을 나타낸 것이다. 이에 대한 설명으로 옳지 않은 것은?

[2019 고졸 지방직 9급]

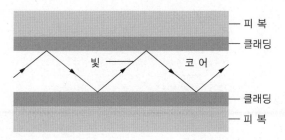

① 코어의 굴절률이 클래딩의 굴절률보다 크다.
② 코어와 클래딩의 경계면에서 전반사가 일어난다.
③ 코어를 진행하는 빛의 속력은 진공에서보다 느리다.
④ 코어와 클래딩의 경계면에서 빛의 입사각은 임계각보다 작다.

해설
④ 전반사는 임계각 이상에서 발생한다.

정답 45 ③ 46 ④

47 다음 그림과 같이 철수에 대하여 광속에 가까운 속력으로 등속도 운동하는 우주선에 영희가 타고 있다. 영희가 측정할 때 광원 O에서 나온 빛이 검출기 A, B에 동시에 도달했다. 이에 대한 설명으로 옳은 것만을 모두 고르면?

[2019 고졸 지방직 9급]

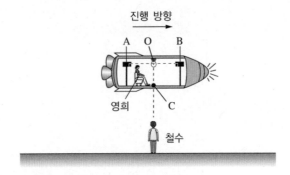

| ㄱ. 철수가 측정할 때 O에서 나온 빛은 A와 B에 동시에 도달한다. |
| ㄴ. 우주선의 길이는 철수가 측정한 값이 영희가 측정한 값보다 크다. |
| ㄷ. 빛이 O에서 C까지 진행하는 데 걸린 시간은 철수가 측정한 값이 영희가 측정한 값보다 크다. |

① ㄱ   ② ㄷ

③ ㄱ, ㄴ   ④ ㄴ, ㄷ

해설

ㄱ. 철수가 측정할 때 O에서 나온 빛은 A가 B보다 먼저 도착한다.

ㄴ. 우주선의 길이는 철수가 측정한 값이 영희가 측정한 값보다 짧다.

48 다음 그림은 평면 위에 전류가 흐르는 직선 도선과 검류계가 연결된 직사각형 도선이 놓인 것을 나타낸 것이다. 직사각형 도선에 A → Ⓖ → B방향으로 전류가 흐르는 경우만을 모두 고르면? [2019 고졸 지방직 9급]

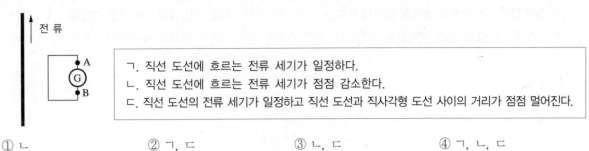

① ㄴ　　　　　　② ㄱ, ㄷ　　　　　　③ ㄴ, ㄷ　　　　　　④ ㄱ, ㄴ, ㄷ

해설

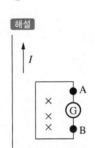

ㄱ. 전류의 세기가 일정하면 유도전류는 발생하지 않는다.

ㄴ, ㄷ. 전류의 세기가 감소하거나 도선이 멀어지는 경우 도선 내로 들어오는 자기력선 ⊗ 수가 감소한다. 따라서 유도전류는 렌츠의 법칙에 따라 A → Ⓖ → B로 흐르게 된다.

49 다음 그림은 수소 원자가 방출하는 선스펙트럼 계열의 일부를 나타낸 것이다. 이에 대한 설명으로 옳지 않은 것은? [2019 고졸 지방직 9급]

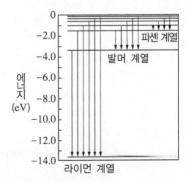

① 수소 원자에 있는 전자의 에너지 준위는 불연속적이다.

② 전자기파의 진동수는 라이먼 계열이 발머 계열보다 크다.

③ 광자 1개의 에너지는 라이먼 계열이 파셴 계열보다 크다.

④ 파셴 계열의 전자기파는 인체의 골격 사진을 찍는 데 이용된다.

해설

④ 파셴 계열은 적외선이 방출되며 열화상 이미지를 촬영하는데 사용된다.

50 다음 그림은 단열된 실린더에 일정량의 이상기체가 들어 있고 추가 놓여 있는 단열된 피스톤이 정지해 있는 모습을 나타낸 것이며, 이상기체의 온도와 외부의 온도는 각각 T_1과 T_2이다. 추를 제거하였더니 피스톤은 천천히 움직이다 가 멈추었고 이상기체의 온도와 외부의 온도는 T_2로 같아졌다. 이에 대한 설명으로 옳은 것만을 모두 고르면?(단, 이상기체의 누출은 없고 대기압은 일정하며, 실린더와 피스톤 사이의 마찰은 무시한다) [2019 고졸 지방직 9급]

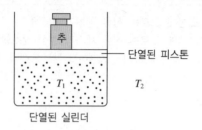
단열된 피스톤
T_2
단열된 실린더

ㄱ. $T_1 > T_2$이다.
ㄴ. 피스톤이 움직이는 동안 이상기체의 압력은 증가한다.
ㄷ. 이상기체가 한 일은 이상기체의 내부에너지 감소량과 같다.

① ㄱ   ② ㄴ   ③ ㄱ, ㄷ   ④ ㄴ, ㄷ

해설

$Q = \Delta U + \Delta W$, $Q = 0$이므로 $\Delta U = -\Delta W$
단열 팽창하는 경우이며, 기체가 외부에 일을 하였기에 $T_1 > T_2$이고, 내부에너지가 감소한 만큼 이상기체는 외부에 일을 하였다.

51 다음 그림은 xy평면에서 Q점에 놓인 가늘고 긴 직선 도선에 일정한 세기의 전류가 흐르는 것을 나타낸 것이고, 다음 표는 xy평면에 있는 점 P, R에서 전류에 의한 자기장의 방향과 세기를 나타낸 것이다. 다른 조건은 그대로 두고 직선 도선을 y축과 평행하게 P로 옮겼을 때, 이에 대한 설명으로 옳은 것만을 모두 고르면?

[2019 고졸 지방직 9급]

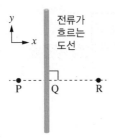

위 치 ＼ 자기장	방 향	세 기
P	⊙	$2B_0$
R	⊗	B_0

⊙ : xy평면에서 수직으로 나오는 방향
⊗ : xy평면에서 수직으로 들어가는 방향

ㄱ. 도선에 흐르는 전류의 방향은 $+y$방향이다.
ㄴ. Q에서 자기장의 방향은 ⊗방향이다.
ㄷ. R에서 자기장의 세기는 $\dfrac{1}{3}B_0$이다.

---

① ㄱ, ㄴ   ② ㄱ, ㄷ   ③ ㄴ, ㄷ   ④ ㄱ, ㄴ, ㄷ

해설

앙페르의 오른손 법칙으로 직선도선의 전류에 의한 자기장 $B = k\dfrac{I}{r}$

P점에서 자기장 세기 $B_P = k\dfrac{I}{r_P} = 2B_0$, R점에서 자기장 세기 $B_R = k\dfrac{I}{r_R} = B_0$

$\therefore \ r_P : r_R = 1 : 2$

따라서, 도선으로부터 거리가 r만큼 떨어진 지점에서의 자기장의 세기는 $k\dfrac{I}{r} = 2B_0$이다.

도선을 P점으로 옮겼을 때 R점에서의 자기장의 세기는 거리가 $3r$에 해당하는 지점에서의 자기장의 세기이므로,

$$B_{P,\,R} = k\dfrac{I}{3r} = \dfrac{1}{3}(2B_0) = \dfrac{2}{3}B_0$$

52 다음 그림은 마찰이 없는 수평면에서 1m/s의 속력으로 운동하던 질량 4kg인 물체에 수평면과 나란한 방향으로 일정한 힘 2.4N을 계속 가하였더니 물체의 속력이 5m/s가 된 것을 나타낸 것이다. 이때 힘이 가해지는 동안 물체의 이동거리(m)는?(단, 물체의 크기는 무시한다) [2019 고졸 지방직 9급]

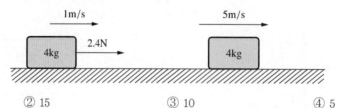

① 20　　　　　　② 15　　　　　　③ 10　　　　　　④ 5

해설

$a = \dfrac{F}{m} = \dfrac{2.4}{4} = 0.6\text{m/s}^2$

$2as = v^2 - v_0^2$

$\therefore\ s = \dfrac{25-1}{2 \cdot (0.6)} = 20\text{m}$

53 다음 글에서 설명하는 기본 힘은? [2019 고졸 지방직 9급]

- 이 힘을 매개하는 입자에는 Z보손과 W보손이 있다.
- 중성자가 전자와 중성미자를 방출하면서 양성자로 붕괴되는 과정(베타붕괴)에서 발견되었다.

① 약한 상호작용(약력)　　　　　　② 강한 상호작용(강력)
③ 전자기력　　　　　　　　　　　④ 중 력

해설
약한 상호작용을 설명하는 내용이다.

54 직선상에서 움직이는 물체의 속도가 시간이 0초일 때 10m/s이며, 5m/s²의 등가속도 운동을 한다. 5초일 때 물체의 속도(m/s)는?

[2019 고졸 지방직 9급]

① 25   ② 35

③ 45   ④ 50

해설

$v = v_0 + at = 10 + 5 \cdot 5 = 35 \text{m/s}$

55 다음 그림과 같이 검전기를 (−)로 대전시킨 후, 금속판의 문턱진동수보다 낮은 진동수의 빛을 금속판에 비추어 주었다. 이때 일어나는 현상으로 옳은 것은?

[2019 고졸 지방직 9급]

① 금속박이 오므라든다.

② 금속박이 더 벌어진다.

③ 금속박이 오므라들다 벌어진다.

④ 금속박이 변하지 않는다.

해설

광전효과는 금속에 한계 진동수 이상의 빛이 주어졌을 때 전자가 튀어나오는 현상이다. 따라서 한계 진동수 이하의 빛에서는 반응이 없다.

56 다음 그림은 수면파 발생장치에서 발생한, 진동수가 f이고 속력이 일정한 수면파의 어느 순간의 모습을 표현한 것이다. 실선은 수면파의 이웃한 마루를 나타낸 것이고, 처음과 마지막 마루 사이의 거리가 L일 때, 이 수면파의 속력은?

[2019 고졸 지방직 9급]

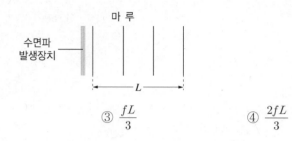

① $3fL$　　　　② $2fL$　　　　③ $\dfrac{fL}{3}$　　　　④ $\dfrac{2fL}{3}$

> **해설**
>
> 파장(λ)은 마루에서 마루까지 거리이므로 $\lambda = \dfrac{1}{3}L$이고, $v = f\lambda = \dfrac{1}{3}fL$이다.

57 다음은 원자핵의 변환에서 방사선 방출을 나타낸 것이다. 이에 대한 설명으로 옳은 것만을 모두 고르면?

[2019 고졸 지방직 9급]

$$^{24}_{11}\text{Na} \rightarrow {}^{24}_{12}\text{Mg} + (\text{A})$$
$$^{226}_{88}\text{Ra} \rightarrow {}^{222}_{86}\text{Rn} + (\text{B})$$

ㄱ. A는 전기장의 방향으로 힘을 받는다.
ㄴ. A는 렙톤에 속한다.
ㄷ. B는 헬륨 원자핵이다.

① ㄴ　　　　② ㄱ, ㄴ　　　　③ ㄱ, ㄷ　　　　④ ㄴ, ㄷ

> **해설**
>
> 전하량 보존법칙과 질량수 보존의 법칙에 따라 A는 전자, B는 헬륨 원자핵이다.
>
> $^{24}_{11}\text{Na} \rightarrow {}^{24}_{12}\text{Mg} + (\text{e}^-)$
>
> $^{226}_{88}\text{Ra} \rightarrow {}^{222}_{86}\text{Rn} + ({}^4_2\text{He})$
>
> ㄱ. 전자는 전기장의 반대 방향으로 힘을 받는다.
> ㄴ. 전자는 경입자, 렙톤에 속한다.
> ㄷ. B는 α입자, 헬륨 원자핵이다.

58 다음 그림은 자기장 영역 Ⅰ, Ⅱ가 있는 xy평면에서 금속 고리 A와 ㄱ, ㄴ, ㄷ이 운동하고 있는 어느 순간의 모습을 나타낸 것이다. A와 ㄱ은 $+x$방향으로, ㄴ은 $-y$방향으로, ㄷ은 $-x$방향으로 각각 등속 직선 운동을 한다. 영역 Ⅰ, Ⅱ에서 자기장은 세기가 각각 B, $2B$로 균일하며 xy평면에 수직으로 들어가는 방향이다. 이 순간 ㄱ~ㄷ에 흐르는 유도전류의 방향이 A에 흐르는 유도전류의 방향과 같은 것만을 모두 고르면?(단, 금속 고리는 회전하지 않는다)

[2019 고졸 지방직 9급]

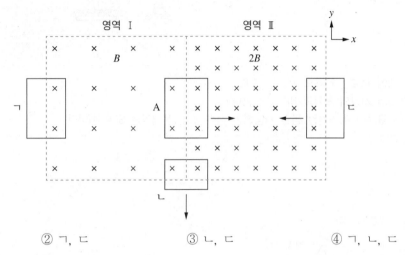

① ㄱ   ② ㄱ, ㄷ   ③ ㄴ, ㄷ   ④ ㄱ, ㄴ, ㄷ

해설
A는 자기장의 세기가 증가하는 운동을 하므로 반시계방향의 유도전류가 발생한다. 따라서 자기장 세기가 증가하는 운동에 해당하는 ㄱ, ㄷ이 반시계방향 유도전류가 발생한다.

59 다음 그림은 빗면을 따라 운동하는 물체 A가 점 p를 속력 20m/s로 통과하는 순간, q점에서 물체 B를 가만히 놓는 것을 나타낸 것이며, A가 최고점에 도달하는 순간 B와 충돌한다. B를 놓는 순간부터 A, B가 충돌할 때까지 B의 평균속력(m/s)은?(단, A, B의 크기와 모든 마찰은 무시하며, A, B는 동일 직선상에서 운동한다)

[2019 고졸 지방직 9급]

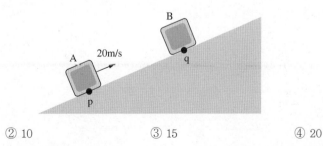

① 5   ② 10   ③ 15   ④ 20

해설
가속도의 크기는 A와 B가 동일하다. 따라서 A가 최고점(속력=0)이 될 때까지 B는 최대 속력을 얻는다. 충돌 직전 B의 속력은 20m/s

B의 평균속력 $v = \dfrac{0+20}{2} = 10$m/s

60 그림은 소비 전력이 각각 40W인 전구 A와 20W인 형광등 B를 220V인 전원에 연결하여 동시에 사용하는 모습을 나타낸 것이다. 이에 대한 설명으로 옳은 것만을 모두 고르면? [2019 고졸 지방직 9급]

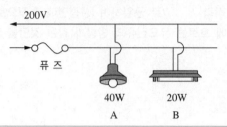

ㄱ. A와 B에 흐르는 전류의 세기는 같다.
ㄴ. A와 B의 저항의 크기의 비는 1 : 2이다.
ㄷ. A와 B를 동시에 5시간 동안 사용하면 전체 소비 전력량은 300Wh이다.

① ㄱ, ㄴ
② ㄱ, ㄷ
③ ㄴ, ㄷ
④ ㄱ, ㄴ, ㄷ

해설

전구 A와 B는 병렬연결이다.

- $P_A = \dfrac{V^2}{R_A} = 40\text{W}$, $P_B = \dfrac{V^2}{R_B} = 20\text{W}$

  $40 \cdot R_A = 20 \cdot R_B$

  $\therefore R_A : R_B = 1 : 2$

- $I_t = I_A + I_B$, $I_A = \dfrac{V}{R_A}$, $I_B = \dfrac{V}{R_B}$

  $\therefore I_A : I_B = 2 : 1$

- $W_t = W_A + W_B = P_A \cdot t + P_B \cdot t = 40 \cdot 5 + 20 \cdot 5 = 300\text{Wh}$

61 그림 (가)는 마찰이 없는 수평면 위에서 물체 A가 정지해 있는 물체 B를 향해 일정한 속도 v_0으로 운동하는 것을 나타낸 것이다. A, B는 질량이 각각 m이고, 충돌 후 일직선상에서 각각 등속 운동한다. 그림 (나)는 충돌하는 동안 A가 B로부터 받는 힘의 크기를 시간에 따라 나타낸 것이며, 시간 축과 곡선이 만드는 면적은 $\frac{2}{3}mv_0$이다. 이에 대한 설명으로 옳은 것만을 모두 고르면?(단, 물체의 크기는 무시한다)

[2019 고졸 지방직 9급]

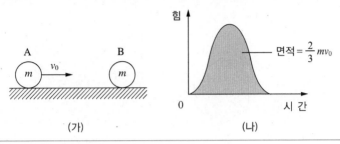

(가)   (나)

> ㄱ. 충돌 후 A의 속도는 $-\frac{1}{3}v_0$이다.
>
> ㄴ. 충돌 후 B의 속도는 $\frac{2}{3}v_0$이다.
>
> ㄷ. 충돌하는 동안 A가 B로부터 받은 충격량의 크기는 B가 A로부터 받은 충격량의 크기보다 크다.

① ㄱ   ② ㄴ

③ ㄱ, ㄴ   ④ ㄱ, ㄴ, ㄷ

해설

ㄱ. 운동량 보존의 법칙에 따라 A에 대해서 기술하면

$$mv_0 = \frac{2}{3}mv_0 + mv'$$

$$\therefore v' = \frac{1}{3}v_0$$

ㄴ, ㄷ. 충돌하는 동안 A, B가 서로에게 가하는 충격량의 크기는 동일하다(작용·반작용 법칙). 따라서 충돌 후 B의 운동량은 $\frac{2}{3}mv_0$, B의 속도는 $\frac{2}{3}v_0$이다.

62 그림 (가)는 압력 P, 부피 V, 절대 온도 T인 일정량의 이상기체가 상자 안에 들어 있는 것을 나타낸 것이다. 기체의 압력을 일정하게 유지하면서 기체에 $5PV$의 열을 가하였더니 그림 (나)와 같이 부피가 증가하였고 온도는 $3T$가 되었다. 이 과정에서 기체의 내부에너지 변화량은?(단, 상자 안의 기체 분자 수는 일정하다)

[2019 고졸 지방직 9급]

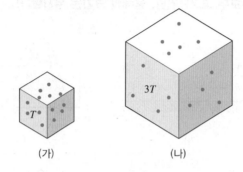

(가)   (나)

① PV ② $2PV$ ③ $3PV$ ④ $4PV$

해설

$PV = nRT$, $Q = \Delta U + \Delta W$

압력과 기체 분자 수가 일정하므로 $\Delta V = \Delta T \rightarrow 2V = 2T$

$5PV = \Delta U + 2PV$

$\therefore \Delta U = 3PV$

기출문제

2020년

01 일정한 세기의 전류가 흐르는, 무한히 가늘고 긴 직선 도선으로부터 수직 거리 $2r$만큼 떨어진 지점에서 전류에 의한 자기장의 크기가 B일 때, 이 도선으로부터 수직 거리 $3r$만큼 떨어진 곳에서 전류에 의한 자기장의 크기는?

[2020 국가직 9급]

① $\dfrac{1}{3}B$ 　　　　　② $\dfrac{1}{2}B$ 　　　　　③ $\dfrac{2}{3}B$ 　　　　　④ $\dfrac{3}{2}B$

해설

$B = k\dfrac{I}{r}$ 이므로,

$r \rightarrow 2r$ 일 때, B 이므로, $B = k\dfrac{I}{2r}$, $r = \dfrac{kI}{2B}$

$B' = k\dfrac{I}{3r} = \dfrac{2B \cdot kI}{3kI} = \dfrac{2}{3}B$

∴ 수직 거리 $3r$만큼 떨어진 곳에서 전류에 의한 자기장의 크기는 $\dfrac{2}{3}B$

02 그림은 불순물을 첨가한 반도체 X, Y를 접합하여 만든 p-n 접합 다이오드를 전지에 연결하였을 때 전구에 불이 계속 켜져 있는 것을 나타낸 것이다. 이에 대한 설명으로 옳은 것은?

[2020 국가직 9급]

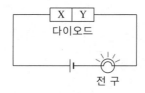

① 반도체 X는 p형 반도체이다.
② 반도체 Y에 있는 전자는 반도체 X와의 접합면으로부터 멀어지는 방향으로 이동한다.
③ 전지의 방향을 반대로 연결하여도 전구에 불이 계속 켜진다.
④ 반도체 Y에서는 주로 양공들이 전하를 운반하는 역할을 한다.

해설

① 전구에 불이 켜지므로 순방향 바이어스이다. 따라서 X = p형, Y = n형
② 순방향 바이어스이므로 X–Y 접합면에 가까운 방향으로 이동한다.
③ 역방향 바이어스이므로 불이 켜지지 않는다.
④ 반도체 Y에서는 주로 전자가 전하를 운반하는 역할을 한다.

03 그림은 어느 금속 표면에 세 종류의 빛을 쪼여 줄 때, 쪼여 주는 광자 한 개의 에너지와 방출되는 광전자의 최대 운동에너지를 나타낸 것이다. 이에 대한 설명으로 옳지 않은 것은?

[2020 국가직 9급]

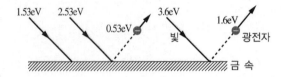

① 빛의 입자성을 확인할 수 있는 실험이다.
② 금속의 일함수는 2eV이다.
③ 1.53eV인 빛의 세기를 더 크게 해서 쪼여 주어도 광전자가 방출되지 않는다.
④ 4.5eV의 광자 1개가 금속 표면에 부딪치면 광전자 2개가 방출된다.

해설

$$E_{\max} = hf - W_0 = hf - hf_0$$

④ $E_{\max} = 4.5\text{eV} - 2\text{eV} = 2.5\text{eV}$, 2.5eV 에너지를 갖춘 광전자 1개가 방출된다.

① 광전효과는 빛의 입자성을 증명하는 실험이다.

② $E_{\max} = hf - W_0$, $0.53 = 2.53 - W_0$, ∴ $W_0 = 2\text{eV}$

③ 1.53eV는 한계진동수 이하의 빛이므로 방출되지 않는다.

$$W_0 = hf_0 = 2\text{eV}, \quad f_0 = \frac{2\text{eV}}{4.14 \times 10^{-15}\text{eV} \cdot \text{s}} \fallingdotseq 4.8 \times 10^{14}\text{Hz}$$

$$f = \frac{1.53\text{eV}}{4.14 \times 10^{-15}\text{eV} \cdot \text{s}} \fallingdotseq 3.7 \times 10^{14}\text{Hz}$$

여기서, 플랑크 상수 $h = 6.63 \times 10^{-34}\text{J} \cdot \text{s} = 4.14 \times 10^{-15}\text{eV} \cdot \text{s}$

04 그림은 일정량의 이상 기체의 상태가 A → B → C → A를 따라 변할 때 압력과 부피를 나타낸 것이다. A → B는 등압과정, B → C는 단열과정, C → A는 등온과정이다. 이에 대한 설명으로 옳지 않은 것은?(단, 그림에서 A, B의 온도는 각각 T_1, T_2이며, 점선은 각각 T_1, T_2의 등온 곡선이고 $T_1 < T_2$이다)   [2020 국가직 9급]

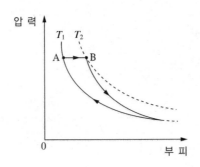

① A → B 과정에서 기체의 내부에너지는 증가한다.
② A → B 과정에서 기체는 외부로부터 열을 흡수한다.
③ B → C 과정에서 기체의 내부에너지가 증가한다.
④ A → B → C 과정에서 기체가 외부에 한 일은 C → A 과정에서 기체가 외부에서 받는 일보다 크다.

> **해설**
> ③ 단열팽창과정이므로 내부에너지가 감소하여 기체의 온도가 내려간다.
> ① $T_1 < T_2$이므로 기체의 내부에너지는 증가한다.
> ② 등압팽창과정에서 온도가 상승하였으므로 기체는 외부로부터 열을 흡수한다.
> ④ 순환과정에서 A → B → C로 둘러쌓인 면적이 0보다 크므로 기체가 외부에서 받는 일보다 크다.

05 그림과 같이 수평면으로부터 높이가 1.8m인 곳에서 질량이 4kg인 물체 A가 경사면을 따라 내려와 수평면에 정지해 있던 물체 B와 충돌하였다. 충돌 후 A와 B는 한 덩어리가 되어 반대쪽 경사면에서 수평면으로부터 높이가 0.8m인 곳까지 올라 순간적으로 멈췄다. B의 질량(kg)은?(단, 중력가속도는 10m/s²이고, 바닥과의 마찰 및 공기 저항과 물체 크기는 무시한다)

[2020 국가직 9급]

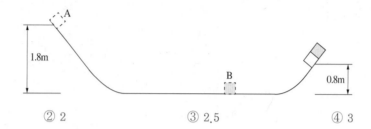

① 1.5   ② 2   ③ 2.5   ④ 3

해설

- $\frac{1}{2}m_1v_1^2 = m_1gh$에서 $m_1 = 4\text{kg}$, $g = 10\text{m/s}^2$, $h = 1.8\text{m}$이므로, $v_1 = 6\text{m/s}$

- $m_1v_1 + m_2v_2 = (m_1 + m_2)v$에서 $v_2 = 0$, $m_1 = 4\text{kg}$, $v_1 = 6\text{m/s}$이므로, $v = \dfrac{24}{4+m_2}$

- $\frac{1}{2}(m_1 + m_2)v^2 = (m_1 + m_2) \cdot g \cdot h$에서 $m_1 = 4\text{kg}$, $g = 10\text{m/s}^2$, $h = 0.8\text{m}$이므로,

  $\frac{1}{2}(4+m_2)v^2 = (4+m_2) \times 10 \times 0.8$, 위에서 $v = \dfrac{24}{4+m_2}$이므로 대입하면,

  $\frac{1}{2} \times \dfrac{24^2}{(4+m_2)} = (4+m_2) \times 8$, $(4+m_2)^2 = \dfrac{24^2}{2 \times 8}$, $(4+m_2)^2 = 36$이므로,

  ∴ $m_2 = 2\text{kg}$

---

06 그림은 외부 자기장의 변화에 따른 어떤 물질 내부의 원자 자석 배열 변화를 나타낸 것이다. 이 물질의 자기적 성질에 대한 설명으로 옳지 않은 것은?

[2020 지방직 9급]

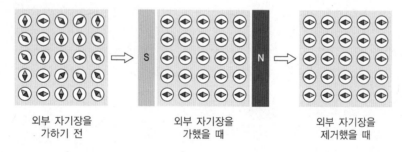

외부 자기장을   외부 자기장을   외부 자기장을
가하기 전   가했을 때   제거했을 때

① 외부 자기장을 가하기 전에는 자석 효과가 나타나지 않는다.
② 철, 니켈, 코발트는 이와 같은 자기적 성질을 갖는다.
③ 이 물질의 원자 자석은 외부 자기장의 방향과 같은 방향으로 정렬된다.
④ 초전도체의 마이스너 효과는 이와 같은 자기적 성질에 의해 나타난다.

해설

그림은 강자성체이다. 초전도체는 임계온도 이하에서 반자성을 나타낸다.

07 그림은 입사각 θ_1로 매질 B와 매질 C의 경계면에 입사한 빛이 전반사한 뒤, 매질 B와 매질 A의 경계면에서 굴절각 θ_2로 굴절하여 진행하는 것을 나타낸 것이다. A, B, C의 굴절률을 각각 n_A, n_B, n_C라 할 때, 이들의 크기를 옳게 비교한 것은?(단, $\theta_1 > \theta_2$이다)

[2020 지방직 9급]

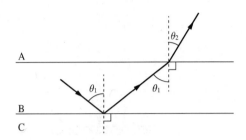

① $n_A > n_B > n_C$

② $n_A > n_C > n_B$

③ $n_B > n_A > n_C$

④ $n_C > n_B > n_A$

해설

$\theta_1 > \theta_2$이므로 $n_A > n_B$이며, 전반사가 발생하는 매질 B, C에서는 $n_B > n_C$일 때 성립한다.

따라서 $n_A > n_B > n_C$이다.

08 그림은 일정량의 이상 기체가 상태 A → B → C를 따라 변할 때, 이 이상 기체의 압력과 부피를 나타낸 것이다. 이에 대한 설명으로 옳은 것은?

[2020 지방직 9급]

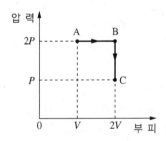

① 기체의 온도는 A에서가 B에서보다 높다.

② A → B에서 기체가 외부에 한 일은 PV이다.

③ B → C에서 기체는 열을 방출한다.

④ B → C에서 기체가 외부에 한 일은 PV이다.

해설

③ 기체는 열을 방출하여 압력을 낮추고 있다.

① 등압팽창이므로 $T_A < T_B$이다.

② 기체가 외부에 한 일은 $2PV$이다.

④ 기체가 외부에 한 일은 0이다($\Delta V = 0$).

09 그림은 지면으로부터 높이 h인 곳에서 가만히 놓은 물체가 점 P, Q를 지나며 운동하는 모습을 나타낸 것이다. P에서 물체의 중력 퍼텐셜 에너지는 운동 에너지의 2배이고, Q에서 물체의 운동 에너지는 P에서 운동 에너지의 2배이다. P와 Q의 높이 차이는?(단, 물체의 크기 및 공기 저항은 무시한다)

[2020 지방직 9급]

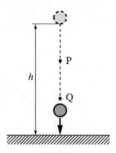

① $\dfrac{h}{5}$　　　　② $\dfrac{h}{4}$　　　　③ $\dfrac{h}{3}$　　　　④ $\dfrac{2h}{5}$

해설

- 높이 h인 곳에서의 역학적 에너지 $E = mgh$

P점에서의 역학적 에너지 $E = E_{k_P} + E_{p_P}$, $E = \dfrac{1}{3}mgh + \dfrac{2}{3}mgh (\because E_{k_P} : E_{p_P} = 1 : 2)$

Q점에서의 역학적 에너지 $E = E_{k_Q} + E_{p_Q}$, $E = \dfrac{2}{3}mgh + \dfrac{1}{3}mgh (\because E_{k_Q} = 2E_{k_P})$

∴ P와 Q의 높이 차이는 $\dfrac{1}{3}h$

- 다른 풀이법

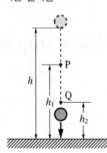

P점에서의 역학적 에너지 $E = E_{k_P} + mgh_1 (mgh_1 = 2E_{k_P})$

Q점에서의 역학적 에너지 $E = E_{k_Q} + mgh_2 = mgh_1 + mgh_2 (\because E_{k_Q} = 2E_{k_P} = mgh_1)$

P점에서의 역학적 에너지와 Q점에서의 역학적 에너지는 같으므로,

$E_{k_P} + mgh_1 = mgh_1 + mgh_2$

$\dfrac{1}{2}mgh_1 = mgh_2$

∴ $h_1 : h_2 = 2 : 1$, $h_1 - h_2 = \dfrac{1}{3}h$

10 그림은 직선상에서 운동하는 질량이 2kg인 물체의 운동량을 시간에 따라 나타낸 것이다. 이에 대한 설명으로 보기에서 옳은 것만을 모두 고르면? [2020 지방직 9급]

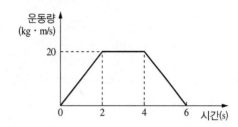

┌─ 보기 ├───
ㄱ. 0~2초 동안 물체의 가속도의 크기는 5m/s²이다.
ㄴ. 2~4초 동안 물체는 등속 직선 운동을 한다.
ㄷ. 0~6초 동안 물체가 받은 충격량은 20N·s이다.
└──

① ㄱ   ② ㄱ, ㄴ

③ ㄴ, ㄷ   ④ ㄱ, ㄴ, ㄷ

해설

ㄱ. $\dfrac{P}{t} = F$, $\dfrac{20}{2} = 10\mathrm{kg \cdot m/s^2}$, $a = \dfrac{F}{m}$, $a = \dfrac{10}{2} = 5\mathrm{m/s^2}$

ㄴ. 기울기 = 0, $a = 0$, ∴ 등속 직선 운동

ㄷ. 0~2초 구간 (+) 충격량 = 4~6초 구간 (−) 충격량, 2~4초 구간 0 충격량
  ∴ 0~6초 동안 충격량은 0이다.

11 x축을 따라 움직이는 입자의 위치가 $x = 3.0 + 2.0t - 1.0t^2$으로 주어진다. 여기서 x의 단위는 m이고 t의 단위는 초이다. $t = 2.0$일 때 속도는? [2020 서울시 9급]

① −2.0m/s   ② 0.0m/s

③ 3.0m/s   ④ 5.0m/s

해설

$\dot{x}(t) = +2.0 - 2.0t$

∴ $t = 2$일 때, $\dot{x}(t = 2) = 2.0 - 2.0 \times 2 = -2.0\mathrm{m/s}$

12 지구에서 1초의 주기를 갖는 단진자가 있다고 할 때 중력가속도가 지구의 $\frac{1}{4}$인 행성에서 이 단진자의 주기는?

[2020 서울시 9급]

① 6초　　　　　② 3.2초　　　　　③ 2초　　　　　④ 1초

해설

$$T = 2\pi\sqrt{\frac{l}{g}}$$

$$T_{지구} = 2\pi\sqrt{\frac{l}{g_{지구}}} = 1\text{s}$$

$$T_{행성} = 2\pi\sqrt{\frac{l}{\frac{1}{4}g_{지구}}} = 2 \times \left(2\pi\sqrt{\frac{l}{g_{지구}}}\right) = 2 \times 1\text{s} = 2\text{s}$$

13 단면이 원형인 같은 길이의 도선 A와 도선 B가 있다. 도선 A의 반지름과 비저항이 각각 도선 B의 2배이고 같은 전원이 공급될 때, 도선 A에 전달되는 전력의 크기는 도선 B의 몇 배인가?

[2020 서울시 9급]

① 2　　　　　② $\sqrt{2}$　　　　　③ 1　　　　　④ $\frac{1}{\sqrt{2}}$

해설

도선 B의 저항 $R_B = \rho\dfrac{l}{S_B}$

도선 A의 저항 $R_A = 2\rho\dfrac{l}{S_A} = 2\rho\dfrac{l}{4 \cdot S_B} = \rho\dfrac{l}{2 \cdot S_B}$

($\because r_A = 2r_B$, $S_A = \pi r_A^2 = \pi(2r_B)^2$, $S_B = \pi r_B^2$이므로, $S_A = 4S_B$)

도선 B에 전달되는 전력 $P_B = \dfrac{V^2}{R_B} = \dfrac{V^2}{\rho\dfrac{l}{S_B}} = \dfrac{V^2 S_B}{\rho l}$

도선 A에 전달되는 전력 $P_A = \dfrac{V^2}{R_A} = \dfrac{V^2}{\rho\dfrac{l}{2S_B}} = \dfrac{2V^2 S_B}{\rho l}$

$\therefore P_A = 2P_B$

14 보기와 같은 이중슬릿 실험에서 단색광의 파장은 $\lambda = 600nm$, 슬릿 간 간격은 $d = 0.30mm$, 슬릿에서 스크린까지의 거리가 $L = 5.0m$일 때 스크린의 중앙점 O에서 두 번째 어두운 무늬의 중심 위치 y값은? [2020 서울시 9급]

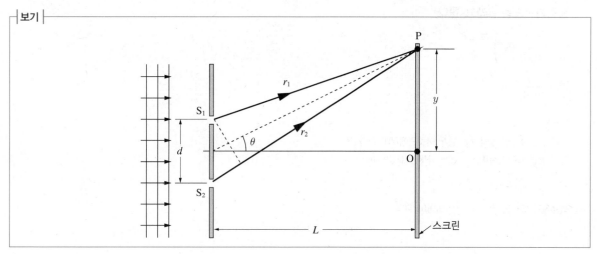

① $0.50 \times 10^{-2}m$ ② $1.0 \times 10^{-2}m$

③ $1.5 \times 10^{-2}m$ ④ $2.0 \times 10^{-2}m$

해설

두 번째 어두운 무늬 경로차 $|S_1P - S_2P| = \dfrac{\lambda}{2}(2m+1),\ m=1$

$|S_1P - S_2P| = \dfrac{3}{2}\lambda = \dfrac{3}{2} \times 600 \times 10^{-9} = 9 \times 10^{-7}m$

두 슬릿을 통과하여 한 점에 닿은 두 광선의 경로차

$|S_1P - S_2P| = d \cdot \sin\theta \fallingdotseq \dfrac{d \cdot y}{L}$

$\therefore\ y = \dfrac{L}{d} \cdot |S_1P - S_2P| = \dfrac{5}{0.30 \times 10^{-3}} \times 9 \times 10^{-7} = 1.5 \times 10^{-2}m$

15 질량 m인 비행기가 활주로를 달리고 있다. 날개의 아랫면에서 공기의 속력은 v이다. 날개의 표면적이 A라면 비행기가 뜨기 위해서 날개 윗면의 공기가 가져야 할 최소 속도는?(단, 베르누이 효과만을 고려하고 공기의 밀도는 ρ_a, 중력가속도는 g라고 한다)

[2020 서울시 9급]

① $\left(\dfrac{2mg}{\rho_a A}+v^2\right)^{1/2}$ ② $\left(\dfrac{3mg}{\rho_a A}+v^2\right)^{1/2}$

③ $\left(\dfrac{4mg}{\rho_a A}+v\right)^{1/2}$ ④ $\left(\dfrac{5mg}{2\rho_a A}+3v^2\right)^{1/2}$

해설

날개 윗면에서의 압력 P_1, 날개 아랫면에서의 압력 P_2
날개 윗면에서의 속력 v_1, 날개 아랫면에서의 속력 v

$$P_1+\frac{1}{2}\rho_a v_1^2=P_2+\frac{1}{2}\rho_a v^2+\frac{mg}{A}$$

비행기가 뜨려면 $P_2-P_1\geq 0$이어야 한다.

$$P_2-P_1=\frac{1}{2}\rho_a(v_1^2-v^2)-\frac{mg}{A}\geq 0$$

v_1에 대해 정리하면 $v_1\geq\sqrt{\left(\dfrac{2mg}{A\rho_a}+v^2\right)}$ 이므로,

최솟값은 $\left(\dfrac{2mg}{A\rho_a}+v^2\right)^{1/2}$ 이다.

16 하나의 위성이 지구 주위로 반지름이 R인 원 궤도를 돌고 있다. 이때 위성의 운동에너지를 K_1이라 하자. 만약에 위성이 이동하면서 반지름이 $2R$인 새로운 원 궤도로 진입하게 된다면 이때 이 위성의 운동에너지는?

[2020 서울시 9급]

① $\dfrac{1}{4}K_1$ ② $\dfrac{1}{2}K_1$ ③ $2K_1$ ④ $4K_1$

해설

$\dfrac{GMm}{R^2}=\dfrac{mv^2}{R}$, $v^2=\dfrac{GM}{R}$ 이므로,

$E_{K_1}=\dfrac{1}{2}mv^2=\dfrac{1}{2}m\dfrac{GM}{R}$ 이다.

$\therefore R\rightarrow 2R$이면, $E_{K_1}\rightarrow\dfrac{1}{2}E_{K_1}$ 이 된다.

17 양쪽 끝이 열려 있고 길이가 L인 유리관이 진동수 $f = 680$Hz인 오디오 확성기 근처에 있다. 확성기와 공명할 수 있는 관의 최소 길이는?(단, 대기 중 소리 속력은 340m/s이다)

[2020 서울시 9급]

① 약 0.25m ② 약 0.5m ③ 약 1.0m ④ 약 2.0m

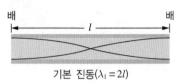

배 ←———— l ————→ 배

기본 진동($\lambda_1 = 2l$)

$L = \dfrac{1}{2}\lambda, \ \lambda, \ \dfrac{3}{2}\lambda, \ \cdots$

$v = f \cdot \lambda, \ 340[\text{m/s}] = 680\left[\dfrac{1}{\text{s}}\right] \times \lambda[\text{m}], \ \lambda = 0.5$m 이므로,

관의 최소 길이 $L = \dfrac{1}{2} \times 0.5\text{m} = 0.25\text{m}$

18 초전도체에 대한 설명으로 가장 옳은 것은?

[2020 서울시 9급]

① 임계 온도보다 낮은 온도에서 전기저항이 0이 된다.
② 임계 온도가 액체 질소의 끓는점인 77K보다 높은 물질은 없다.
③ 임계 온도보다 낮은 온도에서 물질 내부와 외부의 자기장이 균일하다.
④ 임계 온도보다 낮은 온도에서 유전율이 높아 축전기에 많이 쓰인다.

② 고온 초전도체는 77K보다 높은 임계온도를 갖는다.
③ 임계 온도 이하에서 물질 내부의 자기장은 0이 된다.
④ 임계 온도 이하에서 유전율이 0이므로 축전기에 쓰이지 않는다.

19 한 변의 길이가 10.0cm이고 밀도가 640kg/m³인 정육면체 나무토막이 물에 떠 있다. 나무토막의 맨 위 표면을 수면과 같게 하려면 그 표면 위에 놓여야 할 금속의 질량은?(단, 물의 밀도는 1,000kg/m³로 한다)

[2020 서울시 9급]

① 240g ② 320g ③ 360g ④ 480g

금속 무게 + 나무 무게 = 부력
$mg + 640 \times 0.1^3 \times g = 1{,}000 \times 0.1^3 \times g$
$\therefore \ m = 0.36\text{kg} = 360\text{g}$

20 열전도도가 0.080W/(m·℃)인 나무로 지어진 오두막이 있다. 실내 온도가 25℃, 바깥 온도가 5℃인 날 실내 온도가 일정하게 유지되기 위한 난로의 일률은?(단, 오두막은 바닥을 포함한 전면적이 두께가 5.0cm인 동일한 나무로 지어졌고 바깥과 접촉한 표면적의 크기는 50m²이며 열의 출입은 전체 표면적에서 균일하다)　[2020 서울시 9급]

① 400W
② 800W
③ 1,200W
④ 1,600W

해설

$$Q = kA\frac{(T_H - T_L)}{l} = 0.080 \times 50 \times \frac{(25-5)}{0.05} = 1,600\text{W}$$

21 용수철 상수가 $k = 200$N/m인 용수철 끝에 질량 0.125kg인 물체가 매달려 단순 조화 운동을 하고 있는 경우 진동수는?(단, N/m 단위는 뉴턴/미터이다)　[2020 서울시 9급]

① 40Hz
② $\frac{40}{\pi}$Hz
③ 20Hz
④ $\frac{20}{\pi}$Hz

해설

$$T = \frac{2\pi}{\omega} = 2\pi\sqrt{\frac{m}{k}} = 2\pi\sqrt{\frac{0.125}{200}} = 2\pi \times \frac{1}{40} = \frac{\pi}{20}$$

$$\therefore\ f = \frac{1}{T} = \frac{20}{\pi}\text{Hz}$$

22 스카이다이버가 지상에서 3,000m 상공에 떠 있는 헬리콥터에서 점프를 한다. 공기 저항을 무시한다면 2,000m 상공에서 스카이다이버의 낙하속도는?(단, 중력가속도는 $g = 9.8$m/s²로 한다)　[2020 서울시 9급]

① 300m/s
② 250m/s
③ 200m/s
④ 140m/s

해설

$2as = v^2 - v_0^2$에서,

$a = g$,

$s = h(1,000\text{m})$

자유낙하이므로, $v_0 = 0$m/s

그러므로 $v^2 = 2gh$

$\therefore\ v = \sqrt{2gh} = \sqrt{2 \times 9.8 \times 1,000} = 140\text{m/s}$

20 ④　21 ④　22 ④　**정답**

23 빛이 공기 중에서 어떤 물질로 입사할 때, 입사각이 $i = 60°$이고 굴절각이 $r = 30°$이다. 이 물질 속에서 빛의 속력은?(단, 진공과 공기 중에서 빛의 속력은 $3 \times 10^8 \text{m/s}$이다) [2020 서울시 9급]

① $v = \sqrt{3} \times 10^8 \text{m/s}$

② $v = 3\sqrt{3} \times 10^8 \text{m/s}$

③ $v = 3\sqrt{2} \times 10^8 \text{m/s}$

④ $v = \dfrac{3 \times 10^8}{\sqrt{2}} \text{m/s}$

해설

$n = \dfrac{c}{v}$ 이고, $n = \dfrac{\sin\text{입사각}}{\sin\text{굴절각}}$ 이므로,

$\dfrac{\sin60°}{\sin30°} = \dfrac{c}{v}$

$\therefore v = c \times \dfrac{\sin30°}{\sin60°} = 3 \times 10^8 \times \dfrac{1}{\sqrt{3}} = \sqrt{3} \times 10^8 \text{m/s}$

24 보기 1은 어떤 기체를 방전관에 넣고 전압을 걸어 방전시켰을 때 나온 빛을 분광기로 관찰한 결과이다. A와 B 중 하나는 노란색 빛을, 다른 하나는 초록색 빛을 나타낼 때, 이에 대한 설명으로 옳은 것을 보기 2에서 모두 고른 것은? [2020 서울시 9급]

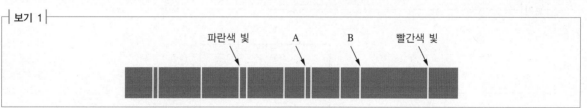

┤ 보기 2 ├

ㄱ. A가 노란색 빛이다.

ㄴ. 진동수는 A가 B보다 크다.

ㄷ. 광자 하나의 에너지는 A가 B보다 크다.

① ㄱ

② ㄴ

③ ㄱ, ㄷ

④ ㄴ, ㄷ

해설

ㄱ. A는 초록빛이다.

ㄴ. $f_A > f_B$

ㄷ. $E \propto f$이므로 $E_A > E_B$

25 우주정거장이 지구 중심으로부터 반지름이 7,000km인 원 궤도를 7.0km/s의 등속력 v로 돌고 있다. 우주정거장의 질량은 200톤이다. 우주정거장의 가속도는?

[2020 서울시 9급]

① 0.007m/s^2

② $\dfrac{1}{7}\text{m/s}^2$

③ 1.0m/s^2

④ 7.0m/s^2

해설

구심 가속도 $a = \dfrac{v^2}{r} = \dfrac{7^2}{7 \times 10^3} = 0.007 \text{km/s}^2 = 7 \text{m/s}^2$

26 보기와 같은 회로에서 흐르는 전류 I는?

[2020 서울시 9급]

보기

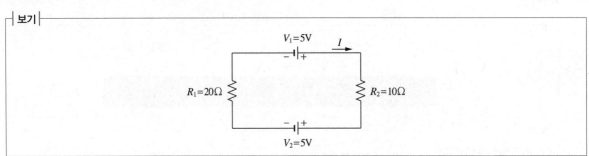

① $-\dfrac{1}{3}\text{A}$

② 0A

③ $\dfrac{1}{3}\text{A}$

④ 3A

해설

$V_1 - IR_2 - V_2 - IR_1 = 0$

$5 - 10I - 5 - 20I = 0$

$-30I = 0$이므로

$\therefore \ I = 0\text{A}$

27 자동차 엔진의 실린더에서 기체가 원래 부피의 $\frac{1}{10}$ 로 압축되었다. 처음 압력과 온도가 1.0기압 27℃이고, 압축 후의 압력이 20.0기압이라면 압축 기체의 온도는?(단, 기체를 이상 기체라 한다) [2020 서울시 9급]

① 270℃   ② 327℃
③ 473℃   ④ 600℃

해설

$$\frac{P_1 V_1}{T_1} = \frac{P_2 V_2}{T_2}$$

$$\frac{1 \times V_1}{27 + 273} = \frac{20 \times \frac{1}{10} \times V_1}{T_2}$$

$$\frac{V_1}{300} = \frac{2 V_1}{T_2}$$

$$\therefore \ T_2 = 600\text{K} = (600 - 273)℃ = 327℃$$

28 수평면 위에 정지하고 있는 200g의 나무토막을 향해 수평방향으로 10.0g의 총알이 발사되었다. 나무토막이 8.00m 미끄러진 후 정지할 때 나무토막과 수평면 사이의 마찰 계수가 0.400이라면, 충돌 전 총알의 속력은?(단, 중력가속도는 $g = 10\text{m/s}^2$로 한다) [2020 서울시 9급]

① 108m/s   ② 168m/s
③ 224m/s   ④ 284m/s

해설

• 충돌 전 운동량 = 충돌 후 운동량

$\quad 0.01 \times v_1 + 0.2 \times 0 = 0.21 \times v, \ \ 0.01 v_1 = 0.21 v$

• $\frac{1}{2} m v^2 = \mu m g d, \ \frac{1}{2} \times 0.21 \times v^2 = 0.400 \times 0.21 \times 10 \times 8$이므로

$\quad v^2 = 2 \times 0.400 \times 10 \times 8 = 8^2$이므로, $v = 8\text{m/s}$

$\therefore \ 0.01 v_1 = 0.21 \times 8$이므로, $v_1 = 168\text{m/s}$

29 어떤 증기기관이 섭씨 500도와 섭씨 270도 사이에서 동작하고 있을 때 이 증기기관의 최대 효율 값에 가장 가까운
것은? [2020 서울시 9급]

① 약 50%   ② 약 30%

③ 약 23%   ④ 약 10%

해설

$$e = 1 - \frac{T_L}{T_H} = 1 - \frac{(270+273)}{(500+273)} \fallingdotseq 1 - 0.7 = 0.3$$

∴ 30%

---

30 두 원자가 서로의 동위원소일 경우에 대한 설명으로 가장 옳은 것은? [2020 서울시 9급]

① 두 원자의 원자번호와 원자질량수가 같다.

② 두 원자의 원자번호와 원자질량수가 다르다.

③ 두 원자의 원자번호는 같지만, 원자질량수는 다르다.

④ 두 원자의 원자번호는 다르지만, 원자질량수는 같다.

해설

동위원소는 원자번호 = 양성자 수 = 전자 수이지만, 중성자 수가 다르기 때문에 원자질량수는 다르다.

---

31 온도와 열에 대한 설명으로 옳지 않은 것은? [2020 고졸 지방직 9급]

① 온도는 물체의 차고 뜨거운 정도를 수량적으로 나타낸 것이다.

② 열기관은 열을 역학적인 일로 바꾸는 장치이다.

③ 열은 자발적으로 저온에서 고온으로 이동할 수 있다.

④ 절대온도에서 1K 차이는 섭씨온도에서 1℃ 차이와 같다.

해설

③ 열은 자발적으로 고온에서 저온으로 이동한다.

32 그림은 다이오드가 연결된 회로에 교류 전원을 연결할 경우 저항에 흐르는 전류의 파형을 나타낸 것이다. 이로부터 알 수 있는 다이오드의 작용은?

[2020 고졸 지방직 9급]

① 정류 작용   ② 스위치 작용

③ 증폭 작용   ④ 자기 작용

해설

교류를 직류로 바꾸어 주는 정류 작용을 나타낸 그림이다.

33 다음은 중수소 원자핵($_{1}^{2}H$)이 삼중수소 원자핵($_{1}^{3}H$)과 반응하여 헬륨 원자핵($_{2}^{4}He$)과 중성자($_{0}^{1}n$)가 생성되면서 에너지가 방출되는 과정을 나타낸 것이다. 이에 대한 설명으로 옳지 않은 것은?

[2020 고졸 지방직 9급]

$$_{1}^{2}H + _{1}^{3}H \rightarrow _{2}^{4}He + _{0}^{1}n + 17.6\,MeV$$

① 핵융합 반응이다.

② 핵반응 전후 질량의 합은 같다.

③ 핵반응 전후 질량수의 합은 같다.

④ 핵반응 전후 전하량의 합은 같다.

해설

핵융합 반응 전후의 질량은 감소하며, 질량이 감소한 양만큼 에너지로 방출된다.

34 그림은 일반적인 광통신 과정을 나타낸 것이다. 이에 대한 설명으로 옳은 것만 모두 고르면?

[2020 고졸 지방직 9급]

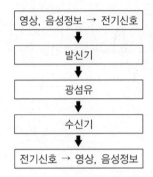

ㄱ. 발신기에서 전기신호를 빛신호로 변환한다.
ㄴ. 광섬유에서 코어의 굴절률이 클래딩의 굴절률보다 커서 전반사가 일어난다.
ㄷ. 광통신은 구리 도선을 이용한 전기통신에 비하여 도청이 어렵고 정보의 전송 용량이 크다.

① ㄱ
② ㄱ, ㄴ
③ ㄴ, ㄷ
④ ㄱ, ㄴ, ㄷ

해설
• 발신기에서 전기신호를 빛신호로 변환하여 광섬유를 통해 전반사시켜 수신기로 전송하며, 수신기에서는 빛신호를 전기신호로 변환한다.
• 광통신은 구리 도선을 이용한 전기통신보다 도청이 어렵고 정보의 전송 용량이 많다.

35 20m/s의 속력으로 직선운동하던 질량 200g의 공을 배트로 쳐서 반대 방향으로 30m/s의 속력으로 날려 보냈다. 이 공이 배트로부터 받은 충격량의 크기(N·s)는?

[2020 고졸 지방직 9급]

① 2
② 4
③ 10
④ 12

해설
$F \cdot t = \Delta p = 0.2kg\times \{30m/s-(-20m/s)\} = 10$N·s
※ kg·m/s = N·s

36 다음의 표는 입자 A와 B이 질량과 속력을 나타낸 것이다. 이 물체가 등속운동할 때 이에 대한 설명으로 옳은 것만 모두 고르면?

[2020 고졸 지방직 9급]

입 자	질 량	속 력
A	m	$2v$
B	$2m$	v

> ㄱ. 운동에너지는 A가 B의 2배이다.
> ㄴ. 운동량은 A가 B의 2배이다.
> ㄷ. 물질파의 파장은 A와 B가 같다.

① ㄴ ② ㄷ

③ ㄱ, ㄷ ④ ㄱ, ㄴ, ㄷ

해설

ㄱ. 운동에너지는 A가 B의 2배이다.
- A의 운동에너지 $= \dfrac{1}{2}m(2v)^2 = 2mv^2$
- B의 운동에너지 $= \dfrac{1}{2}2m(v)^2 = mv^2$

ㄴ. 운동량은 A와 B가 같다.
- A의 운동량 $= 2mv$
- B의 운동량 $= 2mv$

ㄷ. 물질파의 파장은 A와 B가 같다.
- A의 물질파 파장 $\lambda_A = \dfrac{h}{m(2v)}$
- B의 물질파 파장 $\lambda_B = \dfrac{h}{2mv}$

37 그림은 어떤 원자의 에너지 준위를 나타낸 것이다. 전자가 $n=4$인 상태에서 $n=2$인 상태로 전이할 때 일어나는 현상으로 옳은 것은? [2020 고졸 지방직 9급]

$$n=4 \text{ ——————— } E_4=-3.4\text{eV}$$
$$n=3 \text{ ——————— } E_3=-6.0\text{eV}$$
$$n=2 \text{ ——————— } E_2=-13.6\text{eV}$$
$$n=1 \text{ ——————— } E_1=-54.4\text{eV}$$

① 7.6eV의 에너지 흡수 ② 7.6eV의 에너지 방출
③ 10.2eV의 에너지 흡수 ④ 10.2eV의 에너지 방출

해설

$E_4 \rightarrow E_2$ 전이 시 $\Delta E = -3.4\text{eV} - (-13.6\text{eV}) = 10.2\text{eV}$의 에너지를 방출한다.

38 그림은 정지하고 있는 질량 2kg인 물체에 수평 방향으로 10N의 일정한 힘이 작용하는 모습을 나타낸 것이다. 정지에서 2초 후 물체의 운동에너지(J)는?(단, 공기저항, 물체와 지면 사이의 마찰은 무시한다) [2020 고졸 지방직 9급]

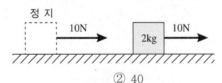

① 20 ② 40
③ 60 ④ 100

해설

일-운동에너지 정리를 이용한다.

$$W = F \cdot s = \frac{1}{2}mv^2$$

문제에서 $F=10\text{N}$으로 주어졌으므로 s를 구하여 대입한다.

$$s = \frac{1}{2}at^2 = \frac{1}{2} \times \frac{F}{m} \times t^2 \quad \left(\because a = \frac{F}{m} \right)$$
$$= \frac{1}{2} \times \frac{10\text{N}}{2\text{kg}} \times (2\text{s})^2 = \frac{1}{2} \times 5\text{m/s}^2 \times (2\text{s})^2 \quad \left(\because \frac{\text{N}}{\text{kg}} = \frac{\text{kg} \cdot \text{m/s}^2}{\text{kg}} = \text{m/s}^2 \right)$$
$$= 10\text{m}$$
$$\therefore W = F \cdot s = \frac{1}{2}mv^2 = 10\text{N} \times 10\text{m} = 100\text{J} \quad (\because \text{N} \cdot \text{m} = \text{J})$$

39 그림은 순수한 반도체 결정의 에너지띠 구조를 나타낸 것이다. 이에 대한 설명으로 옳지 않은 것은?

[2020 고졸 지방직 9급]

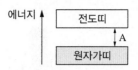

① A의 영역에는 전자가 존재할 수 없다.
② 원자가띠에 채워진 전자의 에너지는 모두 동일하다.
③ 절대온도 0K일 때, 전도띠에는 전자가 존재하지 않는다.
④ 이 물질은 온도가 올라갈수록 전기 전도도가 증가한다.

해설
② 에너지띠는 수많은 에너지 준위가 모여서 이루어진 것으로, 원자가띠 내 전자의 에너지는 동일하지 않다.

40 그림 (가)는 수평면 일직선상에서 질량 $2m$인 물체 A가 정지해 있는 질량 m인 물체 B와 충돌하는 것을 나타낸 것이고, 그림 (나)는 A가 B에 정면으로 충돌한 후 A, B가 같은 방향으로 운동하는 것을 나타낸 것이다. A의 속력이 충돌 직전 $2v$에서 충돌 직후 v로 변했다면, 충돌 직후 B의 속력은?

[2020 고졸 지방직 9급]

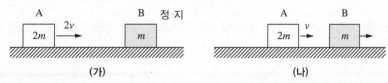

① $0.5v$ ② v
③ $1.5v$ ④ $2v$

해설
$$m_1v_1 + m_2v_2 = m_1v_1{}' + m_2v_2{}'$$
$$(2m \times 2v) + 0 = (2m \times v) + (m \times v_2{}')$$
$$2mv = mv_2{}'$$
$$\therefore v_2{}' = 2v$$

41 그림은 충분히 긴 구리관 속으로 자석이 낙하하는 모습이다. 이에 대한 설명으로 옳은 것만 모두 고르면?(단, 공기저항, 자석과 구리관 사이의 마찰은 무시한다)

[2020 고졸 지방직 9급]

자 석

구리관

> ㄱ. 자석이 낙하하는 동안 자석의 위치에너지는 감소한다.
> ㄴ. 자석이 낙하한 거리만큼 자석의 운동에너지는 증가한다.
> ㄷ. 자석의 역학적 에너지는 보존된다.
> ㄹ. 감소한 역학적 에너지만큼 전기에너지로 전환된다.

① ㄱ, ㄴ   ② ㄱ, ㄷ
③ ㄱ, ㄹ   ④ ㄴ, ㄹ

해설
ㄴ, ㄷ. 자석의 역학적 에너지는 보존되지 않는다. 따라서 자석이 낙하한 거리만큼 자석의 운동에너지는 증가하지 않으며, 감소한 역학적 에너지만큼 전기에너지로 전환된다.

42 컴퓨터에서 정보를 저장하고 기록하는 장치인 하드디스크에 대한 설명으로 옳은 것만 모두 고르면?

[2020 고졸 지방직 9급]

> ㄱ. 빛을 이용하여 저장된 정보를 읽어 낸다.
> ㄴ. 디지털신호로 정보가 기록된다.
> ㄷ. 강자성체의 특성을 이용한 저장매체이다.

① ㄱ, ㄴ   ② ㄱ, ㄷ
③ ㄴ, ㄷ   ④ ㄱ, ㄴ, ㄷ

해설
ㄱ. 빛으로 정보를 읽어 내는 장치는 DVD, CD, Blu-ray Reader이다.

43 그림은 전자기파를 어떤 물리량의 크기 순서대로 나타낸 것이다. 이에 대한 설명으로 옳은 것은?

[2020 고졸 지방직 9급]

① 물리량 A에는 파장을 넣을 수 있다.
② 적외선보다 자외선의 진동수가 크다.
③ (가)는 휴대전화 데이터 통신과 전자레인지에 이용된다.
④ (나)는 사람 몸이나 건물 벽을 투과할 수 있어 의료 진단 분야, 비파괴검사, 공항 검색대에서 사용된다.

해설
① 물리량 A는 진동수이다.
③ (가)는 X선으로, 의료 진단 분야와 공항 검색대에서 사용된다.
④ (나)는 마이크로파로, 휴대전화 데이터 통신과 전자레인지에 이용된다.
※ γ선은 비파괴검사에서 사용된다.

44 탄산음료가 담긴 차가운 병의 뚜껑을 처음 열었을 때 뚜껑 주변에 하얀 김이 서리는 현상이 나타난다. 이에 대한 설명으로 옳은 것만 모두 고르면?

[2020 고졸 지방직 9급]

> ㄱ. 기체가 병 밖으로 빠져나오면서 기체는 등온 팽창한다.
> ㄴ. 기체가 병 밖으로 빠져나오면서 부피가 증가하여 기체는 외부에 일을 한다.
> ㄷ. 기체가 병 밖으로 빠져나오면서 기체의 내부 에너지는 감소한다.

① ㄴ   ② ㄷ
③ ㄱ, ㄷ   ④ ㄴ, ㄷ

해설
$Q = W + U$이므로 $Q = 0$, $W = -U$이다.
기체가 병 밖으로 빠져나오면서 부피가 증가하여 기체가 외부에 일을 하고, 그에 따라 기체의 온도가 낮아지며 내부 에너지는 감소한다.

45 파동에 대한 설명으로 옳지 않은 것은?

[2020 고졸 지방직 9급]

① 파동이 굴절할 때 파동의 파장은 변하지 않는다.

② 파동이 반사할 때 파동의 속력은 변하지 않는다.

③ 간섭현상은 두 개 이상의 파동이 만날 때 일어난다.

④ 파동이 퍼져 나갈 때 에너지가 전달된다.

해설

① 파동이 굴절할 때 파동의 진동수는 변하지 않는다.

46 그림 (가)는 코일 위에서 자석을 연직 방향으로 움직이는 모습을 나타낸 것이고, (나)는 코일과 자석 사이의 간격을 시간에 따라 나타낸 것이다. 이에 대한 설명으로 옳은 것은?

[2020 고졸 지방직 9급]

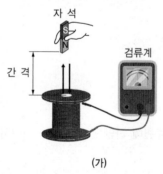

(가)

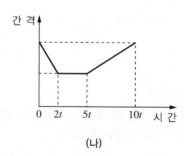

(나)

① $4t$일 때 검류계에는 일정한 세기의 전류가 흐른다.

② 검류계에 흐르는 전류의 세기는 t일 때가 $8t$일 때보다 크다.

③ t일 때 코일이 자석에 작용하는 자기력의 방향은 자석의 운동 방향과 같다.

④ t일 때와 $7t$일 때, 검류계에 흐르는 전류의 방향은 서로 같다.

해설

② t일 때의 기울기가 $8t$일 때의 기울기보다 크므로, t일 때 전류의 세기가 크다.

① $4t$일 때 간격이 일정하므로 유도전류는 발생하지 않는다.

③ t일 때 코일이 자석에 작용하는 자기력의 방향은 자석의 운동 방향과 반대이다.

④ t일 때와 $7t$일 때, 검류계에 흐르는 전류의 방향은 서로 반대이다.

47 Ge 반도체에 In을 소량 첨가하여 만든 불순물 반도체에 그림처럼 화살표 방향으로 전기장을 걸었을 때, 이에 대한 설명으로 옳은 것만 모두 고르면?

[2020 고졸 지방직 9급]

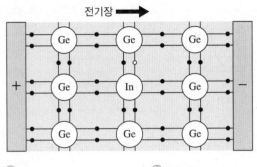

ㄱ. 불순물 반도체에 생성된 양공은 전도띠에 존재한다.
ㄴ. 양공은 오른쪽(−)에서 왼쪽(+)으로 이동한다.
ㄷ. 전류의 방향은 양공의 이동 방향과 같다.
ㄹ. 양공이 전도띠에 있는 전자보다 많으므로 주로 양공에 의해 전류가 흐른다.

① ㄱ, ㄴ   ② ㄱ, ㄹ   ③ ㄴ, ㄷ   ④ ㄷ, ㄹ

해설

그림은 p형 반도체에 해당한다.
ㄱ. 불순물 반도체에 생성된 양공은 원자가띠에 존재한다.
ㄴ. 양공의 이동 방향은 전류의 이동 방향과 동일하므로, 양공은 왼쪽(+)에서 오른쪽(−)으로 이동한다.

48 그림은 시간 $t = 0$에서 어떤 파동의 모습을 나타낸 것이다. $t = 0.1$초에서 점 P의 변위가 증가하였다면 이에 대한 설명으로 옳은 것은?(단, 파동의 주기는 0.5초이다)

[2020 고졸 지방직 9급]

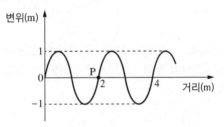

① 파동의 속력은 1m/s이다.   ② 파동의 진행 방향은 왼쪽이다.
③ 파동의 파장은 1m이다.   ④ 파동의 진폭은 2m이다.

해설

② $t = 0.1$s에서 점 P의 변위가 증가하였으므로 파동의 진행 방향은 왼쪽이다.

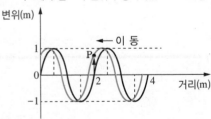

① 파동의 속력(v)은 4m/s이다.

$$v = f\lambda = \frac{1}{T} \times \lambda = \frac{1}{0.5\text{s}} \times 2\text{m} = 4\text{m/s}$$

③ 파동의 파장(λ)은 2m이다.
④ 파동의 진폭(A)은 1m이다.

49 그림 (가), (나)는 한쪽 끝이 닫힌 관에서 공기를 진동시켜 만든 정상파의 기본 진동수를 모식적으로 나타낸 것이다. 이에 대한 설명으로 옳지 않은 것은?(단, 관 안의 공기 상태는 (가)와 (나)가 같으며 $L_1 > L_2$이다)

[2020 고졸 지방직 9급]

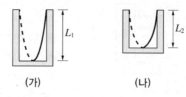

(가)　　　　(나)

① (가)에서 정상파의 파장은 관길이의 4배이다.
② 정상파의 파장은 (가)가 (나)에서보다 더 길다.
③ (가)가 (나)에서보다 더 높은 소리가 난다.
④ 관의 열린 끝 부분에서 정상파의 배가 만들어진다.

해설

① (가) $\frac{1}{4}\lambda_{(가)} = L_1$, $\lambda_{(가)} = 4L_1$

(나) $\frac{1}{4}\lambda_{(나)} = L_2$, $\lambda_{(나)} = 4L_2$

② · ③ $L_1 > L_2$이므로 $\lambda_{(가)} > \lambda_{(나)}$, $f_{(가)} < f_{(나)}$ 이 되며, (가)보다 (나)에서 더 높은 소리가 난다.
④ 관의 열린 끝 부분은 항상 정상파의 배가 생성된다.

50 그림은 B가 탄 우주선이 A에 대하여 $+x$방향으로 $0.8c$로 등속도 운동하고 있는 것을 나타낸 것이다. A에 대하여 정지한 막대 P, Q는 각각 x축, y축상에 놓여 있고, A가 측정한 P, Q의 길이는 모두 L이다. 이에 대한 설명으로 옳지 않은 것은?(단, c는 빛의 속력이다)

[2020 고졸 지방직 9급]

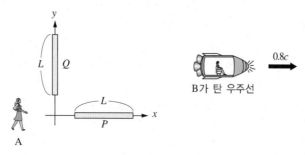

① B가 측정할 때, A의 시간은 빠르게 간다.
② B가 측정할 때, Q의 길이는 L이다.
③ B가 측정할 때, P의 길이가 Q의 길이보다 짧다.
④ B가 볼 때, A는 $-x$방향으로 $0.8c$의 속력으로 움직인다.

해설

① 운동은 상대적이므로 B가 측정할 때, A의 시간은 느리게 간다.
② · ③ 운동 방향으로 길이수축현상이 나타나므로, B가 측정할 때 Q의 길이(Q_L)는 변하지 않으며, Q의 길이(Q_L) > P의 길이(P_L)이다.
④ 운동은 상대적이므로, B가 볼 때 A는 $-x$방향으로 $0.8c$의 속력으로 움직인다.

2021년

기출문제

01 그림은 다음 3가지 운동을 일정한 기준에 따라 구분하는 과정을 나타낸 것이다. (가)~(다)에 들어갈 기호로 옳은 것은?

[2021 국가직 9급]

> A. 연직 아래로 떨어지는 물체의 자유낙하운동
> B. 비스듬히 던져 올린 물체의 포물선운동
> C. 등속 원운동

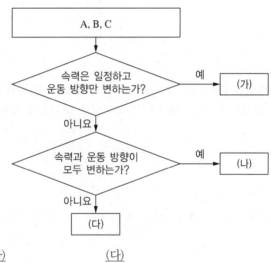

	(가)	(나)	(다)
①	A	B	C
②	B	C	A
③	C	A	B
④	C	B	A

해설

- A : 등가속도 직선운동 → (다)
- B : 등가속도 운동 → (나)
- C : 등속 원운동 → (가)

정답 1 ④

02 다음의 생활 속 현상들과 관계가 가장 가까운 파동의 성질은?

[2021 국가직 9급]

> • 물속에 잠긴 물체의 깊이가 실제보다 얕아 보인다.
> • 신기루가 발생한다.

① 반 사   ② 굴 절

③ 전반사   ④ 간 섭

해설

빛의 굴절현상에 해당한다.

03 그림은 원자핵과 전자로 이루어진 원자 구조의 모형을 나타낸 것이다. 원자핵과 전자 사이의 거리는 r, 원자핵이 전자에 작용하는 전기력의 크기는 F이다. 이에 대한 설명으로 보기에서 옳은 것만 모두 고르면?

[2021 국가직 9급]

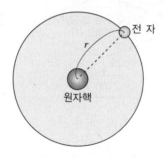

┌ 보기 ├

ㄱ. 전자가 원자핵에 작용하는 전기력의 방향은 서로 밀어내는 방향이다.
ㄴ. 전자가 원자핵에 작용하는 전기력의 크기는 F이다.
ㄷ. 거리 r이 증가하면 원자핵이 전자에 작용하는 전기력의 크기는 커진다.

① ㄱ   ② ㄴ

③ ㄱ, ㄷ   ④ ㄴ, ㄷ

해설

ㄱ. 원자핵과 전자 사이에는 전기적 인력이 작용하므로, 전자가 원자핵에 작용하는 전기력의 방향은 서로 당기는 방향이다.

ㄴ. 원자핵과 전자 사이에 작용하는 힘은 작용·반작용 관계에 있으므로, 전자가 원자핵에 작용하는 전기력의 크기는 동일한 전기력의 크기 F를 갖는다.

ㄷ. $F \propto \dfrac{1}{r^2}$ 이므로, 거리 r이 증가하면 원자핵이 전자에 작용하는 전기력의 크기는 작아진다.

04 그림은 온도가 T_1인 고열원으로부터 Q_1의 열을 흡수하여 W의 일을 하고, 온도가 T_2인 저열원으로 Q_2의 열을 방출하는 열기관을 모식적으로 나타낸 것이다. 이에 대한 설명으로 보기에서 옳은 것만 모두 고르면?

[2021 국가직 9급]

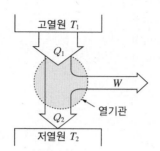

┤보기├
ㄱ. $W = Q_1 - Q_2$이다.
ㄴ. 열효율이 100%인 열기관은 만들 수 없다.
ㄷ. Q_1이 일정할 때, W가 클수록 열기관의 열효율이 낮다.

① ㄱ   ② ㄷ   ③ ㄱ, ㄴ   ④ ㄴ, ㄷ

해설
ㄱ. 열기관이 한 일 $W = Q_1 - Q_2$이다.

ㄴ. 열효율 $e = 1 - \dfrac{Q_2}{Q_1}$ $(0 < e < 1)$이므로, 열효율이 100%인 열기관은 만들 수 없다.

ㄷ. Q_1이 일정할 때, W가 클수록 열기관의 열효율이 높다.

05 주사 전자 현미경에 사용하는 전자 A와 B의 운동량 크기는 각각 p와 $2p$이다. 이에 대한 설명으로 보기에서 옳은 것만 모두 고르면?

[2021 국가직 9급]

┤보기├
ㄱ. 속력은 A가 B보다 크다.
ㄴ. 물질파 파장은 A가 B보다 길다.
ㄷ. A를 사용하였을 때 더 작은 구조를 구분할 수 있다.

① ㄴ   ② ㄷ   ③ ㄱ, ㄴ   ④ ㄱ, ㄷ

해설
ㄱ. $p_A = p$, $p_B = 2p$이며, 운동량 $p = mv$이므로 $v_B > v_A$이다.

ㄴ, ㄷ. 물질파 $\lambda = \dfrac{h}{mv}$이므로 운동량 $p = mv$가 클수록 λ는 작아진다. 따라서 $\lambda_A > \lambda_B$이며, B를 사용하였을 때 더 작은 구조를 분석하는데 적합하다.

06 전자기파는 파장에 따라 분류할 수 있다. 전자기파를 파장이 긴 것부터 순서대로 바르게 나열한 것은?

[2021 지방직 9급]

① 감마선, X선, 자외선, 가시광선, 적외선
② 감마선, X선, 적외선, 가시광선, 자외선
③ 적외선, 가시광선, 자외선, X선, 감마선
④ X선, 감마선, 자외선, 가시광선, 적외선

> **해설**
> 감마선 – X선 – 자외선 – 가시광선 – 적외선
> 큰 f ◄─────────────── 작은 f
> 짧은 λ ───────────────► 긴 λ

07 표는 보어의 수소 원자 모형에서 양자수 n이 1, 2, 3일 때 에너지 준위를 나타낸 것이다. n이 1, 2, 3인 에너지 준위 간에 전자가 전이할 때, 흡수 또는 방출할 수 있는 광자의 에너지로 옳지 않은 것은?(단, 전자가 전이할 때 1개의 광자를 흡수 또는 방출한다)

[2021 지방직 9급]

양자수(n)	에너지 준위(eV)
1	−13.60
2	−3.40
3	−1.51

① 1.89eV   ② 4.91eV
③ 10.20eV   ④ 12.09eV

> **해설**
> • $E_2 \rightarrow E_1$ 전이 시 : −3.40eV − (−13.60eV) = 10.20eV
> • $E_3 \rightarrow E_1$ 전이 시 : −1.51eV − (−13.60eV) = 12.09eV
> • $E_3 \rightarrow E_2$ 전이 시 : −1.51eV − (−3.40eV) = 1.89eV

08 마찰이 없는 수평면에서 질량이 m_A인 물체 A가 정지 상태의 질량이 m_B인 물체 B를 향해 3m/s로 등속도운동하여 정면 충돌하였고, 충돌 후 A와 B가 한 덩어리가 되어 1m/s의 등속도로 운동하였다. 두 물체가 충돌 전후 동일 직선상에서 운동하였다면, $m_A : m_B$는?(단, A와 B가 충돌할 때 서로에게 작용하는 힘 이외에 다른 힘은 없으며, 물체의 크기는 무시한다)

[2021 지방직 9급]

① 1 : 2   ② 2 : 1
③ 2 : 3   ④ 3 : 2

> **해설**
> $(m_A \times 3\text{m/s}) + (m_B \times 0) = (m_A + m_B) \times 1\text{m/s}$
> $2m_A = m_B$
> ∴ $m_A : m_B = 1 : 2$

09 물질의 자성과 관련된 설명으로 옳지 않은 것은?

① 반자성체에 강한 자석을 가까이 가져가면 서로 밀어낸다.
② 원자 내 전자의 운동은 물질이 자기적 성질을 띠는 원인이 된다.
③ 상자성체는 외부 자기장을 제거하면 자화(자기화)된 상태가 바로 사라진다.
④ 강자성체는 외부 자기장을 가했을 때 외부 자기장과 반대 방향으로 자화(자기화)되는 물질이다.

해설
④ 강자성체는 외부 자기장을 가했을 때 외부 자기장과 나란한 방향으로 자화되는 물질이다.
① 반자성체는 다가오는 자석의 극성과 같은 극성이 생성되어 서로 밀어낸다.
② 물질의 자기적 성질은 원자 내 전자의 궤도운동과 스핀운동에 의해 결정된다.
③ 상자성체는 외부 자기장이 제거되는 즉시 자화가 사라진다.

10 전하량이 각각 +10C, −2C인 두 점전하가 있다. 두 점전하 사이의 거리가 $2r$일 때 두 점전하 사이에 작용하는 전기력의 크기를 F_1, 거리가 $3r$일 때 두 점전하 사이에 작용하는 전기력의 크기를 F_2라고 하면 $\dfrac{F_1}{F_2}$의 값은?(단, 두 점전하는 진공 중에 있다)

① $\dfrac{1}{4}$ 　　　　　　　　② $\dfrac{9}{4}$

③ $\dfrac{1}{9}$ 　　　　　　　　④ $\dfrac{4}{9}$

해설
쿨롱의 법칙을 이용한다.

$$F = k\dfrac{q_1 q_2}{r^2}$$

- $F_1 = \dfrac{(+10)(-2)}{(2r)^2}$

- $F_2 = \dfrac{(+10)(-2)}{(3r)^2}$

$$\therefore \dfrac{F_1}{F_2} = \dfrac{\dfrac{1}{4r^2}}{\dfrac{1}{9r^2}} = \dfrac{9}{4}$$

정답 9 ④　10 ②

11 그림은 직선운동을 하는 어떤 물체의 위치를 시간에 따라 나타낸 것이다. 이에 대한 설명으로 옳지 않은 것은?

[2021 고졸 지방직 9급]

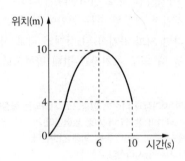

① 6초 때 물체의 순간 속력은 0이다.
② 0~10초 동안 이동한 거리는 16m이다.
③ 0~10초 동안 평균 속력과 평균 속도는 같다.
④ 0~10초 동안 평균 속도의 크기는 0.4m/s이다.

해설

① 6초 순간의 그래프 기울기 = 0 = 6초 때 물체의 순간 속력
② 0~6초 동안 이동한 거리 = 10m, 6~10초 동안 이동한 거리 = 6m
 ∴ 0~10초 동안 이동한 거리 = 10m + 6m = 16m
③ 평균 속력 = $\dfrac{\text{전체 이동 거리}}{\text{전체 시간}}$ = $\dfrac{16\text{m}}{10\text{s}}$ = 1.6m/s, 평균 속도 = $\dfrac{\text{전체 변위}}{\text{전체 시간}}$ = $\dfrac{10\text{m} - 6\text{m}}{10\text{s}}$ = 0.4m/s
④ 0~10초 동안 평균 속도의 크기 = 0.4m/s

12 그림은 고열원으로부터 Q의 열을 공급받아 외부에 W만큼 일을 하고 저열원으로 q의 열을 방출하는 어떤 열기관을 나타낸 것으로 $q = \dfrac{Q}{2}$이다. 이에 대한 설명으로 옳은 것은?

[2021 고졸 지방직 9급]

① $q = 2W$이다.
③ q를 줄이면 열효율이 떨어진다.

② 열기관의 효율은 50%이다.
④ $Q = W$인 열기관을 만들 수 있다.

해설

① $W = Q - q = Q - \dfrac{Q}{2} = \dfrac{Q}{2}$, ∴ $Q = 2W$
③ q를 줄이면 열효율은 증가한다.

② $e = \dfrac{W}{Q} \times 100 = \dfrac{\dfrac{Q}{2}}{Q} \times 100 = 0.5 \times 100 = 50\%$
④ $Q = W$인 열기관은 제작이 불가능하다.

13 밀폐된 빈 압력밥솥을 가열할 때, 압력밥솥 안에 있는 공기의 압력과 부피의 열역학적 관계를 개략적으로 나타낸 그래프는?

[2021 고졸 지방직 9급]

① 압력(P)

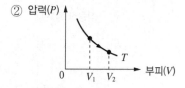

② 압력(P)

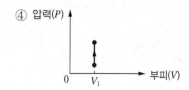

③ 압력(P)

④ 압력(P)

해설

밀폐된 빈 압력밥솥을 가열하면 압력밥솥 안의 공기는 부피 변화 없이 열에 의한 압력 증가만 나타난다.

14 그림은 저마늄(Ge)에 비소(As)가 도핑된 물질의 구조를 나타낸 모형이다. 이에 대한 설명으로 옳지 않은 것은?

[2021 고졸 지방직 9급]

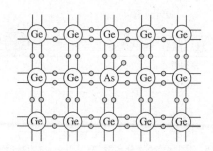

① n형 반도체이다.
② 원자가 전자가 비소는 5개, 저마늄은 4개이다.
③ 전압을 걸어 줄 경우 주된 전하 나르개는 양공이다.
④ 도핑으로 전도띠 바로 아래에 새로운 에너지 준위가 생긴다.

해설

n형 반도체에 전압을 걸어 줄 경우 주된 전하 나르개는 전도 전자이다.

15 그림은 용수철에 작용한 힘과 용수철이 늘어난 길이의 관계를 나타낸 것이다. 용수철을 원래 길이보다 3cm 늘어난 A에서 6cm 늘어난 B까지 늘리려면 해야 하는 일(J)은?

[2021 고졸 지방직 9급]

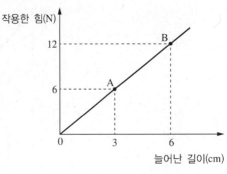

① 0.09
② 0.18
③ 0.27
④ 0.36

해설
- 훅의 법칙 $F = kx$를 이용해 k를 구한다.
  6N $= k \times 0.03$m
  $k = 200$N/m
- $\frac{1}{2}kx_2{}^2 - \frac{1}{2}kx_1{}^2 = \frac{1}{2}k(x_2{}^2 - x_1{}^2) = \frac{1}{2} \times 200\text{N/m} \times \{(0.06\text{m})^2 - (0.03\text{m})^2\} = 0.27$J

16 그림은 마찰이 없는 수평면에서 절연된 용수철의 양 끝에 대전된 두 개의 구가 연결된 것을 나타낸 것이다. (가)는 대전된 구 A, B에 의해 용수철이 늘어난 상태로 평형을 유지한 것이고, (나)는 대전된 구 A, C에 의해 용수철이 압축된 상태로 평형을 유지하고 있는 모습을 나타낸 것이다. 용수철의 원래 길이를 기준으로 (가)에서 용수철이 늘어난 길이는 (나)에서 용수철이 압축된 길이보다 길다. 이에 대한 설명으로 옳은 것은?(단, 전기력은 A와 B, A와 C 사이에만 작용한다)

[2021 고졸 지방직 9급]

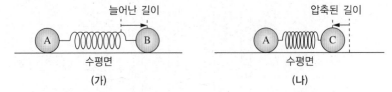

① 전하의 종류는 A와 C가 같다.
② 전하량의 크기는 B가 C보다 크다.
③ (가)에서 A에 작용한 전기력의 크기는 B에 작용한 전기력의 크기보다 크다.
④ (나)에서 용수철이 C에 작용한 힘의 크기는 용수철이 A에 작용한 힘의 크기보다 크다.

해설
① Q_A, Q_C는 반대 종류의 전하이다.
② Q_A, Q_B 사이의 척력이 Q_A, Q_C 사이의 인력보다 크므로 Q_B의 전하량이 Q_C의 전하량보다 크다.
③ (가)에서 Q_A와 Q_B에 작용한 전기력은 작용·반작용 관계이므로, 전기력의 크기는 동일하다.
④ (나)는 평형상태이므로, 용수철이 각각 Q_A와 Q_C에 작용하는 힘의 크기는 동일하다.

17 그림은 지면으로부터 20m 높이에서 가만히 떨어뜨린 물체가 자유낙하 도중 물체의 운동에너지와 지면을 기준으로 하는 중력 퍼텐셜 에너지가 같아지는 순간을 표현한 것이다. 이때 물체의 속력 v(m/s)는?(단, 중력 가속도는 10m/s² 이고, 공기 저항과 물체의 크기는 무시한다)

[2021 고졸 지방직 9급]

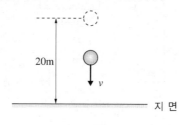

① $5\sqrt{2}$

② 10

③ $10\sqrt{2}$

④ 20

해설

역학적 에너지 = 운동에너지 + 위치에너지

'(감소한 위치에너지 = 운동에너지) = 남은 위치에너지'가 되는 지점의 v는 다음과 같다.

$\Delta mgh = \frac{1}{2}mv^2$, $v = \sqrt{2gh}$

따라서 물체가 낙하한 거리와 지면으로부터 남은 거리는 동일해야 하므로 $v = \sqrt{2 \times 10\text{m/s}^2 \times 10\text{m}} = 10\sqrt{2}\,\text{m/s}$ 이다.

18 표는 등속 운동을 하는 입자 A, B의 운동량, 속력, 물질파 파장을 나타낸 것이다. 이에 대한 설명으로 옳은 것은?

[2021 고졸 지방직 9급]

입 자	운동량	속 력	물질파 파장
A	p	v	㉠
B	$2p$	$3v$	λ

① ㉠은 3λ이다.

② 플랑크 상수는 $3\lambda p$이다.

③ 입자의 질량은 B가 A의 2배이다.

④ A와 B의 운동에너지 비는 1 : 6이다.

해설

① 입자 B의 $\lambda_B = \dfrac{h}{2p} = \dfrac{h}{\frac{2}{3}m \cdot 3v} = \lambda$이므로, 입자 A의 $\lambda_A = \dfrac{h}{p} = 2\lambda$이다.

② 플랑크 상수 $h = 2p\lambda$

③ 입자 A의 질량 m, 입자 B의 질량 $\frac{2}{3}m$이므로, 입자의 질량은 B가 A의 $\frac{2}{3}$배이다.

④ $E_{k_A} = \dfrac{1}{2}mv^2$, $E_{k_B} = \dfrac{1}{2}\left(\dfrac{2}{3}m\right)(3v)^2 = 3mv^2$

∴ $E_{k_A} : E_{k_B} = 1 : 6$

19 그림은 p-n 접합 다이오드, 저항, 전지, 스위치로 구성한 회로이다. 이에 대한 설명으로 옳은 것은?

[2021 고졸 지방직 9급]

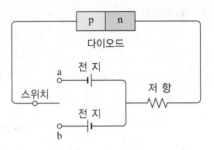

① 스위치를 a에 연결하면 다이오드에 순방향 바이어스가 걸린다.
② 스위치를 a에 연결하면 p형 반도체에서 n형 반도체로 전류가 흐른다.
③ 스위치를 b에 연결하면 양공과 전자가 계속 결합하면서 전류가 흐른다.
④ 스위치를 b에 연결하면 n형 반도체에 있는 전자가 p-n 접합면에서 멀어진다.

해설
① 스위치를 a에 연결하면 다이오드에 역방향 바이어스가 걸린다.
② 스위치를 a에 연결하면 전류가 흐르지 않는다.
④ 스위치를 b에 연결하면 n형 반도체에 있는 전자가 p-n 접합면에 가까워진다.

20 그림 (가)는 동일한 크기의 전하량을 가진 두 점전하 A, B를 각각 $x=0$, $x=d$인 지점에 고정한 모습을 나타낸 것이다. 이때 B에 작용하는 전기력의 방향은 $+x$방향이다. 그림 (나)는 그림 (가)에 점전하 C를 $x=3d$인 지점에 추가하여 고정한 모습을 나타낸 것으로, 이때 B에 작용하는 알짜힘은 0이다. 이에 대한 설명으로 옳은 것은?

[2021 고졸 지방직 9급]

① 전하량은 C가 A의 2배이다.
② A와 B는 서로 다른 종류의 전하이다.
③ A와 C 사이에는 서로 당기는 힘이 작용한다.
④ B가 A에 작용하는 힘의 크기는 C가 A에 작용하는 힘의 크기보다 크다.

해설
① $\dfrac{Q_1 \cdot Q_2}{d^2} = \dfrac{Q_2 \cdot Q_3}{(2d)^2}$, $4Q_1 = Q_3$

∴ 전하량은 C가 A의 4배이다.
② B에 작용하는 전기력의 방향이 $+x$방향이므로, A와 B는 서로 같은 종류의 전하이다.
③ B에 작용하는 알짜힘이 0이므로 A와 B 사이에 척력, B와 C 사이에 척력이 작용한다. 따라서 A와 C 사이에도 척력이 작용한다.
④ $F_{BA} = \dfrac{Q_1 \cdot Q_2}{d^2} = \dfrac{Q^2}{d^2}$, $F_{CA} = \dfrac{Q_1 \cdot Q_3}{(3d)^2} = \dfrac{Q \cdot (4Q)}{9d^2} = \dfrac{4Q^2}{9d^2}$

∴ $F_{BA} > F_{CA}$

21 다음은 단색광 A, B, C의 활용 예이다. A, B, C의 진동수를 각각 f_A, f_B, f_C라 할 때, 크기를 비교한 것으로 옳은 것은?

[2021 고졸 지방직 9급]

> • A를 측정하여 접촉하지 않고 물체의 온도를 측정한다.
> • B의 투과력을 이용하여 공항 검색대에서 가방 내부를 촬영한다.
> • C의 형광 작용을 통해 위조지폐를 감별한다.

① $f_A > f_B > f_C$ ② $f_B > f_C > f_A$

③ $f_C > f_A > f_B$ ④ $f_C > f_B > f_A$

해설
• A : 적외선
• B : X선
• C : 자외선
∴ $f_B > f_C > f_A$

22 그림 (가), (나)는 각각 수평인 실험대 위에 파동 실험용 용수철을 올려놓은 후 용수철의 한쪽 끝을 잡고 각각 앞뒤와 좌우로 흔들면서 파동을 발생시켰을 때 파동의 진행 방향을 나타낸 것이다. 이에 대한 설명으로 옳은 것은?

[2021 고졸 지방직 9급]

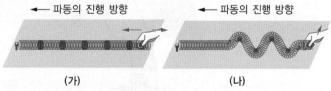

(가)   (나)

① (가)에서와 같이 진행하는 파동에는 소리(음파)가 있다.
② (가)에서 용수철의 진동수가 감소하면 파장은 짧아진다.
③ (나)에서 용수철의 진동 방향과 파동의 진행 방향은 같다.
④ (나)에서 진동수의 변화 없이 용수철을 좌우로 조금 더 크게 흔들면 파동의 진행 속력은 빨라진다.

해설
① (가)는 용수철의 진동 방향과 파동의 진행 방향이 나란한 종파로, 소리(음파)는 종파이다.
② (가)에서 용수철의 진동수가 감소하면 파장은 길어진다.
③ (나)는 용수철의 진동 방향과 파동의 진행 방향이 수직인 횡파이다.
④ (나)에서 진동수의 변화 없이 용수철을 좌우로 조금 더 크게 흔들면 파동의 진폭이 커진다.

정답 21 ② 22 ①

23 그림은 파원 A, 파원 B에서 줄을 따라 서로 마주 보고 진행하는 두 파동의 순간 모습을 나타낸 것이다. 두 파동의 속력은 모두 1cm/s이고, 점 P는 줄 위의 한 점이다. 이에 대한 설명으로 옳지 않은 것은?(단, 점선으로 표시된 눈금의 가로세로 길이는 각각 1cm이다)

[2021 고졸 지방직 9급]

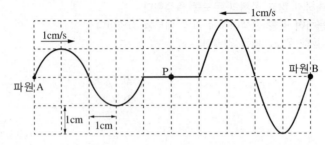

① 파원 A에서 출발한 파동의 파장은 4cm이다.
② 파원 B에서 출발한 파동의 진동수는 0.25Hz이다.
③ 그림의 상황에서 2초가 지난 후 P의 변위는 1cm이다.
④ 두 파동이 중첩될 때 합성파의 변위 최댓값은 진동 중심에서 1cm이다.

해설

① $\lambda_A = 4cm$

② $f_B = \dfrac{v}{\lambda} = \dfrac{1cm/s}{4cm} = 0.25Hz$

③ 2초 후 파원 B에 의한 점 P의 변위 : 2cm, 2초 후 파원 A에 의한 점 P의 변위 : −1cm
  ∴ 2초가 지난 후 점 P의 변위 = 2cm + (−1cm) = 1cm

④ 두 파동이 중첩될 때 합성파의 변위 최댓값은 1cm 이상 2cm 미만이다.

24 그림은 전동기의 구조를 모식적으로 나타낸 것이다. 이에 대한 설명으로 옳은 것만 모두 고르면?

[2021 고졸 지방직 9급]

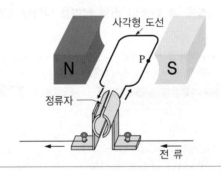

ㄱ. 전기에너지를 운동에너지로 변환한다.
ㄴ. 전류가 많이 흐를수록 회전 속력이 빨라진다.
ㄷ. 사각형 도선의 점 P는 위쪽으로 힘을 받는다.

① ㄱ, ㄴ   ② ㄱ, ㄷ   ③ ㄴ, ㄷ   ④ ㄱ, ㄴ, ㄷ

해설

ㄷ. 플레밍의 왼손 법칙에 따라 점 P는 아래쪽으로 힘을 받는다.

25 그림 (가)와 (나)는 검류계 G가 연결된 코일에 막대자석의 N극이 가까워지거나 막대자석의 S극이 멀어지는 모습을 나타낸 것이다. 이에 대한 설명으로 옳은 것은?

[2021 고졸 지방직 9급]

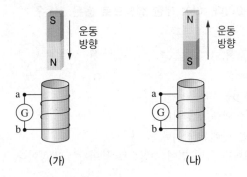

① 막대자석은 반자성체이다.
② 검류계 G에 흐르는 전류의 방향은 (가)와 (나)에서 같다.
③ (가)에서 막대자석에 의해 코일을 통과하는 자기 선속은 감소한다.
④ 막대자석이 코일에 작용하는 자기력의 방향은 (가)와 (나)에서 같다.

해설
② (가)와 (나)의 유도전류 방향은 동일하게 a → G → b이다.
① 막대자석은 강자성체이다.
③ (가)에서 막대자석에 의해 코일을 통과하는 자기 선속은 증가한다.
④ 막대자석이 코일에 작용하는 자기력의 방향은 (가)는 ⟩⟩⟩⟩이고 (나)는 ⟨⟨⟨⟨이다.

26 그림과 같이 $+y$방향으로 전류가 흐르는 무한히 긴 직선 도선과 원형 도선이 xy 평면에 놓여 있다. 원형 도선에 전류가 유도되는 경우로 옳지 않은 것은?

[2021 고졸 지방직 9급]

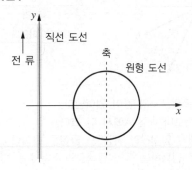

① 그림의 점선을 축으로 원형 도선을 회전시킨다.
② 원형 도선을 직선 도선 쪽으로 가까이 이동시킨다.
③ 원형 도선을 y축과 나란한 방향으로 회전 없이 이동시킨다.
④ 직선 도선에 흐르는 전류의 세기를 일정한 비율로 증가시킨다.

해설
③ 원형 도선을 y축과 나란한 방향으로 회전 없이 이동시키면 자속의 변화가 없으므로 유도전류가 생성되지 않는다.

27 그림은 종이 면에서 수직으로 나오는 방향으로 전류 I가 흐르는 무한히 긴 직선 도선 A와 전류가 흐르는 무한히 긴 직선 도선 B를 나타낸 것이다. 점 P, Q, R은 두 직선 도선을 잇는 직선상의 점들이고, A와 B 사이의 정중앙 점 Q에서 자기장의 세기가 0이다. 이에 대한 설명으로 옳은 것은?

[2021 고졸 지방직 9급]

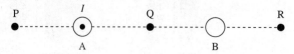

① 직선 도선 B의 전류의 세기는 $2I$이다.
② 점 P에서 자기장의 방향은 아래 방향이다.
③ 점 R에서 자기장의 방향은 아래 방향이다.
④ 직선 도선 B의 전류의 방향은 종이 면에 수직으로 들어가는 방향이다.

해설

① Q에서 자기장의 세기가 0이므로, 직선 도선 B의 전류의 세기는 I이다.
③ 점 R에서 자기장의 방향은 위쪽 방향이다.
④ 직선 도선 B의 전류의 방향은 종이 면에서 수직으로 나오는 방향이다.

28 그림은 공기에서 매질 A로 단색광이 동일한 입사각으로 입사한 후 굴절하는 경로를 나타낸 것이고, 표는 상온에서 매질 A에 해당하는 세 가지 물질의 굴절률을 나타내고 있다. 이에 대한 설명으로 옳은 것만 모두 고르면?

[2021 고졸 지방직 9급]

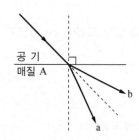

물	1.33
유 리	1.50
다이아몬드	2.42

ㄱ. 매질 A가 물이면 단색광의 굴절은 b와 같이 일어난다.
ㄴ. 단색광의 속력은 공기 중에서보다 매질 A에서 더 크다.
ㄷ. 매질 A의 물질 중 공기에 대한 임계각이 가장 큰 물질은 물이다.
ㄹ. 단색광이 공기에서 매질 A로 진행하는 동안 단색광의 진동수는 변하지 않는다.

① ㄱ, ㄴ   ② ㄱ, ㄹ   ③ ㄴ, ㄷ   ④ ㄷ, ㄹ

해설

ㄱ. b와 같이 굴절하려면 매질 A가 공기보다 굴절률이 작아야 한다.
ㄴ. 단색광의 속력은 매질 A보다 공기 중에서 더 크다.
ㄷ. 공기에 대한 임계각이 가장 큰 물질은 매질 A에 해당하는 세 가지 물질 중 굴절률이 가장 작은 물이다.
ㄹ. 단색광(빛)이 진행하는 동안 단색광의 진동수는 변하지 않는다.

29 그림과 같이 정시해 있는 A에 대해 B가 답승한 우주선이 0.9c의 속력으로 움직이고 있다. B가 탑승한 우주선 바닥에서 출발한 빛이 거울에 반사되어 되돌아올 때까지 A와 B가 측정한 빛의 이동 거리는 각각 L_A, L_B이고, 이동 시간은 각각 t_A, t_B이다. 이에 대한 설명으로 옳은 것만 모두 고르면?(단, c는 빛의 속력이다) [2021 고졸 지방직 9급]

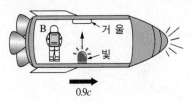

ㄱ. $L_A > L_B$

ㄴ. $t_A > t_B$

ㄷ. $\dfrac{L_A}{t_A} > \dfrac{L_B}{t_B}$

① ㄱ, ㄴ
② ㄱ, ㄷ
③ ㄴ, ㄷ
④ ㄱ, ㄴ, ㄷ

해설

ㄷ. $\dfrac{L_A}{t_A} = \dfrac{L_B}{t_B} = c$

30 그림은 같은 금속판에 진동수가 다른 단색광 A와 B를 각각 비추었을 때 광전자가 방출되는 것을 나타낸 것이고, 표는 단색광 A와 B를 금속판에 각각 비추었을 때 1초 동안 방출되는 광전자의 수와 광전자의 물질파 파장을 나타낸 것이다. 이에 대한 설명으로 옳은 것만 모두 고르면?(단, 단색광 A와 B의 빛의 세기를 각각 I_A, I_B라 하고, 진동수를 f_A, f_B라 한다)

[2021 고졸 지방직 9급]

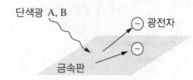

단색광	1초 동안 방출되는 광전자의 수	광전자의 물질파 파장
A	N	4λ
B	$2N$	λ

ㄱ. $f_A > f_B$

ㄴ. $I_A < I_B$

ㄷ. 금속판의 문턱 진동수를 f_0라 하면 $f_0 < f_B$이다.

① ㄱ, ㄴ

② ㄱ, ㄷ

③ ㄴ, ㄷ

④ ㄱ, ㄴ, ㄷ

해설

ㄱ. 광전효과에서 에너지 보존 원리에 따라 진동수 f인 빛을 금속판에 비추면 일함수 Φ를 뺀 만큼에 해당하는 운동에너지를 광전자가 갖는다.

$hf = \Phi + E_k$

$\therefore f \propto E_k = \dfrac{p^2}{2m}$, $\lambda = \dfrac{h}{mv} = \dfrac{h}{p}$

f_A에 의한 광전자의 물질파 파장은 4λ, 운동량은 $\dfrac{1}{4}p$이므로 $E_{k_A} = \dfrac{1}{16}\left(\dfrac{p^2}{2m}\right)$이며,

f_B에 의한 광전자의 물질파 파장은 λ, 운동량은 p이므로 $E_{k_B} = \dfrac{p^2}{2m}$이다.

$\therefore f_A < f_B$

01 보기는 일직선상에서, 0초일 때 1m/s의 속력으로 운동하는 물체의 가속도를 시간에 따라 나타낸 것이다. 이 물체의 운동에 대한 설명으로 가장 옳은 것은?(단, 0초일 때 물체의 운동 방향을 (+)로 한다) [2022 서울시 9급]

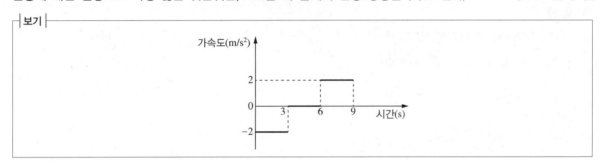

① 0~9초 동안 운동 방향은 바뀌지 않았다.
② 4초일 때의 속력은 5m/s이다.
③ 0~9초 사이에 0초일 때의 위치로부터 변위의 크기는 9초일 때가 가장 크다.
④ 0초부터 3초까지 처음과 같은 방향으로 6m 이동한다.

해설

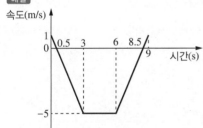

① 0.5초 지점에서 속도가 (+)에서 (−)로 바뀌므로 운동 방향이 바뀌고, 다시 8.5초 지점에서 속도가 (−)에서 (+)로 바뀌므로 운동 방향이 바뀌어 총 2번 운동 방향이 전환된다.
③ 0~9초 사이에서 이동거리가 가장 긴 지점은 9초이므로, 변위의 크기가 가장 큰 지점은 8.5초이다.
④ 속도−시간 그래프에서 속도가 (+)에서 (−)로 바뀌면 운동 방향이 바뀐 것이므로, 0.5초 지점에서 운동 방향이 바뀐다.

02 두 위성 A, B가 행성을 중심으로 등속원운동을 하고 있다. 행성 중심으로부터 A, B 중심까지의 거리는 각각 $2r$, $3r$이다. A와 B의 가속도 크기를 각각 a_A, a_B라 하고, 공전주기를 각각 T_A, T_B라고 할 때, $a_A : a_B$와 $T_A : T_B$를 옳게 짝지은 것은?(단, A와 B에는 행성에 의한 만유인력만 작용한다) [2022 서울시 9급]

	$a_A : a_B$	$T_A : T_B$
①	$2 : 3$	$\sqrt{2} : \sqrt{3}$
②	$4 : 9$	$\sqrt{2} : \sqrt{3}$
③	$4 : 9$	$2\sqrt{2} : 3\sqrt{3}$
④	$9 : 4$	$2\sqrt{2} : 3\sqrt{3}$

해설

- 위성 A, B에는 행성에 의한 만유인력만 작용하고 $F = G\dfrac{Mm}{r^2}$ 이므로, 가속도 $a_A : b_B = \dfrac{1}{(2r)^2} : \dfrac{1}{(3r)^2} = 9 : 4$이다.

- $T^2 \propto r^3$ 이므로, $T_A : T_B = 2\sqrt{2} : 3\sqrt{3}$ 이다.

03 보기와 같이 직육면체 금속의 세 변의 길이의 비가 $a : b : c = 1 : 2 : 3$이다. 10V의 전원을 A와 B 단자(양 옆면)에 걸었을 때 소비전력을 P_{AB}라 하고, 같은 전원을 C와 D 단자(위, 아래면)에 걸었을 때 소비전력을 P_{CD}라 할 때, $P_{AB} : P_{CD}$ 값은?(단, 두 단자는 금속 내에 균일한 전류를 형성하게 한다) [2022 서울시 9급]

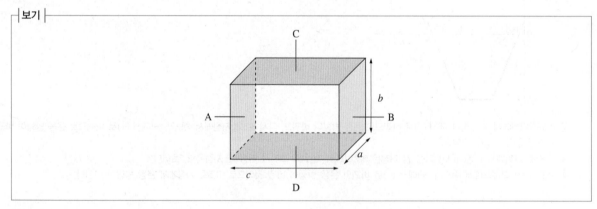

보기

①	$2 : 3$	②	$3 : 2$
③	$4 : 9$	④	$9 : 4$

해설

$R = \rho\dfrac{l}{s}$ 이므로, $R_{AB} : R_{CD} = \dfrac{c}{ab} : \dfrac{b}{ac} = \dfrac{3}{2} : \dfrac{2}{3} = 9 : 4$이다.

두 단자에 동일한 전압이 걸리며 $P = \dfrac{V^2}{R}$ 이므로, $P_{AB} : P_{CD} = 4 : 9$이다.

04 보기는 수은 기둥 기압계와 지점 A, B, C, D를 나타낸 것이다. 이에 대한 설명으로 가장 옳은 것은?(단, B의 높이는 수은면 표면이고, C의 높이는 B의 높이와 같다. 또한 수은 기둥의 위쪽 공간은 진공으로 가정한다)

[2022 서울시 9급]

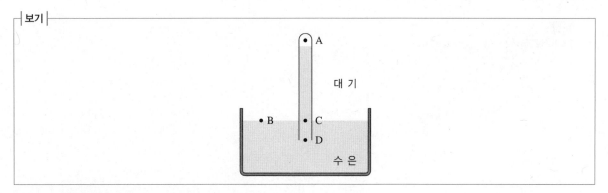

① A의 절대압력은 대기압의 크기에 따라 바뀐다.
② B의 절대압력은 A보다 크고, C보다 작다.
③ C의 절대압력은 대기압과 같다.
④ D의 절대압력은 C와 같다.

해설
① A는 진공상태이므로, A의 절대압력은 대기압의 크기와 관계없다.
② B의 절대압력은 A보다 크고, C와 동일하다.
④ D의 절대압력은 C보다 크다.

05 반지름이 R인 내부가 꽉찬 도체 구가 양의 전하량 Q로 대전되어 있다. 이에 대한 설명으로 가장 옳은 것은?

[2022 서울시 9급]

① 도체 구 표면의 전위의 크기는 구의 반지름에 반비례한다.
② 도체 구 중심의 전위는 0이다.
③ 전하는 도체 구 전체에 균일하게 분포한다.
④ 도체 구 겉표면의 전기장은 0이다.

해설
② 도체 구 중심의 전기장은 0이다(전위는 0은 아니다).
③ 전하는 도체 구 표면에 균일하게 분포한다.
④ 도체 구 겉표면의 전기장은 0이 아니다.

06 주파수가 5GHz인 파동이 2μ초 동안 발생하였다. 이 파동의 총 진동 횟수는? [2022 서울시 9급]

① 10회
② 100회
③ 1,000회
④ 10,000회

해설

$5\times10^{9}\,[\mathrm{s^{-1}}]\times2\times10^{-6}\,[\mathrm{s}]=10,000$회

07 보기의 빈칸에 들어갈 숫자는? [2022 서울시 9급]

┤보기├

일직선대로변의 멀리 떨어진 두 지점에서 두 사람이 각각 서있다. 이때 구급차가 사이렌을 울리며 대로를 지나갔다. 두 사람이 들은 사이렌 음 중 주파수가 높은 것이 낮은 것보다 10% 더 높았다면, 구급차는 음속의 약 ___%의 속력으로 질주한 것이다.

① 1
② 2
③ 5
④ 10

해설

도플러 효과 $f'=f\!\left(\dfrac{v\pm v_0}{v\mp v_s}\right)$

관찰자는 정지상태이므로 $v_0=0$이며, 주파수가 높은 것이 낮은 것보다 10% 높게 나왔으므로

$f\!\left(\dfrac{v}{v-v_s}\right)=1.1\times f\!\left(\dfrac{v}{v+v_s}\right)$

$\dfrac{1}{v-v_s}=\dfrac{1.1}{v+v_s}$

$v+v_s=1.1v-1.1v_s$

$2.1v_s=0.1v$

$v_s=\dfrac{0.1}{2.1}v=\dfrac{1}{21}v\fallingdotseq0.05v$

∴ 구급차는 음속의 약 5%의 속력으로 질주한 것이다.

08 보기 1과 같이 경사각이 θ인 빗면에 수직 방향으로 균일한 자기장이 형성되어 있다. 이 빗면에 저항 R이 연결된 도선을 놓고 그 위에 도체 막대를 가만히 올려 놓아 미끄러져 내려가게 한 후, 시간에 따른 도체 막대의 속력 그래프를 얻었다. 도체 막대의 길이는 l이고 질량은 m이며, 자기장의 세기는 B이다. t_1초 이후에 도체 막대가 등속운동을 한다고 할 때, 보기 2에서 옳은 설명을 모두 고른 것은?(단, 모든 마찰은 무시하고, 도선과 도체 막대의 전기저항도 저항 R에 비해 매우 작다고 가정하여 무시한다. 또한 중력가속도는 g라 한다)

[2022 서울시 9급]

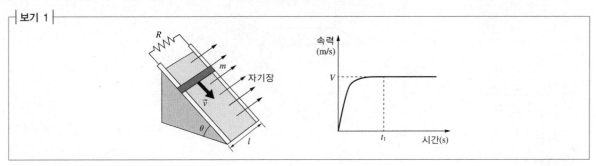

┌ 보기 2 ├

ㄱ. 0초부터 t_1초까지 도체 막대에 흐르는 전류는 감소한다.

ㄴ. t_1초 이후에 도체 막대에 작용하는 중력과 자기력은 평형을 이룬다.

ㄷ. t_1초 이후에 속력은 $V = \dfrac{mgR\sin\theta}{B^2 l^2}$이다.

① ㄱ   ② ㄴ

③ ㄷ   ④ ㄱ, ㄴ, ㄷ

해설

ㄱ. 유도기전력의 크기는 속력에 비례하므로, 속력이 증가하는 0~t_1초까지 도체 막대에 흐르는 전류는 증가한다.

ㄴ. t_1초 이후에 도체 막대가 등속운동을 하므로, 중력의 빗면 성분의 크기와 전자기력은 평형을 이룬다.

ㄷ. t_1초 이후에 '중력의 빗면 성분 = 전자기력'이므로

$$mg\sin\theta = BIl = B\frac{BlV}{R}l$$

$$\therefore \text{속력} \quad V = \frac{mgR\sin\theta}{(Bl)^2}$$

09 보기는 밀도가 균일한 줄에 질량이 4kg인 추를 매달아 벽과 도르래 사이에 걸쳐둔 모습을 나타낸 것이다. 줄의 총질량은 1kg이고 총길이는 10m이다. 벽과 도르래를 연결하는 줄에서 파동의 속력[m/s]은?(단, 중력가속도는 10m/s²이며, 도르래의 마찰과 질량은 무시한다) [2022 서울시 9급]

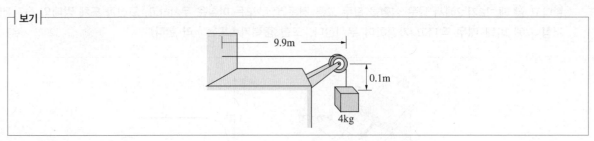

① 5   ② 10

③ 15   ④ 20

해설

줄을 따라 진행하는 파동의 속도

$$v = \sqrt{\frac{T}{\rho}}$$

• $T = mg = 4\text{kg} \times 10\text{m/s}^2 = 40\text{kg} \cdot \text{m/s}^2$

• $\rho = \dfrac{줄의\ 질량}{줄의\ 길이} = \dfrac{1\text{kg}}{10\text{m}} = \dfrac{1}{10}\text{kg/m}$

$$\therefore\ v = \sqrt{\frac{40\text{kg} \cdot \text{m/s}^2}{\dfrac{1}{10}\text{kg/m}}} = 20\text{m/s}$$

10 보기는 어떤 용수철에 매달린 물체의 단진동운동의 운동에너지 $K(t)$와 위치에너지 $U(t)$를 시간에 따라 나타낸 것이다. 이에 대한 설명으로 가장 옳지 않은 것은?

[2022 서울시 9급]

┌ 보기 ┐

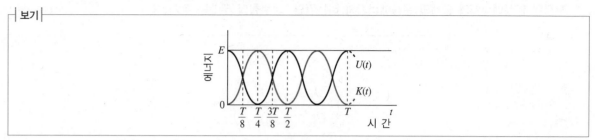

① 시간 $\dfrac{T}{8}$일 때와 $\dfrac{3T}{8}$일 때 물체의 운동 방향은 반대이다.

② 매시간 운동에너지와 위치에너지의 합은 같다.

③ 시간 $\dfrac{T}{4}$일 때 물체는 평형 위치에 있다.

④ 시간 T동안 물체는 평형 위치를 2번 지난다.

해설

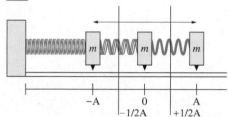

보기 그래프의 원점은 해설 그림의 −A지점에 해당한다.

보기 그래프의 시간 $\dfrac{T}{8}$지점은 해설 그림의 −1/2A지점을 향해 운동하는 지점에 해당하며,

보기 그래프의 시간 $\dfrac{3T}{8}$지점은 해설 그림의 +1/2A지점을 향해 운동하는 지점이다.

따라서 시간 $\dfrac{T}{8}$일 때와 $\dfrac{3T}{8}$일 때 물체의 운동 방향은 서로 같다.

11 용수철 상수 $k = 20\text{N/m}$이고 고유 길이가 1m인 용수철을 질량 2kg인 물체와 연결한 후 마찰이 없는 평면에 놓았다. 보기와 같이 평면에서 물체가 용수철에 매달려 등속원운동하고 있을 때 용수철의 길이는 1.5m였다. 이때 용수철에 저장된 탄성에너지와 물체의 운동에너지의 비는?(단, 용수철의 무게는 무시한다) [2022 서울시 9급]

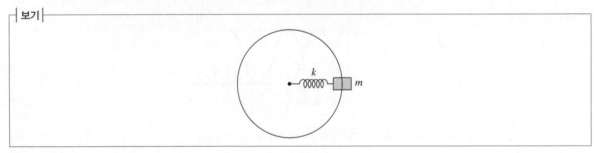

① 1 : 1
② 1 : 1.5
③ 1 : 2
④ 1 : 3

> **해설**
>
> • 용수철에 저장된 탄성에너지 $E_p = \dfrac{1}{2}kx^2$
>
> • 물체의 운동에너지 $E_k = \dfrac{1}{2}mv^2 = \dfrac{1}{2}kxr$ $\left(\because kx = \dfrac{mv^2}{r}, \ mv^2 = kxr \right)$
>
> $\therefore E_p : E_k = \dfrac{1}{2}kx^2 : \dfrac{1}{2}kxr = x : r = 0.5\text{m} : 1.5\text{m} = 1 : 3$

12 공기 중에서 운동하는 물체에 작용하는 끌림힘(Drag Force)은 물체의 운동 방향의 단면적에 비례하고 또한 속력의 제곱에 비례한다. 질량이 M인 물체의 낙하산에 매달아 공중에서 수직으로 떨어뜨렸더니 종단속력 v로 지면에 떨어졌다. 같은 낙하산에 질량이 $2M$인 물체를 매달아 떨어뜨렸을 때 이 물체의 종단속력은?(단, 두 물체는 충분히 높은 지점에서 떨어졌다고 가정하고 질량을 가진 물체의 크기는 무시한다) [2022 서울시 9급]

① $4v$
② $2v$
③ $\sqrt{2}\,v$
④ v

> **해설**
>
> 중력과 끌림힘이 평형을 이룰 때 종단속력에 이르므로 $Mg = kv^2$, $v = \sqrt{\dfrac{Mg}{k}}$ 가 된다.
>
> 질량 $2M$인 물체의 종단속력을 V라 하면, $2Mg = kV^2$이 되므로
>
> $\therefore V = \sqrt{\dfrac{2Mg}{k}} = \sqrt{2}\,v$

13 보기 1은 어떤 균일한 금속판에 빛을 비추었을 때 측정되는 정지 전압을 빛의 진동수에 따라 나타낸 것이다. 보기 2에서 옳은 설명을 모두 고른 것은?(단, 전자의 전하량은 $-|e|$이고, 플랑크 상수는 h이다) [2022 서울시 9급]

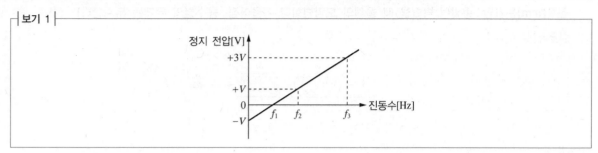

보기 2

ㄱ. 금속의 일함수는 $-|e|V$이다.

ㄴ. $f_2 : f_3 = 1 : 3$이다.

ㄷ. $h = \dfrac{|e|V}{f_1}$이다.

① ㄷ   ② ㄱ, ㄴ

③ ㄱ, ㄷ   ④ ㄴ, ㄷ

해설

ㄱ. 금속의 일함수 $W = hf_1 = |e|V$이다.

ㄴ. $E_k = hf - W$이므로,

$|e|V = hf_2 - |e|V, \; hf_2 = 2|e|V$

$3|e|V = hf_3 - |e|V, \; hf_3 = 4|e|V$

따라서, $f_2 : f_3 = 2 : 4 = 1 : 2$이다.

ㄷ. $hf_1 = |e|V$이므로, $h = \dfrac{|e|V}{f_1}$이다.

14 보기와 같이 마찰이 없는 수평면 위에 질량이 990g인 물체가 용수철 상수 $k = 100$N/m인 용수철에 연결된 후 정지해 있다. 질량이 10g이고 속력이 5m/s인 총알이 날아와 정지해있던 물체에 박혀 단조화운동을 한다. 이때 단조화운동의 진폭[mm]은?(단, 총알이 박혔을 때 물체의 모양변화나 기울어짐, 용수철의 무게는 무시한다) [2022 서울시 9급]

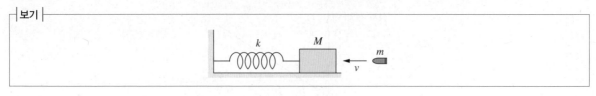

① 1
② 2
③ 5
④ 10

해설

운동량 보존 법칙에 따라 $0.01\text{kg} \times 5\text{m/s} = 1\text{kg} \times v$, $v = 0.05\text{m/s}$ 이다.

$\frac{1}{2}mv^2 = \frac{1}{2}kx^2$ 이므로,

$\therefore x = \sqrt{\dfrac{m}{k}}\, v = \sqrt{\dfrac{1\text{kg}}{100\text{N/m}}} \times 0.05\text{m/s} = \sqrt{\dfrac{1}{100}\text{s}^2} \times 0.05\text{m/s}$ $(\because 1\text{N} = 1\text{kg} \cdot \text{m/s}^2)$

$\qquad = \dfrac{1}{10}\text{s} \times 0.05\text{m/s} = 0.005\text{m} = 5\text{mm}$

15 일차원 무한 퍼텐셜우물에 갇힌 전자의 바닥상태 에너지를 E라 하자. 이 퍼텐셜우물에 갇힌 전자가 방출하는 광자가 가질 수 있는 에너지 값은? [2022 서울시 9급]

① E
② $2E$
③ $4E$
④ $8E$

해설

일차원 무한 퍼텐셜우물에 갇힌 전자의 에너지 $E_n = n^2 E$이다.

이때 생성 가능한 에너지는 E, $4E$, $9E$, $16E$, $\cdots$ 등이므로, 이에 따라 방출 가능한 에너지는 $3E$, $8E$, $\cdots$ 등이다.

16 보기는 마찰이 있는 수평면 위에서 정지한, 질량이 1kg인 물체에 각도 45°로 가해신 힘을 나타낸 것이다. 힘의 크기가 5N일 때 물체는 등가속도 운동을 하였다. 이때 물체의 가속도 크기[m/s²]는?(단, 물체와 수평면 사이의 운동마찰계수는 0.2이고, 중력가속도는 10m/s²이다. 또한 질량 1kg 물체의 크기는 무시한다) [2022 서울시 9급]

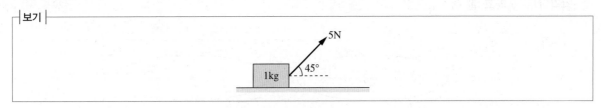

① $3\sqrt{2}-1$ ② $3\sqrt{2}-2$

③ $4\sqrt{2}-2$ ④ $4\sqrt{2}-1$

해설

$ma = F\cos\theta - \mu(mg - F\sin\theta)$

$1\text{kg} \times a = 5\text{N}\cos45° - 0.2(1\text{kg} \times 10\text{m/s}^2 - 5\text{N}\sin45°)$

$1\text{kg} \times a = 5\text{N}\cos45° - 0.2(10\text{N} - 5\text{N}\sin45°)$ $(\because 1\text{N} = 1\text{kg} \cdot \text{m/s}^2)$

$\therefore a = \dfrac{5\text{N}\cos45° - 0.2(10\text{N} - 5\text{N}\sin45°)}{1\text{kg}}$

$= \dfrac{\dfrac{5}{\sqrt{2}}\text{N} - 0.2\left(10\text{N} - \dfrac{5}{\sqrt{2}}\text{N}\right)}{1\text{kg}} = \dfrac{\dfrac{5}{\sqrt{2}}\text{N} - 2\text{N} + \dfrac{1}{\sqrt{2}}\text{N}}{1\text{kg}}$ $\left(\because \cos45° = \sin45° = \dfrac{1}{\sqrt{2}}\right)$

$= \dfrac{\dfrac{6}{\sqrt{2}}\text{N} - 2\text{N}}{1\text{kg}} = \dfrac{\dfrac{6\sqrt{2}}{2}\text{N} - 2\text{N}}{1\text{kg}} = 3\sqrt{2} - 2[\text{m/s}^2]$

17 보기와 같이 반지름이 각각 r_a, r_b인 원형 도선 a, b에 각각 세기가 일정한 전류가 흐르고 있다. 점 O_a, O_b는 a와 b의 중심이며 a와 b에 흐르는 전류에 의한 자기 모멘트의 크기가 같다. O_a, O_b에서 전류에 의한 자기장의 세기를 각각 B_a, B_b라고 할 때, $\dfrac{B_b}{B_a}$는?

[2022 서울시 9급]

| 보기 |

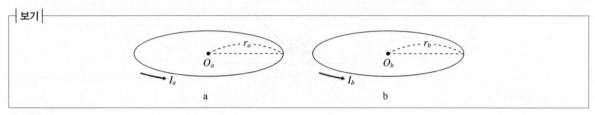

① $\dfrac{r_b{}^2}{r_a{}^2}$　　　　　　　　　　② $\dfrac{r_b{}^3}{r_a{}^3}$

③ $\dfrac{r_a{}^2}{r_b{}^2}$　　　　　　　　　　④ $\dfrac{r_a{}^3}{r_b{}^3}$

해설

전류에 의한 자기 모멘트 $\mu = I \cdot \pi r^2$ 이며, 원형 도선 a와 b에 흐르는 전류에 의한 자기 모멘트의 크기가 같으므로

$I_a \cdot \pi r_a{}^2 = I_b \cdot \pi r_b{}^2$, $\dfrac{I_b}{I_a} = \dfrac{r_a{}^2}{r_b{}^2}$ 이다.

∴ 전류에 의한 자기장 $B = \dfrac{\mu_0}{2\pi}\dfrac{I}{r}$ 이므로, $\dfrac{B_b}{B_a} = \dfrac{\dfrac{I_b}{r_b}}{\dfrac{I_a}{r_a}} = \dfrac{r_a}{r_b} \cdot \dfrac{I_b}{I_a} = \dfrac{r_a}{r_b} \cdot \dfrac{r_a{}^2}{r_b{}^2} = \dfrac{r_a{}^3}{r_b{}^3}$

18 보기는 굴절률이 4.0인 기판에 무반사 박막을 코팅한 모습을 나타낸 것이다. 박막의 굴절률이 1.5일 때, 파장 600nm 인 빛의 반사를 최소화하기 위한 박막의 최소 두께[nm]는? [2022 서울시 9급]

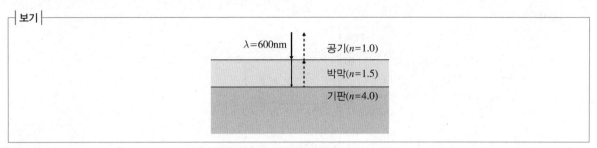

보기

$\lambda = 600nm$

공기($n=1.0$)

박막($n=1.5$)

기판($n=4.0$)

① 100

② 150

③ 200

④ 250

해설

• 공기 → 박막 : 고정단 반사(위상 180° 바뀜)

• 박막 → 기판 : 자유단 반사(위상 변화 없음)

얇은 막에서 상쇄 간섭을 일으키는 조건은 $2nd = \dfrac{\lambda}{2}$ 이므로

$$\therefore \ d = \frac{\lambda}{4n} = \frac{600nm}{4 \times 1.5} = 100nm$$

19 보기는 어떤 일정량의 이상기체의 상태변화를 나타낸 것이다. 이에 대한 설명으로 가장 옳은 것은?

[2022 서울시 9급]

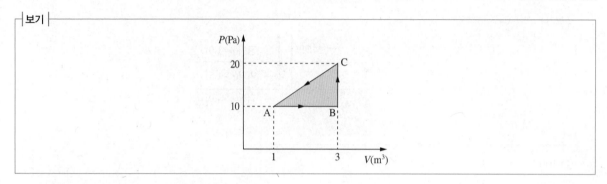

① 과정 A→B 동안 기체의 내부에너지는 감소한다.
② 과정 B→C 동안 기체의 엔트로피는 증가한다.
③ 과정 C→A 동안 기체의 온도는 증가한다.
④ 순환과정 A→B→C→A에서 기체가 한 일의 합은 10J이다.

해설

① 과정 A→B 동안 압력이 일정한 상태에서 부피가 증가하므로, 기체의 온도가 증가한다. 따라서 기체의 내부에너지는 증가한다($PV \propto T$, $U \propto T$).

② 엔트로피 변화 $dS = \dfrac{dQ}{T}$ 이며, $dQ = dW + dU$ 이다. 과정 B→C 동안 부피가 일정한 상태에서 압력이 증가하므로 $dW = 0$ 이며, 이때 기체의

온도는 증가하므로 $dU > 0$ 이다. 따라서 $dU = dQ > 0$ 이며 $dS = \dfrac{dQ}{T} > 0$ 이므로, 기체의 엔트로피는 증가한다.

③ 과정 C→A 동안 기체의 압력과 부피가 모두 감소하므로, 기체의 온도는 감소한다.

④ 부피가 증가할 때 기체가 외부에 일을 하므로, 순환과정 중 A→B 구간에 해당한다. 따라서 순환과정에서 기체가 한 일은 A→B 구간의 면적이므로, $10 \times (3-1) = 20J$이다.

20 밀도가 $\rho = 2\text{g/cm}^3$인 비압축성 유체가 수평관을 통해 정상류를 이루며 흐르고 있다. 이 관에서 높이가 같은 두 지점 A와 B를 생각하자. A지점에서 유체의 속력은 $v = 10\text{cm/s}$이고 두 지점의 압력 차이는 $\Delta p = 150\text{Pa}$이다. 이때 두 지점에서 수평관의 지름의 비(d_A/d_B)는?(단, 수평관의 단면은 원형이고, B지점의 지름이 더 작다고 가정하며 수평관 내 유체는 베르누이 법칙을 만족한다)　　　　　　　　　　　　　　　　　　　[2022 서울시 9급]

① 1　　　　　　　　　　　　　　　　　② 2

③ 4　　　　　　　　　　　　　　　　　④ 16

해설

베르누이 법칙

$$p_A + \frac{1}{2}\rho v_A{}^2 = p_B + \frac{1}{2}\rho v_B{}^2$$

- $p_A - p_B = \Delta p = 150\text{Pa}$
- $\rho = 2\text{g/cm}^3 = 2 \times 10^3 \text{kg/m}^3$
- $v_A = 0.1\text{m/s}$
- $p_A - p_B + \frac{1}{2}\rho v_A{}^2 = \frac{1}{2}\rho v_B{}^2$

$$150\text{Pa} + \frac{1}{2} \times (2 \times 10^3 \text{kg/m}^3) \times (0.1\text{m/s})^2 = \frac{1}{2} \times (2 \times 10^3 \text{kg/m}^3) \times v_B{}^2$$

$$v_B{}^2 = \frac{150\text{Pa} + \dfrac{1}{2} \times (2 \times 10^3 \text{kg/m}^3) \times (0.1\text{m/s})^2}{\dfrac{1}{2} \times (2 \times 10^3 \text{kg/m}^3)} = 0.16(\text{m/s})^2 \quad (\because \ \text{Pa} = \text{kg/m} \cdot \text{s}^2)$$

$$v_B = 0.4\text{m/s}$$

$S_A v_A = S_B v_B$에서 $v_A : v_B = 1 : 4$이므로 $S_A : S_B = 4 : 1$이며, 수평관의 단면은 원형이므로 $S = \pi d^2$이다.

$\therefore \ d_A : d_B = 2 : 1$이므로 $\dfrac{d_A}{d_B} = 2$이다.

21 보어의 수소 원자 모형에서 원자에 구속된 전자에 대한 설명으로 옳은 것은?　　　　　[2022 고졸 지방직 9급]

① 연속적인 에너지 준위를 갖는다.

② 전이할 때 방출하는 빛은 선 스펙트럼으로 나타난다.

③ 들뜬상태에서 바닥상태로 전이할 때 에너지를 흡수한다.

④ 원운동을 할 때 항상 에너지를 방출하므로 안정된 궤도에 존재할 수 없다.

해설

① 보어의 수소 원자 모형의 에너지 양자화 조건은 불연속적인 에너지 준위를 의미한다.

③ 들뜬상태에서 바닥상태로 전이할 때 그 차이만큼의 에너지를 빛으로 방출한다.

④ 보어의 수소 원자 모형의 진동수 조건을 만족하는 전자의 궤도 운동은 안정된 궤도 운동을 하고 있다.

22 강자성체에 대한 설명으로 옳은 것만을 모두 고르면? [2022 고졸 지방직 9급]

> ㄱ. 철은 강자성체이다.
> ㄴ. 외부 자기장과 같은 방향으로 자기화가 된다.
> ㄷ. 외부 자기장을 제거하면 바로 자기적 특성이 사라진다.

① ㄱ
② ㄱ, ㄴ
③ ㄴ, ㄷ
④ ㄱ, ㄴ, ㄷ

해설
ㄷ. 강자성체는 외부 자기장을 제거해도 자기적 특성이 유지된다.

23 진공에서 진행 중인 전자기파에 대한 설명으로 옳은 것만을 모두 고르면? [2022 고졸 지방직 9급]

> ㄱ. X선은 적외선보다 파장이 크다.
> ㄴ. 전기장과 자기장의 진동 방향은 서로 수직이다.
> ㄷ. 전기장의 진동 방향과 전자기파의 진행 방향은 서로 수직이다.

① ㄱ
② ㄴ
③ ㄴ, ㄷ
④ ㄱ, ㄴ, ㄷ

해설
ㄱ. X선은 적외선보다 파장이 작다.

22 ② 23 ③ 정답

24 그림은 어떤 열기관의 한 순환과정 동안 내부의 이상기체의 압력과 부피의 관계를 나타낸 것이다. 이 열기관에서 한 순환과정 동안 공급한 열이 $20P_0V_0$일 때 열효율은? [2022 고졸 지방직 9급]

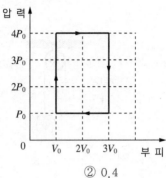

① 0.3
② 0.4
③ 0.5
④ 0.6

해설

순환과정의 PV 면적이 기관이 한 일 W에 해당하므로, $3P_0 \times 2V_0$이다.

∴ 효율 $e = \dfrac{6P_0V_0}{20P_0V_0} = 0.3$

25 그림은 등가속도 직선 운동을 하는 자동차의 속력을 시간에 따라 나타낸 것이다. 자동차의 운동에 대한 설명으로 옳지 않은 것은? [2022 고졸 지방직 9급]

① 가속도의 크기는 2m/s^2이다.
② 2초인 순간의 속력은 6m/s이다.
③ 1초부터 2초까지 평균속력은 5m/s이다.
④ 0초부터 3초까지 이동 거리는 9m이다.

해설

이동거리 $s = \dfrac{v^2 - v_0^2}{2a} = \dfrac{(8\text{m/s})^2 - (2\text{m/s})^2}{2 \times 2\text{m/s}^2} = 15\text{m}$

26 그림은 질량이 m, M인 두 물체가 실로 연결되어 중력에 의하여 등가속도 운동하는 모습을 나타낸 것이다. 물체들의 가속도의 크기가 $\frac{3}{5}g$일 때, M의 값은 m의 몇 배인가?(단, 중력가속도의 크기는 g이며, 실과 도르래의 질량과 모든 마찰은 무시한다)

[2022 고졸 지방직 9급]

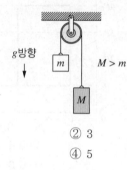

① 2

② 3

③ 4

④ 5

해설

$(M-m)g = (M+m)a$

$a = \frac{3}{5}g$이므로 대입하면

$(M-m)g = (M+m)\frac{3}{5}g$

$5(M-m) = 3(M+m)$

$2M = 8m$

$\therefore\ M = 4m$

27 그림 (가)는 마찰이 없는 수평면에서 질량이 m인 물체 A가 정지해 있는 물체 B를 향해 속력 $2v$로 등속 직선 운동하는 것을 나타낸 것이고, 그림 (나)는 A와 B의 충돌 전후 A의 운동량을 시간에 따라 나타낸 것이다. 충돌 후 A와 B의 속력은 같다. 이에 대한 설명으로 옳은 것만을 모두 고르면?(단, 공기저항은 무시한다)　　[2022 고졸 지방직 9급]

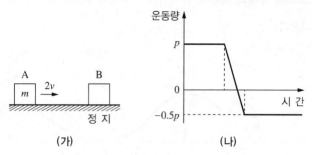

(가)　　　　　　　　　　　　　　　(나)

ㄱ. B의 질량은 $3m$이다.
ㄴ. 충돌 후 A의 속력은 $0.5v$이다.
ㄷ. 충돌 후 B의 운동량의 크기는 $3mv$이다.

---

① ㄱ, ㄴ
② ㄱ, ㄷ
③ ㄴ, ㄷ
④ ㄱ, ㄴ, ㄷ

해설

ㄱ. 충돌 전 A의 운동량 $p = 2mv$, 충돌 전 B의 운동량 = 0
　　충돌 후 A의 운동량 $-0.5p = -mv$, 충돌 후 B의 운동량 = Mv
　　운동량 보존 법칙에 따라 $2mv + 0 = -mv + Mv$이므로, B의 질량 $M = 3m$이다.
ㄴ. 충돌 후 A의 운동량은 $-0.5p = -mv$이므로, 충돌 후 A의 속력은 v이다.
ㄷ. 충돌 후 B의 운동량 = $Mv = 3mv$

28 그림은 높이가 h인 A지점에서 속력 $2v$로 운동하던 수레가 동일 연직면상에서 마찰이 없는 곡면을 따라 B지점을 지나 최고점 C지점에 도달하여 정지한 순간의 모습을 나타낸 것이다. B에서 수레의 속력은 v이고 높이는 $2h$이다. C의 높이가 $\frac{7}{3}h$일 때, B에서 수레의 운동에너지는?(단, 수레의 질량은 m, 중력가속도의 크기는 g이며, 모든 마찰 및 수레의 크기는 무시한다)

[2022 고졸 지방직 9급]

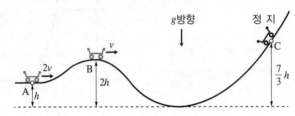

① $\frac{1}{3}mgh$

② $\frac{2}{3}mgh$

③ $2mgh$

④ $\frac{7}{3}mgh$

해설

• A지점의 역학적 에너지 $= \frac{1}{2}m(2v)^2$

• C지점의 역학적 에너지 $= \frac{4}{3}mgh$

$E_A = E_C$

$\frac{1}{2}m(2v)^2 = \frac{4}{3}mgh$

$mv^2 = \frac{2}{3}mgh$

∴ B지점의 수레의 운동 에너지 $= \frac{1}{2}mv^2 = \frac{1}{2} \times \frac{2}{3}mgh = \frac{1}{3}mgh$

29 그림은 관측자 A가 보았을 때, B가 타고 있는 우주선이 0.7*c*의 속력으로 등속 직선 운동을 하고 있는 깃을 나타낸 것이다. 광원 S와 빛 검출기 P, Q는 A에 대해 정지해 있으며, 우주선의 운동방향과 평행한 직선상에 놓여 있다. A가 측정했을 때 P, Q 사이의 거리는 L이고 S에서 방출된 빛은 P, Q에 동시에 도달한다. B가 측정했을 때, 이에 대한 설명으로 옳은 것은?(단, *c*는 빛의 속력이다)

[2022 고졸 지방직 9급]

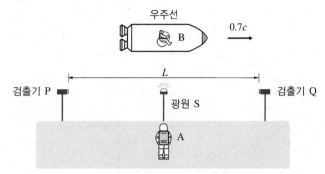

① P와 Q 사이의 거리는 L보다 길다.
② P와 Q 사이의 거리는 고유 길이이다.
③ A의 빛 시계가 B의 빛 시계보다 느리게 간다.
④ S에서 방출된 빛은 P와 Q에 동시에 도달한다.

> **해설**
> ① 움직이는 관측자 B가 측정한 P와 Q 사이의 거리는 정지한 관측자 A가 측정한 L보다 짧다.
> ② 움직이는 관측자 B가 측정한 P와 Q 사이의 거리는 고유 길이가 아니다.
> ※ 고유 길이 : 두 사건이 어떤 관성 좌표계에서 같은 시각에 발생하였을 때, 그 관성계 기준으로 측정한 거리이다.
> ④ 움직이는 관측자 B의 입장에서는 S에서 방출된 빛은 Q에 먼저 도착한다.

30 그림과 같이 반경이 R인 동일한 두 금속구가 전하량 $+3Q$, $-Q$로 대전되어 중심 간 거리가 r만큼 떨어져 있을 때, 두 금속구 사이에 작용하는 전기력의 크기가 F였다. 두 금속구를 충분히 오랫동안 접촉시켰다가 다시 중심 간 거리를 $\frac{r}{2}$만큼 떨어뜨려 놓았을 때, 두 금속구 사이에 작용하는 전기력의 크기는?(단, $r \gg R$이다)

[2022 고졸 지방직 9급]

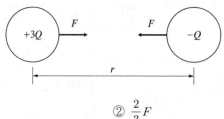

① $\frac{1}{2}F$ ② $\frac{2}{3}F$

③ $\frac{3}{2}F$ ④ $\frac{4}{3}F$

해설

접촉 전 전기력 $F = 3\dfrac{kQ^2}{r^2}$, $\dfrac{kQ^2}{r^2} = \dfrac{F}{3}$이며

접촉 후 두 금속구의 전하량은 $+Q$로 동일하고 중심 간 거리는 $\dfrac{r}{2}$이므로

이때 전기력 $F' = k\dfrac{Q^2}{\left(\dfrac{r}{2}\right)^2} = \dfrac{4kQ^2}{r^2} = \dfrac{4}{3}F$이다.

31 다음은 우라늄 $^{235}_{92}\text{U}$가 핵반응할 때 반응식을 나타낸 것이다. 이에 대한 설명으로 옳은 것은?

[2022 고졸 지방직 9급]

$$^{235}_{92}\text{U} + \boxed{\text{(가)}} \rightarrow {}^{141}_{56}\text{Ba} + {}^{92}_{36}\text{Kr} + 3\,\boxed{\text{(가)}} + 3.2 \times 10^{-11}\text{J}$$

① (가)의 양성자 수는 1이다.
② 중성자 수는 Ba이 Kr보다 크다.
③ 이러한 핵반응을 핵융합이라고 한다.
④ 핵반응 전과 핵반응 후의 총질량은 같다.

해설

① (가)는 $^1_0 n$이므로, 중성자 수는 1이다.
③ 이러한 핵반응을 핵분열이라고 한다.
④ 핵반응 전후의 질량수는 동일하지만, 질량이 줄어든 만큼 에너지가 발생한다.

32 그림 (가)는 실리콘(Si)만으로 구성된 순수한 반도체를, (나)는 실리콘만으로 구성된 순수한 반도체에 원자가 전자가 3개인 원자 X를 일부 첨가하여 만든 불순물 반도체를 나타낸 것이다. (가)와 (나)에 대한 설명으로 옳은 것은?

[2022 고졸 지방직 9급]

● 전자 ○ 양공

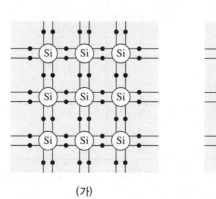
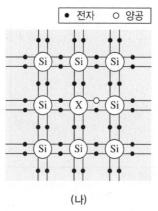

(가)　　　　　　　　　　　(나)

① (나)는 p형 반도체이다.
② 비소(As)를 원자 X로 사용할 수 있다.
③ 전기전도성은 상온에서 (가)가 (나)보다 높다.
④ (나)에 존재하는 양공은 전류의 흐름과 무관하다.

해설
② p형 반도체의 3가 원소는 갈륨, 붕소, 알루미늄, 인듐이다.
③ 전기전도성은 상온에서 (가)가 (나)보다 낮다.
④ (나)에 존재하는 양공은 전류의 흐름을 주도한다.

33 그림과 같은 단면구조를 가지는 투과 전자 현미경에 대한 설명으로 옳지 않은 것은? [2022 고졸 지방직 9급]

전자총
자기렌즈
시 료

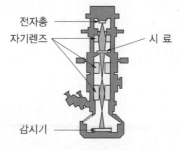

감시기

[투과 전자 현미경]

① 전자의 파동성을 이용한다.
② 전자의 파장이 클수록 높은 분해능을 가진다.
③ 최대 배율은 광학 현미경의 최대 배율보다 크다.
④ 자기렌즈는 자기장을 이용하여 전자선을 모을 수 있다.

해설
전자의 파장이 클수록 회절성이 커져 낮은 분해능을 가진다.

34 그림과 같이 무한히 긴 직선 도선 A, B가 xy 평면에 있다. A에는 일정한 전류 I가 흐르고, B에는 a 또는 b 방향으로 전류가 흐른다. 표는 B에 흐르는 전류의 크기와 방향에 따른 원점에서의 자기장의 크기를 나타낸 것이다. (가), (나)에 들어갈 값을 바르게 나열한 것은?(단, 지구자기장은 무시한다) [2022 고졸 지방직 9급]

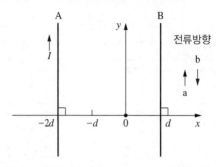

B의 전류의 크기	B의 전류의 방향	원점에서 자기장의 크기
I	a	B_0
(가)	a	0
I	b	(나)

	(가)	(나)
①	$\dfrac{1}{3}I$	$\dfrac{1}{3}B_0$
②	$\dfrac{2}{3}I$	$\dfrac{1}{2}B_0$
③	$\dfrac{1}{2}I$	$2B_0$
④	$\dfrac{1}{2}I$	$3B_0$

해설

- 원점에서의 자기장 크기 $B_0 = \left| \dfrac{I}{2d} - \dfrac{I}{d} \right| = \left| \dfrac{-I}{2d} \right|$

- 원점에서의 자기장 크기 $0 = \left| \dfrac{I}{2d} - \dfrac{I'}{d} \right|$, $I' = \dfrac{1}{2}I$

- 원점에서의 자기장 크기 $B = \left| \dfrac{I}{2d} + \dfrac{I}{d} \right| = \left| \dfrac{3I}{2d} \right|$, $B = 3B_0$

35 그림과 같이 지면에 수직한 방향으로 들어가는 균일한 자기장 영역을, 자기장에 수직한 방향으로 등속 식선 운동하는 사각형 도선이 통과한다. 이에 대한 설명으로 옳은 것만을 모두 고르면? [2022 고졸 지방직 9급]

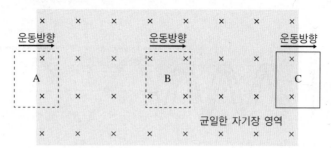

> ㄱ. A지점에서 발생하는 유도전류의 방향은 반시계 방향이다.
> ㄴ. A, B지점에서 발생하는 유도전류의 크기는 서로 같다.
> ㄷ. A, C지점에서 발생하는 유도전류의 방향은 서로 같다.

① ㄱ
② ㄱ, ㄷ
③ ㄴ, ㄷ
④ ㄱ, ㄴ, ㄷ

해설
ㄴ. 등속 직선 운동하는 B지점은 유도전류가 발생하지 않는다.
ㄷ. A지점의 유도전류 방향은 반시계 방향이고, C지점의 유도전류 방향은 시계방향이다.

36 표는 서로 다른 금속 A, B에 진동수와 세기가 다른 단색광 P, Q를 비추었을 때 튀어나오는 광전자의 단위 시간당 개수를 나타낸 결과이다. 이에 대한 설명으로 옳은 것은? [2022 고졸 지방직 9급]

금속판	단색광	튀어나오는 광전자의 단위 시간당 개수
A	P	$2N$
	Q	N
B	P	$2N$
	Q	0

① 진동수는 Q가 P보다 크다.
② A의 문턱(한계) 진동수는 P의 진동수보다 크다.
③ B의 문턱(한계) 진동수는 Q의 진동수보다 크다.
④ B에 비추는 Q의 세기를 증가시키면 광전자가 나올 것이다.

해설
① 금속판 B에 단색광 Q를 비추었을 때 튀어나오는 광전자가 없으므로, 진동수는 Q가 P보다 작다.
② 금속판 A는 단색광 Q를 비추었을 때 광전자가 튀어나오므로, 금속판 A의 문턱(한계) 진동수는 단색광 P의 진동수보다 작다.
④ 금속판 B에 비추는 단색광 Q의 세기를 증가시키더라도 문턱(한계) 진동수 이상의 빛이 아니므로, 광전자가 나오지 않는다.

37 그림은 재질이 같고 굵기가 다른 줄을 연결한 후, 굵은 줄의 한쪽 끝을 수직 방향으로 일정한 주기와 진폭으로 흔들었을 때 진행하는 파동의 어느 순간의 모습을 나타낸 것이다. 이에 대한 설명으로 옳은 것은?(단, 가는 줄의 길이는 무한하다)

[2022 고졸 지방직 9급]

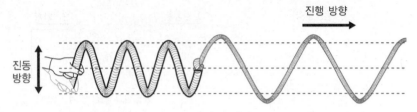

① 굵은 줄의 파장은 가는 줄의 파장보다 크다.
② 굵은 줄의 진동수는 가는 줄의 진동수보다 작다.
③ 굵은 줄의 진동 주기는 가는 줄의 진동 주기보다 크다.
④ 굵은 줄의 파동의 진행 속력은 가는 줄의 파동의 진행 속력보다 작다.

해설
① 굵은 줄의 파장은 가는 줄의 파장보다 작다.
② 굵은 줄의 진동수는 가는 줄의 진동수보다 크다.
③ 굵은 줄의 진동 주기는 가는 줄의 진동 주기보다 작다.

38 그림은 단색광 P가 매질 1 → 매질 2 → 매질 1로 진행할 때 P의 경로를 나타낸 것이다. 표는 각 매질의 굴절률, P의 속력, 진동수, 파장을 나타낸 것이다. 표의 물리량의 대소 관계로 옳은 것은?(단, 모눈 간격은 동일하며, 각 매질 1, 2는 균일하다)

[2022 고졸 지방직 9급]

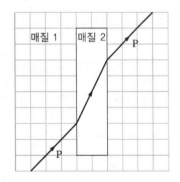

	매질 1	매질 2
굴절률	n_1	n_2
P의 속력	v_1	v_2
P의 진동수	f_1	f_2
P의 파장	λ_1	λ_2

① $n_1 < n_2$　　　　　　② $v_1 > v_2$
③ $f_1 > f_2$　　　　　　④ $\lambda_1 < \lambda_2$

해설
매질 1과 매질 2의 경계면에 법선을 세우고 입사각과 굴절각을 비교하면, '입사각 < 굴절각'이다.
① $n_1 > n_2$
② $v_1 < v_2$
③ $f_1 = f_2$(진동수는 변하지 않는다)

39 표는 질량이 서로 다른 입자 A, B의 운동에너지와 속력을 나타낸 것이다. A와 B의 물질파 파장을 각각 λ_A, λ_B라고 할 때, $\lambda_A : \lambda_B$는?(단, 상대론적 효과는 무시한다)

[2022 고졸 지방직 9급]

입 자	운동에너지	속 력
A	E	$\dfrac{1}{2}v$
B	$2E$	$2v$

	$\lambda_A : \lambda_B$				$\lambda_A : \lambda_B$	
①	2	1		②	4	1
③	1	2		④	1	4

해설

- 입자 A의 운동에너지 : $E = \dfrac{1}{2}m_A\left(\dfrac{1}{2}v\right)^2 = \dfrac{1}{8}m_A v^2$

- 입자 B의 운동에너지 : $2E = \dfrac{1}{2}m_B(2v)^2 = 2m_B v^2$, $E = m_B v^2$

$E = \dfrac{1}{8}m_A v^2 = m_B v^2 \rightarrow m_A : m_B = 8 : 1$

물질파 파장 $\lambda = \dfrac{h}{mv}$ 이므로

- 입자 A의 물질파 파장 : $\lambda_A = \dfrac{h}{8m\left(\dfrac{1}{2}v\right)}$

- 입자 B의 물질파 파장 : $\lambda_B = \dfrac{h}{m(2v)}$

$\therefore \lambda_A : \lambda_B = 1 : 2$

40 그림은 실린더 안의 1몰의 이상기체의 상태가 A → B → C → A로 변화할 때 부피와 온도의 관계를 나타낸 것이다. A → B는 등온과정, B → C는 단열과정, C → A는 등적과정이다. 실린더 안의 이상기체에 대한 설명으로 옳은 것은?

[2022 고졸 지방직 9급]

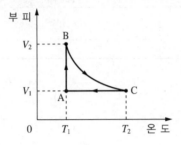

① A → B 과정에서 기체분자의 평균 운동에너지는 증가한다.
② B → C 과정에서 기체는 외부에 일을 한다.
③ C → A 과정에서 기체는 외부로부터 열을 흡수한다.
④ 기체의 압력은 C에서 가장 크다.

해설
① A → B 등온과정에서 기체분자의 평균 운동에너지는 일정하다.
② B → C 단열압축과정에서는 기체가 외부에서 일을 받은 만큼 내부에너지가 증가하여 기체의 온도가 증가한다.
③ C → A 등적과정은 기체가 외부로 열을 방출하는 과정으로 기체의 온도가 감소한다.

01 그림의 A, B, C는 도체, 반도체, 절연체의 에너지띠 구조를 모식적으로 순서 없이 나타낸 것이다. 색칠한 부분까지 에너지띠에 전자가 채워져 있다. A, B, C를 도체, 반도체, 절연체와 옳게 연결한 것은? [2023 고졸 지방직 9급]

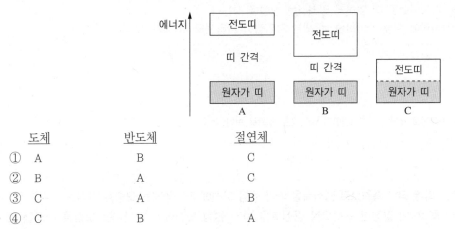

	도체	반도체	절연체
①	A	B	C
②	B	A	C
③	C	A	B
④	C	B	A

해설

④ 원자가 띠와 전도띠 사이의 간격 크기에 따라 도체/반도체/절연체로 구분된다.

A는 띠 간격이 매우 커서 절연체에 해당하고, B는 띠 간격이 좁아서 반도체에 해당하며, C는 띠 간격이 없는 도체에 해당한다.

02 다음은 어떤 핵반응의 반응식이다. 이에 대한 설명으로 옳은 것은? [2023 고졸 지방직 9급]

$$^{235}_{92}\text{U} + \boxed{\text{(가)}} \rightarrow ^{141}_{56}\text{Ba} + ^{92}_{36}\text{Kr} + 3\,^{1}_{0}\text{n} + 200\,\text{MeV}$$

① 핵융합 반응이다.

② (가)는 양성자이다.

③ 질량 결손에 의해 에너지가 방출된다.

④ 반응 결과로 세 종류의 원자핵이 생성된다.

해설

③ 주어진 핵반응식은 질량이 큰 원자가 질량이 작은 원자로 쪼개지는 핵분열 반응식이다.

(가)는 중성자, $^{1}_{0}\text{n}$에 해당하며, 핵분열 결과 2종류의 원자와 3개의 중성자가 방출되며, 이때 미량의 질량 결손이 발생하여 질량 결손만큼 에너지(200 Mev)가 방출된다.

03 그림은 외부 자기장의 변화에 따라 어떤 물질 내부에 있는 원자 자석의 배열 변화를 모식적으로 나타낸 것이다. 이에 대한 설명으로 옳은 것만을 모두 고르면? [2023 고졸 지방직 9급]

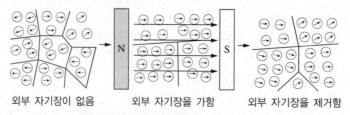

외부 자기장이 없음   외부 자기장을 가함   외부 자기장을 제거함

> ㄱ. 알루미늄, 마그네슘, 산소가 이와 같은 특성을 나타낸다.
> ㄴ. 이 물질은 자석을 가까이했을 때 약하게 밀려나는 성질을 갖는다.
> ㄷ. 이 물질은 외부 자기장에 의해 자기화된 후 외부 자기장이 사라져도 자기화된 상태를 유지한다.

① ㄱ   ② ㄷ
③ ㄱ, ㄴ   ④ ㄴ, ㄷ

해설
② 주어진 모식도에서 외부 자기장을 제거해도 자기정렬이 남아 있는 것으로 보아 강자성체임을 알 수 있다.

---

04 그림 (가)는 막대자석이 v의 일정한 속력으로 중심축을 따라 원형 도선에 가까워지는 모습을, (나)는 동일한 막대자석이 원형 고리를 통과한 후 $2v$의 일정한 속력으로 중심축을 따라 원형 도선에서 멀어지는 모습을 나타낸 것이다. 이에 대한 설명으로 옳은 것만을 모두 고르면? [2023 고졸 지방직 9급]

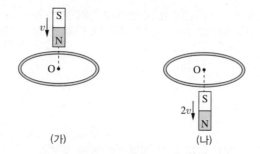

(가)   (나)

> ㄱ. (가)에서 원형 도선을 통과하는 자기 선속은 증가한다.
> ㄴ. 원형 도선에 흐르는 유도 전류의 방향은 (가)와 (나)의 경우가 서로 같다.
> ㄷ. 막대자석의 중심이 원형 도선의 중심 O에서 같은 거리에 있는 점을 지날 때, 유도 전류의 세기는 (가)의 경우가 (나)의 경우보다 작다.

① ㄱ   ② ㄱ, ㄷ
③ ㄴ, ㄷ   ④ ㄱ, ㄴ, ㄷ

해설
② (가)에서 자석이 가까워짐에 따라 원형 도선을 통과하는 자기 선속은 증가한다.
   (가)에서 발생하는 유도 전류의 방향은 반시계방향이고, (나)에서 발생하는 유도 전류의 방향은 시계방향으로 발생한다. 유도 전류의 세기는 자속의 변화량에 비례하므로, 빠르게 멀어지는 (나)에서 유도 전류의 세기가 더 크게 발생한다.

05 그림 (가)는 두 극이 A, B인 막대자석과 A 근처에 놓인 나침반의 바늘을 나타낸 것이고, (나)는 전류 I가 흐르는 솔레노이드를 나타낸 것이다. 점 P는 자석 주변의 한 지점이고, Q, R은 솔레노이드 주변의 두 지점이다. 이에 대한 설명으로 옳은 것은?(단, 지구 자기장은 무시한다)

[2023 고졸 지방직 9급]

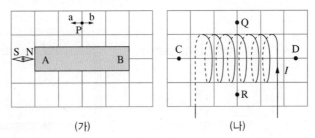

(가)　　　　　(나)

① (가)의 P에서 자기장의 방향은 b 방향이다.
② (나)의 Q와 R에서 자기장의 방향은 서로 반대이다.
③ (나)에서 솔레노이드 내부 자기장의 방향은 C→D이다.
④ (나)에서 I가 커질수록 솔레노이드 내부 자기장의 세기는 커진다.

해설

④ (가)에서 자석의 극성은 A(S극), B(N극)이다. 따라서 P에서 자기장의 방향은 a 방향이다. (나)에서 C(N극), D(S극)이다. 따라서 Q와 R에서 자기장의 방향은 오른쪽으로 동일하다.
솔레노이드 내부에서의 자기장 방향은 D → C이고, 전류 I가 커질수록 솔레노이드 내부의 자기장의 세기는 커진다.

06 표는 가상의 열기관 A와 B가 고열원에서 흡수한 열 Q_1, 저열원으로 방출한 열 Q_2, 외부에 한 일 W를 나타낸 것이다. 이에 대한 설명으로 옳은 것만을 모두 고르면?

[2023 고졸 지방직 9급]

구분	열기관 A	열기관 B
Q_1	500J	400J
Q_2	400J	0
W	(가)	400J

ㄱ. (가)는 100J이다.
ㄴ. A의 열효율은 0.1이다.
ㄷ. B는 열역학 제1법칙에 위배되므로 제작할 수 없다.

① ㄱ
② ㄱ, ㄴ
③ ㄴ, ㄷ
④ ㄱ, ㄴ, ㄷ

해설

① 열기관이 외부에 한 일의 양 $W = Q_1 - Q_2$이다. 따라서, (가)는 100J이다. 열효율은 $e = \dfrac{W}{Q_1} = \dfrac{100}{500} = 0.2$다. 열역학 1법칙은 에너지 보존의 법칙이며, 열역학 2법칙은 엔트로피 증가의 법칙이자, 열은 모두 일로 전환될 수 없음을 나타내고 있다.

07 그림 (가), (나)는 단열된 실린더와 단열된 피스톤으로 둘러싸인 같은 양의 이상 기체가 열을 흡수하여 같은 양만큼 내부 에너지가 변하는 것을 나타낸 것이다. (가)에서는 피스톤이 고정되어 있고, (나)에서는 피스톤이 자유롭게 움직일 수 있다. (가)에서 기체가 흡수한 열은 $3Q_0$이고, (나)에서 기체가 외부에 한 일은 Q_0이다. (나)에서 기체가 흡수한 열은?

[2023 고졸 지방직 9급]

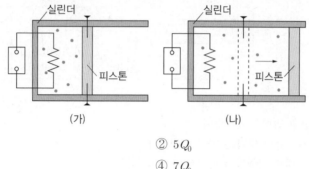

(가)　　　　　　　　　　　(나)

① $4Q_0$　　　　　　　　　　　② $5Q_0$

③ $6Q_0$　　　　　　　　　　　④ $7Q_0$

해설

① (가)에서 열역학 1법칙에 따라 $Q = \Delta U + W$이고, 여기서 $W = 0$이므로 $Q = \Delta U$이다. 따라서 공급된 열 $Q = 3Q_0$이다. (가), (나)에서 같은 양의 이상 기체가 열을 흡수하여 같은 양만큼 내부 에너지가 변한다고 하였으므로, (나)에서 기체가 흡수한 열(기체에 공급된 열)은 $Q = \Delta U + W = 3Q_0 + Q_0 = 4Q_0$이다.

08 그림은 동일한 물체 A와 B를 높이 h에서 기울기가 다른 빗면에 동시에 가만히 놓은 것을 나타낸 것이다. A와 B는 등가속도 직선 운동을 하여 지면에 도달한다. $\theta_A < \theta_B$이다. 이에 대한 설명으로 옳은 것만을 모두 고르면?(단, 물체의 크기와 마찰, 공기 저항은 무시한다)

[2023 고졸 지방직 9급]

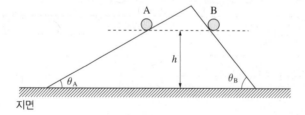

> ㄱ. 높이 h에서 역학적 에너지는 A와 B가 같다.
> ㄴ. 지면에 도달하는 순간의 속력은 A와 B가 같다.
> ㄷ. A가 B보다 지면에 늦게 도달한다.

① ㄱ, ㄴ　　　　　　　　　　　② ㄱ, ㄷ

③ ㄴ, ㄷ　　　　　　　　　　　④ ㄱ, ㄴ, ㄷ

해설

④ 물체 A, B는 동일한 높이에 있고 정지 상태에서 내려오므로 역학적 에너지는 동일하다.
　같은 높이에서 내려오므로 지면에 도달하는 순간의 속력은 동일하지만, 물체 A가 물체 B보다 이동거리가 길어서 A가 B보다 지면에 늦게 도달한다.

09 그림은 x 축상에 고정된 점전하 A, B, C를 나타낸 것이다. A, B의 전하량은 각각 Q_A, Q_B 이며, A와 B가 C에 작용하는

전기력의 합력은 0이다. 이때 $\left| \dfrac{Q_A}{Q_B} \right|$ 는?

[2023 고졸 지방직 9급]

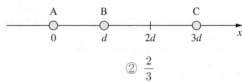

① $\dfrac{4}{9}$

② $\dfrac{2}{3}$

③ $\dfrac{3}{2}$

④ $\dfrac{9}{4}$

해설

④ 점전하 C의 전하량을 Q라고 하면, A와 C, B와 C 사이의 전기력의 합이 0이라고 하였으므로 $\dfrac{Q_A Q}{9d^2} = \dfrac{Q_B Q}{4d^2}$ 이므로, $\left| \dfrac{Q_A}{Q_B} \right| = \dfrac{9}{4}$ 이다.

10 그림 (가)는 실리콘(Si)만으로 구성된 순수한 반도체에 각각 인(P)과 붕소(B)를 도핑한 불순물 반도체 Ⅰ과 Ⅱ를, (나)는 p-n 접합 다이오드, 저항, 전지, 스위치로 구성한 회로를 나타낸 것이다. 스위치를 닫으면 저항에 전류가 흐른다. X와 Y는 각각 (가)의 반도체 Ⅰ과 Ⅱ 중 하나이다. 이에 대한 설명으로 옳은 것은? [2023 고졸 지방직 9급]

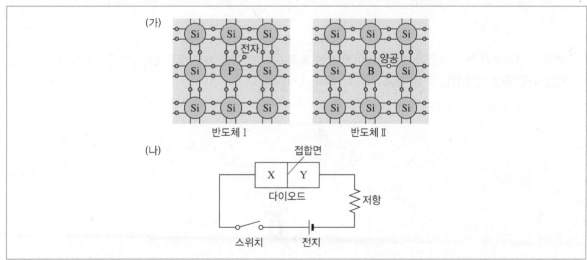

① 인의 원자가 전자는 3개이다.

② (가)에서 반도체 Ⅱ는 p형 반도체이다.

③ (나)에서 X는 반도체 I이다.

④ (나)에서 스위치를 닫으면 n형 반도체에서 전자는 접합면으로부터 멀어진다.

해설

② 반도체 Ⅰ은 n형이고, 반도체 Ⅱ는 p형이다. 인(P)의 원자가 전자는 5개이고, 붕소(B)의 원자가 전자는 3개이다. (나)에서 스위치를 닫으면 전류가 흐르는 것으로 보아, X는 P형 반도체에 해당하는 반도체 Ⅱ이고 n형 반도체에서 전자는 p-n 접합면으로 이동하게 된다.

11 그림은 보어의 수소 원자 모형에서 양자수 n에 따른 에너지 준위와 전자의 전이 a, b를 나타낸 것이다. 이에 대한 설명으로 옳은 것만을 모두 고르면? [2023 고졸 지방직 9급]

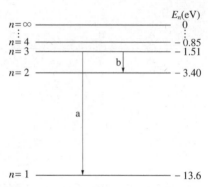

ㄱ. a에서 방출되는 빛은 적외선이다.
ㄴ. 방출되는 빛의 파장은 a에서가 b에서보다 짧다.
ㄷ. b에서 방출되는 광자 1개의 에너지는 1.89eV이다.

① ㄱ   ② ㄴ
③ ㄱ, ㄷ   ④ ㄴ, ㄷ

해설
④ $n=1$로 전자가 전이 시 라이먼 계열에 해당하는 자외선이 방출되며, 에너지 준위가 에너지 차이가 클수록 빛의 파장은 짧아지므로, a의 파장이 b의 파장보다 짧다. b에서 방출되는 광자 1개의 에너지는 에너지 준위 차이만큼에 해당하는 1.89eV를 갖는다.

12 그림과 같이 A가 탄 우주선이 B에 대하여 일정한 속력 0.9c로 운동한다. 우주선의 고유길이는 L_0이다. 이에 대한 설명으로 옳은 것은?(단, c는 진공 중에서 빛의 속력이다) [2023 고졸 지방직 9급]

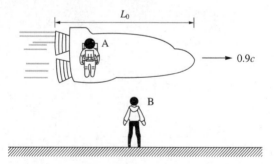

① A가 관측할 때, B는 우주선에 대하여 정지해 있다.
② A가 관측할 때, B의 시간은 A의 시간보다 느리게 간다.
③ B가 관측할 때, 우주선의 길이는 L_0이다.
④ B가 관측할 때, A의 시간은 B의 시간보다 빠르게 간다.

해설
② 운동은 상대적이므로 A가 관측 시, 자신은 정지해 있지만 상대적으로 B가 왼쪽으로 이동하는 것으로 관측되며, B의 시간은 A의 시간보다 느리게 간다. B가 관측할 때 우주선의 길이는 고유길이 L_0보다 짧게 관측되고, A의 시간은 B의 시간보다 느리게 간다.

13 질량이 m이고 속력이 $2v$인 입자의 물질파 파장이 λ라면, 질량이 $3m$이고 속력이 v인 입자의 물질파 파장은?

[2023 고졸 지방직 9급]

① $\dfrac{1}{4}\lambda$

② $\dfrac{1}{3}\lambda$

③ $\dfrac{2}{3}\lambda$

④ $\dfrac{3}{4}\lambda$

해설

③ 물질파의 파장, $\lambda = \dfrac{h}{mv}$ 으로 정의된다. $\lambda_0 = \dfrac{h}{m(2v)}$, $\dfrac{h}{mv} = 2\lambda_0$ 가 되므로, $\dfrac{h}{3mv} = \dfrac{1}{3}(2\lambda_0)$이다.

14 그림 (가)는 광섬유의 코어와 클래딩을 나타낸 것이고, (나)는 단색광이 매질 A에서 B, C로 진행하는 모습을 나타낸 것이다. $\theta_2 > \theta_1 > \theta_3$이다. A~C 중 2개를 선택하여 광섬유를 만들 때, 광섬유의 코어와 클래딩의 재료를 옳게 연결한 것은?(단, A, B, C는 코어와 클래딩으로 사용 가능한 물질이다)

[2023 고졸 지방직 9급]

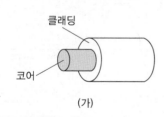

(가)

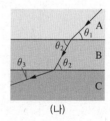

(나)

	코어	클래딩
①	A	B
②	B	C
③	C	A
④	C	B

해설

② 광섬유의 코어의 굴절률이 클래딩보다 커야 한다. 따라서, 주어진 각을 경계면에 수직선을 세운 법선과 이루는 각으로 크기를 비교하면 $\theta_3 > \theta_1 > \theta_2$ 가 되고 굴절률의 크기를 비교하면 $n_2 > n_1 > n_3$ 가 되어 코어는 B, 클래딩은 C가 되어야 한다.

15 그림은 매질 A, B의 경계면에 입사시킨 단색광이 굴절하는 모습을 나타낸 것이다. 입사각은 45°이고 굴절각은 60°이다. A에 대한 B의 굴절률은?

[2023 고졸 지방직 9급]

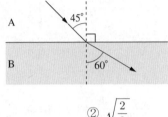

① $\dfrac{2}{3}$

② $\sqrt{\dfrac{2}{3}}$

③ $\sqrt{\dfrac{3}{2}}$

④ $\dfrac{3}{2}$

> **해설**
>
> ② $n_{AB} = \dfrac{n_B}{n_A} = \dfrac{\sin\theta_A}{\sin\theta_B} = \dfrac{\frac{\sqrt{2}}{2}}{\frac{\sqrt{3}}{2}} = \sqrt{\dfrac{2}{3}}$

16 그림은 $t = 0$초일 때 파동의 변위 y를 위치 x에 따라 나타낸 것이다. 파동은 일정한 속력으로 $+x$ 방향으로 진행하고, 파동의 주기는 8초이다. 이에 대한 설명으로 옳은 것은?

[2023 고졸 지방직 9급]

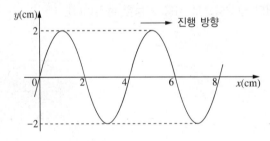

① 파동의 진폭은 4cm이다.

② 파동의 진동수는 0.25Hz이다.

③ 파동의 속력은 0.5cm/s 이다.

④ $t = 2$초일 때, $x = 2$cm에서 $y = 0$이다.

> **해설**
>
> ③ 진폭은 2cm이고 $T = 8$이므로, $f = \dfrac{1}{8} = 0.125\,\text{Hz}$ 이다.
>
> 파동의 속력 $v = \dfrac{1}{8} \times 4 = 0.5\,\text{cm/s}$ 이고 $t = 2$초일 때 $x = 2$cm에서 $y = 2$cm이다.

17 그림은 두 점파원 S_1, S_2에서 파장이 λ로 같은 두 물결파를 같은 위상으로 발생시켰을 때, 물결파의 어느 순간의 모습을 모식적으로 나타낸 것이다. 실선과 점선은 각각 물결파의 마루와 골을 나타내고 점 P, Q, R는 평면상에 고정된 점이다. 이에 대한 설명으로 옳은 것만을 모두 고르면? [2023 고졸 지방직 9급]

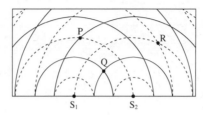

ㄱ. S_1에서 P까지의 거리와 S_2에서 P까지의 거리 차이는 $\dfrac{\lambda}{2}$이다.

ㄴ. Q에서 수면의 높이는 변하지 않는다.

ㄷ. R에서 상쇄 간섭이 일어난다.

① ㄱ ② ㄷ
③ ㄱ, ㄴ ④ ㄴ, ㄷ

해설
① $|S_1P - S_2P| = |1.5\lambda - 2\lambda| = \dfrac{\lambda}{2}$, Q 지점은 마루와 마루가 만나 보강간섭을 하여 수면의 높이가 변하는 지점이며, R 지점은 골과 골이 만나 보강간섭하여 높이가 변하는 지점이다.

18 그림은 진동수가 f인 단색광 P를 금속판 A에 비추었을 때 A에서 광전자가 방출되는 것을 나타낸 것이다. 방출된 광전자 1개의 최대 운동에너지는 E_k이다. 이에 대한 설명으로 옳은 것만을 모두 고르면? [2023 고졸 지방직 9급]

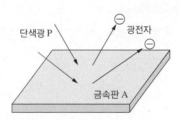

ㄱ. A의 문턱 진동수는 f보다 크다.

ㄴ. P의 세기를 증가시키면 단위 시간당 방출되는 광전자 수가 많아진다.

ㄷ. 진동수가 $2f$인 빛을 A에 비추었을 때 광전자 1개의 최대 운동에너지는 E_k이다.

① ㄴ ② ㄱ, ㄴ
③ ㄱ, ㄷ ④ ㄴ, ㄷ

해설
① 진동수 f를 비추어 광전자가 방출되었으므로, 문턱 진동수(f_0)는 f보다 작다. 이때 단색광 P의 세기를 증가시키면 단위 시간당 방출되는 광전자의 수는 증가한다. 진동수 f일 경우 광전자 1개의 최대 운동에너지 $E_K = hf - hf_0$이지만, 진동수 $2f$인 빛을 A에 비추면 광전자 1개의 최대 운동에너지 $E'_K = 2hf - hf_0$가 된다.

19 그림 (가)와 (나)는 수평면에 놓인 물체 A, B, C가 서로 접촉한 상태에서 크기가 F인 힘이 수평 방향으로 작용하여 등가속도 직선운동을 하는 모습을 나타낸 것이다. A, B, C의 질량은 각각 $5m$, $2m$, m_C이다. (가)와 (나)에서 A가 B에 작용하는 힘의 크기가 같을 때, m_C는?(단, 모든 마찰과 공기 저항은 무시한다) [2023 고졸 지방직 9급]

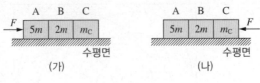

① m　　　　　　　　　　　　　　② $2m$

③ $3m$　　　　　　　　　　　　　　④ $4m$

해설

③ (가), (나)에서 물체 A, B, C는 등가속도 직선운동을 하므로 동일한 가속도 a를 갖는다. (가)에서 A가 B에게 작용하는 힘은 $(2m+m_C)a$ 이고, (나)에서 A가 B에 작용하는 힘은 B가 A에 작용하는 힘과 같으므로 $5ma$가 된다. 이때 두 힘의 크기가 동일하다고 하였으므로, $(2m+m_C)a=5ma$, $\therefore m_C=3m$이 된다.

20 그림은 시간 $t=0$일 때 자동차 A는 선 P를 속력 v로 통과하고 자동차 B는 P에서 정지 상태에서 출발한 후, $t=T$일 때 A와 B가 각각 선 Q와 선 R를 통과하는 것을 나타낸 것이다. 이때 A는 등속 직선 운동을 하였고, B는 가속도 크기 a로 등가속도 직선 운동을 하였다. P, Q 사이 거리와 Q, R 사이 거리는 L로 같다. 이에 대한 설명으로 옳지 않은 것은?(단, 자동차의 크기는 무시한다) [2023 고졸 지방직 9급]

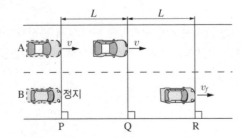

① $v=\dfrac{L}{T}$이다.

② $t=0$에서 $t=T$까지 B의 평균 속력은 $\dfrac{2L}{T}$이다.

③ $a=\dfrac{2v^2}{L}$이다.

④ R를 통과할 때 B의 순간 속력 v_f는 $4v$이다.

해설

③ $t=T$일 때, A는 선 Q를 통과하였으므로 $v=\dfrac{L}{T}$이다. $t=0 \sim T$까지 B의 평균 속력은 시간 T 동안 거리 $2L$을 이동하였으므로 $\overline{v_B}=\dfrac{2L}{T}$이다.

$S=v_0t+\dfrac{1}{2}at^2$, $2L=0+\dfrac{1}{2}aT^2$이므로 $T=\dfrac{L}{v}$을 대입하여 정리하면, $a=\dfrac{4v^2}{L}$이다.

R을 통과할 때 B의 순간 속력 $2aS=v_f^2-v_0^2$, $2(\dfrac{4v^2}{L})2L=v_f^2-0$, $\therefore v_f=4v$

PART 03

부 록

기술직 물리

TECH BIBLE

CHAPTER 01 물리 문제 풀이법

1 공무원 시험 풀이를 위한 준비

① 단원마다 기초 핵심 부분이 어디인지 정확히 안다.

② 단원별로 고르게 출제된다는 점에 유의하여 전체를 공부하도록 한다.

③ 개념 및 법칙에 대한 설명뿐만 아니라, 관련된 예시도 풀이에 적용할 줄 알아야 한다.

④ 그래프와 공식의 흐름을 파악하며, 각 요소들을 유기적으로 연결할 줄 알아야 한다. 기본적으로 그래프는 기울기와 면적의 의미를 파악하며, 함수의 계수에 대한 의미를 파악한다.

⑤ 답을 구하는 방식은 여러 가지이므로 다양한 방법을 시도해보며, 어느 방법이 빠르고 효과적인지 선택하여 풀이를 한다.

2 연습 문제 풀이 요령

① 문제를 읽어가며 상황에 맞는 그림을 그려본다.

② 해당 단원이 어디인지 파악한 후, 문제의 언어를 기호로 바꾸어 본다. 예를 들어, 단원에 따라서는 P가 운동량일수도 있고, 일률을 의미할 수도 있으므로, 단원에 맞게 기호를 선택하여 언어를 기호로 바꾼다.

③ 기호로 표현된 문장으로부터 공식을 떠올려 식에 주어진 값을 대입하여 답을 구한다.

④ 공식이 생각나지 않을 때는 기호들의 단위를 고려하여 계산 방법을 유추하여 답을 구할 수도 있다.

⑤ 모든 물리량은 SI단위계를 기준으로 정리하여 계산에 임한다.

⑥ 큰 수의 값이나, 작은 수의 값은 $a \times 10^n$와 같은 지수 형태로 표현한다.

⑦ 검산은 모든 풀이가 끝난 후 여유가 있을 때 시행한다.

3 물리 문제의 특징

① 물체의 운동의 경우

물체의 운동 분야는 기본적으로 $F=0$인 형태와 $F \neq 0$(일정)인 형태로 분류된다. 따라서 이에 맞게 등속도 운동($F=0$)과 등가속도 운동($F \neq 0$, 일정) 공식에 맞추어 계산한다.

기본적으로 s, t, v, a를 기호로 바꾸고 문제의 공식에 접근한다.

㉠ 물체에 힘 F가 주어질 때에는 2가지 방식을 취한다.

- $F=ma$를 이용한다.
- $F \cdot t = mv - mv_0$

㉡ 마찰력이나 저항력이 작용하지 않는 문제(역학적 에너지 보존 법칙 활용)

$$\frac{1}{2}mv^2 - \frac{1}{2}mv_0^2 = mgh - mgh_0 \text{ 또는 } \frac{1}{2}mv^2 - \frac{1}{2}mv_0^2 = \frac{1}{2}kx^2 - \frac{1}{2}kx_0^2$$

㉢ 마찰력이 작용하는 문제

일 = 역학적 에너지 변화량

② 그래프가 주어진 경우

㉠ x, y축 물리량을 기호로 써 본다.

㉡ 그래프의 기울기(변화량)를 기호로 표현해 보고, 무엇을 의미하는지 확인한다.

㉢ 질문의 물리량과 내가 아는 물리량의 관계를 고려해 본다.

③ 비례/반비례 관계 파악하기 경우

기본적으로 공식을 써 놓고 고려하되, 묻는 물리량이 기본적으로 정비례 관계인지, 반비례 관계인지 파악하고, 묻는 물리량에 따라서는 $\sqrt{x}$ 또는 x^2일 수 있으므로 조심한다.

④ 벡터양과 스칼라양의 경우

물리 계산에서 주의할 점은 그 물리량이 방향을 갖는 물리량인지 아닌지를 판단하는 것이다. 이후 방향이 고려되어야 하는 경우 다음과 같은 절차를 따르도록 한다.

㉠ 직선상일 때 같은 방향의 경우 (+), 다른 방향의 경우 (−)를 취한다.

㉡ 평면상의 경우 평행사변형법을 이용하여 구한다.

㉢ 경우에 따라서는 직교 좌표계로 성분별로 분해하여 구하는 것도 고려한다.

⑤ 근사 계산을 적용해야 할 경우

선택형 문항의 계산의 경우 근사적인 값만 알아도 답을 찾을 수 있는 경우가 있다. 이에 다음과 같은 근사법을 적용하여 답을 찾는 것도 문제 풀이의 시간을 절약하는 데 도움이 된다.

㉠ $(1 \pm x)^n \approx 1 \pm nx$, $\dfrac{1}{1 \pm x} \approx 1 \mp x$ (단, $x \ll 1$일 때)

㉡ $\sin\theta \approx \tan\theta \approx \theta$, $\cos\theta \approx 1$ (단, $\theta \ll 1$일 때)

㉢ 중력 가속도 $g = 9.8\,\text{m/s}^2 \approx 10\,\text{m/s}^2$

㉣ $\pi^2 \approx 10$, $\pi \approx \sqrt{g}$

02 PART 03 부록

국제 단위계(SI)와 차원

1 SI 기본 단위

물리량	이 름	기 호
길 이	미터(Meter)	m
질 량	킬로그램(Kilogram)	kg
시 간	초(Second)	s
전 류	암페어(Ampere)	A
열역학적 온도	켈빈(Kelvin)	K
물질의 양	몰(Mole)	mol
광 도	칸델라(Candela)	cd

2 SI 유도 단위

물리량	단위의 이름	기 호	
진동수	헤르츠	Hz	$1/s$
속력, 속도	미터 퍼 세크	m/s	
각속도	라디안 퍼 세크	rad/s	
힘	뉴 턴	N	$kg \cdot m/s^2$
압 력	파스칼	Pa	N/m^2
일, 에너지, 열량	줄	J	$N \cdot m$
일률, 전력	와 트	W	J/s
전하량	쿨 롱	C	$A \cdot s$
전위차, 기전력	볼 트	V	$W/A=J/C$
전기 저항	옴	Ω	V/A
자기장, 자속 밀도	테슬라	T	Wb/m^2
자 속	웨 버	Wb	$V \cdot s$
인덕턴스	헨 리	H	$V \cdot s/A$

3 SI 접두어

접두어	인 자	기 호	접두어	인 자	기 호
페 타	10^{15}	P	데 시	10^{-1}	d
테 라	10^{12}	T	센 티	10^{-2}	c
기 가	10^{9}	G	밀 리	10^{-3}	m
메 가	10^{6}	M	마이크로	10^{-6}	μ
킬 로	10^{3}	k	나 노	10^{-9}	n
헥 토	10^{2}	h	피 코	10^{-12}	p
데 카	10^{1}	da	펨 토	10^{-15}	f

4 차 원

① 차 원
　㉠ 어떤 물리량을 질량[M], 길이[L], 시간[T]을 어떻게 조합하여 얻어지는가를 나타내기 위하여 사용되며, 차원이 같으면 물리적 성질도 같다.
　㉡ 같은 물리량끼리는 덧셈, 뺄셈이 가능하며 수식에서 물리량들의 곱셈이나 나눗셈을 할 때 차원도 그 물리량들과 똑같은 방법으로 취급해야 한다.
　㉢ 차원을 검토함으로써 기본적인 공식의 형태를 얻거나, 공식의 옳고 그름을 판단할 수도 있다.

② 기본량의 차원 표시
　㉠ 질량의 차원 : [M]
　㉡ 길이의 차원 : [L]
　㉢ 시간의 차원 : [T]

③ 차원을 나타내는 몇 가지 예

물리량	단 위	차 원	물리량	단 위	차 원
속 력	m/s	$[LT^{-1}]$	진동수	1/s	$[T^{-1}]$
가속도	m/s^2	$[LT^{-2}]$	밀 도	kg/m^3	$[ML^{-3}]$
힘	kg・m/s^2	$[MLT^{-2}]$	면 적	m^2	$[L^{2}]$
운동량	kg・m/s	$[MLT^{-1}]$	부 피	m^3	$[L^{3}]$
일	kg・m^2/s^2	$[ML^{2}T^{-2}]$	압 력	kg/m・s^2	$[ML^{-1}T^{-2}]$
전 력	kg・m^2/s^3	$[ML^{2}T^{-3}]$	각운동량	kg・m^2/s	$[ML^{2}T^{-1}]$

물리에 사용되는 수학 공식

1 함수와 그래프

① 1차 함수와 그래프

$y = ax + b\,(a \neq 0)$일 때, y를 x의 1차 함수라고 한다.

$a > 0$일 때		$a < 0$일 때	
$b > 0$	$b < 0$	$b > 0$	$b < 0$

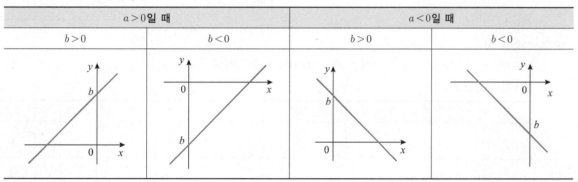

② 2차 함수와 그래프

$y = ax^2 + bx + c \;(a \neq 0)$ 일 때, y를 x의 2차 함수의 일반형이라고 한다.

$y = a\left(x + \dfrac{b}{2a}\right)^2 - \dfrac{b^2 - 4ac}{4a}$ 일 때, y를 x의 2차 함수의 표준형이라고 하며, $y = ax^2$의 그래프를 x축 방향으로 $-\dfrac{b}{2a}$,

y축 방향으로 $-\dfrac{b^2 - 4ac}{4a}$ 평행 이동시킨 포물선이다.

$a > 0$일 때		$a < 0$일 때	
$y = ax^2$	$\left(-\dfrac{b}{2a},\ -\dfrac{b^2 - 4ac}{4a}\right)$ 평행 이동	$y = ax^2$	$\left(\dfrac{b}{2a},\ \dfrac{b^2 - 4ac}{4a}\right)$ 평행 이동

③ 2차 방정식의 해

$ax^2 + bx + c = 0$일 때, $x = \dfrac{-b \pm \sqrt{b^2 - 4ac}}{2a}$

2 삼각함수

$\sin\theta = \dfrac{b}{c}$, $\cos\theta = \dfrac{a}{c}$, $\tan\theta = \dfrac{b}{a}$

$\mathrm{cosec}\,\theta = \dfrac{c}{b}$, $\sec\theta = \dfrac{c}{a}$, $\cot\theta = \dfrac{a}{b}$

① sine 정리

$$\dfrac{a}{\sin A} = \dfrac{b}{\sin B} = \dfrac{c}{\sin C}$$

② cosine 정리

$c^2 = a^2 + b^2 - 2ab\cos C$ $\angle C = 90°$일 때, 피타고라스 정리 성립

③ 특수각의 삼각함수 값

θ	0	30°	45°	60°	90°
$\sin\theta$	0	$\dfrac{1}{2}$	$\dfrac{1}{\sqrt{2}}$	$\dfrac{\sqrt{3}}{2}$	1
$\cos\theta$	1	$\dfrac{\sqrt{3}}{2}$	$\dfrac{1}{\sqrt{2}}$	$\dfrac{1}{2}$	0
$\tan\theta$	0	$\dfrac{1}{\sqrt{3}}$	1	$\sqrt{3}$	∞

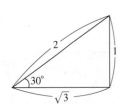 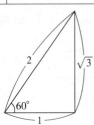

물리량	기 호	상수값
만유인력 상수	G	$6.67259 \times 10^{-11} \mathrm{N} \cdot \mathrm{m}^2 \cdot \mathrm{kg}^{-2}$
중력가속도	g	$9.8 \mathrm{m} \cdot \mathrm{s}^{-2}$
열의 일당량	J	$4.1855 \times 10^3 \mathrm{J/kcal}$
기체 상수	R	$8.314510 \mathrm{J} \cdot \mathrm{mol}^{-1} \cdot \mathrm{K}^{-1}$
아보가드로 상수	N_A	$6.0221367 \times 10^{23} \mathrm{mol}^{-1}$
볼츠만 상수	k	$1.380658 \times 10^{-23} \mathrm{J/K}$
광 속	c	$2.9979 \times 10^8 \mathrm{m/s}$
진공 유전율	ε_0	$8.854187817 \times 10^{-12} \mathrm{F/m}$
진공 투자율	μ_0	$4\pi \times 10^{-7} \mathrm{H/m}$
기본 전하량	e	$1.602 \times 10^{-19} \mathrm{C}$
전자의 정지 질량	m_e	$9.1 \times 10^{-31} \mathrm{kg}$
전자의 비전하	e/m_e	$1.758 \times 10^{11} \mathrm{C/kg}$
패러데이 상수	F	$9.6485 \times 10^4 \mathrm{C/mol}$
플랑크 상수	h	$6.626 \times 10^{-34} \mathrm{J} \cdot \mathrm{s}$
슈테판–볼츠만 상수	σ	$5.67051 \times 10^{-8} \mathrm{W} \cdot \mathrm{m}^{-2} \cdot \mathrm{K}^{-4}$
리드버그 상수	R^∞	$1.097 \times 10^7 \mathrm{m}^{-1}$
보어 반지름	$a_0, \ r_B$	$5.29 \times 10^{-11} \mathrm{m}$
원자 질량 단위	u	$1.66 \times 10^{-27} \mathrm{kg}$
양성자 정지 질량	m_p	$1.6726 \times 10^{-27} \mathrm{kg}$
중성자 정지 질량	m_n	$1.6749 \times 10^{-27} \mathrm{kg}$

CHAPTER 05

PART 03 부록

그리스 문자표

대문자	소문자	발음	대문자	소문자	발음
A	α	알 파	N	ν	뉴
B	β	베 타	Ξ	ξ	크사이
Γ	γ	감 마	O	o	오미크론
Δ	δ	델 타	Π	π	파 이
E	ε	엡실론	P	ρ	로
Z	ζ	제 타	Σ	σ	시그마
H	η	에 타	T	τ	타 우
Θ	θ	시 타	Y	υ	웁실론
I	ι	이오타	Φ	ϕ	파 이
K	κ	카 파	X	χ	카 이
Λ	λ	람 다	Ψ	ψ	프사이
M	μ	뮤	Ω	ω	오메가

1 힘과 운동

1. 벡터양과 스칼라양은 어떻게 다른가?	교재 참고
2. 북쪽으로 10km/h의 속도와 남쪽으로 3km/h의 속도의 합속도를 구하면?	북쪽 7km/h
3. 서로 수직인 4km/h의 두 속도 벡터의 합벡터의 크기를 구하면?	$4\sqrt{2}$ km/h
4. 크기가 100이고 수평면과 이루는 각이 $60°$인 벡터의 수평 성분의 크기를 구하면?	50
5. 크기가 4인 수평 방향의 벡터와 크기가 3인 수직 방향의 벡터의 합벡터를 구하면?	5
6. 시간당 5km의 빠르기로 걸어가는 사람이 있다. 이 사람의 걷는 속력은?	5km/h
7. 자동차의 빠르기를 나타내는 계기판은 순간 속력을 나타내는가? 순간 속도를 나타내는가?	순간 속력
8. 정지 상태에서 5초 후에 속력이 25m/s로 증가한 자동차가 있다. 평균가속도는 얼마인가?	5m/s
9. 5초 동안 150m를 달리는 치타의 평균 속력을 계산하면?	30m/s
10. 모형 비행기가 날아가는 속도가 15m/s이다. 이 모형 비행기에 맞바람이 3m/s로 불었을 때, 모형 비행기의 지면에 대한 속도는?	12m/s
11. 자유낙하하는 물체가 있다. 이 물체의 매초당 속력의 변화량은?	일정하다.
12. 공을 위로 던졌을 때, 위로 올라가는 동안 매초당 속력의 변화량과 내려오는 동안 매초당 속력의 변화량은 어떠한가?	동일하다.
13. 거리와 시간과의 그래프에서 기울기는 무엇을 나타내는가?	속 도
14. 속도와 시간과의 그래프에서 기울기는 무엇을 나타내는가?	가속도
15. 속도와 시간 그래프에서 그래프 아래 면적은 무엇을 나타내는가?	변 위
16. 공기 저항을 무시한다면, 연직 위 방향으로 10m/s 속력으로 던진 공을 다시 받을 때 공의 속력은?	10m/s
17. 물체의 평균 속력이 5m/s라면 이 물체가 4초 동안 이동한 거리는?	20m
18. 100km/h의 일정한 속력으로 직선 운동을 하는 자동차의 가속도는 얼마인가?	0
19. 어떤 물체가 정지 상태에서 자유낙하하였다. 3초 후 물체의 순간 속력은?(단, $g = 10\text{m/s}^2$)	30m/s
20. 어떤 물체가 정지 상태에서 자유낙하하였다. 물체의 속력이 10m/s가 될 때까지 낙하한 거리는?(단, $g = 10\text{m/s}^2$)	5m
21. 정지 상태에서 5m/s^2의 일정한 가속도로 달리는 자동차가 있다. 10초가 지났을 때 자동차의 순간 속력은?	50m/s
22. 자유낙하한 사과가 10m/s^2으로 가속되고 있다. 1.5초 후 사과의 순간 속력을 계산하면?	15m/s
23. 7m/s로 움직이던 물체가 3m/s^2의 가속도를 얻어서 나중속력이 13m/s가 되었다. 이 물체는 몇 초 동안 가속되었는가?	2s
24. 3m/s로 움직이던 자동차가 8m/s^2의 가속도로 4초간 운동을 하였을 때, 나중 속력은?	35m/s

25. 27m/s로 움직이던 자동차가 3초 후에 정지하였다. 이때까지 자동차가 이동한 거리는 얼마인가?	40.5m
26. 공기의 저항을 무시할 때 포물체의 수평 성분은 일정하지만 수직 성분이 변하는 이유는?	중력의 작용
27. 하나의 공은 수평 방향으로 던지고 동시에 다른 공을 같은 높이에서 자유낙하시켰다. 어느 공이 먼저 지면에 도달하는가?	동시에 도달
28. 포물체의 속도가 최소인 지점은 어디인가?	최고점
29. 물체를 던질 때, 가장 멀리 도달하기 위한 각도는?	$45°$
30. 공기 저항을 무시할 때, 비스듬히 발사되어 날아가는 대포알의 수평 방향 성분의 가속도는?	0
31. 공기 저항을 무시할 때, 비스듬히 발사되어 날아가는 대포알의 수직 방향 성분의 가속도는?	g, 중력 가속도
32. 각속력이 일정할 때 회전축으로부터의 거리가 증가하면, 선속력은 어떻게 되는가?	증가한다.
33. 회전 놀이 기구의 손잡이를 놓쳐서 떨어진다면, 어느 방향으로 날아가는가?	손 놓은 지점에서의 접선방향
34. 길이가 2m인 줄의 끝에 물체를 매달고 매초 4회전시키고 있다. 이 물체의 각속도는?	$8\pi\,\mathrm{rad/s}$
35. 길이가 4m인 줄의 끝에 물체를 매달고 매초 4회전시키고 있다. 이 물체의 주기는?	$0.25\mathrm{s}$
36. 길이가 1m인 줄의 끝에 물체를 매달고 매초 4회전시키고 있다. 이 물체의 선속도는?	$8\pi\,\mathrm{m/s}$
37. 어떤 물체가 반지름 0.2m의 원둘레를 4m/s의 속력으로 돌고 있다. 이 물체의 가속도는?	$80\mathrm{m/s}^2$
38. 어떤 물체가 반지름 10m의 원둘레를 4m/s의 속력으로 돌고 있다. 이 물체의 주기는?	5π초
39. 어떤 물체가 반지름 0.2m의 원둘레를 2m/s의 속력으로 돌고 있다. 이 물체의 각속도는?	$10\,\mathrm{rad/s}$
40. 용수철 상수가 4N/m인 용수철에 8kg의 물체가 매달려 단진동하고 있을 때, 이 물체의 진동 주기는?	$2\sqrt{2}\,\pi$
41. 길이가 10m인 줄에 매달린 물체의 진동 주기는 얼마인가?	2π초
42. 힘의 평행 상태에 있는 물체에 작용하는 힘들의 합력, 즉 알짜힘은 얼마인가?	0
43. 어떤 물체에 10N과 20N의 두 힘이 서로 반대 방향으로 작용하고 있다. 물체에 작용한 알짜힘의 크기는?	10N
44. 질량 50kg인 학생이 있다. 이 학생의 무게는 몇 N인가?	$500\,\mathrm{N}$
45. 수레가 어떤 알짜 힘에 의해 운동하고 있다. 마차의 짐을 실었더니 마차의 질량이 4배가 되었다. 가속도는 몇 배가 되는가?	$\dfrac{1}{4}$배
46. 20kg의 로켓을 $1\mathrm{m/s}^2$의 가속도로 운동시키려면 힘의 크기는 얼마인가?	$20\,\mathrm{N}$
47. 질량이 50kg, 엔진의 추진력이 500N인 비행기가 있다. 이 비행기가 출발할 때의 가속도는 얼마인가?	$10\mathrm{m/s}^2$
48. 우리가 200N의 힘으로 벽을 밀면 벽은 우리에게 얼마의 힘을 가하겠는가?	200N
49. 지구가 지구 주위를 돌고 있는 인공위성에 10,000N의 힘을 작용하고 있다. 반작용의 힘은 얼마인가?	10,000N
50. 길이가 0.1m인 렌치의 한 끝에 수직으로 100N의 힘을 가할 때 생기는 토크(돌림힘)의 크기는?	$10\,\mathrm{N}\cdot\mathrm{m}$
51. 부피가 10cm³이고 질량이 20g인 물체를 물속에 넣을 때, 받게 되는 부력의 크기는?(물의 밀도는 1g/cm³이고, 중력 가속도는 10m/s²이다)	$0.1\,\mathrm{N}$
52. 용수철 상수가 3N/m인 용수철에 9N의 힘을 가하였을 때, 변형되는 길이는?	3m
53. 용수철 상수가 5N/m인 용수철 2개를 직렬로 연결할 때, 전체 용수철 상수 크기는 얼마인가?	2.5N/m
54. 용수철 상수가 5N/m인 용수철 2개를 병렬로 연결할 때, 전체 용수철 상수 크기는 얼마인가?	10N/m
55. 어떤 행성의 근일점과 원일점의 거리의 비가 2:3일 때, 근일점과 원일점을 통과하는 선속도의 비는?	3:2

56. 어떤 행성의 공전 궤도 반지름이 지구 공전 궤도 반지름의 9배이라면, 이 행성의 공전 주기는 지구의 몇 배인가?	27배
57. 동으로 4m/s로 진행하는 자동차가 같은 방향으로 8m/s로 진행하는 자동차를 볼 때의 상대 속도 크기는?	4m/s
58. 북으로 10m/s로 움직이는 사람이 남으로 5m/s로 움직이는 사람을 볼 때의 상대 속도 크기는?	15m/s
59. 질량 50kg의 사람이 10m/s로 달려가고 있다. 이 사람의 운동량의 크기는?	$500 \text{kg} \cdot \text{m/s}$
60. 어떤 사람이 망치로 300N의 힘으로 못을 내리치고 있다. 이때 못에 힘을 가한 시간의 크기가 0.1s라고 할 때, 충격량의 크기는?	$30 \text{N} \cdot \text{s}$
61. 야구공을 찰흙에 던졌더니 공이 쳐 박혔을 때에도 운동량은 보존되는가?	보존된다.
62. 충돌이 일어날 때, 충돌시간이 3배 증가하면, 충격력은 어떻게 되는가?	$\dfrac{1}{3}$ 감소
63. 일정한 힘이 작용하는 시간이 2배 길어졌다고 할 때 운동량의 변화량은 몇 배 커지는가?	2배
64. 물체가 충돌할 때 되튀는 경우와 되튀지 않을 경우 중에 어느 경우에 충격량이 큰가?	되튀는 경우
65. 1m 높이에서 자유낙하시킨 공이 바닥과 충돌 후 36cm 높이까지 튀어 올라왔다. 이때 반발계수는?	0.6
66. 충격량은 운동량과 같은가? 아니면 운동량의 변화량과 같은가?	운동량의 변화량

2 유 체

1. 질량이 4kg이고, 부피가 20m^{3}인 유체의 밀도는 얼마인가?	0.2kg/m^3
2. 어떤 공기가 10m^{2}에 300N의 힘을 가하고 있을 때 압력은 얼마인가?	30N/m^2
3. 유체 내에 깊이가 같은 지점은 압력은 어떠한가?	같다.
4. 유체 내의 압력과 깊이는 어떤 관계인가?	비례 관계
5. 무게가 300t인 배가 받는 부력의 크기는?	300t
6. 수심 100m 지점의 수압은 얼마인가?	$9.8 \times 10^5 \text{N/m}^2$
7. 어떤 유체가 지나가는 관의 단면적의 입구와 출구의 비가 1:2일 때 입구와 출구에서의 유체의 속도의 비는?	2:1
8. 유체가 지나갈 때 흐름의 속도가 증가하면 압력은 어떻게 되는가?	감소한다.
9. 부피가 1m^{3}이고 질량이 2kg인 물체를 물속에 넣을 때, 받게 되는 부력의 크기는?	$9.8 \times 10^3 \text{N}$
10. 공기 중에 떠 있는 헬륨 풍선의 무게가 1N이다. 이 풍선이 받는 부력의 크기는 얼마인가?	1N

3 에너지와 열

1. 50℃는 화씨로 몇 도인가?	122°F
2. 27℃는 절대 온도로 몇 도인가?	300K
3. 비열이 1kcal/kg · ℃인 질량 10kg 물체의 온도를 5℃ 올리는 데 필요한 열에너지 양은?	50kcal
4. 물의 온도가 30℃에서 10℃로 떨어지면서 200cal의 열에너지를 방출했다면, 이때 물의 질량은?	10g

5. 비열이 $380\,\text{J/kg}\cdot\text{K}$인 구리로 된 0.2kg의 그릇의 온도가 10K 상승할 때 흡수된 열량은?	760J
6. 놋그릇의 온도를 $20\,^{\circ}\text{C}$ 올리는 데 20kcal의 열량이 필요하다. 놋그릇의 열용량은 얼마인가?	$1\text{kcal}/^{\circ}\text{C}$
7. 분자들의 진동에 의해 열에너지가 전달되는 현상을 무엇이라 하는가?	전 도
8. 분자들의 밀도차에 의해 열에너지가 전달되는 현상을 무엇이라 하는가?	대 류
9. 전자기파 형태로 열에너지가 전달되는 현상을 무엇이라 하는가?	복 사
10. 복사 에너지 파장과 온도는 어떤 관계인가?	반비례
11. 복사체 표면의 절대 온도를 3배가 되도록 하면 복사 에너지는 처음의 몇 배가 되는가?	81배
12. 복사체의 표면의 절대 온도를 4배가 되도록 하면 복사파의 파장은 처음의 몇 배가 되는가?	$\frac{1}{4}$배
13. 기체의 온도를 일정하게 하고, 압력을 처음의 4배로 증가시키면 부피는 처음의 몇 배가 되는가?	$\frac{1}{4}$배
14. 기체의 압력을 일정하게 유지하고, 부피를 처음의 $\frac{1}{2}$만큼 줄이면, 기체의 온도는 처음의 몇 배가 되는가?	$\frac{1}{2}$배
15. 어떤 이상 기체의 온도가 273K에서 546K이 될 때, 기체 분자의 평균 운동 에너지는 처음의 몇 배가 되는가?	2배
16. 두 가지 종류의 기체의 질량비가 $1:16$일 때, 이 기체들의 속력비는 어떻게 되는가?	$4:1$
17. 이상 기체의 평균 분자 운동 에너지가 0이 되는 온도는?	0K
18. 기체가 단열 팽창 시 기체 분자의 평균 운동 에너지는?	감 소
19. 열효율이 30%인 기관이 있다. 이 기관에 공급된 열량이 300kcal일 때, 사용한 열량은 얼마인가?	90kcal
20. 330K의 열원에서 열을 흡수하여 일을 하고, 방출되는 열원의 온도가 300K일 때 열효율은 얼마인가?	9.1%

4 전자기

1. 같은 전하끼리 작용하는 전기적인 힘은?	척 력
2. 정전기력의 크기를 계산하는 식은?	쿨롱의 법칙
3. 유전 분극에 의한 정전기 유도 현상은 도체에서 발생하는가? 아니면 부도체에서 발생하는가?	부도체
4. 대전된 도체 안의 전기장의 크기는 얼마인가?	0
5. 각각 $+1\text{C}$인 전하 두 개가 1m를 거리를 두고 있다. 이때 작용하는 힘의 크기는?	$9\times10^{9}\,\text{N}$
6. 어떤 전기장 내에 $+2\text{C}$의 전하를 놓았더니, 8N의 힘을 받았다. 이 지점의 전기장의 세기는?	4N/C
7. $+3\text{C}$의 전하를 전기장 내에서 옮기는데 24J의 일이 필요하였다면, 두 지점 간의 전위차는 얼마인가?	8V
8. 균일한 전기장 내에서 전기장의 방향으로 0.2m 떨어진 지점의 양단의 전위차가 20V였다면, 전기장의 세기는?	100V/m
9. 등전위면을 따라 전하를 이동시킬 때 필요한 일의 양은?	0
10. 전기 용량이 3F인 축전기에 20V의 전압을 줄 때, 충전되는 전하량은?	60C
11. 어떤 평행판 축전기의 면적이 처음의 2배로 증가하고, 간격은 $1/4$배가 되었을 때, 축전기의 전기 용량은 처음의 몇 배가 되는가?	8배
12. 3F의 축전기 2개를 직렬로 연결 시 전체 전기 용량은?	1.5F
13. 3F의 축전기 2개를 병렬로 연결 시 전체 전기 용량은?	6F

14. +4C의 전하가 20V의 전압이 걸린 축전기에 저장되는 에너지 크기는?	40J
15. +10C의 전하가 2s동안 흐를 때 전류의 세기는?	5A
16. 4Ω의 저항에 10V의 전압이 걸릴 때, 흐르는 전류의 세기는?	2.5A
17. 6Ω의 저항에 2A의 전류가 흐르고 있다, 저항에 걸린 전압의 크기는?	12V
18. 어떤 저항에 20V의 전압이 걸렸을 때, 전류가 5A가 흘렀다고 한다. 이 저항의 크기는?	4Ω
19. 어떤 저항이 길이가 2배로 늘어났을 때, 저항의 크기는 몇 배 증가하는가?	2배
20. 4Ω의 저항 두 개가 직렬로 연결 시 전체 저항값은?	8Ω
21. 4Ω의 저항 두 개가 병렬로 연결 시 전체 저항값은?	2Ω
22. 어떤 전기 기구에 200V − 3A의 전기가 소모되고 있다. 소비 전력은 얼마인가?	600W
23. 500W의 다리미에 200V의 전압이 걸릴 때, 흐르는 전류량은?	2.5A
24. 100V 전압에 50W 소비 전력을 가진 전구를 연결하였을 때, 전구의 저항의 크기는?	200Ω
25. 1kWh에 200원의 전기료를 내야 할 때, 20Wh LED 전구를 매일 10시간씩 30일 동안 사용한다면 내야 하는 전기료는?	1,200원
26. 어떤 직선 도선에 2A의 전류가 흐르고 있다. 도선으로부터 0.2m 떨어진 지점의 자기장 세기는?	2×10^{-6} T
27. 반지름이 0.2m인 원형도선에 2A의 전류가 흐르고 있다. 이 도선의 중심에서 생성되는 자기장의 세기는?	$2\pi \times 10^{-6}$ T
28. 무한히 긴 솔레노이드에 2A의 전류가 흐르고 있다. 단위 길이당 감은 수가 1,000일 때, 내부에 생성되는 자기장의 세기는?	$8\pi \times 10^{-4}$ T
29. 자기장이 5T인 곳에 자기장의 수직한 방향으로 움직이는 입자의 전하량이 2C이고, 속력이 10^6m/s일 때, 전하에 작용하는 힘의 크기는?	10^7 N
30. 3T의 균일한 자기장 내에 수직한 방향으로 0.1m의 도선에 2A의 전류가 흐르고 있다. 이때, 도선이 받는 힘의 크기는?	0.6N
31. 0.01m 떨어진 길이 5m의 두 평행한 직선 도선에 각각 2A, 4A의 전류가 서로 반대 방향으로 흐르고 있다. 두 도선 사이에 작용하는 힘의 크기는?	8×10^{-4} N
32. N극과 S극을 갖는 작은 물체를 무엇이라 하는가?	자기 쌍극자
33. 외부 자기장에 대하여 반대방향으로 자기 모멘트가 형성되는 자성체를 무엇이라 하는가?	반자성체
34. 전자기 유도 현상에 의해 형성된 유도기전력을 구하는 식은?	$\varepsilon = -N\dfrac{\Delta\phi}{\Delta t}$
35. 균일한 자기장 2T 내부에서 자기장의 수직한 방향으로 4m/s로 움직이는 길이 0.1m의 도선에 유도되는 기전력의 크기는?	0.8V
36. 1차 코일에 감긴 수와 2차 코일에 감긴 수 비가 3 : 4일 때, 변압되는 전압의 비는?	3 : 4
37. 변압기의 1차 코일과 2차 코일의 전력비는?	1 : 1
38. 가정에 공급되는 220V의 전압은 실횻값인가? 최댓값인가?	실횻값
39. 60Hz의 교류가 유도 용량이 4H인 코일에 흐르고 있다. 유도 리액턴스의 크기는?	$480\pi \, \Omega$
40. 60Hz의 교류가 전기 용량이 4F인 축전기에 흐르고 있다. 용량 리액턴스의 크기는?	$\dfrac{1}{480\pi} \, \Omega$
41. 유도 용량이 2H이고, 전기 용량이 2μF인 축전기가 교류 전원에 직렬로 연결되어 있을 때, 생성되는 고유 진동수는 얼마인가?	$\dfrac{10^3}{4\pi}$ Hz

5 빛과 파동

1. 매질의 진동을 통해 에너지가 전달되는 파동의 종류는?	탄성파
2. 파동의 진행 방향과 매질의 진동 방향이 서로 수직인 파동의 종류는?	횡파
3. 한 번 왕복하는 데 걸리는 시간이 2초인 진자의 주기는?	2초
4. 소리의 진동수가 증가하면 파장은 어떻게 되는가?	감소한다
5. 어떤 줄의 장력이 $30\,N$이고, 이 줄의 선밀도가 $3\,kg/m$일 때, 파동의 속력은?	$\sqrt{10}\,m/s$
6. 대기의 온도가 $30℃$일 때, 소리의 속력은?	$349\,m/s$
7. 두 개의 파동이 만나서 보강 간섭이 일어나는 지점의 파동의 진폭은 처음의 몇 배가 되는가?	2배
8. 소리의 속력이 $340\,m/s$라고 할 때, $170\,Hz$의 진동수를 가진 소리의 파장은 얼마인가?	$2m$
9. 외부에서 가해지는 주기적인 진동과 현의 고유 진동수가 일치할 때 나타나는 현상을 무엇이라고 하는가?	공명
10. 파동이 진행하다가 다른 매질을 만나 그 경계면에서 진행방향이 꺾여서 진행하는 현상을 무엇이라 하는가?	굴절
11. 파동이 굴절할 때 진동수는 변하는가? 변하지 않는가?	변화 없다.
12. 파동이 진행하다가 다른 매질의 경계면에서 모두 내부로 반사되는 현상을 무엇이라고 하는가?	전반사
13. 파동의 회절 현상이 잘 나타나기 위해서는 장애물의 간격은 좁아야 하는가? 넓어야 하는가?	좁아야 한다.
14. 영의 이중 슬릿 실험에서 간섭 무늬 간격이 넓게 만들려면 장파장과 단파장 중 어느 빛이 효과적인가?	장파장
15. 도플러 효과에서 파동의 속력은 변하는가? 변하지 않는가?	변화 없음
16. 관찰자가 음원을 향해 달려갈 경우 관찰자가 듣는 소리의 진동수는 어떻게 되는가?	증가한다.
17. 초음속 비행기의 속력이 빨라지면 원추형의 충격파의 각은 어떻게 되는가?	좁아진다.
18. 전신을 볼 거울의 크기는 사람 키의 최소한 몇 배가 필요한가?	$\frac{1}{2}$배
19. 볼록 거울에서 만들어지는 상은 허상인가? 실상인가?	허상
20. 오목 거울의 초점 안 놓인 물체에 의해 만들어지는 상은 허상인가? 실상인가?	허상
21. 볼록 렌즈의 초점 밖에 놓인 물체에 의해 만들어지는 상은 허상인가? 실상인가?	실상
22. 고속의 전자를 원자에 충돌시키는 과정에서 전자가 갑자기 정지하면서 발생하는 전자기파는?	X선
23. 불안정한 원자핵이 안정화되어 가는 과정에서 내놓은 방사선으로 진동수가 가장 큰 전자기파는?	γ선
24. 전자의 에너지 준위 차가 클수록 방출되는 전자기파의 파장은?	짧아진다.
25. 두 장의 편광판이 $90°$의 각을 이룰 때, 이를 통과하는 빛의 세기는?	0
26. 빛의 파장과 굴절률의 관계는?	반비례
27. 빛의 3원색은?	R-G-B
28. 빨간색 빛과 초록색 빛이 만나면 어떤 색깔의 빛이 되는가?	노란색
29. 두 빛을 섞으면 흰색이 되는 빛의 관계를 무엇이라 하는가?	보색 관계
30. 공기 중에 진행하는 레이저 빛을 보기 위해 연기를 뿌리면 보인다. 이는 빛의 어떤 현상과 관계가 깊은 것인가?	분산

6 현대 물리

1. 어떤 흑체의 절대 온도가 처음보다 2배로 상승했을 때, 방출되는 파장의 크기는 처음의 몇 배가 되는가?	$\frac{1}{2}$ 배
2. 어떤 흑체의 절대 온도가 처음보다 2배로 상승했을 때, 방출되는 복사 에너지의 크기는 처음의 몇 배가 되는가?	16배
3. 금속 표면에 한계 진동수 이상의 빛을 비출 때 측정되는 전압은 증가하는가? 감소하는가? 아니면 그대로인가?	증가한다.
4. 어떤 금속 표면에 100 Å 의 빛이 닿았더니 광전류가 흘렀다면, 이 금속의 한계 진동수는?	$3 \times 10^{16} \mathrm{Hz}$
5. 어떤 빛의 진동수가 $10^{20} \mathrm{Hz}$ 이다. 이 빛의 광자의 에너지는 얼마인가?	$6.626 \times 10^{-14} \mathrm{J}$
6. 입자가 파동의 성질을 가질 때 나타내는 파동을 무엇이라 부르는가?	물질파
7. 보어 원자 모형이 성립하기 위한 두 가지 조건은 무엇인가?	양자화 조건, 진동수 조건
8. 전자의 가속 전압을 높일수록 전자의 드브로이 파장은 길어지는가? 짧아지는가? 그대로인가?	짧아진다.
9. 불확정성의 원리에 따라 어떤 물체의 위치를 정확하게 측정하였다면, 어떤 물리량을 동시에 정확하게 측정할 수 없는가?	운동량
10. 어떤 입자의 진동하는 시간을 정확히 측정했다면, 어떤 물리량을 동시에 정확하게 측정할 수 없는가?	에너지
11. |파동함수|^{2}은 무엇을 의미하는가?	입자가 발견될 확률
12. 수소 원자 선스펙트럼에서 라이먼 계열에서 방출되는 빛의 종류는?	자외선
13. 수소 원자의 에너지 준위 $E_2 \to E_1$으로 전자가 전이 시 방출되는 에너지의 크기는?	10.2 eV
14. 한 원자에서 두 개 이상의 전자가 동일한 양자 상태에 함께 존재할 수 없다고 말하는 이론은?	파울리 배타의 원리
15. 띠틈 에너지가 1 eV 이하인 물질을 무엇이라 부르는가?	반도체
16. 순수 반도체에 도핑을 통해 전도 전자가 생긴 반도체를 무엇이라 부르는가?	n형 반도체
17. 전기 회로에서 정류 작용을 하는 반도체 소자는?	다이오드
18. 전기 회로에서 스위치 작용과 증폭 작용을 하는 반도체 소자는?	트랜지스터
19. 임계 온도 이하에서 전기 저항이 '0'이 되는 신소재로 마이스너 효과를 보이는 물질은 무엇인가?	초전도체
20. 온도에 따라 전기 저항이 바뀌는 유전체는 무엇인가?	서미스터
21. 탄소 원자가 벌집 모양으로 연결된 평면적 구조를 화학 결합체로 강도가 높고, 전기 전도도가 높은 신소재는?	그래핀
22. 미시 세계에서 나타나는 양자 터널링은 입자의 입자성인가? 파동성인가?	파동성
23. 길이 수축은 운동방향으로 이루어지는가? 운동방향과 수직방향으로 이루어지는가? 아니면 상관없는가?	운동방향
24. 질량을 가진 물체가 빛의 속도에 근접하면 질량은 증가하는가? 감소하는가? 아니면 상관없는가?	증가한다.
25. 빛의 속도에 근접하여 움직이는 사람의 시간은 정지한 사람의 시간보다 팽창되는가? 수축되는가? 아니면 상관없는가?	팽창된다.
26. 가속도 운동하는 관측자에게 나타나는 관성력은 중력과 구별되지 않는다는 원리는 무엇인가?	등가원리
27. 빛의 휨, 중력에 의한 시간지연, 수성의 세차 운동을 설명하는 이론은?	일반상대성 이론
28. 우주의 밀도가 임계밀도보다 낮으면 우주는 어떤 상태에 놓이게 되는가?	팽창하게 된다.
29. 중성자가 양성자로 바뀌는 과정에 관여하는 힘은?	약력
30. 쿼크는 총 몇 가지 종류인가?	6종류
31. 원자 번호는 같지만, 질량수가 다른 원소는?	동위 원소

32. 핵반응 후 전하량은 보존되는가? 보존되지 않는가?	보존된다.
33. 질량수가 50 이하인 가벼운 원자핵이 선택하는 핵반응 종류는?	핵융합
34. 원자핵이 방사선을 내놓으면서 붕괴하는 과정에서 원래의 원자수가 반으로 감소하기까지 걸리는 시간을 무엇이라 하는가?	반감기

참 / 고 / 문 / 헌

- 9급 고졸채용 물리, 최미진, 소정미디어, 2014

- 스마트 물리, 신용찬, 한솔아카데미, 2014

- 9급 공무원 기술직 물리 2013, 김종대, 서울고시각, 2013

- 고등학교 물리 Ⅰ, 김영민 외 7인, ㈜교학사, 2011

- 고등학교 물리 Ⅱ, 김영민 외 7인, ㈜교학사, 2011

- All Pass Physics, 현성환, 북스힐, 2008

- Master 물리학, 정경택, 청문각, 2007

- High Top 물리Ⅰ, 김종권, ㈜두산동아, 2006

- High Top 물리Ⅱ, 김종권, ㈜두산동아, 2006

- College Physics(8/e), Serway & Vuille, Brooks & Cole, 2009

- Fundamentals of Physics(8/e), Halliday, John Wiley & Sons Inc, 2008

- Conceptual Physics, Hewitt, Paul G. Pearson Prentice Hall, 1998

- University Physics(R/e), Harris Benson, John Wiley & Sons Inc, 1995

우리 인생의 가장 큰 영광은 결코 넘어지지 않는 데 있는 것이 아니라

넘어질 때마다 일어서는 데 있다.

– 넬슨 만델라 –

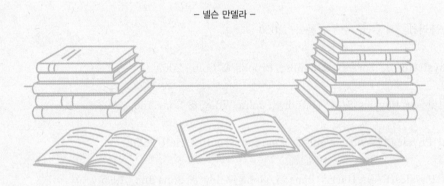

기술직 물리 한권으로 끝내기

개정7판1쇄 발행	2024년 04월 05일 (인쇄 2024년 03월 06일)
초 판 발 행	2016년 05월 10일 (인쇄 2016년 03월 30일)
발 행 인	박영일
책 임 편 집	이해욱
편 저	임 정
편 집 진 행	윤진영, 류용수
표지디자인	권은경, 길전홍선
편집디자인	정경일, 박동진
발 행 처	(주)시대고시기획
출 판 등 록	제10-1521호
주 소	서울시 마포구 큰우물로 75 [도화동 538 성지 B/D] 9F
전 화	1600-3600
팩 스	02-701-8823
홈 페 이 지	www.sdedu.co.kr

I S B N	979-11-383-6715-8(13350)
정 가	23,000원

기술직 공무원 기계일반
별판 | 24,000원

기술직 공무원 기계설계
별판 | 24,000원

기술직 공무원 물리
별판 | 23,000원

기술직 공무원 생물
별판 | 20,000원

기술직 공무원 임업경영
별판 | 20,000원

기술직 공무원 조림
별판 | 20,000원

※도서의 이미지와 가격은 변경될 수 있습니다.

나는 이렇게 합격했다

당신의 합격 스토리를 들려주세요
추첨을 통해 선물을 드립니다

베스트 리뷰
갤럭시탭/ 버즈 2

상/하반기 추천 리뷰
상품권/ 스벅커피

인터뷰 참여
백화점 상품권

이벤트 참여방법

합격수기

SD에듀와 함께한
도서 or 강의 **선택**

> 나만의 합격 노하우
정성껏 **작성**

> 상반기/하반기
추첨을 통해 **선물 증정**

인터뷰

SD에듀와 함께한
강의 **선택**

> 합격증명서 or
자격증 사본 **첨부**,
간단한 **소개 작성**

> 인터뷰 완료 후
백화점 상품권 증정

이벤트 참여방법
다음합격의 주인공은 바로 여러분입니다!

QR코드 스캔하고 ▷ ▷ ▷ ▶
이벤트 참여하여 푸짐한 경품받자!

합격의 공식
SD에듀